The Body
and
Social Theory 3rd Edition

身体与社会理论 第3版

〔英〕克里斯·希林 著

李康 译

上海文艺出版社

目录

作者介绍	1
第三版序	3
致谢	13
第一章　序论	15
第二章　社会学研究中的身体	41
第三章　自然主义的身体观	73
第四章　社会建构论的身体观	117
第五章　身体与社会不平等：社会的具身化	155
第六章　身体与身体资本	199
第七章　文明化身体	235
第八章　身体、自我认同与死亡：生与死的型构	271
第九章　结语：具身体现、认同与理论	301
参考文献	365
中外专名索引	405
译者说明	453

作者介绍

克里斯·希林（Chris Shilling），位于英国坎特伯雷的肯特大学（University of Kent）社会政策、社会学与社会研究学院（SSPSSR）社会学教授。他在萨塞克斯大学（University of Sussex）获得政治学学士学位，社会政治思想硕士学位，然后在开放大学（The Open University）获得博士学位。从20世纪80年代后期开始，他越来越不满于有关行动（agency）的认知性观念，不满于有关社会文化过程的非具身性理论，并通过自己的研究和撰述，致力于推进"身体研究"（body studies）这一跨学科领域。他在欧洲和北美讲授相关课程，并结合广泛的实质议题（从宗教、考古学、体育运动、音乐、健康与疾病，到劳动、维存、技术与消费文化）来探讨具身体现，其作品已经被译成多种语言。他的主要著作有《转变中的身体：习惯、危机与创造性》（*Changing Bodies: Habit, Crisis and Creativity*, Sage, 2008）《具身化的社会学：回顾、进展与前景》（*Embodying Sociology: Retrospect, Progress and Prospects*, 编者, Blackwell, 2007）《文化、技术与社会中的身体》（*The Body in Culture, Technology and Society*, Sage, 2005），以及与Philip A. Mellor合著的《社会学何为》（*The Sociological Ambition*, Sage, 2001）和《重塑身体之形：宗教、共同体与现代性》（*Re-forming the Body: Religion, Community and Modernity*, Sage, 1997）。他目前是 *The Sociological Review Monograph Series* 编辑，将具身体现作为社会思想和研究的奠基性的基础（尽管这种基础还在不断演化发展，局部疏松）来展开撰述。

第三版序

自我最初开始研究身体问题以来，已经过去了 25 年，这一主题业已进入公共论辩与学术讨论的核心。移植手术、干细胞研究与生育技术等领域的发展，新媒体、异型广告（ambient advertising）、虚拟现实等方面的推进，以及下列方面的诸多争议，从激进身体改造（radical body modification）是否值得追求，到对于神经科学的诉求，乃至在表面世俗的市民社会中穿着宗教服饰的合法性，有许多议题激发起世人对我们的具身存在现状的好奇与关切，以上仅举数例。对我们的身体认同、能力与属性，我们是否已经丧失了控制或取得了控制？我们有关社会世界的体验，我们的感觉对于自己所处环境的经过技术中介的延伸与"展开"，以及社会不平等，对于上述这些方面，这些创新与冲突产生了哪些影响？它们如何介入并塑造着我们与文化的关系、与他人的关系、与我们生活其间的愈益陷入危险的地球的关系？晚近诸般事件引发了众多问题，以上同样是仅举数例。

与这种对于身体问题的整体兴趣走红之势相伴而来的，是在过去 30 年间，各门社会科学普遍出现了"具身转向"（turn to embodiment）。[1] 将关注焦点转到肉身性（corporeality），转到社会关系、

---

[1] "embodiment" 这个词可以说是身体研究中最常用的词，也非常难译，包括了身体的存在、体现、拥有；特征、状态、过程，乃至于经验研究和理论阐述中身体视角的凸显。可以说是汉语里的"具体"与"体现"两者的综合，但后面这两个词已经进入日常语言，别有含义（对应于英语的"concrete"和 (接下)

文化与技术的"具身状态"(enfleshment),也就凸显出需要学科性、跨学科性甚或后学科性的更新,覆盖各色领域,从社会学、运动科学、考古学、建筑学、哲学、宗教研究、性别研究到认知科学等等,而其高峰,便是"身体研究"这块新领域的确立。这种学术趋向已经带来诸多益处,但也蕴含某些风险。

从正面来看,这种学术趋向使我们能够紧跟某些社会、文化与技术趋势,后者已经让身体成为社会控制、自我认同与个体行动的要素,并且是愈益聚讼不已的要素。而这样的介入也充当着重要的制衡力量,以抗御西方哲学主导传统的持续影响,以及这种主导传统当中的认知偏向:该传统将我们的人性等同为我们的心智,整体上对我们的身体存在的创造能力视而不见。[2] 诚如诺贝特·埃利亚斯所言(Elias, 1991a:196—201),长久以来,哲学都把我们想作是"封闭的人"(homo clausus)或"思想着的雕像"(thinking statues),封装在不可信赖的身体里,而身体阻碍着我们获得有关"外部世界"的可以信赖的知识。如果主张,我们应当在一定程度上寻求摆脱我们的身体来过生活,不仅不切实际,对所有人都有损害,而且回顾历史,也曾被用来对女性进行污名化和控制,尤其是视之为两性中更"维系于"、更"受限于"其(生育

(接上)"represent"等)。单纯译作"具身性"或"涉身性",甚至"身体体现",都不很理想。本书一般将此词译作"具身体现",而"emboding"译作"具身性"或简称"具身**"。——若无特殊注明,本书所有注释均为译者注

[2] 原文为"physical being"。全书经常出现的"physical",我们无法统一译成"身体的""物质的""自然的""肉体的""生理的",因它不时与"corporeal""material""natural""physiological"等同时出现。直接译成"物理的"也有违作者本意。作者时常将其与"精神的""思维的"等"形而上的"要素对称,所以我们大多译成"有形的",有时处理为其他译法。

态）身体的一类（Bordo，2003：145）。如此贬损身体，也让人想到一些压迫性的国族规划、殖民规划和种族政治规划，包括20世纪早期到中期的优生学运动，后者的靶子各式各样，有身心障碍人士[3]、"意志薄弱者"、工人阶级以及某些"种族"群体（Thomson，1998；Overy，2009）。

晚近转向具身体现的趋势也带来了一些风险。某些视角急于聚焦身体，已经被批评说陷入了沃尔特·舒尔兹（Schulz，1986）所称的某种"倒置的笛卡尔主义"，即一面倒地强调心智在此被倒置的二元论所取代，后者将人等同于有关有形性质（physicality）的一种有限观念。但我们需要记住，我们不仅是由血肉骨骼构成的，也具备多种多样的社会能力、道德能力与思想能力，是我们的具身存在使之成为可能（Tester，2004：30；Shilling，2008：125—143）。这一点非常重要，那些仅仅基于生物性需要来阐述社会行动者概念的人，或是像那些结构主义或后结构主义的论家，将个体概括为消极被动的身体画布，各种意识形态、两性基型（sexual matrixes）、微观权力或政府策略都在这块画布上来回传输，反复铭刻。承认人的具身体现，并不会抹煞我们的反思性和认知性能力，这些能力是在我们的有机存在中发生的，作为这种存在的结果，而不是截然的对立。正如安东尼奥·达马西奥（Damasio，2010：20）所主张的那样，身体并不与思维相脱离而孤立存在，而是构成了"自觉心智的基础"。

本篇序言开篇提及的那些社会和技术维度的发展与争议，就是这些机遇与风险的产生背景，这就使得后两者愈发显得迫切，

---

[3] "disabled"，即过去常译的"残废人""残疾人""残障人士"。

使得充分阐述具身主体与社会之间关系的任务愈发重要。正是针对这一背景，我觉得有必要回头再看看本书此前数版的写作宗旨，即确认当时初露端倪的身体研究领域的基本维度，并基于一批尚待与该领域相关联的古典与当代著述，摸索出一种探讨具身体现的大体思路。我重读了《身体与社会理论》的第一版与第二版，发现过去 20 年来，身体相关出版物层出不穷，这两版的覆盖面已经出现巨大的缺漏，令我震惊。但我也感到，这两版当中的分析还是有充分的价值，值得再一次对本书进行考察与修订。就此而言，我仍然赞同此前两版的做法，它们都决意证明，对于社会学的传统关注，对于反对自然主义思路和社会建构论思路（它们都不承认具身主体的突生特性），对于发展一种探讨身体问题的思路，聚焦于具身主体与社会／技术现象之间发生的互动（这些互动同时改变了人以及人所属的社会的结构与特性，促进了双方之间不同程度的连接性），具身体现都很重要。我还想再次强调，无论在我们当前所处世界将人分隔开来的是什么，具身体现的整体状况都施予我们共同的需要和缺陷，而这正构筑起对话与合作的基础。

这种思路依然密切引导着第三版。比如说，自然主义的身体研究思路（参看第三章）远非不再时兴，而是在某些人的激励下重获动力，在他们眼里，"人类基因组计划"（Human Genome Project）能够揭示我们的特性／身份／认同 [4] 与命运的基因构成。如今依然需要去揭示这类思维的局限性，证明社会过程融入了人

---

[4] "identity"这个词，我们将在本书中根据作者强调的是"自然"生理属性、"社会"建构过程及结果、"个体"建构过程及被建构后的结果，灵活选择几种译法。

的进化，并继续发挥着至关重要的作用，影响 21 世纪出生的人的健康、幸福与生命机会。社会或许不是在什么简单或总体意义上建构了身体，但社会关系和社会环境的确深深影响了那些生理性和神经性的通路，后者塑造了人们的健康，塑造了在特定情境中有所作为的能力（Wilson，2004；Freund，2006；Franks，2010）。本次新版也提供了很好的机会，凸显所谓"新遗传学"是如何与晚近其他一些探讨生物特征及进化的批判性思路一起，进一步削弱了自然主义身体研究思路所维系的那种决定论（例参Atkinson et al.，2007）。

如果说自然主义身体研究思路的肆意扩张依然需要加以管束，那么对于在许多文化论、技术论和社会建构论身体研究思路中明显流露出的那些化约论、合并论倾向（参看第四章），也是同样如此。强调我们的身份／认同和关系是如何不能被化约为"自然"因素或"生物"因素，诚然颇有助益，但这些建构论学说依然有一种倾向，想象我们的具身存在可以化约为话语，化约为技术进展，或是化约为社会的形式与结构。诸如此类的研究思路导致了人类生物特征的物质属性被抹煞（Wilson，1998）。事实上，在这些建构论的预设之下，潜藏着对自然与生物特征的无限可塑性的幻觉，而对于那些因为患病和身心障碍而切身体验到身体的限制的人，这样的幻觉很可能令人不快（Williams，1999；Thomas，2004；亦参 Newton，2007）。无论未来如何，我们至少尚未达到这样的阶段，可以任意改变人的物质属性，而无需考虑和应对其生物维度、生理维度和神经维度的复杂关联，那往往是难以处置的。建构论视角实现了可贵的"认识论断裂"（epistemological break），摆脱了以下常识／共感性思维（commonsense thinking）：女人、男人、男同性恋、女同性恋、异性恋者，还有归属不同"种族"群体的人，她／他们的身体能力据说是"天生自然的"或"不可避免的"。不过，在实现这种"认识论断裂"的同时，它们却往往继续忽视了具身主体如何不单单是传承社会分类的定位场所，[5]也拥有特定的生理能力和反应能力，是社会关系与人类知识积极的生成因素。即使当我们并未即刻意识到所处外部环境的转变，我们的身体也会对即将到来的刺激做出监测和反应，我们的内部器官和组织会表现出"对变化与偶然的积极反应"（Birke, 1999: 45; Damasio, 1999）。

第一版评析了自然主义与社会建构论的身体研究思路的局限，力求超越这些选择方案，勾勒了一种新的观点，把身体看作一种突生的物质现象，既塑造着它所处的社会环境，又被后者所塑造。在我们能让世界"有所不同"、践行能动作用的能力中，身体属于核心要素。不仅如此，我们在身体维度上的情绪、偏好、感觉能力乃至行动，也是所谓"社会形式"的关键源泉（虽说这些社会形式里有许多已经僵化，脱离了最初奠立它们的那些欲望和性情）（Simmel, 1990 [1907]）。因此，当特纳（Turner, 1996: 34）提出，"我们并不一定要从社会学的角度来理解身体的有形特性，因为所谓'自然态身体'（natural body）已经并将始终被注入文化的理解和社会的历史"，这样的立场贬低了那些生产着创造性行动及社会关系的身体能力，它们不能从社会或文化的

---

[5] 原文为"location"，不单单是物质性、地理性的空间位置，也是社会性、符号性的定位场所。在实行种族隔离制度时的南非，该词直接指黑人（或有色人种）居住区或保留地。

角度简单地"解释清楚"。实际上，这类论调非但没有倡导需要一种具身性的社会理论，而且蕴含危险，使我们的理论关怀远离人类具身体现的物质属性，把有关人的需要与幸福的议题转变成文化偏好的问题（Soper, 1995；Archer, 2000）。如果我们想发展一门身体社会学，使我们能够凸显比如酷刑折磨或阴蒂切除对人的能力的损害，或是性相（sexuality）与感官所带来的快乐，或是淡水、食物和充足居所对于全球各地的人的重要性，我们就不能始终不承认在我们的具身存在中，那些进化赋予的、有机的、物质性的基础。基于这一背景，我依然相信，有必要回到第一版第五至九章所勾勒的那种研究思路（那几章探讨的相关著述有助于将身体看作不可化约的生理现象，介入与其社会环境之间可渗透的动态关系）。有鉴于此，我决定原样保留第一版和第二版的结构和主体叙述论证。

不过，《身体与社会理论》初版刊行以来，该领域出现了不少重要的拓展。我借第三版之机，做了一些我希望是审慎明智、取舍得当的补充，由此更加深入地探讨其中最重要的一些进展，更新和重写部分文本，旨在扩大相关视角的覆盖面，增强引导第一、二版中讨论的那些叙述论证与理论综合。比如说，序论认识到身体问题的全球化，认识到晚近宗教认同的复兴之势，并以此扩展我对身体研究规划的讨论。而第二章则对有关身体兴起以及身体在古典社会学中的位置的讨论做了修订。第三章观察了科学如何变成更像是自然主义研究思路的敌人而非朋友。第四章少量修订了有关福柯的讨论，补充了尼古拉斯·罗斯秉持福柯路数对于身体个体性（somatic individuality）的分析（Rose, 2001, 2007），并新写了一节来讨论"动因网络理论"（Actor Network Theory，ANT）。动因网络理论有别于传统社会建构论身体著述的某些主张，认为人的有形属性是通过人与非人的"行动因子"（actants）组成的异质性网络拼装起来的。第五章扩展了R. W. 康奈尔与彼得·弗罗因德著述的涵盖面，以兼具批判性和建设性的态度，讨论了达马西奥从神经科学的角度对于心身关系讨论的贡献，并探讨了自我1993年开始论述身体劳动（body-work）以来，晚近有关这一现象的研究进展。将神经科学与我在第三章中对于自然主义研究思路的批判性分析相融合并不困难，我在文中也的确提及了它的化约论倾向。但我也认为，富有建设性地讨论神经科学的潜力，是能有所收获的，可以用来补充以下两方面的社会学视角，一是思维的、感官的、情感的身体之间的关系，一是我们所生活的这些网络、型构（figurations）和社会之间的关系。第六章和第七章做了更新，进一步强调了晚近有关布尔迪厄与埃利亚斯的批评。我还对贯穿第八章的那些世俗预设做了批判性的再论和重述。

在《身体与社会理论》的第一、二版中，有关人面对死亡的间接世俗叙事贯穿了第八章。但我觉得，重要的是结合20世纪行将结束时发生的宗教的（近乎）全球复兴这一背景（在此不妨把欧洲视为一个局部的但也只是局部的例外），重新思考这一问题。支撑世俗化命题的那些有欠精准的预设限制了整体而言的社会理论，也限制了具体而言的有关身体作为某种世俗规划的社会学著述。认真考察宗教，不仅将增进我们对死亡主题的理解，也会提升我们对生者的具身认同的理解。我在修订第八章时，还将埃利亚斯对人际关系互赖网络的关注，拓展到生者与亡者之间的各种关系，并且同时在相互对立的多种宗教归属形式的内部和外部来看待后一类关系。对于我在本书中打造更充分展现具身性的社会学的某些步骤来说，埃利亚斯的著述依然十分关键，但他讨论死亡的作品却把一种二元论引入了自己对身份/认同和社会的看法，而他在其他分析中却非常刻意地回避这一点。第八章从后世俗的立场考察了许多人和集体在自己具身认同与亡者之间培育出来的那些型构，间接表明了我们如何可以超越引导这种二元论的世俗预设。最后的结语基本遵循了第二版该环节的结构与内容，继续探讨了女性主义、行动导向与现象学的著述，但还讨论了三种新式具身认同，将我此前视身体为构成社会的中介的多维思路，发展成一种充分发育的肉身实在论基础，以进一步巩固该领域。

因此，本书第三版在结构、论证与内容上都与其前两版保持相近，但每一章都经过重新编写，以澄清核心论点，并更新了我觉得重要的相关议题的例证与覆盖面，以增强全书在以下方面的整体论点：需要一种特别的研究身体的思路，既避免自然主义理论的化约论，也避免社会建构论学说的化约论。我还致力于从另外两个方面改进这一版。其一，我更加明确书中的一个转折，即从作为认同/控制靶子的客体化要素的"身体"，到"具身体现"，用以描述作为思考的身体主体所具备的多重属性与能力。在序论一章的某些早期应用中，"身体"往往纯粹指我们存在的有形要素，但这个术语的涵义逐渐趋向关注我们整个具身构成的更广泛的维度。其二，思考需要超越生命态身体，即不仅要考虑死亡的重要性，而且要考虑情感取向和内在对话的重要性，以此为基础，并分析肉身实在论如何使我们能够既聚焦于社会文化现象，又不掩盖具身体现对社会构成的重要性，从这一角度切入，进一步发展并重新思考缺席在场（absent presence）的观念。话说回来，不管是做哪一种改变，我的首要考虑就是让《身体与社会理论》这本书能够继续充当一部对于身体研究领域的社会学导引，同时也是对于该领域的一份独立的理论贡献。

致 谢

本书第三版受惠于众多同事的助力。Dave Boothroyd、Mary Evans、Michael Erben、Peter Freund、Keith Hayward、Mike Hardey、Johnny Ilan、Stephen Mennell、Alex Twitchen 与 Iain Wilkinson 都给出了各自的建议、意见、参引和帮助。Vince Miller、Philip Mellor、Larry Ray、Miri Song 与 Tim Strangleman 热心评阅了部分章节,而 Dara Blumenthal、Tanya Bunsell 与 Michael Rees 则就整部书稿给予我富有建设性的细致反馈。在我与赛智出版社(Sage Publications)的一切合作项目中,Chris Rojek 与 Jai Seaman 始终付出宝贵的协助,同时我也要对 Mike Featherstone 和《理论、文化与社会》编委会(*Theory, Culture and Society*,TCS)的一贯支持致以谢忱。至于自己身边,这是我第一次真正有机会公开感谢我在肯特大学的 Chris Hale 等同事,我在这个地方教学与写作,气氛友好,充满活力(还要感谢 Kalli 及其团队无法估量的工作与支持)。

当我完成本书第三版时,与 Philip Mellor 的合作项目正值中点。我要特别感谢过去 30 年来 Philip 在个人层面和思想层面的互助相伴。他的鼓励与支持对我的工作有极大助益。当然,我在写作本书过程中最大的亏欠还是我的家人。Max 和 Kate 以各种各样的方式提醒我真正重要的事情是什么(并且用着那么大的音量,让我重新确认自己还没有完全聋掉)。而我对 Debbie 的陪伴、爱恋与相助(以及对每一部书的耐心)的感激,言语只能道及浅表。谢谢你!

第一章 序论

本书旨在从理论上推进身体社会学（sociology of the body）和迅速扩张中的"身体研究"领域。以下各章，我将考察身体在这门学科中地位的变化；评价并充实有关身体的社会学研究所利用的主要视角；并从自己的角度分析当前这个"晚期"现代性时期（Giddens, 1991），身体、自我认同和死亡之间的关系。我在书中提出，在当前时期，身体会越来越成为现代人的自我认同感中的核心要素。对照这一背景，死亡的前景具备了某种特别的意义，只是到最近才得到应有的社会学角度的关注，但却是理解人们与变动不定的生死边界之间彼此对立的多种关联的关键。本章作为全书开篇，将简要介绍这些议题，也让读者逐渐熟悉贯穿本研究的一些重要主题。

近几十年来，学术界对于身体的研究兴趣大为兴盛。身体社会学如今已经牢固确立；1995 年创办了国际期刊《身体与社会》（Body & Society）；英国社会学学会和美国社会学学会都设有身体问题的研究分会，甚至有些论家呼吁，身体理应充当社会学的组织原则。像是布赖恩·特纳，就发明了"身体性社会"（somatic society）这个术语，来描述现代社会系统中的身体如何已经变成"政治活动和文化活动的首要领域"（Turner, 1992a：12, 162）。2012 年，第一部《身体研究手册》（Handbook of Body Studies）刊行（Turner, 2012），多个学术领域提供了重要论述，标志着身体研究这块宽广的跨学科领域得以确立，也体现出对于身体的这种学术兴趣的巅峰时刻。

而公众对于身体问题的关注也有大幅增长。报章杂志、广播电视充斥着有关专题，讨论身体意象/形象[1]，如何让身体看上去始终青春焕发、有型有款、性感十足、美丽动人，而减肥、健身和整形手术都成了硕大的产业。美国整形外科医师学会（American Society of Plastic Surgeons，ASPS）报告说，以 2010 年为例，全美进行的整容手术超过 1300 万例，自 2000 年以来增长了 77%（ASPS，2011a）。其中，单单在丰胸手术上，就有大约 30 万女性花费了总额将近 10 亿美元。

对身体的关注并非凭空新起。就身体的审美角度而言，最早的对活人的面部重塑记录出现在古印度的梵语文本中，而现代外科医生可以将其历史回溯到至少公元前 600 年，当时的印度医生苏胥如塔（Sushruta）描述了早期形式的隆鼻术（Haiken，1997：4）。就身体的执行能力而言，每逢战争爆发、国际紧张或社会骤变，政府传统上就会展现出对国民的体质健康乃至体魄强健的关注。19、20 世纪之交英美流行的"国民效能"（national efficiency）思潮，就是聚焦于生理和生育方面的强健，而 19 世纪中叶中国早期军事危机导致的结果，就是一场核查人口的身体合格性的自强运动（Searle，1971；De Bary，2001；Overy，2009）。不过，身体在当代文化中的位置却反映出对于身体及身份/认同的反身性（reflexivity），其程度可谓史无前例。[2]

---

[1] 原文为"body image"，事实上，消费社会/传媒社会作用于身体的重要方式，就是将有关身体的"意象"变作"形象"，从而将其中的符号权力中立化，文化塑造成分自然化。

[2] 这里所谓"反身性"，我指的是具身个体反思自身的生物构成、外表、自我（接下）

构成这种反身性的自我监管与内在对话并不是个体与当前身体理念相关联的唯一方式：各种出于习惯、发乎情感的回应依然与人的反思有所交叠，并塑造着这种反思的内容与方向（Shilling, 2008；Archer, 2010；Sayer, 2010）。不过，晚近的发展趋势表明，越来越多的人们会仔细思量自己身体的健康、体型、"清洁"（purity）或外表，视之为个体、群体、文化或宗教等维度身份／认同的表达。对于此前视为想当然的与具身自我之间的关系模式，这些思量有可能会造成干扰，或至少是促成悬置，又或是做出重估。

　　在相对富裕的西方世界那些"新"中产阶级当中，这种反身性关切或许尤其突出（Bourdieu, 1984），对他们来说，身体往往是高度分化和个体化的身份／认同中不可或缺的要素。然而，近些年来，它已经大大超出了这些狭隘的范围限制。但在中东、亚洲以及世界其他地方的城市化人口中，这种趋势也很明显（例参

(接上)感受、行动及与他人关系的能力，将自身既当作主体又当作客体（Archer, 2010）。在社会学里，要阐明这种能力，通常会诉诸米德的"主我／客我"（I/Me）的区分（Mead, 1962 [1934]）。该区分的意思是说，我们有能力借助"扮演"他人的"角色"，采纳他人所持的视角，思考并维持与自身的内在对话。反身性可以涉及借鉴自己所处共同体的规范性意见或少数派意见，可以被各式各样的因素所激发，从在卫星电视上看到相距遥远的其他文化与意见，到意识到自己对事件所产生的内在生理反应与回应。以我们对其他观点与视角的创造性回应为基础，构筑对身体的反身性取向，承认这一点的重要性，并不等于说心智在某种程度上与身体相分离（Crossley, 2005），也不排除情感和习惯对于我们从这种反身性中得出的结论而言的重要性（Shilling, 2008：8–43）。正如诺贝特·埃利亚斯所言（Elias, 2000 [1939]），人们沉浸于反身性思考的程度各见其异，也在一定程度上有赖于历史、社会和文化各维度的社会化模式，以及个体认为自身与他人相分离的程度。——原注

Miller, 2006; Turner and Yangwen, 2009; Yan, 2009)。阿彻尔主张（Archer, 2010），当前时代的变迁速度之快，范围之广，使得个体无论是通过选择，还是由于外部权威，再要遵循传统的生活方式，而又不反身性地应对在变化了的背景下维持过往做法所面临的挑战，会变得非常困难。经过这些思量之后，对于培养身体能力、习惯、服饰和认同的新的或有所更新的投入，会融入广泛多样的技术、规范与外表，它们以地方为基础，但折射着全球，并以各种方式维系着经济繁荣、运动效率、宗教原教旨主义、特定形式的美和性认同、反文化归属、政治反叛，以及其他多种社会现象（例参 Mahmood, 2005; Ishiguro, 2009; van Wichelen, 2009）。

一、晚期现代性下的身体

要想真正理解对身体的兴趣的这种增长态势，就需要把握形成这种趋势所处背景的那些条件。就此而言，将某些发展趋势拿出来谈谈会很有帮助，它们与现代性相伴而生，而到了当前的全球化时代，更是发展到极致。人们用现代性来泛指某些类型的社会生活和组织机制，它们最初出现在封建时代结束后的欧洲，但在 20 世纪越来越具有全球性的影响。大致可以把现代性理解为"工业化后的世界"，尽管它包含好几种制度面向，各有其特别的演变轨迹（Giddens, 1990; Hall and Gieben, 1992）。近几十年来，后殖民社会中的经济、文化、政治乃至其他领域的发展趋势愈益参与塑造现代性，导致某些人把当前时代称为"全球现代性"时代（例参 Dirlik, 2007; Domingues, 2011; 亦参 Featherstone et al., 1995）。现代这个时期的演进产生了诸多效应，包括协助提升了整个民族国家尤其是医学专业对其公民的身体能够实施的控制程度，并且，即使不能说终结了宗教的魅力或权力，至少削弱了西方世界的传统宗教权威对身体实施规定与调控的权力（Turner, 1982）。实际上，现代性与宗教之间的关系深深影响了我们当今对于身体的关注。

研究现代性的理论家们早就指出，虽然在西方世界，现代的发展历程伴随着社会逐渐的去神圣化，但它却未能用可堪比拟的科学的确定性来取代宗教的确定性。科学或许已经增加了我们对生命某些方面的控制（不过有一点很关键，它尚未征服死亡），但却未能为我们提供引导我们生活的价值观念（Weber, 1948 [1919]）。相反，已有各路学者指出，现代性中的意义（meaning）逐渐趋于私人化，这就给越来越多的个体留下了独自承担的任务：确立并维持所需的价值，领会各自的日常生活（Berger et al., 1973；Beck, 2010）。社会生活的去神圣化，以及意义的私人化，这样的趋势或许并不像这些论家说得那么普遍蔓延（Woodhead, 2001；Mellor, 2004），似乎基本上只是集中在欧洲的某些区域（Hervieu-Leger, 2001）。不过，姑且不考虑这些进程的局部性和非均衡性，那些世界主义城市的成长，互联网与卫星电视之类全球媒介的扩散，以及将身体估值为符号价值载体的消费文化愈益国际化的趋势，这些都促使人们变得对自己的具身认同越来越具有反身性（Beck et al., 1994；Roberson and Suzuki, 2002；Kim, 2010）。合而观之，这些发展趋势让人们认识到，还存在别的生活、观看、外表和信念方式，拥有资源的人，并且拥有选择的自由的人，有待做出选择（Berger, 1999）。反过来，这些因素又会推动寻求新的意义、体验和表达形式，或是更加细致周详地注重回归此前的传统、习俗或宗教"基本要义",通过这种方式,在一个迅疾变化的世界上,维持一定程度的自信、稳定和信念(Hervieu-Leger, 2000; Eade, 2010; van Wichelen, 2012)。

对于许多人来说,身体已经愈益成为自我的构成要素,而上述现象就是这股趋势的背景的重要组成部分。传统的宗教框架原本建构并维护了寓于个体之外的那些生存确定性和本体确定性,但它们在有些人心中已经祛魅(disenchanted)(Gauchet, 1998),而面对身体作为符号价值载体在消费文化中的兴起所带来的诸多可能性,另一些人则入魅(enchanted)(Coy and Garner, 2010)。还有一些人开始探寻"新纪元"形式的灵修实践(Philips and Aarons, 2007),或是采取一种业经更新的聚焦方式,关注一种信仰的核心实践(Mahmood, 2005)。不管怎么说,对于诸如此类可供替代的生活选择来说,这些身体实践、投入和外表都是至关重要的,构筑起一种环境,乍看起来像是在说,身体提供了一个牢固的基础,可以据之重新构建起一种可以仰赖的自我感。

二、不确定的身体

这些导引性的议论只是刚刚开始勾勒,身体在怎样一种背景下兴起,成为当前一项至关重要的社会议题和学术议题。虽说促成身体变得令人瞩目的因素有很多,但其中有两股表面矛盾的发展趋势似乎特别重要。现在我们具备了手段,能够对身体实施程度前所未有的控制,但我们同样生活在这样一个时代,我们有关身体是什么、应当如何去控制它们的知识,都有可能遭到彻底的质疑。

从生物繁殖、基因工程、干细胞研究、营养基因组学(nutrigenomics)、整形手术到运动科学，在五花八门的领域的发展趋势作用之下，身体已不再是某种"自然给定"的东西，而更像是一种包含诸多选择可能和选择权利的现象。这些发展趋势增进了许多人控制自己身体的潜力，但也加剧了他们的身体受别人控制的可能。不过，这并不意味着我们全都拥有相关的资源，有能力彻底重构我们的身体。实际上，身体的改变通常采取平凡的形式，像是节食、衣装、化妆和健身(Entwistle and Wilson, 2001)。不仅如此，企业经管人员和无家可归的人对身体的关注很可能大相径庭。然而，我们眼下生活在一个媒体的时代，有关这些发展趋势的知识广为流传，有些人没有资源对自己的身体实施控制和照看（在当前经济背景下，这类人迅速增多），主观上本来就感到被剥夺，掌握了这种知识，很可能愈发加剧了这种感受。显然，身体有可能不再受制于曾经标志其存在状况的那些约束。然而，这种情形既赋予越来越多的人控制自己身体的潜力，也会刺激许多个体对于身体是什么、应当得到怎样的控制，产生更强烈的不确定感。科学增强了对身体的干预程度，同时也动摇了我们对于何为身体的知识，相形之下，我们对应当允许科学与医学在多大程度上重构身体做出道德评判的能力就落伍了。

事实上，我们越是有能力控制并改变身体的限制，就似乎越是不能确定，究竟是什么构成了个体的身体，身体中哪些属于"自然"。比如说，人工授精和试管婴儿使得生育脱离了传统上规定异性恋经验的那些肉身关系。在英国，对于"无性生育"的道德恐慌鲜明地体现出，这些发展趋势威胁到许多人对于身体和家庭方面哪些属于自然成分的认识(Golden and Hope, 1991)。媒体上屡屡出现对于在50、60岁上接受生育治疗的那些女性的所谓"自私"行为的愤怒抨击（Perrone，2006）。而在伊斯兰世界，医疗协助下完成生育的可能性也引发了另外的一些焦虑与争议，在那里，相关的关切还涉及更广泛的一些有关宗教合宜性的问题（Fortier，2007；Inhorn，2007）。

器官移植手术和虚拟现实领域中的进展蕴涵着危险，会瓦解身体与身体之间、技术与身体之间传统上存在的那些界限，从而加剧了对身体的这种不确定感（Bell and Kennedy，2000；Munster，2006；Miller，2011）。这会产生重大后果。诚如特纳所言，在未来的社会里，当植入和移植都广为普及，大大发展，"古典哲学中有关同一/身份（identities）与部分/部位（parts）的设问就成了具有重大法律意义和政治意义的议题。如果这个身体基本上已经不是我自己的身体，我还能为它的行动负责么？"（Turner，1992a：37）堕胎和代孕之类的话题，以及身体的普遍商品化，已经围绕身体的所有权形成了一些两难困境，而上述发展趋势势必会进一步加剧这些困境（Diprose，1994；Scheper-Hughes，2001；Twine，2011）。

三、身体规划

在这个充满不确定性的时代，有关何为身体的知识越来越以假设的形式出现："有关主张很可能符合实情，但在原则上始终存在着修改的可能，甚至有朝一日被彻底抛弃"（Giddens，1991：3）。对于现代个体的认同而言，这种情境影响深远，他们正是从自己具身性的生平经历切入，来理解和展现对于自我的感受的。尤其是在西方世界，人们往往把身体看成一个处在成为（becoming）过程中的实体，是一项应当努力贯彻并实现的规划（project），作为个体自我认同的组成部分。有关个体形塑、打磨其身体的种种尝试，我们可以回溯到早期基督教时代，甚至回溯到古典时代（Brown, 1988; Foucault, 1988）。不过，现代的身体规划不同于各个传统社会中对肉身（flesh）做出的那些装饰、铭刻乃至改变，因为前者涉及某种反身性，经常偏离有关可被社会接受的身体的习俗样板，那些样板是通过社群仪式来塑造的（Rudofsky, 1986 [1971]; 参看 Sweetman, 2012）。身体规划还会沿循社会性的分界线有所变化，尤其是性别的分界线，不过近些年来也冒出来大量新的方式，无论男女都会用来发展自己的身体。

一旦意识到身体已经成为许多现代人的一项规划，连带着就要承认，身体的外表、尺码、体型甚至内容，都有可能依照其主人的设计，接受重构。但是，把身体当成一项规划，并不一定需要每时每刻关注其转型，虽说确实也可以如此。话说回来，这里的确需要个体对其身体的管理和外表有自觉的意识和主动的关切。需要切实承认，身体无论是作为个人资源，还是作为社会符号，"发出"有关身份/认同的讯息，都具有重要的意涵。在这种情形下，身体变成可塑的实体，在其主人的时刻用心和艰辛劳作之下，得到形塑和打磨。况且，诚如莫尔与劳所言（Mol and Law, 2004: 47），居于这样一种身体之内，其典型体验并不是"合乎自然地凭其自身将身体维系一体"，而更像是感到，要维持具身自我的整体，"必须同时在皮肤内外努力实现"。

有关身体作为一项规划，最常见的例证或许要算是建构一副健康的身体，它所获得的关注程度可谓史无前例（Shilling,

2002a)。我们的健康越来越受到全球性危险的威胁，当此之时，我们却被（尤其是力求将福利开支从国家名下转移开去的政府）劝告说，要为我们的身体担负起个体的责任，办法就是投入自我照看的规制[3]，旨在保持我们的健康，或是管理我们现有的身体状况（Balfe, 2009）。心脏病、癌症等等疾病都被描绘成可以避免的，只是要靠个体合理饮食、停止吸烟、充分锻炼。自我照看的规制要求个体接受以下观念：身体是这样一项规划，其内部和外部都可以通过维护，保持充分的功能运转，发挥最大的效率（Rose, 2007）。这些规制倡导一种特定的身体意象，视之为以多重风险为特征的全球系统中的一座安全岛（Beck, 1992）。同样，如此核查生理性自我并不新鲜，福柯对于古罗马时期自我技术的讨论（Foucault, 1988）即为明证，但是它传统上发生在对一些广泛的伦理目标的探寻之中，而当代这些类型的身体规划却更多地导向某种工具理性，往往关联着更大范围内的政府调控规制（Brewis and Grey, 2008）。

以健康为基础的身体规划并不只是为了预防疾病，也力求让我们对自己身体的样子多少有些担忧。健康越来越维系于外表，维系于"自我的呈现"（presentation of self）（Goffman, 1969 [1959]）。而种种自助读物、营养补充剂、锻炼计划层出不穷，也为这些关注推波助澜。消费品彼此争战，竞相要让人们的身体看着放心、感觉舒心，为人们提供各种方案，维护皮肤质量，保

---

[3] 原文为"regimes"，兼有"体制""生活秩序""生活规则"乃至"饮食起居"或"养生法"（参"regimen"）等义，此处译法也是为了照顾作者强调身体同时作为源泉、规制、中介的说法。这里的"制"不单是"制约""控制"的否定性意涵，也有"制度""章法"的肯定性意涵。

持肌肉弹性，通过看上去很健康，很青春，释放出健康的讯息（Banner, 1983; Dittmar, 2010）。在这一点上，媒体与广告文化是关键，一心推销其产品，不仅借助好看的身体形象，而且启用演员，举手投足，情感流露，在在展示出特定的饱满性格，释放出健康的气息（Featherstone, 2010）。按照安娜·芒斯特的讲法（Munster, 2006: 18, 142），这些展示促使我们做出情感反应，而反应的基础，就是看"存在于"我们自己身体的实际体验，与通过媒体以不同方式图绘和想象的身体的理想承诺，两者之间有多少距离。诸如此类的因素促进了一种特别的文化，以健康为基础的身体规划在这种文化中影响显著，就连那些烟鬼酒鬼或是药品毒品成瘾者，也会觉得很难不反躬自省，这种行动可能会如何损害自己的健康和外表。在西方世界，同时正逐渐超出西方的范围，这个时代的特点也包括在政治上强调"自力救助"和"个人责任"，文化上注重"体健貌端"，那些沉溺上述癖好的人在这样的时代已经成了新型的道德偏离之徒。话说回来，身体之所以已经成为一项规划，并不只是通过罗伯特·克劳福德所称的"新式健康意识"（Crawford, 1987）对于我们的广泛影响。

而整形手术则为个体提供了机会，以更加彻底的方式，遵照有关青春活力、女性特质（femininity）、男性特质（masculinity）甚至是"名流风范"（celebrity）的具体观念，重新构建自己的身体（Elliott, 2012）。面部除皱术、局部吸脂术、腹部抽脂术、隆鼻术、瘦脸术之类的"活儿"，人们只要有钱，又想重新构建自己的身体，有各式各样的手术和处置可以选择，以上只是其中一小部分（Throsby, 2008; Parker, 2010; Edmonds, 2011）。自20世纪60年代早期以来，仅在美国，对那些试图使身体更显"女人味儿"的女性实施的隆胸手术(breast implants)就有数百万例,虽说还必须综合考量相关的风险,以及有时与选择这类手术相维系的潜在的社会污名(Boulton and Malacrida, 2012)。更有越来越多的男人也竞相效仿,接受隆胸手术(chest implants),以求看上去更显肌肉强健。而那些希望花钱买一副更显"完美男子气概"的身体的人,也可以选用阴茎充填术(penile engorgement)(Grant, 1992)。这样做的个体虽然人数比上面要少得多,但也正在迅猛增长。不妨将整形手术视为某种形式的"认同劳动"(identity work),使个体投入"自我的展演"(performances of self)(Gimlin, 2010),但也使人们有能力增添或抽减自己的脂肪、皮肉和筋骨,从而发出"什么是身体?"这样的问题。在这方面,广播电视和报章杂志都推出过不少节目和文章,谈到有人做过多种手术,沉迷于根据某种理想化的自我观,改变自己身体的外表和界限。由于规模可观并且愈益增长的人专门去往国外,不仅去做医疗手术和器官移植,而且去做美容手术,旨在提升自己的外观,导致身体规划和全球化以多种方式密切关联,而整形手术的议题只是其中的一种鲜明展现。五花八门的医疗旅游业已变成一项大生意(Hancock, 2006; Scheper-Hughes, 2011)。单单在泰国,每年就有超过一百万人接受医疗,在激光矫视手术、面部抽脂术、变性手术等许多美容手术处置方面,该国已经跻身全球领先之列(Wilson, 2011: 123—124)。

而对于那些不愿意或没能力冒险做手术的人来说,还可以选择健美(bodybuilding),这项活动原本只是处在健身产业的边缘。健美之所以堪称身体规划的范例,正是因为从事健美活动的人所练就的肌肉的质量乃至尺码,挑战了何为自然的男性身体和女性身体的一些公认观念。当机器在工厂中逐渐取代传统由男人执行的体力劳动，当女人不断挑战家庭主妇和养儿育女之类的有限角色，建构并展示"不自然的"但规定明确的魁梧身体，能使人们就自己是谁的问题，做出强硬、公开、个人的陈述（Bunsell and Shilling, 2011）。特丽克丝·罗森研究从事健美运动的女性时，其中有一位受访者如此说道："我照着镜子，就会看见一个在找寻自己的人，她已经说了，社会会说我应当扮演什么样的角色，这真的再也不重要了。我想做什么就能够做什么，并且我会为此感到自豪"（Rosen, 1983: 72）。

健康、整形手术、健美这几项规划生动例证了，身体与自我认同之间的关联越来越紧密，会带来哪些机会，也面临哪些局限。对身体予以投入，会赋予人们一种自我表达的手段，并有可能感觉良好，增加对自己身体的控制。即使你觉得没有能力对日益复杂的社会发挥影响，至少可以对自己身体的尺码、体型和外表产生一定的效果。至于确定应当如何处置身体，甚至何谓身体，并没有什么最终的标准，这或许会使这种机会的益处打些折扣，但也不能否认，身体作为一项规划的兴起，是能够让人们逐渐感受到快乐和其他益处的。

对身体的投入也有其局限。从某种意义上来讲，个体投在身体上的努力注定是要打水漂的：死亡是一桩不可避免的现实，这似乎让现代人特别困扰，因为他们的认同正是以身体为核心的。比起腰围渐长、赘肉松弛乃至必然死亡这些冷峻事实，还有什么别的东西能更有效地告诉我们，我们对青春健美、富有女性特质和男性特质的理想身体的关注，其实是有局限的？之所以说身体受到限制，不仅是因为它们终有一死，而且是因为它们常常拒绝顺着我们的意图被塑造。有许多论家已经指出，要通过控制饮食来改变体型，其实会遇到很多困难，苏西·奥尔巴赫（Orbach, 1988 [1978], 2009）和金·彻宁（Chernin, 1983, 1994）只是其中两位。而艾米丽·马丁（Martin, 1989 [1987]）则揭示了女性如何经常体验到，自己的身体超出了控制。杨（Young, 2005: 49, 52）指出，女性的身体很少能成为"规划"的"纯粹中介"，怀孕期间"身体的倍增"以及界限的摆动即为明证，而只要想把这些身体描绘成诸如此类的风险，也就是在回应绵延未尽的西方哲学传统，视"人类为精神"（亦参 Teman, 2009）。显然，试图改变我们身体的尺码和体型自有其风险所在（比如说，越来越多的证据表明，整形手术和长期节食蕴藏着危险）。人们开始对自己的体型和体重感到焦虑的年龄似乎越来越小，过去几十年来的多项研究表明，就连九岁年龄组都有超过 80% 的女孩在节食（Hall, 1992; Bordo, 2003: 270; 亦参 Grogan, 2007）。多国政府关注到人们所称的"肥胖流行病"（obesity epidemic）（Gard and Wright, 2005），力求监控学童们的体重，提高其锻炼强度，增进营养教育（例参 French and Crabbe, 2010）。不过，研究表明，无论教师还是学生，常常会以某种"肉身完美"的尺度来解读这些发展趋势，而这样的尺度将健康与苗条相维系，有可能造成损害（Evans et al., 2005）。我们当前如此执迷于身体，而进食紊乱的发病率又日益增长，小孩大人尽皆如此，令人忧心，这两方面之间的关联或许并不让人奇怪（Gordon, 2001; Grogan, 2007; Bordo, 2012）。

　　作为一项规划的身体的兴起，还面临一种限制，就是值得欲求的身体的形象有可能受到既存的社会不平等的约束。比如说，在有些女性这里，身体成为一项规划的方式，与其说是个体性的表达，不如说是反映了男性的设计与幻想，美容手术相当大一部分还是在女性身上做的，也就不让人奇怪了。何谓女性特质的完美形象，会随国别和文化各见其异，但这并不等于说，这些相互对立的设计更有可能达成了。例如，说到在日本的女性之美的规定性特征，施皮尔福格尔（Spielvogel, 2003：158）指出，"要成就完美均衡的比例，就像变形为在美国被理想化的芭比娃娃款大胸形象，在解剖学上一样近乎不可能。"这些不平等还会扩展到其他领域，进一步强化了我曾指出的那些长期延续的肉身帝国主义（corporeal imperialism）形式，即某些类型的肤色和形貌相较其他类型，得到更高的评价，赢得更为优先的考虑（Fanon, 1984［1952］：Sayad, 2004）。种族不平等在身体规划方面依然存在还有不少例证，包括美白霜在印度的热销，以及西方白人规范如何影响着美国亚裔女性选择哪些类型的美容手术（Kaw, 2003：184—185；ASPS, 2011b）。

综上所述，我们的身体既有其促动性，因为它们依然葆有生机，又有其约束性，而不只是因为它们会死去；身体既有可能受到社会不平等的约束，又有可能构筑促动性的积极体验的基础。不过，我们在关注身体规划的时候，齐格蒙特·鲍曼有关身体与死亡之间关联的看法也大体适用。他在谈到健康时提出，现代对身体的执迷，"属于试图通过不断地破除身体当下遇到的特定的限制，以掩饰身体的终极限制"（Bauman, 1992a：18）。这种实用主义的聚焦方式使许多人能够暂时拖延令人困扰的一些生存性问题：身体的终极限制（即死亡），身体为何应当成为我们的自我认同的显著要素，以及究竟何为身体。讨论到这些议题，正好来看看有关身体规划的第四项例证。

传统形式的宗教势力或许已经衰微，但近些年来，越来越多的人选择遵照宗教规定来塑造自己的身体风格（McGinty, 2006; Shilling and Mellor, 2007）。在 20 世纪最后几十年，基督教中的五旬节派、福音派和灵恩派大为扩张，伊斯兰教广为扩散，其他多种带有宗教和灵修性质的祈祷形式蓬勃兴起，推动了越来越多的人选择基于宗教方面的优先考虑，来培养自己的饮食、服饰及其他身体习惯（Anway, 1995; Berger, 1999; Poloma, 2003）。就我们对身体规划的关注而言，不妨将这股趋势视为试图把身体的脆弱与某些特别的实践相关联，这些实践的目的就是要超越世俗肉身；这种立场力求终结身体规划的偶然性与脆弱性，挑战了晚期现代对待肉身的反身性立场中盛行的理性和相对主义。

四、社会学与身体

基于上述原因，以及容待第二章探讨的其他一些原因，身体已经成为一项重要的社会议题。然而，只是自 20 世纪 80 年代以降，身体才进入欧洲和澳洲的理论争论的核心，而在北美，对这项主题的态度依然颇为暧昧，哪怕在美国社会学学会下面专设了身体研究的分会。对于这种姗姗来迟的身体的"登场"，当前的一些说明往往认为，之所以如此，是因为古典社会学对其研究主题采取了一种非具身性（disembodied）思路（例参 Turner, 1992a）。社会学受到了笛卡尔思想的深刻影响，遵循哲学中的一股悠久传统，接受心身两分，并把焦点落在心智上，认为它规定了人之作为社会存在。

这种说明不无价值，准确描述了社会学中重要的一股脉络是如何处理心身关系的。不过，它并没有完全公允地认识到，社会学也专门处理了人的具身体现，视之为有其独立理据的主题。同样不能让人满意的是，有观点认为，只要重探经典，就可以"复原"身体（Williams and Bendelow, 1998）。如果我们打算翻新有关身体的各种古典社会学学说，至少必须做出大量的详述与推进。与上述两种思路截然不同，我认为，古典社会学展现出对于身体的双重思路（dual approach）。回顾历史，身体在社会学中并没有遭到彻底忽略，而是属于一种缺席在场（absent presence）。

古典社会学很少持续聚焦于身体，视之为有其独立理据的考察领域，就此而言，身体在古典社会学中是缺席的。在绝大多数情况下，这门学科对于身体的关注都并非直接明了，而是间接隐曲，并且往往还有所取舍地聚焦于人的具身体现中的某些面相。比如说，传统的社会学理论很少考虑到，事实上，我们都有一副血肉之躯，使我们能够品尝、嗅闻、触碰，乃至交换体液（Connell and Dowsett, 1992）。社会学也会探察语言和意识，却没有认识到，这些能力本身就是具身性的。按照诺贝特·埃利亚斯的说法（Elias, 1991b），我们的语言能力和意识能力寄寓于我们的身体，从属于身体，并且受限于身体。与此相关的一点是，古典社会学未能始终一贯地认识到，身体是人的行动不可或缺的组成部分。正是我们的身体，使我们能够展开行事，介入并改变日常生活流。而我想指出，如果不考虑我们的具身体现所推进的那些反身性潜能、思考潜能与实践潜能，就不可能在理论上充分阐述人的行动（亦参 Damasio, 1994）。从一种非常重要的意义上讲，所谓行动的人，也就是行动的身体（Merleau-Ponty, 1962）。

然而，当古典社会学关注社会的结构与功能运作，关注人的行动的性质,势必会引导它探讨人的具身体现的某些重要面相:它的研究思路很少是完全非具身性的。卡尔·马克思(Marx, 1954 [1887])就很关注身体是如何被吸纳进资本主义技术的,并且较早开始关注羞耻作为革命行动中的一个变项(Marx, 1997: 204)。格奥尔格·齐美尔(Simmel, 1990 [1907], 1950)阐述了推动人们趋向他人的那些具身性倾向,有助于维持关系的那些社会情感,并考察了货币经济如何产生效应,侵蚀了这些情感。马克斯·韦伯(Weber, 1948 [1915], 1985 [1904—05])分析了身体的理性化,关注艺术、爱与情欲所提供的那些"庇护",以摆脱物质工具主义。埃米尔·涂尔干(Durkheim, 1995 [1912])注重那些神圣现象,认为它们通过生成并吸纳欢腾的能量,有助于将个体维系在一起,融入道德整体,而身体既是这些神圣现象的定位所在,也是其源泉所系(Shilling and Mellor, 2011)。事实上,晚近的身体研究大多能够从古典社会学的遗产中有所借鉴并且受益良多,这本身就体现出身体在社会学中的间接在场。比如说,皮埃尔·布尔迪厄研究身体的著述就同时源于马克思主义对社会阶级和社会再生产的关注、涂尔干一脉对"集体表征"和"原始分类"的社会功能与认知功能的兴趣,以及韦伯路数对于规定地位群体的特定生活方式及荣誉或耻辱之属性指派的注重(Brubaker, 1985)。

但是,捍卫古典社会学,反击指责它对其研究主题采取完全非具身性思路的说法,不等于支持它对身体的处理方式。就此而言,有必要举出一些比较晚近的社会理论家,他们成功地克服了社会学传统上对身体采取的那种双重思路。欧文·戈夫曼与米歇尔·福柯各自在分析"互动秩序"和规训系统的时候,就把身体置于分析的核心,并深深影响了当代将身体视作一种社会建构而成的现象的分析。不过，他们的著述并没有完全克服古典社会学的有关缺陷，不妨看作是以另一种形式复制了社会学往往对身体采取的那种双重思路。诸如此类的社会建构论的身体观往往向我们详细阐述，社会是如何侵入身体，形塑身体，对身体进行归类，让身体蕴含意义，但身体究竟是什么，如何能够具备这样重要的社会意义，我们却所知甚少。身体被命名为一种理论空间，但依然遭到相对忽视，没有切实成为分析的对象与主题。实际上，把比较极端的社会建构论身体观归类为我们现代对于身体的关注本身的症候，而不是对这种关注的分析，或许还更加准确一些。

这样应该就可以清楚地看出，社会建构论的思路所提供给我们的身体观并不太理想。说身体是从社会角度建构而成的，固然完全没有错，但这种说法却没有告诉我们多少关于身体的具体特征。所谓被建构的东西究竟是什么？建构论并没有直面这一问题。让我们能够理解社会力量是如何形塑我们的身体自我，倒往往是从社会理论中抽出了具身性的行动者。比如，就女性主义而言，苏珊·赫克曼（Hekman 2008：88—90）曾提出，采取建构论视角"代价太高"，会导致非物质性的实在观念，产生"难以置信地畏缩的女人"（Di Stefano，1987）。在这一点上，我赞同特纳的观点，他提出，我们需要一种基础主义的（foundationalist）身体观（Turner，1992a），只是我想有所补充，还要强调，这些基础会历时而变（参看 Mellor and Shilling，1997）。为了达成对身体的充分分析，我们需要视之为一种物质性、物理性、生物性的现象，不可化约到同时代的社会过程或分类系统。不仅如此，我们的感觉、认知能力和行事能力，都必然关联到我们都是具身存在这一事实。社会关系可能会深刻影响我们身体几乎各个方面的发展，从身体的尺码、体型，到我们如何看、听、触、闻、思（Duroche, 1990; Elias, 1991b），但不能只是基于这些关系，就把身体"说明清楚"了。人的身体的养成与转化，的确是生活在社会中的结果，但它们依然是物质性、物理性、生物性的实体，拥有特定的能力，在人类演化的长时段中，历经各种社会—自然过程而形成。甚至到了生活在网络空间的外缘，赋予我们的体验以结构，推动着我们的体验的，依然是我们的感觉。

五、将社会学具身化

本节属于导引性的讨论，我会介绍本书的五大宗旨。首先，我打算就身体在社会学中的定位与得到的处置给出一种别具特色的分析，主张身体在学科中属于某种缺席在场。

其次，我会批判性地概述与身体社会学相关的一些主要视角与学说，看看对于处在社会中的身体，这些视角与学说使我们能够谈些什么，不能谈的又是什么。它们揭示了有关身体的什么东西，又在哪些地方归于沉默？用帕森斯的话来讲（Parson, 1968 [1937]: 17），每一种思路下有什么样的"剩余范畴"（residual categories），即无法借助每种思路中主要的"正面规定的范畴"来说明的那些事实或观察？某一种理论是否认识到身体对人的行动的重要性？它能否说明身体随历史演变而异的重要性？是否有助于我们分析身体为何让众多现代人如此关注？某种特定的视角能否让我们考察，为什么那么多的社会系统依然顽固地认为，女性的身体劣于男性的身体？这样同时关注正面的范畴与剩余范畴，方便我们概览特定的身体视角的长短优劣。

第三，我不打算局限于描述和分析现有的各种视角，而要发展一种更让人满意的理论思路来探讨我们的具身体现。它将基于社会学和哲学人类学中已经取得的相关成就，为此我从本书前面几章中简述的视角中博采精华，加以推进。我会描述并评估现有的研究，同时也力求另辟新径，发展个中的深刻见解。我想指出，要梳理身体这个概念，最好就是把它概括为一种兼具生物性与社会性的未完成现象，并有其自身的突生特性（包括使个体能够走路、说话、思考、用技术附加强化自身、改变所处环境的那些特性）；由于身体参与社会，这些特性也会发生转化，并面临特定的限制。这些突生特性的确立，经过了持续数千年的进化过程确立，涉及社会、生物、技术和环境等方面因素的相互关系。但我们出生时具备的物种能力，比如直立行走、说话和使用工具的潜在能力，都要求社会文化维度的激活（Elias, 1991b）。不过，我们的具身存在并不只是社会和文化的定位所在，而是奠立起并塑造着我们的关系和创造。比如说，我们的具身体现意味着我们无法同时在两个地方以充分的物理意义在场（尽管新媒体提升了在多重位置以中介方式在场的可能性），赋予我们说话和运动的能力，具备多种多样的需要和驱力，推动我们与他人发生接触。社会关系以各种方式培养并转化我们的具身性能力，但这些能力的根基依然在人的身体上。

正是这种兼具生物性与社会性的特征，使身体这种现象既显白无奇，又难以捉摸。一方面，尽人"皆知"，身体是由皮肤、肌肉、骨骼、血液构成的，并包含一些使我们成其为人的物种特有能力。但即便是身体上最"天生自然"的属性，在一生中也会有所变化。当我们渐渐变老，我们的面容会改变，眼力会衰退，骨骼会变脆，皮肤也开始松弛。至于身体的尺码、体型和身高，也会根据所得到的照看与营养而各有不同。作为小女孩或是小男孩，从走路、说话、看人、争辩、打斗直至撒尿，我们的生长发育都有不同，就看我们从自己父母以及别人那里接收到什么样的身体训练，以及我们所处文化中共有的身体技术（Mauss, 1973 [1934]; Haug, 1987）。

　　我一方面要推进这种整体思路，来探讨作为突生现象的具身体现，也就是拥有其自身的特性与能力，长期延续，与其周遭环境相互作用，并有所变化；与此同时，我也想指出，身体社会学需要对心身关系有所论述。我偏向的立场下文会更加清楚，我支持说心与身不可分离，因为心寓于身。不过，我并不打算详细探讨围绕这一主题的哲学争论，相反，我将借鉴乔治·莱考夫、马克·约翰逊和 R. W. 康奈尔的研究，并考察安东尼奥·达马西奥从神经科学的角度出发，对于具身存在处理信息的有意识与无意识方式的讨论。在此基础上，我将考察我们所使用的范畴和分类图式与我们身体存在之间的密切关系有哪些社会学意涵。为此，第五章将直接探讨有关议题，而第六至八章将间接关注心寓于身的社会学后果。尽管社会学家正确地关注了许多神经科学中的化约论倾向，因为该思路往往将心智化约为大脑（Crossley, 2001a），但某些倡导该思路的学者还是使我们能够以富有创造性的方式，思考可能影响社会行动与互动的那些神经过程（Damasio, 2010; Franks, 2010）。

　　第五章确立了这种探讨身体的突生论视角的轮廓，力求超越自然主义和社会建构论两种研究思路的局限。我简要考察了人的进化在赋予我们物种特有能力方面扮演了何等角色，也大量借鉴了 R. W. 康奈尔与彼得·弗罗因德有关"性别化身体"（gendered body）和"情感态身体"（emotional body）的重要分析。他们的作品合而观之，并补充以女性主义的论述，意在表明，社会不平等是如何呈现在女性和男性的身体上的。这些性别化身体又构筑了随后的社会关系的基础，这在一定程度上是因为，它们引发了特定的身体观念。在第六、七两章中，我还将提出更具争议的观点，认为可以把皮埃尔·布尔迪厄的研究，更大程度上是诺贝特·埃利亚斯的研究，解读为有关社会中的身体的重要理论。

对于布尔迪厄与埃利亚斯的作品，有许多种解读方式，而我在本书中的第四点要旨就是要提出，他们各自著述的核心，都有着明确的身体观点，使我们能够富有创造性地探索人的具身体现的社会学后果。不妨把布尔迪厄的研究解读为提供给我们一套身体学说，视之为一种身体资本（physical capital），而埃利亚斯的著述是要阐发我所说的有关文明化身体（civilized body）的理论。这两位作者为社会学家提供了虽然相左但都有力的身体研究思路，有助于克服该学科对这个主题的双重思路。不过，还是埃利亚斯的研究最能推动我们不再视身体为某种客体，转而关注作为整体相互依赖的各个具身主体。

布尔迪厄的著述凸显了身体的普遍商品化趋势（这种商品化将人们的身份/认同维系于赋予其身体的尺码、体型与外表的那些社会价值），但也处理了品位、性情倾向、我们的具身社会化与我们的文化价值和信念之间的关系等议题。与此相反，埃利亚斯揭示了我们的身体随着历史演变，如何不断趋于个体化，在现象学意义上将我们与别人相分离。他结合这一点，分析曾经在身体与身体之间爆发的众多冲突，由于对情绪控制的要求不断加强，如今转而发生在具身性个体内部。在这些过程的作用下，我们只能与自己的身体孤独自处；我们在身体的监督和管理上投入更多的精力，却丧失了曾经从欲望的满足中获得的惬意。对于"活生生的身体"（lived body），对于我们如何通过自己的具身体现来体验所处环境，埃利亚斯的讨论比布尔迪厄更详细。不过，他们都探讨了一种现代趋势，即我们对自己的身体采取了更强的反身性，而在这种背景下，死亡的前景又为何会显得如此令人困扰。

这就把我带到了本项研究的第五点即最后一点目标：倡导将死亡作为身体社会学的重要内容来分析。与现有的许多研究截然不同，我认为，只有考虑到死亡的前景，我们才能够充分理解，作为具身性的人的生活牵涉到哪些境况。有关死亡的社会学阐述是以一些世俗预设为支撑的，不过我与这些预设中的许多正好相反，会认真采纳有关身体死亡的宗教性观点，视之为向另一种存在形式的过渡，而不是"一切归零"，宣告终结。这些观点使我们能够去体会，对于那些依据彼岸的标准来塑造此岸存在的结构的人，如何能够抵御身体规划所面临的那些偶然和局限，至少有这样的潜在可能。

六、勾勒身体

接下来，第二章探讨了身体在社会学中的双重地位，以及作为一种研究对象的兴起。我先是探讨了身体在当代社会学及古典社会学中的缺席在场，然后简述身体在社会学中越来越受关注的一些原因。在第三、四两章中，我考察了当代身体研究所借鉴和回应的两股最重要的思想传统。第三章集中讨论了自然主义的身体观。"自然主义思路"这个术语涵括广泛，统称将身体视作奠立自我认同与社会等上层建筑的生物性基础的一系列观点。社会源于身体，囿于身体，而身体又受到自然的不变现实的形塑。虽说自然主义观点十有八九让人想到社会生物学（sociobiology），但它们自有其漫长而歧异的历史，基本上是以负面的方式，影响了当代社会学如何理解身体。在使社会不平等合法化方面，自然主义观点过去和现在都深具影响。不过，由于"新遗传学"的反决定论色彩，自然主义观点正面临越来越多的科学批评（例参Atkinson et al., 2007）。

对于自然主义的研究思路，晚近有关身体的社会学研究绝大多数是表示抗拒的。第四章考察了社会建构论的身体观。在这类观点看来，身体不是社会的自然基础，而是各种社会力量和技术关联合力而成的结果。社会学中的社会建构论身体观主要受到了五种思想源泉的影响：玛丽·道格拉斯的人类学、社会史学家的作品、米歇尔·福柯的分析、欧文·戈夫曼的研究，以及更为晚近的动因网络理论家的贡献。第四章聚焦于福柯与戈夫曼，并探究了以两人作品为基础构筑的两种当代身体学说（特纳的"身体秩序"理论和弗兰克的"行动问题"思路），并评述了动因网络理论的分析潜力。

如前所述，第五章提出，要弥合视身体为生物现象的自然主义观点与视身体为无限可塑的社会建构论观点，并借鉴了R.W.康奈尔和彼得·弗罗因德的研究来发展这种论点。这两位论家各自关于性别化身体和情感态身体的著述都向着这个目标有所推进。我认为，可以进一步发展他们的研究，以有利于克服在身体研究文献中典型体现出的心／身之分和自然／文化之分，然后再将他们对于身体和社会不平等的关注拓展到身体劳动的领域。第六、七章考察了布尔迪厄和埃利亚斯如何使我们能够把一种研究身体的整体思路扩展成研究社会中的身体的一套理论，以此进一步丰富了第五章。这两位论家为我们提供的两种学说，是现有具身体现学说中最强有力的。

第八章着重考察了身体、自我认同和死亡之间的关系，以此综合本项研究的许多主题。社会学传统上关注的是生的议题，而非死的主题。不过，我认为，只有探究现代个体与物理有限性的对峙，才能理解身体在当代的重要性。在这个时代，我们见证到身体与自我认同的关联愈益紧密，与此同时，我们的身体作为生命的载体，越来越重要，而作为终有一死的凡人，却也显得极其脆弱，无足轻重。在此背景下，自 20 世纪结束以来，世界大多数区域发生的宗教归属关系复兴之势，针对未来的身体取向提出了重要问题。

最后，结语分析了身体规划作为贯穿本书前面各章的一项主题，在晚近技术创新背景下的命运。我探索了有关身体与自我认同的一些可供替代的观念，力求进一步发展本书采取的看待我们具身自我的突生论整体思路。这就涉及重新评估第三至九章考察的一些主要学说，并阐明肉身实在论的基本特点，作为身体研究后续发展的基础。

第二章 社会学研究中的身体

社会学自创建伊始，历经发展，始终对其研究主题采取一种非具身性的思路。社会理论家们逐渐习惯于将身体看作是另一门学科如生物学的领地，或是人类行动一项不可或缺但却无甚可观的前提条件，又或只是消极被动的社会控制目标。至少他们偏好的就是这样一种分析。不过，更准确的描述或许是，身体在社会学中具有某种双重地位。纵观历史，身体并非完全从这门学科中消失，而是属于某种"缺席在场"。社会学很少直接聚焦于人的具身体现，就此而言，身体是缺席的。人们通常认为，身体是自然的、个体的现象，不属于这门学科合法的社会性关注范围。有鉴于此，这种始终缺席的状况也就不足为奇了。只有当社会学此后开始质疑自然/社会之间的分划，身体才开始被视为无论对于社会行动，还是对于社会学事业，这两者的核心要素。不过，同样也可以认为，在社会学想象力的核心，身体始终是在场的。身体在社会学中往往隐而不彰，但它就像人类的心智一样，使周遭的东西保持生机，获得滋养。社会学要关注人类社会，势必就要探究具身性的主体是如何将社会制度外化、客体化继而内化的(Berger, 1990 [1967])。尽管血肉之躯或许常常逸出了明确的社会学关注，但在学科的发展历程中，人类的具身体现的诸多面相，比如语言与激发行动的那些情感，还是处在核心位置。

只需浏览一番这门学科的几块核心领域，就能看出身体的双重地位。从社会流动、种族歧视、"底层阶级"的形成、健康与学校教育方面的不平等，直到全球化，这些领域的研究都间接关注了身体的运动、分类、定位、照看以及教育。所有这些研究领域都以不同方式关注，对于人们身体的分类与处置，即将其归属于某一特定的"种族"、性别、阶级或民族，会通过哪些方式，出于何种原因，塑造着人们的社会机会和预期寿命。例如，发病率和死亡率方面的不平等态势促使社会学家追问，人们的社会存在是怎样以如此显著的方式，影响了他们的身体。显然，身体不容小觑，它们足够重要，构筑起许多社会学研究的"隐性"基础。

纵然如此，社会学家一向回避具身体现这一主题，直到晚近才有所改观。在上述例子中，他们传统上集中考察的是民族国家的结构，偏见与歧视，对工作与家庭的依附，获取各类服务的渠道，以及文化、经济、政治等领域种种本地过程及全球过程的相互交织。即使可以说身体是这些社会学考察的基础，十有八九也是一种隐性的基础，理论阐述不足，被想当然地接受。以全球化的研究为例，各类身体、身体形象和身体保养的全球流通都属于贸易（Ehrenreich and Hochschild, 2002）。这里面包括了器官交易、邮购新娘、买春游和童奴买卖。而体育运动中的身体贸易则是不那么耸人听闻的实例。美国棒球主要联赛在多米尼加共和国均开设有专门学校，掠夺该国的体育人才（Klein, 1991）。而最富有的欧洲各大足球联赛则定期从非洲及世界其他地方洗劫最好的球员（Darby et al., 2007; Darby and Solberg, 2010）。诸如此类的现象散布在身体剥削的连续统各处，而身体剥削正是全球化过程的核心。可是，在有关全球化的理论阐述中，人们却很少看到身体被赋予它所应有的明确的重要意义。相反，身体又一次占据了缺席在场的位置。

身体的这种边缘化既有损于社会学研究的格局，也无益于研究的质量。教育社会学就是这方面的典型例证。西方的教育系统培养了民族国家边界之内大部分的年轻人。实际上，政策分析学者之所以把学校视作提供福利服务的首要载体，学校教育的义务性质也是主要原因之一（Finch, 1984; Wulczyn et al., 2009）。在学校这类场所里，孩子们与致命的疾病相隔绝，身体遭受虐待的迹象得到监管，也有机会得到营养均衡的膳食，并参与体育锻炼，有时还会被监测身高体重。学校不单是教育孩子的心智的场所，也参与调查并塑造年轻人整体上的具身体现。

皮埃尔·布尔迪厄业已认识到学校培养中的身体意涵，分析了"文化资本"如何通过孩童获得特定的性情、品位和能力，体现在孩童的身体上（Bourdieu, 1984, 1986）。然而，布尔迪厄的研究虽然影响不小，但北美和英国的社会学家所提出的有关学校教育的理论却还是聚焦于语言和心智，而不是人的具身体现的其他特征。教育社会学传统上都很关注社会阶级、认知发展、意识形态、证书颁授及社会流动。诸如此类的研究思路已经产生了大量有关教育机会的重要数据，但也加剧了那种误解，即学校教育只关乎认知，只关乎一类知识，即抽象的、学院的知识（Shilling, 1992, 2008）。无论是将教育视同为智力发展的自由主义者，还是认为学校的功能就在于向学生的心智灌输支配性意识形态的再生产理论家，他们的著述中都能找到这类提法。这些视角都未能充分探察学校教育的具身性质，或者说是教育知识的肉身蕴涵。但是，老师教孩子们穿戴"得体"，要求定时如厕，以免尴尬，上课时端坐肃静，遵守晨祷或向国旗敬礼之类日常仪礼，只要想想这些，就会认识到，有活力、受管理、被规训的身体，而不只是会思考、会发言、会听课的身体，是学校教育中的核心（例参Simpson, 2000）。

对于身体的学校教育，相关过程的重要性不应低估，最终也确实开始赢得其应得的关注 (McVeigh, 2000; Shilling, 2004, 2010; Watkins, 2007; Evans et al., 2009; Braun, 2011)。诚如布尔迪厄所言 (Bourdieu, 1988)，学校有助于生产出特定形式的身体控制和身体表达，通过习惯于权威，有助于从孩子和成人那里赢取一些形式的赞同，否则心智原本可能予以拒绝。社会学家如果忽略教育的这些特性，对这些机构/制度 (institutions) 的看法就会流于片面，有所误导。

行文至此，我集中谈的是身体在社会学中的双重地位的一个方面，即社会学如何很少明确将身体作为研究主题重点考察。但我上文也已指出，身体在学科中的在场不可化约，这种在场对于社会学的想象力非常重要。身体之所以很重要，其根本缘由乃是基于如下认识：身体的各种能力、感觉、体验和管理，不仅体现于人的行动与约束，而且蕴含于社会系统的形成与维护。在一定程度上，这种认识来自哲学人类学以及梅洛-庞蒂的现象学的关注。正是这些能力，强有力地刺激了社会学的研究。

我们对生命的体验必然是以自己的身体为中介的。戈夫曼揭示道 (Goffman, 1963, 1969 [1959])，我们改变日常事务的流动的能力，涉及通过时间和空间来管理我们的身体。换句话说，我们都拥有身体，都以自己的身体展开行事。我们日常的生活经验，无论是来自在学校学习，去往上班的地方，买东西煮饭吃，还是与人做爱，都与对自己和别人身体的体验、管理及回应分不开。人的具身体现对于家庭和友谊的形成与维护中牵涉到的复杂技术至关重要。从摇篮到火葬场，个体要仰仗具身主体之间存在的各种互赖关系（Elias, 1991a）。而社会的存在本身也取决于现存及新生身体的再生产。

所以说，身体需要在社会学的想象力中占据一席之地，因为我们对身体的体验和管理形成了赖以锻造社会生活的部分材料。要从理论上阐述社会的共性，社会不平等，以及差异的建构，我们活生生的具身体现都构筑了基础。我们都拥有身体，在一定程度上，这使我们成其为人，有能力彼此沟通，体验共同的需要、欲望、满足与受挫（Doyal and Gough, 1991; Gough, 2000, 2010）。但要认识到身体在社会学中的重要性，并不仅限于整体上承认其对于社会行动和社会系统都十分重要。尽管人的身体提供了共情沟通和共享体验的潜在可能，但无论是在社会系统内部，还是不同的社会系统之间，寓于身体和对待身体的方式都各不相同。按照莫斯的讲法（Mauss (1973 [1934])），各文化皆有其特别的"身体技术"（techniques of the body），为其成员提供身份/认同，主宰婴儿期、青春期和老年期，并引导着言谈和行走之类的活动。不仅如此，就像埃利亚斯的研究所证明的那样，身体差异不仅随文化不同而变，也因历史相异而变。在西方世界，我们对于身体排泄物的敏感度在最近数百年大大增加，同时出现的趋势是，把我们的皮肤视作自身与外在世界之间固定不变的壁垒（Corbin, 1986; Elias, 2000 [1939]）。身体也随个体不同而变。我们都拥有身体，但我们并不都能用眼看、用耳听、用手摸、用嘴说，以及独立地移动。拥有一副身体，既具有促动性，也有其约束性。比起那些青春焕发、身体健全的人，老年人或身心障碍人士往往更会觉得受到自己身体的约束（Featherstone, 1995;

Thomas, 2002)。具身存在既使生命成为可能，也确保了生理死亡(Berger and Luckmann, 1967)。

因此，身体在社会学中既缺席，也在场。但它的双重地位／缺席在场属于学科的遗产，可以回溯到学科的根基。在此有必要稍加详细地谈谈这一点，因为它揭示出社会学最初的发展为何会展现出对于身体的某种精神分裂式立场：尽管未能给出明确的理论以奠立身体社会学，但有关社会存在的具身体现依然不乏论述。浏览这门学科的早期发展也有助于说明，缺乏对身体的持续而明确的聚焦，为何并不妨碍日后的社会学家借鉴社会学传统中的一些关键维度，以打造对于社会中身体的新研究的构架。

一、古典社会学中的身体

身体在社会学中的缺席在场，在"创建先贤"们的关注话题与研究著述中表现明显。一方面，卡尔·马克思、马克斯·韦伯与埃米尔·涂尔干，以及格奥尔格·齐美尔、费迪南·滕尼斯和卡尔·曼海姆等其他古典社会学家，都很少聚焦于身体作为考察主题。特纳甚至极而言之："有关社会行动者的本体性地位的问题始终隐而不彰，如果说古典社会理论家转向这类议题，也是从行动(agency)的角度来规定人类行动者，实际上意味着对于目的的理性选择"(Turner, 1991：7)。但在另一方面，身体又因其太过重要，无法彻底排除。马克思分析资本主义技术的发展如何使工人阶级的身体维系于并臣属于机器，涂尔干阐述支撑道德秩序之构成的基本过程，以及韦伯讨论科层制和现代性下身体的理性化，都是明证。

身体的整体性质未能在社会学的创建中占据核心位置是完全有理由的。像涂尔干这样的社会学家关注的是确立一块学科领域，与自然科学截然有别，不可化约为后者。涂尔干宣称社会学是一门独立的科学，规定社会学的兴趣与方法都迥异于心理学（Durkheim, 1938: xlix）。心理学关注的是个体范畴，而非社会范畴，而心理学角度的说明在涂尔干看来，也是基于他所称的"有机心理"因素（属于个体有机体的"前社会性"特征，乃属与生俱来，独立于各种社会影响；Lukes, 1973: 17）。自然/社会这组二元对立就成了人的标志，在涂尔干眼里（Durkheim, 1938），生物性的身体被置于自然的领域，而社会学被赋予的任务是考察社会事实，相对于那些受其主宰的东西，高于其上，超乎其外，非其能及。这个观点对学科影响深远，意味着对于合法的社会学考察来说，自然范畴/生物范畴往往被排除在外，无关紧要（Newby, 1991）。这样一来，社会学家要把人类具身体现的特性融入自己的研究，必然会踌躇再三，因为这些特性看似用生物学或心理学就能清楚说明。由此观之，不妨认为，社会学的创建及初期发展作为一套社会维度和认识论维度上的研究规划，不利于身体成为研究主题。

布赖恩·特纳提出这样来理解学科的发展轨迹（Turner, 1991），认为古典论家们之所以未能发展出一套身体社会学，原因有四点。首先，涂尔干、韦伯、齐美尔、曼海姆等社会学家都不关注人类的历史进化，而是关注各个工业资本主义社会之间的相似性，以及这些社会与传统社会之间的差异。古典社会学家们关注雇佣劳动、城市中心和机器化等方面的增长，关注政治民主与公民权的兴起，以及宗教力量的式微，价值与信仰的逐渐世俗化。这些变迁波澜壮阔，显得很有必要基于一些社会层面上的因素的发展来做出说明，比如社会分工（涂尔干），阶级斗争（马克思），或是理性化（rationalization）和理智化（intellectualization）过程（齐美尔与韦伯）。

第二，鉴于工业资本主义的复杂性，让人有兴趣将社会视作一个功能运作的社会系统，社会学故此集中考察社会秩序或社会变迁分别需要怎样的条件。齐美尔与韦伯的作品表明，这并不排除关注个体。不过，社会学的确蕴含着一种立场，基于社会性基础的相互关联来构造理论。令人遗憾的是，身体常常被概括为一种"自然的"、前社会性的现象，不值得给予认真的社会学关注。

第三，人的行动所要求的那些能力开始被视同为意识与心智，而不是整体的具身体现。身体充其量也只是被视作社会行动的一项平淡无奇的条件。韦伯的社会行动类型学就是一例典型（Weber, 1968: 24—26），认为真正的人类行动是通过理智处理的理性行动，而不是习惯（传统性行为）或情绪（情感性行为）。

第四，这些认识论立场和本体论立场在理论上产生的后果就是：人类学将身体视为一种分类系统，而社会学对这种观点并不怎么感兴趣。是心智，而非身体，充当了与社会分层有关、源于社会分层的那些意象的接收器与组织者。按照特纳的说法（Turner, 1991），马克思主义传统聚焦于意识形态、虚假意识与物化，就是明证。它还体现在被视为社会学想象力核心的那些概念二分上。社会学将心/身关系留给哲学领域，自己专注于作为其研究核心的其他概念二分，比如结构/行动与主体/客体的两难。

特纳如此阐述"创建先贤"未能发展出一套身体社会学的原因，对于他们成就的评价或许过于苛求（Shilling and Mellor,

2001），不过，它反映了晚近许多身体理论家是如何看待先贤们的研究的。不仅如此，除了特纳的这些原因，还有两点有助于我们进一步理解，在古典传统中为何没有任何明确宣示的身体社会学。第一点牵涉到这门学科所倡导的那些方法论思路，它们非常注重抽象的认知探究。比如说，涂尔干提出（Durkheim, 1938），职业社会学家的心智要保持开放而空旷，清除一切情感偏见之类的身体不纯，才能够把握社会事实的现实。概念思维是由社会提供的，根据定义，概念与基于器官的"感觉"相对。这种强调不仅贬低身体经验在知识积累中的角色，而且质疑专业外行动者知识的有效性，原因正是它可能受到肉身存在的感染（Bauman, 1992b）。即如涂尔干所言（Durkheim, 1938），我们日常生活中遭遇到的诸般事件给我们带来的只是令人困惑、转瞬即逝的主观印象，没有半点科学的概念或说明可言。

最后，还有必要指出一点明显但重要的事实，"创建先贤"们的具身体现都是男人。社会学的创建既是一桩认识论规划，也是一桩社会性规划，而这规划是由男人来贯彻的。女人十月怀胎就已风险重重，一朝临盆更是死亡频发，而婴儿死亡率也是居高不下，倘若马克思、齐美尔、韦伯和涂尔干都是女人，或许会对身体给予更多的考虑，从而反映出上述问题。虽然这并不等于说知识可以化约为身体的直接体验，但却是承认知识与具身体现之间密切关联。"创建先贤"们的个体生平与主导其所处社会的那些社会议题之间紧密相关，深切影响了他们的社会学学说，如果在历史的那一刻，他们首先面临的是与身为一名女性有关的肉身上的危险，那么他们的著述很可能会更加关注具身体现。

当然，要说古典社会学彻底忽视了身体，也不准确。诚然，身体常常无法成为合法的社会学关注的主要对象,但它对于社会生活的重要性,也体现在特纳(Turner, 1991)的讲法,即在马克思、恩格斯和韦伯的著作中,又通过尼采、埃利亚斯、马尔库塞和福柯的作品的后续发展,肉身特性自有其一段边缘化的"秘史"。马克思与恩格斯都很关注与自觉意识有关的肉身境况,英国工人阶级的状况,分工的有害后果,就是使工人的身体趋于畸形(Engels, 1958 [1845]; Marx, 1973 [1939], 1975 [1844])。他们还就人的物质存在、劳动与意识发展之间的关系提出了一套成熟的理论探讨(Marx and Engels, 1970 [1846])。一方面是受人的生活条件决定的自然,另一方面是那些境况的实践转化,人的发展就是这两方面之间的辩证关系的结果。身体这个兼具社会性与生物性的实体,始终处在成为(becoming)的状态,具备超越的潜能,但只有在未来的共产主义阶段才能充分实现。

涂尔干固然是将社会学看作对"社会事实"的研究,但他也关注这些事实如何融入个体的身体倾向。社会事实作用在个体上,但也作用于个体中(Durkheim, 1953: 57)。在图腾社会中,集体的特性/身份/认同往往径直铭刻在其成员的身体上。这是因为,身体"分享某种共同生活,这些成员常常是几乎出于本能地往自己身体上描绘或印刻形象,以提醒自己记住"这种生活(Durkheim, 1995 [1912]: 233)。文身作为"确认心智交契(communion of minds)的最直接、最具表现力的手段",就是这种"本能"的例证,发生在那些氏族或部落当中,"全无任何反思或计算"(Durkheim, 1995 [1912]: 233—234)。

齐美尔的著述则可以解读为关注具身性生命与各类社会文化形式之间的关系(Shilling, 2001)。这明显体现于他的以下主张：新创立的那些形式构成了生命表达的产物，但不久就发展成为固定的传统或制度，毫不关注此后的身体需要（Simmel，1971[1918]）。货币经济的发展对人的身体特征的影响尤其有害。货币经济对待任何事情看的都是其交换价值，助长以手段支配目的，并就此使人们远离达成特定目的或与特定他人互动所能带来的感觉愉悦（Simmel，1990[1907]：429—430，444）。在城市生活中，工作与闲暇之间的差距被缩短，货币经济与这样的城市生活维系在一起，也就使能量衰减，却加剧了侵蚀社会纽带的那种玩世不恭之类的情绪。

韦伯讨论新教伦理、社会行动、理性化、科层制"铁笼"、克里斯玛及情爱等问题的著述，也非常鲜明地关注了身体。比如说，在《新教伦理与资本主义精神》中（Weber，1985[1904—1905]），韦伯考察了加尔文宗的"天职"观，认为这种观念确认了与现代资本主义相伴随的那些心理状况。韦伯认为，加尔文宗的预定论会使人们产生深切的不安，并展现为强烈的动机，要在此世过一种全面纪律化（disciplined）的虔敬生活。这会将清教徒们引向工商业，时时刻刻致力于积累金钱。这种"现代经济生活精神"的核心，就是自愿让身体受制于严格的例行常规。在生产领域付出辛劳努力，伴随着在消费领域力行俭省，拒绝感官享受。事实上，韦伯的作品可以解读为，他让我们看到，清教徒的惯习（habitus）与早期资产者的惯习之间存在亲和，这套相互重叠的身体上的性情倾向与能力，为理性资本主义的发展构筑起肉身基础（亦参 Campbell，1987）。

如此看来，在"创建先贤"们的著述中，已经牢固确立了身体在社会学中的双重地位。他们的有些作品鲜明展现了有形的身体，而这些分析依然影响着当代有关身体的被剥削和理性化的研究，以及关于具身性欢腾共同体的形成的研究。不过，他们的规划的整体取向却有碍于将具身性的人放到考察的核心位置。涂尔干的《自杀论》就是一例典型（Durkheim，1951［1897］）。这项研究间接探究了宗教共同体对于身体—主体产生的不同效应，但却没有明确阐述可视为其核心的具身体现的理论。

在 20 世纪，社会学依然展现出对身体的某种精神分裂式立场。社会学继续渴望维持自身作为一门单独科目的地位，所以抗拒各种生物化约论，就是在研究人的行为、制度和不平等的时候，诉诸它们的"自然的"生物性基础。因此，那些结构主义社会学和解释性社会学都关注意识形态，关注有关语言、意义和理解的问题，而对说明身体中那些看似可以从生物科学角度来阐明的特性，依然不感兴趣。无论是结构主义社会学，还是解释性社会学，都未能充分重视人的具身体现。相反，它们在发展中，片面聚焦于人性中最容易被视为社会性的那些特性（语言与意识）。在结构主义的概念理解中，结构往往被视同为支配性价值系统的认知内化，通过使个体沦为它们毫无控制力的那些力量的产物，消解了身体其他方面的特性的因果意涵（例参 Althusser，1971）。与此相反，解释性的研究又大多认为，所谓行动，等同于个体重塑其日常生活的心智能力与语言能力。尽管意识和语言同样有着具身性，但它们这方面的存在特性却常常遭到忽视。相反，当身体被描绘成一个消极被动的外壳，需要主体的创造性心智来激活，完整的肉身性的行动者也就消失在一大堆"规划""意向""视角"和"应对策略"之中（Schutz，1970；Woods，1980a，1980b）。

实用主义在社会学中的命运，就是对身体的这种排斥的典型体现。约翰·杜威、G. H. 米德、威廉·詹姆斯和 C. S. 皮尔斯等倡导的实用主义的社会哲学，独树一帜，确立具身体现是人类行动的内外环境的核心中介因素。行动的外部环境体现为米德的如下观念（Mead, 1962 [1934]）：当一群相互依赖的人类有机体，力求在所处的物理环境中维持生存，他们会彼此合作，打造某种社会氛围。米德认为，这种合作促进了人们担当他人角色的能力，涉及不同肉身之间培养姿势，交换姿势的理解，最终是语言，也包括有能力担当客体的角色，以此为手段，为有效力的行动展开有效率的合作。而行动的内部环境体现为杜威（Dewey, 1980 [1934]）与米德（Mead, 1904）的如下关注：生物必要性、这些需要所产生的冲动、行为能力与趋向几方面之间的关系。关键在于，正是具身主体，通过其发乎感官、出于意向、居于情境的行动，充当着这些外部环境与内部环境之间的中介。诚如杜威所称（Dewey, 1980 [1934]：13），没有任何生物的生活是囿于其皮肤之内的；我们的感官是与"（我们）身体框架之外的东西"之间的某种"联结手段"，促进了行动，听从环境的"召唤"，我们处在那些环境下，寻求在与他人的关联中，满足我们的需要（亦参 Siegfried, 1996：164）。

正是在这样的分析语境中，实用主义探究了作为个体行动特点的习惯、危机与创造性之间的具身性循环（Faris, 1967; Shilling, 2008）。习惯使我们能够将不具威胁、无甚相干的信息予以置括，从而促进了有效力的行动。它们渗入身体最幽深之处，指引着我们的感觉和肌肉活动，成为我们之为我们的不可或缺的组成部分，拓展或约束着我们的活动，就像一位真正的艺术家的"智性习惯",或是一位刻板的表演者的"例行习惯"(Dewey, 2002 [1922]: 67)。不仅如此,詹姆斯还主张(James, 1950 [1890]),习惯远非理性行动的对立面,而是构成了它的基底。话说回来,习惯之间或许会相互冲撞,彼此矛盾,并且由于具身行动的内外环境之间关系的变化,也可能变得失去效力;一旦社会意义和物理意义上的周遭环境与具身主体的有机需要及潜能之间不相匹配,这些习惯也会加剧可能的危机。基尔皮宁指出(Kilpinen, 2000: 334),即使所处情境看似静滞不变,包括衰老和患病在内的物理性、生理性和社会性因素都能改变人们提出的要求,使得此前思考并作用于社会世界和物质世界的那些方式难以为继。最后,皮尔斯等实用主义者也论证道,具身主体面对危机,并不是消极被动的受害者(其实面对习惯也可以这么说),而是能够投入积极主动的思量,包括感受、思维、意象和情感,其间充斥着对于可能的替代选择的排演,这些替代选择可能促进"一种新的行事方式",能够确立个体与其环境之间的重新结合。

有关具身行动的这套实用主义理论遭到了涂尔干之类欧洲古典社会学家的拒斥(Durkheim, 1955),但在美国创办的首家社会学系中却有很好的体现(Joas, 1993; Levine, 1995)。杜威和米德这样的关键人物都在芝加哥大学教书,经由他们的影响,这套理论引导了20世纪早期一系列与身体相关的研究(有关城市、性相、移民群体和流动劳工),力图"打造一套方案,企望通过对于实践行动的分析,解决一切哲学问题"(Levine, 1995: 228)。例如,内尔斯·安德森(Anderson, 1961 [1923])研究了流动劳工("hobos",无家可归者,同时也是流动工人),我相信是身体研究的一部经典。它探究了这些人所生活的"游民区"(hobohemia）的外部环境，标志着他们生活的内在的物质艰辛与剥夺，以及他们在建造构成现代美国"第二边疆"的铁路、矿山、军事基地、大小城镇过程中的具身行动的意义（Anderson, 1961 [1923]: xxi）。无独有偶，受实用主义激发的芝加哥学派社会学家们对性相所做的重要研究，勾绘了一副非规范的性实践的地图，并把这些性实践描述成个体欲望、具身行动与城市环境之间的关系所导致的，而不是所谓"个人病理"的体现（例参 Thomas, 1907; Cressey, 1929; Heap, 2003: 459）。

不过，到了 20 世纪中叶，实用主义对于身体的凸显出现了戏剧性的衰微之势。它的推动力再也不足以将身体深植于社会学的想象力的核心。鉴于本章始终指明的社会学传统上对待身体的暧昧立场，实用主义者当中在社会学领域最具影响力的米德，他的著述被解释成致力于符号互动论研究，也就不足为奇了。比如说，米德关注行动的身体维度和环境，但赫伯特·布鲁默在进一步发展符号互动论时，却对此视而不见（Rochberg-Halton, 1987: 195）。更具破坏性的是，塔尔科特·帕森斯认为，社会学就是研究规范性行动，研究社会系统的价值整合，从而将实用主义排斥在外（Joas, 1993: 14）。帕森斯（Parsons, 1991 [1951]: 541—542）确实承认身体对人的生活很重要，但当他关注自身、自我、行动、社会系统等等的文化模式形成机制时，具身体现却依然是剩余性的。即便到了 20 世纪 80 年代，理查德·罗蒂对于实用主义的复兴，也忽视了此前赋予人身上社会化的生物特征的意涵，将具身认同转化为某种文本自我，或者按照舒斯特曼的讲法（Shusterman, 2012: 40），"无非是一张语言之网"。而在这些发展趋势之前，芝加哥学派的影响力自 20 世纪 40 年代以降就已渐趋衰微，这促使约阿斯（Joas, 1993: 17）评估道，该学派最后只是"部分实现了……实用主义社会哲学内在的诸般可能性。"简言之，身体依然还是某种缺席在场（参看 Shilling, 2008; Shusterman, 2008）。

二、身体在社会学研究中的兴起

尽管这门学科态度暧昧，但自 20 世纪 80 年代以来，却有越来越多的社会学家以及其他学者开始强调具身体现的重要性。他们挑明了具身体现在传统著述中隐而不彰的存在，并做出了一些重要推进，将身体整合到这门学科之中。在最早的一批此类研究中，就有赫斯特与伍利的分析（Hirst and Woolley, 1982），特纳的作品（Turner, 1984），奥尼尔的《身体五态》（O'Neill, 1985），弗罗因德（Freund, 1988）与弗兰克（Frank, 1990）的评论，以及费赫、纳达夫与塔齐合作的三卷本身体史文献汇编（Feher, Naddaff and Tazi, 1989），而费瑟斯通等合编的文集（Featherstone et al., 1991）也有助于使身体成为社会学分析中不容小觑、蓬勃发展的研究对象。身体逐渐被视作一项重要主题，能够对社会学家传统上关注的许多问题，比如结构/行动之分和宏观/微观之分，产生新的想法。不仅如此，由于身体处在自然/文化和生物/社会等二元论的核心，而这些二元论在历史上充当了勾勒学科范围的角色，因此不妨认为，充分重视身体，对于拓展学科关联，延伸到环境之类的领域，可谓至关重要。

那么，为什么在 20 世纪的后期，身体会成为一种被视为值得细究的现象？要回答这个问题，就要考察一些社会变迁和学界演变，它们凸显了身体在社会中的重要性。这并不等于说，身体此前在社会维度上无足轻重。按照玛丽·道格拉斯的主张（Douglas，1970），社会态身体的关注与个体态身体的关注之间，始终存在着密切关联。比如说，在19世纪的美国和英国，人们普遍忧虑富人不加节制、过度肥胖，而穷人却营养不良。这些议题都牵涉到担心种族退化（Searle，1971）。当新兵招募成了问题，就更强化了这种担忧。例如在英国，1864年至1867年间，每千名应征者中就有408名被军方出于身体理由拒绝入伍，而在1869年，海军更是从5567位报名参军的男青年中剔除了4410位（McIntosh，1952）。布尔战争之后，这些议题依然延续，种族体质退化问题委员会（Committee on the Physical Deterioration of the Race，1903—1904）倡议了一系列社会改良和教育变革，关注这种退化威胁（Soloway，1982）。该委员会属于一股更大的"国民效能"运动，聚焦于体质健康和心智能力。当1916年至1922年期间的英国首相戴维·劳合·乔治发出警示，"用C3级的人口是不可能运转A1级的帝国的"，就是集中体现了相关关切的动力（Overy，2009：96—98）。至于造成这种人口素质低下的状况的责任，则往往归咎于女性，优生论者理查德·奥斯丁·弗里曼（Freeman，1921：263）认为，"种族退化的罪魁祸首，就是劣质的女性"，而生育控制的先驱玛丽·斯妥布思则提出了更整体性的论点，认为只有那些能够"为种族增添有价值的个体"的人，才应当生儿育女（Overy，2009：96，112）。

第一次世界大战的征兵统计发布之后，美国也表现出对于青年人身体强健状况的类似担忧。在这场战争中，美国社会整体而言的身体形貌令人担忧。康奈尔大学的一位生理学教授估测，仅纽约市民就多长了1000万磅的赘肉，而这些肉更好的用场本应是作为士兵的配给。他更指出，对于千百万美国人来说，最具爱国意味的行为应当是努力减肥。另有些论家提出，应当把从节食中省下来的钱投放到自由公债[1]中去（Green, 1986; Schwartz, 1986）。身体已经成为国族强健（fitness and health of the nation）的隐喻，并且绝非史上头一遭。

20世纪的极权主义社会以更激进的方式利用了身体，作为意象，作为理念。法西斯主义，尤其是国家社会主义，以对"勇蛮之躯"（mindless body）的崇拜为核心，体现在其艺术上，而其源头则是明确宣示的值得欲求的社会态身体观；而在后共产主义时代的东欧，极右翼群体集会和光头党亚文化的兴起，依然能明显体现出特定身体形象的重要性（例参 Pilkington et al., 2010）。

所以，只是诉诸身体作为一种社会问题或社会符号的兴起，并不能完全说明社会学当前对身体的兴趣，因为它根本不是全新的现象。然而，不妨认为，身体确切的社会意涵已经发生了变化。身体曾经由各国政府来赋予意义。而到晚近，女性这方面越来越关注于"索回"对自己身体的"权利要求"，至于整体而言的人们，也是对自己的具身认同采取反身性的取向。与之伴随的是序论中提到过的那些趋向：我们控制自己身体的能力越强，身体的意义就越有可能不稳定。就此而言，身体作为一项重要的社会议题的兴起，有其独特的现代风格，以一种此前隐而不彰的方式，与社会学家的研究兴趣相吻合。不仅如此，一旦身体被承认是一种正当有效的研究对象，感兴趣的社会学家们就会认识到，

---

[1] "Liberty Bonds"：第一次世界大战时美国政府发行的战时公债。

本学科中有许多传统资源与身体分析相关。

更具体地说，影响当前对于身体的关注的那些社会变迁和学界演变中，包括了"第二波"女性主义的兴起，对生态关切和"另类生活风格"的兴趣，凸显西方社会中老年人需要的人口变迁，与现代资本主义结构变迁有关的消费文化的兴起，以及前文提及我们有关何为身体的确定性出现的"危机"，而这又关联到晚期现代性中身体的理性化趋势。

首先，"第二波"女性主义在20世纪60年代兴起，将有关生育控制和堕胎权利的议题列入了政治议程。这些趋势还奠立了女性当中更整体性的规划的背景，就是从男性的控制中"索回"对自己身体的"权利要求"。吉尔·柯卡普和劳丽·史密斯·凯勒指出（Kirkup and Keller, 1992），在这方面，自助群体是女性主义运动的重要组成部分。例如，1971年，"波士顿妇女健康写作集体"组织编写了一部有关女性健康的手册《我们的身体，我们的自我》，影响巨大，售出超过四百万册，出现20多个译本，得到全球各地女性的使用和采纳。[2] 根据凯茜·戴维斯的讲法（Davis, 2007），此书被用作改变健康政策，指导医学研究，并成为生育权利运动的珍贵资源。

女性主义分析者对女性所遭受压迫的分析，也将身体带入了学术上对于男权制/父权制（patriarchy）的概念阐述，与上述实践行动互为补充。许多理论将家庭界定为女性在社会中的定位的基础，而一些女性主义者针锋相对地提出，生物态身体才是男权制

---

[2] 此书中译本由知识出版社1998年1月推出，题为《美国妇女自我保健经典》，副标题为"我们的身体，我们自己"，译者刘正萍。

第二章　社会学研究中的身体

的源泉。苏拉米斯·菲尔斯通的《性的辩证法》（Firestone, 1971）就是这方面的著名例证。菲尔斯通此书被抨击为生物化约论，因为该书的核心命题是，不平等的性别阶级体系源于女性身体与男性身体所具备的不同的生育功能，但它至少直接论及身体在支配系统中的意涵。再往后，有关男权制／父权制的更为成熟的讨论，将身体融于力求整合生产分析与生育／再生产分析的框架之中，进一步充实了菲尔斯通的研究（McDonough and Harrison, 1978; Hartmann, 1979; 亦参 Walby, 1989; Grosz, 1994）。激进的女性主义者也非常强调身体作为女性遭受压迫的基础，比如通过作为特定场所，建构习惯性、情感性和空间性形式的"强迫性异性恋"（compulsory heterosexuality）（Rich, 1980; 亦参 Butler, 1990; Sharp, 1997）。

身体除了出现在有关男权制的性讨论中，女性主义者还研究了在色情作品、卖淫和代孕母亲中女性身体的商品化（Singer, 1989）。她们还强调了女孩和男孩的身体受到不同的社会化（Lees, 1984），身体符号体系对于法律系统的性别化特点所具有的意义（Eisenstein, 1988），并且指出，女性怀孕和生产期间对于其身体的医疗服务和处置，影响这些方面发展的有关知识却是以男性为导向的（Greer, 1971; Oakley, 1984; Martin, 1989 [1987]; Miles, 1991; Young, 2005）。而围绕生育和家务劳动在经济中扮演的角色的有关争论，也凸显了女性作为男性身体与儿童身体的服务供应方的位置（Oakley, 1974; Charles and Kerr, 1988; Counihan, 1999）。总而言之，女性往往不得不学习如何凭着所谓"不堪其负的身体"（over-burdened bodies）生活下去。按照罗森的说法，那些既要相夫教子又得职场打拼的女性，"常常体验到情绪上和生理上的巨大压力：原因很简单，有太多彼此冲突的要求要应对，事情总是太多，时间总是不够"（Rosen, 1989: 213；亦参 Hochschild and Machung, 2003; Hochschild, 2007）。

女性主义这样强调女性的具身存在，不仅仅是凸显了身体如何以多重方式蕴含于不平等与压迫的社会关系。有关性/性别之分、自然/文化之分、生物/社会之分的分析，开始瓦解从民众之见到学院思想在男女两性之间设置的那些肉身性边界，至少是减少了这些边界的力量（例参 Oakley, 1972）。实际上，女性主义的学术研究也质疑了两性差异的本体论基础，开始关注异性恋规范的认同展演（Butler, 1993），从而有助于使"女人"与"男人"，"女性"与"男性"，"女性特质"与"男性特质"等用语的性质本身成为问题。

这就触及了更为重要的一点。女性主义思想并不总是聚焦于女性的身体而排斥男性的身体（尽管文献有时会让人产生这种印象，觉得女人在一定程度上比男人"具身性更强"）。需要把男女两性的这些身体看作是彼此关联不可彻底分离的主体，因为男性身体所实施的权力和强力有助于控制女性的身体。不仅如此，历经20世纪70、80年代，"男性研究"在北美和英国蓬勃发展，也为研究男性特质的具身体现加了一把力（Kimmel, 1987）。按照杰夫·赫恩与大卫·摩根的说法（Hearn and Morgan, 1990），男性研究虽然聚焦于性相，但并不自动连带着要考察身体。话说回来，在实践当中，这两项主题是相互关联的。而晚近对于男人、性相与艾滋病传播的研究更强化了这种情形，包括关注涉及性液交换与插入的特定性行为被赋予的文化意义（Connell and Kippax, 1990）。

第二章 社会学研究中的身体

男性研究中有一个方面与本处讨论尤其相关，就是对男性身体形象/意象的考察。比如说，米什金等提出（Mishkind et al., 1986），男性维持着自己所欲求的一种关于完美身体类型的理想化形象："英武阳刚，胖瘦适中"。[3]基梅尔概括了米什金的研究（Kimmel, 1987），找出三种导致这种执迷的社会趋势。其一，将同性恋男子污名化为"做男人很失败"的现象有所缓和，用健美肌肉同志男（gay macho bodybuilder）这一新的刻板印象，取代了柔弱做作"娘娘腔"（limp-wristed 'sissy'）这一旧的刻板印象，增加了男性对身体形象的整体关注，也使这些关注合法化了。其二，女性加强了对公共领域的参与，男女两性之间在认知、行业和生活方式上的差异趋于缩小，导致某种"男权强烈反弹"（muscular backlash）（Nelson, 1994）。在这种背景下，身体形象就成了男性可以有别于女性的少数几块领域之一。第三种相关趋势就在于，"挣钱养家者"的角色在形塑男性自我认同的过程中的重要性逐渐降低。越来越强调通过以身体表面区域为核心的消费实践，"成为一个男人"（Ehrenreich, 1983; Bourdieu, 1984; Featherstone, 1987; Jeffords, 1989; 亦参 Bordo, 2003; 2012）。此外，我们还可以加上第四点相关原因，它强化了男性对于某种理想化身体的关注，那就是男性身体越来越多地为了女性的消费而进行公共展示。这方面的当代例证包括《时尚》杂志（*Cosmopolitan*）的"本月男士"，为女性告别单身派对（hen nights）之类场合服务的脱衣舞男和半裸男性"服务生"越来越受欢迎（目前的英国组合就有"梦中

---

[3] 原文为"mascular menomorph"，指具有男性特质的中胚层体型或体育型体质。

男孩"[Dream Boys]、"美少年歌舞汇"[Adonis Cabaret]和"黄衫男管家"[Butlers in the Buff])。这些身体议题在一定程度上与男性和女性同时相关,到了晚近,它们之间的融汇之势要求重新思考和改造男性研究与女性研究(Catano and Novak, 2011)。

如果说女性主义的兴起是凸显身体重要性的第一个因素,那么第二个因素就在于可以回溯到20世纪60年代的生态关注及"另类生活方式"的增长。这方面的要素看似只是风云一时,比如对于毒品的反文化实验。但是,要过一种摆脱白领工作和大众文化的"单向度性"的生活(Marcuse, 1964),这样的关切却是利用了一些身体提升的方法,包括瑜伽、冥想,以及与禅宗、道家或密教之类东方灵修要素相关的一大堆身体实践与修炼(旨在提升身体觉知,戒断有害习惯,促进幸福安乐)(Shusterman, 1997: 43; 2000; 2008: 17; Eichberg, 1998; Levine, 2006)。如此增进对于身体体验的"内部环境"的关注,还伴随着绿色运动的成长,该运动聚焦于发达工业社会对于我们环境正在造成的危害(Doyle, 2004)。

第三,是"西方社会的老龄化",包括日本等一些非西方社会(Kingston, 2004: 291)。这已经引起了国际性的关注,很大程度上是因为这种人口趋势的经济意涵。在养老金、医疗供给、社会工作及其他护理服务等方面,老年人口不断增多对社会政策和政府开支产生了重大影响(Cameron and McDermott, 2007);按照世界银行经济学家的讲法,发达世界的老龄化威胁到了未来的经济成长(Turner, 1991; 2007: 33)。人的身体越来越成为焦点,既是这些变迁的原因,也是这些变迁的结果。医学进展已经促成了预期寿命的大大提高,但也往往最终使老年人陷于慢性病之中

(Turner, 2008), 从而增加了需要对受扶养人口做的身体劳动的数量(Twigg et al., 2011)。在 20 世纪 70、80 年代, 随着美国和英国的政府权力都不断扩张, 这就成了一项重要的政治议题, 受到"新右翼"观念的影响, 关注的不是增加而是减少公共开支的投入; 而在当下的经济收缩时期, 这种趋势更有可能变本加厉。照看老年人口的"负担"也被联系到有可能造成围绕福利体系中资源分配的代际冲突(Higgs and Gilleard, 2010)。

而社会学专业人口的老龄化也可以看作是对身体的学术兴趣增长的原因之一, 哪怕算不上重要原因。在 20 世纪 80 年代早期, 社会学家的生命体验与反思性使得对老年社会学的研究兴趣不断上升, 而这又发展成在更一般性的层面上, 对于身体的社会界定如何进入"青年"和"老年"之类被赋予不同符号价值的观念的关注。在当代消费文化中, 青春焕发、修长苗条、妩媚性感的身体备受推崇, 而步入老年的身体则往往从公共关注中隐退。有关电影中展现较年长的演员投入性的活动, 晚近的实例如梅丽尔·斯特里普与亚历克·鲍德温 2009 年的电影《爱很复杂》(It's Complicated)之所以引人瞩目, 正是因为这类实例很罕见, 因为它们激起了争议。更为常见的是按照海伍德的说法(Heywood, 2003: xxiv), 虽说"美丽地老去"[4] 往往涉及"年华渐长, 风格、自信与活力俱增", 但时至今日, 在许多人看来, 却是意味着选用各种必要的化妆、锻炼和手术, 以求挫败重力, 永葆青春。

使身体越来越受关注的第四点因素在于, 20 世纪下半叶,

---

[4] 原文为"aging beautifully", 更常见也更接近后面释义的讲法是"优雅地老去", 保持"美丽"的讲法也正是想不局限于"gracefully", 扩大"美丽"的内涵。

发达资本主义社会的结构发生了转换。这段时期的标志就是不再强调生产领域的辛勤劳动，以及消费领域的俭省和否弃。相反，以倾向于储蓄并投资的劳动力为基础的那种竞争性资本主义逐渐式微，每周工时历史性地缩短，休闲导向的生产繁荣兴旺，激励着现代个体既努力工作，生产各种物品与服务，也致力于消费。与此相关，身体形象在消费文化中也越来越居于核心地位，助长了"展演性自我"（performing self），把身体看作是一台机器，通过定期体育锻炼、个人健康规划、多吃富含纤维食物、服饰色调搭配之类的措施，对这台机器进行精确校准、悉心照看、全面重构和细致呈现。费瑟斯通提出（Featherstone, 1982: 22），身体不再是罪恶的容器，[5] 而是呈现为展示的对象/客体，无论卧室内外，皆是如此。比如20世纪90年代后期风行一时的"都市花美男"（metrosexual）一款的男性样式。不仅如此，伴随着身体劳动和情感劳动的兴起，身体对展演性自我之类意识形态的核心作用影响越来越大。如今在许多服务部门，身体需要先被评估为某种"适合展示的客体"，然后个体才会受雇；而在许多工作岗位上，身体外观与印象管理/情绪管理也都已经成为展演/业绩（performance）的核心要素（参看第五章）。

放到更为广阔的历史背景下，也可以把这些事件看成是19世纪开始的那些变迁的后续发展，当时的服饰与身体呈现从直接标示社会地位转向展现人格（Sennett, 1974）。曾几何时，炫丽奢华的衣着、帽饰、化妆与假发都被视为社会位置的固定标示，

---

[5] 原文为"vessel of sin"，在宗教的意义上，"vessel"直指作为某种精神或品质的接受者的人。

时至今日，灵活可变的"自我的呈现"被认为标示着个体真实的性格（Goffman，1969［1959］）。[6] 在当代的消费文化里，这有助于人们一方面体验到成为其身体，另一方面又体验到一种不时发作的焦虑，担心如果不再坚持不懈地对自己的身体进行劳作与核查，后者就有可能让他们垮掉或"散架"[7]。这种身体焦虑观念深深影响了许多人如何把自己的身体看作是一项规划，并且牵涉到感觉技术和环境充满危险，超出控制（Burgess，2004），以及惧怕衰老、疾病和死亡（Bauman，1992b：199）。以食品为例，鲍曼指出，特定的"恐慌"（像是"疯牛病"、鸡蛋沙门氏菌感染、煎炸焙烤或微波加热的食物中致癌成分丙烯酰胺含量居高，以及整个欧盟沙拉中大肠杆菌的爆发）或许来来去去，但它们的影响是逐步积累的，会使人们沦为"慢性低水平焦虑"，甚至陷入某种"饮食失范症"[8]（Fischler，1980，1988；Beardsworth and Keil，1997：163）。

身体之所以受到更多的关注，第五点因素让我们回到前文提到的一种趋势，即对于我们身体的控制渐长，却伴随着意义出

---

[6] 要避免误读的是，戈夫曼的用意并不在于当今文化中的个体可以更加"任性率真"地通过展示身体来展现自我，而在于真实、真诚本身的意涵发生了变化，进而言之，所谓的"深度自我"转向了身体（外表）这一自我的外在呈现。这一点与埃利亚斯的论述构成了耐人寻味的对比，虽然戈夫曼一向被抨击缺乏历史向度。

[7] 原文为"fall apart"，这不仅仅是担心身体这台"机器"四分五裂，而且也关系着"identity"（同一性/认同）的整全如一，甚至可以细化为服装乃至配饰的搭配失当。

[8] 原文为"gastro-anomy"，注意不是"gastronomy"（烹饪法，美食），而是指由于现代社会的饮食选择太多，各种营养需求太高，诸多建议与风险并存，人陷入食物选择焦虑，导致紊乱失序。

现了危机。特纳(Turner, 1992b)在讨论现代性对身体实施的控制趋于增强时指出，节食对身体最初的理性化至关重要。早期的节食规划关系到宗教价值观念，而到了19世纪，随着营养科学的确立，出现了越来越多关于饮食控制的科学文献。这些知识最初应用于社会政策领域，以衡量囚犯和新兵之类人群所需要的食物。查尔斯·布思和西博恩·朗特利等社会改良家也采用这些知识来测量英国城市中的贫困水平。不仅如此，身体的理性化还与所谓"人的科学"(sciences of man)密切相关，后者致力于在监狱、军队和工厂车间等场所，"在致力于将效率和监控最大化的规制中，通过对身体的规训和组织，对心智进行再教育" (Turner, 1992b: 123, 126)。

由于器官移植手术、营养基因组学、干细胞研究、人工授精、试管婴儿和整形手术等方面的进展，我们控制身体的能力继续飞速增长。现在我们的身体上没剩下几个部位是技术无法以这样那样的方式加以重构的。常被用来描述这类发展趋势的意象之一就是"机器态身体"(body as machine)，这是普通民众有关健康和疾病的感知中的流行隐喻(Rogers, 1991; Baxter, 2010)。乍看起来，这种意象似乎有悖于以下观念，即当代个体致力于将自己的身体界定为个体所有物，与其自我认同不可分割。所谓"机器态身体"，或许意味着身体本质上乃属相对于自我而言的"他者"。然而，个体可以毫无阻碍地感觉到，身体就是自己的机器，可以通过控制饮食、定期锻炼、健康体检等善加维修、精心校准。不过，"机器态身体"之喻至少让各国政府有机会将两种身体观念维系在一起，一是作为一项个体规划，一是作为适应于社会控制的实体。

"机器态身体"并不仅仅是一种医学上的意象。最常看到以这种方式来领会并处置身体的领域之一就是体育运动。激进的批评者们早就指出，有关机器的词汇主宰了体育运动领域的语言，正是通过体育运动，身体才被理解为"达成某项目的的一种技术手段，输出与生产的物化因素"（Brohm，1978）。运动科学完善了装置和培训技术，身体包含的那些对竞争性表现/绩效（performance）而言最为重要的部件，都被具体指明、逐一分解、更新转化（这个趋势通过旨在提高特定运动领域表现的智能手机应用软件得到了商业化）。人们早就认识到，竞技体育上的成功往往被某些国家所主导，它们拥有特定的科学知识，能尽善尽美地应用于作为"原材料"的运动员的身体（Miah，2004）。

在雇佣劳动中，身体也被视为机器，尤其是通过科层制的规制所实施的规训与控制，具体指明特定的劳动数量和品质，而不考虑劳动者的需要。生产规划有时也属于这一范畴，如果未能保证工作日期间足够的睡眠与休息时间，就会导致与压力相关的疾患，无论男女皆是如此，因为他们不得不保持身体警觉与自我控制，使具身主体性的通常节奏处于紧张之中（Hochschild，1983；Eriksen and Holger，2002；Freund，2011）。按照马丁（Martin，1989［1987］）、劳斯（Laws，1990）、李（Lee，2003）、杨（Young，2005）等的主张，科层规制对女性身体产生的效应往往更甚，因为人们期望女性会管理并隐藏经期、孕期和绝经期，但"在她们所处的机构里的时间与空间组织基本不考虑这些因素"（Martin，1989［1987］：94）。

行文至此，我集中谈的是伴随着现代性中的各种理性化进程，对身体的控制大大增长。然而，尽管理性化让我们有可能以前所未有的程度控制自己的身体，但同时也使身体受到别人的控制，还使我们不再那么确定，究竟是什么构成了身体，一副身体结束、另一副身体开始的具体边界何在。不妨把电子传媒与电影看作是这种趋势的两种表现。所谓"虚拟现实"（virtual reality）据说要消解技术与身体之间的边界。有一种发展与"远程性爱"（teledildonics）的概念有关，就是使用者穿上紧身衣裤，连上微型振荡器。宽带连接把其他穿上类似装置的人"连到了一起"，使用者在交谈的同时，会伴随着人工诱发的身体感觉，而头戴接收装置中也会出现有关自己身体投入性接触的电脑化视觉表征（Rheingold, 1991; Springer, 1991）。远程性爱已经体现在电子性玩具的形式中，它们可以连上电脑，由一名通过 Skype 实现远程在场的伴侣来控制，至于这类发展的潜力所在，列维（Levy, 2009）有关人与机器人关系的未来学分析已经有所探究。

恐怖电影从另一个角度例证了身体的意义与边界的不稳定性（Tudor, 1995）。在这里，对身体的威胁过去常常来自外部，而现在则往往来自体内，原因就在于身体内在固有的不稳定性。在 20 世纪 50、60 年代，主流趋势是把受害者刻画成容易遭到来自外敌的攻击，比如来自外太空的外星人（aliens）。但到了 20 世纪 70 年代，身体遭到恶魔附体（possession）的威胁，比如《驱魔人》（*The Exorcist*）。《异形》（*Alien*）三部曲中，约翰·赫特和西格妮·韦弗都"生出了"怪兽，伴随着《猛鬼街》（*Nightmare on Elm Street*）系列，对身体内部稳定性的威胁在 80 年代继续增长。当受害者做梦之时，可怕的"佛瑞迪"（Freddy）从脑海深处浮现，残害并毁灭沉睡中的身体。《终结者》（*Terminator*）系列电影则继续再现着身体内涵的不确定性，当机器越来越具有人性，人却越来越像是机器（它究竟是机器还是加州前州长呢？）[9]在 21 世纪出品的电影中，包括《我，机器人》(I, Robot)和《黑客帝国》(The Matrix)系列的第二、三部，具身性的不稳定性，肉身与机器边界的消解，还有附体，依然占据显著位置。这像是延续了《暮光之城》(The Twilight Saga)之类吸血鬼小说、剧集和电影的巨大成功，它们将对于某种外在威胁的感受与人的脆弱、反复和转化相融合。而涉及疾病对身体的入侵的僵尸叙事，也是大量电影、剧集和电子游戏的主打元素。

我们有关身体的知识出现的这场危机还有一点例证，就在于社会学家想要精确指出他们所称"身体"究为何意时遇到了一些困难。即如布赖恩·特纳在其 1984 年的作品中所言，"我越来越不确定身体究竟是什么"(Turner, 1984: 7)。而朱迪斯·巴特勒则承认，"想要努力考察身体的物质性"，"却老是失去了主体"(Butler, 1993: ix)。这种不确定性也体现在，事实上，我们现在有了话语性、物质性的身体(Turner, 1984)，生理态、沟通态、消费态、医学态的身体(O'Neill, 1985)，个体性和社会性的身体(O'Neill, 1985; Turner, 1992b)，多重化身体与网络化身体(Mol, 2002; Mol and Law, 2004)，以及医疗化、性别化、规训化和谈话态的身体。我们还在德语中看到"身体"("Leib"，活生生的身体)和"躯壳"("Korper"，肉体外壳)的区别(Ots, 1990)，以及将这种区别进一步细化为身体的化身性、躯体性和物质性维度

---

[9] 该系列电影（从 1984 年的《终结者》一直到 2019 年上映的《终结者 6：黑暗命运》，不含外传等）的导演是卡梅隆，主角就是阿诺·施瓦辛格扮演的系列型号的机器人。施瓦辛格于 2003 至 2011 年担任加利福尼亚州州长。

（Frankenberg, 1990）。这些区别反映出，身体研究辨析细微，错综复杂，但也表现出社会学家在确定身体为何时的不确定性。这些不确定性最明确的反映，就是那些后现代主义的著述，它们已经舍弃了"认识"身体为何这一"现代主义规划"，而是把身体视为"白板"或"信号接收系统"，始终保持开放，准备由外部文本或话语进行建构和重构（例参 Kroker and Kroker, 1988）。

在这五项因素之外，还不妨加上第六项，它并不属于发展身体研究最初的动力，但却在近些年为现存的诸项关切输入了另一个维度：面对穿戴头巾这种穆斯林身份/认同的体貌展现，西方世界普遍出现了一些社会政治争议。宗教服饰在有些地方被视为威胁到市民社会和互动秩序赖以建立的肉身基础，在法国等地遭到了社会、文化和立法等角度的审察，在宗教认同当前复兴的背景下，发展到追问"身体展示的可接受形式是什么？"（Bowen, 2007; Scott, 2007; Laborde, 2008）就我们对于具身体现的关注而言，尤具意义的并不只是围绕被表征为"异在"的服饰类型的争议，而是许多穆斯林用来倡导这些做法的、获得宗教正当化的集体标准，这些标准将审美、政治、女权和宗教搅和到了一块儿（van Wichelen, 2012），挑战了当代西方世界绝大多数规范性身体规划的个体化、表面世俗化的特性。

这些因素纷繁多样，非常有助于说明，为什么身体作为一项学术探究的对象，其兴起并不仅限于社会学，而是横跨整个社会科学；还有助于说明，为什么在如何分析这一主题方面殊少共识。在女性主义者看来，身体是一种两性化的客体，用来再生产出女性的臣属地位。在福柯主义者看来，身体是由变化多样的治理术导致消极被动的一种客体。对于探讨消费文化的论者来说，身体是已经变成灵活可塑的认同标示的表面现象。对于生态学家和新纪元治疗专家来说，身体再一次经历变形，成为培育特定形式的体验和"均衡生活"的一种载体。对于分析老年化的福利体制受抚养者的人来说，具身体现已经证明是国家的一种负担。还有些人关注，科学和医学方面对于我们身体的干预，是如何使得我们关于何谓身体的自然性质、何为身体的可能范围的知识不再稳定；对于他们来说，身体再一次变得不确定，甚至成为快速消失中的前技术性文化的残留物。最后，对于宗教共同体及生活在其中的那些人来说，身体的美学呈现构成了一种宗教纯洁或危险的符号。在上述每一种分析中，聚光灯都打在身体的某些特性上，使得其他特性趋于模糊。不过，毫无疑问的是，具身体现对于我们有关社会的理解非常重要。

三、在社会学研究中描绘身体

在本章前文中，我讨论了身体在社会学中的双重地位，并通过探究身体在这门学科的古典基础中的缺席在场来刻画这一点。然后，我描述了一些凸显身体的当代重要性的社会因素和学术因素。接下来几章，我打算批判性地概述晚近有关身体的社会学研究中一些最重要的思路。我希望这将提供一些背景，以定位相关研究晚近为何兴盛，并在此基础上，探索一种更为充分的思路，来梳理身体概念、身体在社会中的位置，以及身体与社会之间的关系。

第三章 自然主义的身体观

身体或许在社会学中呈现一种缺席在场,但它在社会思想的其他传统中却占据着核心位置。在这方面,自18世纪以降,自然主义的身体观就影响着人们如何领会身体、自我认同与社会之间的关系。各种自然主义观点之间并非完全一致,但它们在分析身体时,都视之为前社会性的、生物性的基础,自我认同与社会等上层结构就在此基础上建立;人的身体所具备的能力与受到的约束规定着个体,生成了标志着各国和国际生活模式的那些社会经济关系。财富、法律权利、性别与种族关系等方面的不平等都不是社会角度建构出来的,并非偶然生成、可以逆转,而是由生物性身体的决定力给定的,可以由这种力量合法化。

我在本书序论中提出,除了对研究身体的不同视角做出评价,我还将博采众长,初步勾勒一种别具特色的思路来研究该主题。这种思路将纷繁复杂的社会化约为一种前社会性身体,从社会学的角度来看,似乎很难富有裨益。不过,自然主义观点至少指明,人的身体构筑了社会关系的基础,为社会关系出了一份力。本章稍后我将考察的女性主义一脉的自然主义观点尤其如此。自然主义观点对于它们所认为的人体上的"自然"因素,强调得无疑过了头,并且引申出各种并不确凿的结论。不过,如果社会学要充分把握身体的重要性,的确需要重视身体对社会认同与关系的贡献。接下来,我将谈一谈自然主义思路的几个实例,特别注意如何通过诉诸身体,将两性差异正当化。不过,先来看看那些研究身体的历史学家,他们使我们能够回溯自然主义身体观的源起,揭示这些观点的发展如何维系着某些具体的社会利益。

一、自然性身体的凸显

托马斯·拉克尔(Laqueur, 1987, 1990)曾经提出,在 18 世纪之前,人的身体往往会被视为不具性别分化的、通用性的。男性的身体被视为规范 / 标准 / 正常(norm),而男性的所有部件,女性的身体上也都长了,只是安排的模式不同,要低一等(Duroche, 1990)。阴道就是朝体内长的阴茎,阴唇就是包皮,子宫就是阴囊,而卵巢则被看作是长在体内的睾丸。人们还相信,女人也会产生精子(Laqueur, 1990)。从古典时代到 17 世纪末,这种"一元性别 / 一元肉身"的模式支配了有关两性差异的思考。女性被视为低于男性一等,但这种低劣性质并非以任何持续或稳定的方式,内在固有于其身体。身体是重要的,但与日后自然主义观点中的描绘不同,身体被视为既是社会意义的生成器,也是社会意义的接收器:

> 一元性别模式的悖论在于,一组组井然有序的对立暴露出了单一肉身的缺陷,前者并不固有地内在于后者。父性 / 母性、男性 / 女性、文化 / 自然、男性特质 / 女性特质、体面 / 丢脸、合法 / 非法、热 / 冷、右 / 左以及其他众多对子都被解读到身体上,但身体本身并没有明确标示出这些区别。秩序与等级从外部强加到身体上。一元性别的身体被视为描述因素,而非决

定因素，有鉴于此，无论有关差异的轴线和评价变换得多么频繁，身体都能够逐一记录并吸收。从历史上看，性别(gender)的分化先于性(sex)的分化（Laqueur, 1990: 601）。[1]

鲁德米拉·约尔丹诺娃（Jordanova, 1989）提出，人们往往用文化与自然之别来理解男性身体与女性身体之间的差异：女性受到与怀孕、生产和月经等相关的自然周期的左右，而男性的具身体现使其心智可以享有创造并发展文化的自由。不过，正如上述引文所示，从历史上看，文化/自然之分的涵盖范围和确切意义其实是动态的。性别划分在18世纪前还被视为是自然的，但这些区分无论是内容还是边界都不是完全稳定的，也不对应于简单的生物学对子。

拉克尔（Laqueur, 1990）为了说明这些偶然性，探讨了文艺复兴时期的两性差异。在文艺复兴时期，至少有两种"社会性的性"（social sexes），其权利和义务都迥然相异，但人的身体却并不具备很充分的划界，以便为这些区分提供排他性的本体论支持。从体表上将一个婴儿界认为女性或是男性，这一过程通常不成问题，个体一般也循此被归到两性中的某一类：长着体外阴茎的人就被宣布是男孩，被允许享有该地位的特权，而那些长着体内阴茎的人就被发派为女孩这一低一等的范畴。当然，肉身结构的变化也会使一副身体从一种法律类别（女性）转到另一种法律类别（男性）。这是因为，这些类别"乃是基于性别的区别，比如

---

[1] 原文如此，第二版时作者名和页码似均有误，第三版改正了作者名，页码维持不变。

第三章　自然主义的身体观

积极／消极、热／冷、成形／未成形、塑造人／被塑造等等，而体外阴茎或体内阴茎只是临床症状"（Laqueur, 1990: 135, 着重格式为引者所加）。

所以，在 18 世纪之前，自然主义观点并不盛行。男女两性的社会位置不是由生物性的对立决定的，不管你如何理解女性及其在世界上的合适位置，似乎都是一些始终保持开放的身体，接受"文化的解释性要求"（Laqueur, 1990）。不过，18 世纪发生了革命性的转变，"不可共度的解剖学和生理学"，逐渐取代以男性女性生殖系统之同源性为基础的既存的社会差异模式（Laqueur, 1987; Duroche, 1990）。科学开始赋予"男性"与"女性"的范畴以血肉（flesh out），把它们建立在生物性差异的基础上。与之相伴，在 18 世纪后期，下面这种观念获得了长足的发展："性相"（sexuality）作为人的一种独具特色、至关重要的属性，将人的身份／认同固定在二元对立的某一边（Laqueur, 1990: 13）。

根据身体史家们的看法，对于男女两性身体的概念理解的这种彻底转变，牵涉到启蒙运动时期面临的重大悖论之一，即平等主义。启蒙运动的人体模式是从古代继承下来的，但由于启蒙运动信仰普遍、平等、不可让渡的权利，就导致了一个问题：从没有性别差异的身体的原初状态，如何可能推出男性对女性实施支配的现实世界。悖论"至少在关注女性臣属地位的理论家眼中，通过将两性之间的社会分化和文化分化奠立在不可共度的生物学基础上，得以解决"（Laqueur, 1987: 19）。简言之，从自然主义角度重新解释女性的身体，解决了为 18、19 世纪性别关系中的不平等提供正当性时涉及的某些意识形态问题（Gallagher and Laqueur, 1987）。

在 18、19 世纪，身体的空间布局及其确切组成变成愈益重要的科学问题。身体不再是自我认同和差异的某种展现，而是被视为人的身份/认同和社会区分的基础。这样的看法反映出，低劣一等的女性身体无论是作为一种活生生的、有血有肉的现象，还是作为一副躯体，一套骨骼，都引起了人们的特别关注（Schiebinger, 1987; Jordanova, 1989）。

二、"女人的麻烦"

纵观历史，总有人试图将女性"不稳定的"身体界定为支配并威胁着她们"脆弱的"心智，女性在社会上的位置也因此不断遭受破坏。霍布斯与洛克在 17 世纪提出的主张，还有法国大革命，都对自然的、男性支配的社会秩序的确定性提出了质疑。然而，18、19 世纪社会科学与自然科学的发展却被用来重新确认了男性的优等地位，确认女性的臣属地位乃属必然（Martin, 1989 [1987]: 32）。具身化为一名女性的存在，就是拥有一副特别的身体与心智，没有能力经受严格的体力与心智磨练。

到了 18 世纪，这些观点凝聚为一套有关健康与疾病的模型，主张生活方式和社会位置与人的身体能力密切相关。该模型告诉人们，女性的身体使她们只适于生儿育女，"通过家庭生活创造自然道德"（Jordanova, 1989: 26）。转到 19 世纪初，女性身体与男性身体的结构与功能运作之间的分划越来越明确，而这种分划要靠将女性的身体病态化。比如说，月经不再是一种自然的、健康的过程，在男性身上也有类似表现（以放血的形式），而成了某种导致女性行为的病态因素。这种观点甚至被融入了政府的功能运作。例如，1896年，一名美国妇女被免于店铺行窃的指控，理由是她患有偷窃癖（kleptomania），这种病状后来被归结为是由"闭经"所造成的（Shuttleworth，1990）。

回顾历史，一方面是女性多方努力要赢取公民权利、政治权利和社会权利，另一方面是确认女性的具身体现在生物学角度上属于劣等的那些学说重新引起人们关注，这两方面之间有着明确的关联。苏珊·巴罗斯（Barrows，1981）具体刻画了巴黎公社所引发的恐惧，以及法兰西第三共和国所开启的政治可能性，是如何激发出一种成熟精致的有关两性差异的人类学，用来使现状合法化。而在英国，那些反对女性争取投票权运动的人也有类似的反应。不仅如此，当女性开始发起运动，争取上大学的权利时，想要排斥她们的那些企图也是大谈特谈有关两性差异的达尔文式进化学说（Kaplan and Rogers，1990：206；Fedigan，1992）。反对女性上大学的人提出的话题之一，就是女性大脑的能力。1879年，古斯塔夫·勒庞（心理学创建者之一，倡导颅骨测量法）总共只测量了13具头颅，就得出结论说女性：

> 代表着人类进化最低等的形式，她们更近于孩童和野人，而不是成年的、开化的男性。……要想给予她们同样的教育，并因此为她们设立同样的目标，就是一种蕴含危险的幻念（Gustave Le Bon，转引自Gould，1981：104—105）。

还有一种观点，担心用脑过度会损害女性的生育能力。19世纪的医生和讨论教育的人鼓吹说，女性的思维活动强度太大或是时间过长，会造成妇科失调和整体上的健康受损。这种观念延续到20世纪。例如，1905年，俄勒冈州医学协会（Oregon State Medical Society）主席范戴克（F.W. Van Dyke）声称，刻苦钻研清除了女性的性欲，导致各种身心问题，从歇斯底里，到眼睛散光和月经失调。教育抑制了骨盆的发育，使胎儿大脑和头颅变大，意味着受教育女性在生育时会吃更多苦（Bullough and Voght，1984）。约翰·理查森（Richardson，1991）指出，诸如此类的偏见贯穿着这段时期的各类教育报告。1923年英国教育署发布的一份报告做出了如下声言：

> 女孩和成年女性先天体质就受制于周期性的紊乱，这使她们当中的许多人注定会在心智整体效能上遭到定期发生的衰减，哪怕只是暂时性的。不仅如此，正是在学校生活最重要的那些年，这些紊乱也是最强烈、最广泛的，一旦这些紊乱中又有一次恰逢某些要紧事件，比如考试，女孩相较于男孩，就会有严重的障碍（Board of Education，1923：86）。

但认为女性身体低于男性身体一等的观念也并非畅行无阻（Martin，1989［1987］）。也并非所有关于女性身体的界定都只是依赖于男女两性之间的简单对立。人类学家已经看到，长久以来，男性就是在激发和利用女性的能量与生育力，而不是自居对立，这些做法在19世纪的西方科学话语和医学话语中余音不尽（Héritier-Auge，1989）。比如说，1823年，于连·维雷写道，是精子的能量激活了女性的功能，并赋予已婚女性以自信和勇敢（Virey，1823）。女性生性敏感，不仅使她们在生物学角度上更适于养儿育女，而且也受制于胜过心智理性的危险的激情。而这些

第三章 自然主义的身体观

状态都是男性能主导的，因为人们认为是精子在负责孩子的生产，并激发出"不道德的欲望"。如此一来，女性合乎本分的位置就是在家里居于臣属地位。

尽管在这种观点中存在不协调一致的地方，但女性的脆弱和不稳定确实是被视为由男性来激活和捍卫的。不能说女性的身体和男性的身体就这么占据着自然界中的对立两极，而是说在理论上，男女两性都回应并进一步发扬了有关亚当夏娃的圣经故事，即女性之所以获得了具身化的生命，男性功不可没。

历经 19 世纪，医学职业引领着从雇佣劳动、性相、闲暇到运动等领域，在男性身体与女性身体之间树立起愈益牢固的界限（Mangan and Park, 1987）。当然，这种医学化的实际效果基本上只限于中产阶级。工人阶级的女人小孩往往和男人一起劳动，根本得不到特别的休息放松。事实上，科学同时强调中产阶级女性的脆弱和较贫困女性的强健，从而有助于这种以阶级为基础的女性的分隔（Ehrenreich and English, 1973）。

那些将女性的身体视同为"病态自然"和私人生活领域的学说，之所以能够在 19 世纪逐渐流行开来，似乎主要是因为两个相互关联的特性。一则是工业变迁越来越危及中产阶级男性的特权和安全地位，二则是经济类比在理解社会生活和自然生活中的影响越来越大。

首先，19 世纪的经济变迁迅速，使男性愈发恐惧，觉得不再能够控制自身的命运（Shuttleworth, 1990）。在这种背景下，自然主义的人体观维系着社会中既存的性别分隔，有助于将对于经济混乱的恐惧从男性的头脑中去除，移植到女性的生物性身体上：

有关性别差异的观念履行着意识形态上的角色，让男性能够重振其对个体自主和控制的信心。男性与女性不同，不会被身体力量所捕获，不会受制于映射社会循环的不确定流动的跌宕起伏。相反，男性是自身的主人，不是机器人，不是整个社会机器上没有心智的组成部件，而是具有自我意志的个体，是经济学理论中理性的个体主义者和自我奋斗的男性活生生的肉身体现。对于那些扰乱性的社会力量，必须毅然决然地加以疏导和调控，以确保主宰经济领域，确保该领域中的循环得到控制。而在家庭领域中，这些力量以转喻的方式，被表征为居家女性的内部身体过程（Shuttleworth, 1990: 55）。

其次，19世纪的经济变迁也推动人们转换了用来说明社会生活与自然生活的类比。比如说，有关肺结核之类疾病的医学观念就开始受到与早期资本主义积累相关的态度影响（Sontag, 1979）。能量犹如储蓄，会通过鲁莽无谋、不具生产性的花费而耗尽。就两性差异而言，月经开始被视为"失败的生育/生产"，从而对"自然的"性别秩序构成威胁。按照艾米丽·马丁的说法（Martin, 1989 [1987]: 47），女性在行经时，就会被看作"不从事生育，不传宗接代，不准备在家带孩子，不准备一个安全温暖的子宫来滋养男人的精子。"

将女性的生育态/再生产态身体界定为与男性的生产态身体不同，并且低劣一等，这样的做法直到进入20世纪许久依然常见。20世纪60年代，女性要求分享机会进入工商业界领导岗位。与此同时，各种医学理论和常人说法也继承了19世纪的前例，主张女性的行为受其荷尔蒙控制，经前紧张会使她们出现偏异，不可信赖,"难以控制"(Dalton, 1979; 亦参 Roberts, 2002)。诸如此类的观点也被用来捍卫男性的行业特权。比如说,澳大利亚的航空公司就用这种观点来阻挠女性成为飞行员,美国也有人用这种观点来妨碍女性当上银行经理(Kaplan and Rogers, 1990)。

三、社会生物学

当代对性别不平等的不少说明依然认为,女性的社会位置是由其生育功能决定的。但不管怎么说,自 19 世纪对两性差异大加论述以来,20 世纪的遗传学说也提供了额外的方法,将女性的具身体现界定为低于男人一等(Keller, 2000)。

在认为女性较为低劣的遗传学说发展的同时,正逢 20 世纪 70 年代早期的经济危机,以及 20 世纪 60 年代晚期和 70 年代的女性主义运动的兴起。这段时间里,主张女性较为低劣的学说中影响最大的那些合称为社会生物学。社会生物学最初是于 70 年代在哈佛大学发展起来的,试图为人类行为确立一种生物学基础。然而,它不久便成为达尔文进化论谈论两性差异的一种影响很大的版本(Grosz and de Lepervanche, 1988)。它之所以迅速流行,原因之一就在于,社会生物学把社会不平等说成是自然的遗传基础的必然后果,不仅证明了现状的正当性,而且使自身与保守主义意识形态融为一体(Rogers, 1988)。

保守主义意识形态对抗的是"二战"以后国家的增强。而由于经济危机表明,国家的干预主义无济于事,于是保守主义意识形态愈发流行。历经 70 年代,从美国到英国,所谓"新右翼"的新保守主义和新自由主义意识形态都吸纳了社会生物学。它帮助在罗纳德·里根和撒切尔夫人领导下赢得权力的这些政治群体证明，竞争、父权制/男权制、异性恋和核心家庭既是合乎自然的，又是值得欲求的。社会生物学通过为现状提供了正当性，也证明了自身灵活可塑。从进攻性、占地盘、智力、竞争到男性主导地位，都能"找到"相应的基因。是身体的基因构成充当了市场和父权/男权秩序的基础，使后者兴起为合乎自然、不可变易的上层结构。

社会生物学的基本说明单位就是基因。基因是每个细胞核内部的遗传物质，决定了个体发色与血型之类的基本生理特征。至于比较复杂的特性，像是一个人的"人格"，并不依赖于单一基因的作用，仅仅诉诸基因是无法说明的（Kaplan，2000：45—48；Atkinson et al.，2009a，2009b）。然而，社会生物学恰恰是这样的逻辑：要证明特性/身份/认同及其他社会范畴的正当性，理由是这些范畴既合乎自然，又值得欲求。

之所以说合乎自然，是因为社会行为的决定因素可以归结为基因结构。如此一来，就找到了单一的自然原因来说明高度复杂的社会事件。对于世界上的任何行为模式或社会事件，基因都成了终极因果要素（Kaplan and Rogers，1990）。因此，社会生物学家提出，无论是遵从还是承担风险，甚或上向流动，都有其特定的基因。他们还主张，基因会影响某人的初次性体验之类的事件发生在何时（Wilson，1975；Gregory，1978）。

居于支配地位的社会身份/认同和社会关系也被看作是值得欲求的。社会生物学家采纳达尔文的自然选择学说，得出了这一结论，主张那些产生出最适于维续的个体特性和社会结构的基因也会在后代身上延续。因此，社会中居于支配地位的特性就是值得欲求的,无论它们是否显著表现出高度不平等和对少数群体的压迫。不仅如此,政治上改变这些结构的努力有悖于人的本性/自然,非常危险,并极具误导。康奈尔指出(Connell, 1987),社会成了自然的附生现象。它要么照录自然的意旨,要么在这个过程中"出了毛病"。

就两性差异这一具体事例而言,基因据说会通过影响作用于大脑的性荷尔蒙而导致男女两性之间的差异(Caplan, 1978; Bleier, 1984; Rogers, 1988);这些差异被解释成使女性主义者的变革要求缺乏有效理据(Buffery and Gray, 1972; Tiger and Fox, 1978; Trivers, 1978; Wilson, 1975)。比如说,根据威尔逊的说法(Wilson, 1975),两性之间的分化是由生物特性所决定的,其显著程度足以导致实质性的分工,哪怕是最具平等主义取向的社会也概莫能外。因此,反对或抵制这些差异是没有任何逻辑依据的(Kaplan and Rogers, 1990)。

这种聚焦于基因的思路有助于消解人的行为和社会结构,它们都不再是突生性的社会现象。它还使社会科学完全仰赖并臣属于自然科学。在这方面,理查德·道金斯的《自私的基因》或许堪称范例。根据道金斯的看法,"个体并不是稳定的事物,而是流变的"现象,其主旨即在于充当服务于基因的"维存机器"。社会科学对人及其行为有各式各样的描述,但这些理论未能看到基因方面真正的历史推动力,对其重要性视而不见。

> [基因]通过代际传承,从身体跃至另一个身体,以自己的方式、出于自己的目的而操纵着一个个身体,放弃一连串朽坏的身体,直至其陷于衰老和死亡……但基因不朽……而个体

与群体，就如同白云苍狗，大漠尘沙（Dawkins, 1976 : 36）。

个体就像是机器人，受着自己所及范围之外的力量的控制。可以根据基因投入维存斗争而付出的成本、得到的收益乃至采取的策略，来说明人的行为与社会互动。简言之，根本不需要把社会结构看作是人的行为的决定因素，因为根本就不存在突生性的社会结构这码事。比如说，要说明人的交配行为方面的两性差异，可以从基因尽可能扩大其维存机会之利益的角度切入。无论是人还是动物，女性/雌性据说都会比男性/雄性付出更多的生育方面的生物成本。她必须生产并养育后代，而保障这些成本的最有效方式，就是找到一个靠得住的男性/雄性伴侣。相反，对于男性/雄性来说，生育几乎没有什么成本。他"尽可以肆意滥交，有得而无失"（Dawkins, 1976: 176）。社会生物学家主张，这些五花八门的策略之所以会被采纳，就是因为能够尽量扩大基因传承到后世各代的机会。

这种自然选择观已经被用来说明人身上越来越多的特性。阿德里认为（Ardrey, 1976），女性之所以会发展出性高潮，就是要刺激女性的欲望，以确保男性出外狩猎后还会回来。R. 亚历山大提出（Alexander, 1974），之所以会进化出绝经，或许是因为女性到了某个年龄之后，停止生育，专心抚养已有子女，可能对她们来说更有效率。盖洛普认为（Gallup, 1982），乳房的发育就是广而告之，深具排卵潜力（Kaplan and Rogers, 1990）；而莫里斯主张（Morris, 1969），女性之所以拥有"始终膨大的乳房"，就是要尽可能彰显性的魅力。有一批心理学著述受到社会生物学启发，将关注的目光从具体的特性扩展到更广泛的身体能力与行为，提出女性是处理关系的"专家",天生适合担当涉及照看和养育的角色,而男性"天生被设计成"对其所处环境采取目标导向的取向,从而进一步巩固了自然选择与性别化进化的社会后果(例参 Goldner et al., 1990; Blum, 1997; Pease and Pease, 2001)。

简述完社会生物学的主要特征,有必要来看看,这种探究社会中身体的颇具影响的思路都有哪些缺陷。批评社会生物学的论家有时会想当然地认为,这种说明形式采纳了生物学的方法,而这种方法在他们看来并不适于考察社会现象。然而,按照康奈尔的说法(Connell, 1987),这等于赋予了社会生物学某种并无根据的科学地位。社会生物学其实是伪生物学,因为它并非基于对人类社会生活的严肃的生物学考察(亦参 Benton, 1991; Hubbard and Wald, 1993),而是基于对达尔文自然选择学说有欠准确的解读。达尔文固然强调,相对于自然选择而言的个体变异具有随机性,并认为进化是一种结果开放的过程,并不受任何终极目标所引导;但社会生物学家们却往往将人的那些有利于维存的特性物化,坐实为标示着内在固有的环境适应,并且认为,人们不得不在其间生存的那些环境,在社会维度和文化维度上都是值得欲求的(Grosz, 2008)。

社会生物学尽管有这些说明上的主张,却经不起其理论所依据的生物因果机制的检视:它在处理可以量化的现象时,在不同的分析层次之间,做出了未经证明的概括,缺乏理据的跳跃(Connell, 1987: 69)。比如说,戈德伯格在《男权制的必然性》一书中(Goldberg, 1973),基于有关男女两性荷尔蒙水平均值差异的材料,却就两性行为差异做出类属判断。这种思路夸大了差异,贬低了两性的一些共有能力,比如语言。不仅如此,按照康奈尔的讲法（Connell, 1987: 71），如果认为"荷尔蒙水平上的差异，经由对个体行为的情境性、个体性、集体性等复杂决定因素，依然是这种行为的社会后果的终极决定因素，那这种看法就预设了一种强大的荷尔蒙控制机制，远甚于生理学研究实际发现的程度。"社会生物学并没有建立在科学说明的基础上，而是以对于当下社会生活的解释为出发点，并将其投射回人类社会的某种神秘历史，但这种解释往往带有性别歧视和种族中心主义的意味，换个角度来看其实就是错误的。自然选择的过程就这样被设定，以便为这些社会安排提供正当性辩护，使之成为既合乎自然又值得欲求的（Connell, 1987: 68；亦参 Washburn, 1978）。

就行为方面的两性差异而言，社会生物学还面临一点批评，涉及"男性"和"女性"这两个范畴是否正当有效，而它的说明就是通过这两个范畴，把人固定分隔成男性与女性这两个互斥范畴（参看 Stanley, 1984; Kaplan and Rogers, 1990; Birke, 1992）。新生儿通常会根据是否出生时长有小鸡鸡而被指定属于男女两性中哪一种。一般来说，如果遗传物质是 XY（男性），就会长出小鸡鸡，而如果遗传物质是 XX（女性），就没有。到了青春期，由于荷尔蒙的变化，第一性征与第二性征也随之发育，而荷尔蒙的变化是受 XY 或 XX 的基因型主导的。然而，性发育也会受到营养和压力之类环境因素的影响。不仅如此，个体的基因构成并非只能分成 XY 和 XX，因为还存在其他一些基因变异可能。比如说 XO，它的特点是一种发育欠缺的女性，没有产出任何性荷尔蒙。XYY 和 XXY 是被标定为男性的另两种基因型。要是考虑到其他状况，比如睾丸雌化综合征（testicular feminizing syndrome），情形就更复杂了。在睾丸雌化综合征中，身体的细胞未能对睾丸素做出回应，没有分化成男性模式，即便基因型是 XY，而雄性荷尔蒙也释放出来了。这样的个体在遗传角度上属于男性，但看上去却是女性，虽说并不能生育(Kaplan and Rogers, 1990: 212—213)。

性荷尔蒙也被归类为雄性和雌性。雌激素和孕酮被指为"雌"性荷尔蒙，而睾丸素则被指为"雄"性荷尔蒙。然而，女性也会从肾上腺释放睾丸素，男性也会从睾丸释放雌激素。因此，在男女两性之间存在相当的交叠之处，而环境的因素也会改变这种交叠的程度。

至于脑的功能，两性之间的差异还要更小。荷尔蒙对大脑并没有直接的单向影响，而环境的因素再一次表现出对脑部功能运作的重要影响(Kaplan and Rogers, 1990: 213—217; Colebrook, 2008: 53; Wilson, 2008; Damasio, 2010; Franks, 2010)。根据琳达·伯克的概括(Birke, 1992: 99)，在脑功能方面来谈两性差异，"充斥着大量推断和假设，远远超出明晰的证据。"

由于标志个体特征的基因型和荷尔蒙状况千差万别，所以不可能把所有人都精确地归入男性或女性这两个限制严格的范畴。事实上，吉塞拉·卡普兰和莱斯利·罗杰斯提出，没有任何生物现象是能够依据这种二元区分得到妥当安排的。她们的结论是："非此即彼地做出严格的两性指派，只是一种方便起见的社会建构，而不是什么生物学现实"(Kaplan and Rogers, 1990: 214)。伯克进而补充了这一结论，揭示了某些两性差异是如何在生命历程当中发生改变，而另一些两性差异又是如何具有文化特定性，即便是在同一个文化内，通过身心两方面的培训，也是可以消除的(Birke, 1992)。法恩总结道(Fine, 2010)，普遍流行的对两性差异的民众信念之所以挥之不去，相当程度上就是因为缺乏理据、有深层缺陷的科学的影响。

　　社会生物学已经不再拥有曾经的影响力了，虽说它那种化约论倾向，以及对错误的社会范畴的使用，依然还能找到明显的例证（有关评论，参看 Rose and Rose, 2001; Dupré, 2003; Parry and Dupré, 2010）。不管怎么说，我在本章中还是涵盖了社会生物学，因为它依然深深影响着有关两性差异的规范性通行观点，并塑造着当前的一些制度实践。南非中跑运动员卡斯特·赛门娅在 2009 年世锦赛取得令人印象深刻的连串胜利后，国际田联对她采取了多次"性别检验"，围绕她的两性归属问题的争论走向前台。诸如此类的检验依然是建立在有关两性分类的社会生物学预设上，以及社会生物学所预设的这些差异对运动表现的影响。"人类基因组计划"于 1990 年正式启动，开始勾绘并破译人类物种中每一个基因的 DNA 序列，并于 2003 年绘制出一个基因组模型。不过，尽管该计划的启动重振了社会生物学家在说明上的雄心抱负，但后来被称为"新遗传学"的发展却进一步破坏了社会生物学家的追求（McNally and Glasner, 2007）。

　　伊芙琳·福克斯·凯勒（Keller, 2000）提出，"人类基因组计划"所推动的知识进展已经使得我们几乎无法忽视，一方面是在社会生物学中居于核心位置的基因中心范式的化约论，另一方面是突生性的生命有机体的复杂性，两者之间存在巨大鸿沟（亦参 Atkinson et al., 2009b）。颇为讽刺的是，这种复杂性延伸到两性差异领域，给我们提供了新的科学洞见，看透了社会生物学典型的那种站不住脚的化约论（Kaplan, 2000; Kerr, 2004; Atkinson et al., 2007）。遗传学方面的进展导致了"基因改良的有机体、嵌合体、杂交种，以及从干细胞长出的组织或整个器官"，构成了

第三章　自然主义的身体观

"对此前'给定的'自然范畴的逾越"(Atkinson et al., 2009b：8)。进而,由于在各门科学内部,有关遗传物质的性质本身仍存在争议,包括对于遗传物质以何种方式接收社会影响和互动的问题越来越敏感,以简单处理的单向方式阐述特性/身份和差异的可信度也就面临崩溃了。"人类基因组计划"之所以得到资助,或许是因为有希望看到用 DNA 序列的知识揭示我们的生物特性与命运所在,但也加剧了对于为人父母和"达尔文主义的收割"的忧惧(R. Young, 1985；Haraway, 2003),不过其后果使得"不可能再忽视生物系统的复杂性"(McNally and Glasner, 2007：257)。即使是个体的 DNA 编码序列,也已经被描述为包含超过 1000 种蛋白质变体(McNally and Glasner, 2007：257)。不仅如此,克拉克等指出(Clarke et al., 2009：26),当代的研究不再认为遗传学表征着"某种深层的、内在的因果真相",而是梳理成"一个'扁平的世界',包含基因与基因间相互作用、基因与环境间相互作用、高度个体化的基因表达和调控等组成的众多网络的复杂串接动态系统,共同生产出未来的身体状态"。

科学与两性差异之间的关系,以及新遗传学的反化约论,暂且谈到这里,里兹·斯坦利(Stanley, 1984)强调有许多人类学资料能够证明,各个社会将人们归为女性和男性的方式不胜枚举,这从另一个方向点明,将复杂、偶然的变项化约为男女两性这种二元对立,实属人为虚设。有鉴于此,她引述了玛格丽特·米德的《三个原始社会中的性别与气质》(Mead, 1963 [1935]),后者描述了彼此相邻的三种文化,但各自对何谓男人何谓女人的意见大相径庭。[2] 人类学研究中还有一项饶有意趣的讨论,弗朗索瓦·埃里捷-奥热(Héritier-Auge, 1989)撰文阐述男性支配和女性生育力被挪用的状况,揭示了约定俗称的两性二元界定存在缺陷,在此值得详细引述:

> 在东非的努尔人(Nuer)当中,一个女人如果被视为不能生育,就是说她已经结婚,过了一定年数后(或许直到绝经?)依然没有生育,就会回到娘家,此后被视为一个男人,成了自己兄弟的"兄弟",成了自己兄弟孩子的"叔伯"。作为"叔伯",她将有资格基于作为她侄女彩礼的牧群中自己份额的收入,像一个男人一样养上一群牲畜。有了牧群,有了属于自己的产业的收成,她就能付得起其中一个妻子的彩礼。她作为"丈夫"进入这些制度化的婚姻关系之中。她的妻子守候着她,为她劳作,尊敬她,向她致以丈夫该享有的礼节。她雇用另一个族群的一名仆人,通常来自丁卡族(Dinka),而对该仆人的要求中就包括为其妻子或妻子们提供性服务(Héritier-Auge, 1989:294)。

埃里捷-奥热提出,在努尔人当中,不能生育的女人就不再配称一个"女人"了。她被明确视为更像一个男人而非女人。所以说,在这个社会中构成男女两性之间差异的纯粹只是生育能力。

---

[2] 温良的阿拉佩什人(Arapesh)无论男女都像"我们"习惯认为的女人,凶猛的蒙杜古马人(Mundugumor)无论男女都像"我们"习惯认为的男人,而德昌布利人(Tchambuli)正好与"我们"习惯认为的男女相反。

第三章 自然主义的身体观

尽管存在这些生物学和人类学方面的证据，但简而化之、一劳永逸地对个体做出非此即彼的指定，归入男性或女性的范畴，这种做法依然颇具影响，还在影响着神经科学的研究（Bendelow et al., 2001）。考狄利娅·法恩指出（Fine, 2010），通过核磁共振所得到的脑成像图片虽然样本量很少，但已经成为一种赋予下述观念似是而非的科学合法性的最新方式之一：存在着"固定到"男性与女性的根本差异，而这些差异导致了社会不平等。在更一般的层面上，格罗兹与勒佩旺什指出（Grosz and de Lepervanche, 1988），生物科学和医学依然频频将女性与男性规范相比较，而后者被视为普遍性的。有些教科书，比如格雷的《解剖学》（Gray, 1974［1901］），就将各项特性的通例表述为男性的。对女性身体的描绘只是要表明与男性如何不同。"基于这些角度来判断，女性的身体只能是被视为异常的、不完备的、需要做出说明的，而男性的身体则被想当然地视为'人'的各项属性的充分代表"（Grosz and de Lepervanche, 1988: 12）。

把男性的身体视为完备的、合乎规范的，而将女性界定为不同的、低劣的，就因为她们那"不稳定"的身体，人们不断试图通过这些界定方式，限制女性的公民权利、社会权利和政治权利。人们假定女性囿于其生物学角度上的局限，留在私人领域，而男性在肉身角度上更适于参与公共生活。话说回来，区分身体、将人们限制在前社会性的自然领域的手段并不仅仅是性别。自然主义的身体观也常常出现在另一些企图中，要使非白种人以及其他基于种族或族属的人群所受压迫及臣属地位获得合法性。

四、危险的"他者"

在西方世界，对男性特质与女性特质的历史建构不仅与身体有着密切的关系，而且与基督教的身体观有着密切的关系。在基督教中，身体往往被视为脆弱的，充满原罪的，需要由心智施以严格的调控（Brown, 1988）。肉身、性相与情感状态都被看作是易变的现象，需要予以规训。在英格兰的新教改革期间，这些态度尤为显著。16 世纪和 17 世纪早期，英国基督教关注的是个人虔敬、自我控制与自我审察。正是在这种自我发现的背景下，英国人／英国男人（Englishmen）用海外的人作为"社会之镜"，倾向于从"野蛮人身上"发现那些"他们最初在自己身上发现但却不曾明确谈论"的特性（Jordan, 1982：56）。

纵观历史，英国人／英国男人不是将自己对肉身的忧惧个体化、内在化，而是把这种焦虑向外投射到别人的身体，不仅是全体女性的身体，而且是非洲黑人的身体（Rutherford, 1988）。女性的身体既不稳定，也被视为诱惑之源，会使白人男性的生存理性趋于腐坏。不过，白人女性至少有一份适当的位置，就是负责健康种族的再生产／生育，既适于国内统治，也适于殖民统治（Searle, 1971）。与此相反，非洲黑人代表着"危险的他者"，在性的方面，生理的方面，被视为未开化的、不能控制的存在，对西方文明的道德秩序构成威胁（Mercer and Race, 1988）。黑人男性的性欲强盛，非洲人的阴茎粗大，据说这就是明证（Walvin, 1982）。从 16 世纪到 18 世纪，欧洲人认为，非洲人与猿猴之间可能存在进化上的关系，这就进一步巩固了上述观点。詹姆斯·瓦尔文描述了当时人们如何普遍相信，非洲人与猿猴之间发生性关系（Walvin，1982）。

要说明为何以这种方式通过其身体来界定黑种人，通常会回溯到殖民化和奴隶制下的社会关系。不过，也有证据表明，在某些国家里，比如英国，早在与非洲人有接触之前很久，就存在着对"黑"与"白"的强烈观念。乔丹指出，"白与黑分别意味着纯洁与污秽、贞洁与罪恶、美德与卑劣、美丽与丑陋、仁慈与邪恶、上帝与魔鬼"（Jordan，1982：44）。这些意象不是被加以阐述，将既存的白人支配合法化，而是被用来调动现成的"知识"库存，应对与非洲人最初的接触。

话虽如此，毫无疑问，这些意象在殖民化和奴隶制期间得到了巩固。诚如弗朗兹·法农所言（Fanon，1984［1952］），所谓黑人的性相就像动物一般，这样的神话/迷思就是白人奴隶主有意捏造出来的，以此为支撑殖民化的野蛮行径提供意识形态上的正当化辩护。这些迷思还融入了一整套特别的文献，把奴隶制的残暴行径刻画成造福于其牺牲品。欧洲从16世纪60年代开始在非洲进行贩奴贸易，在各英属领地上长久延续，直到1833年方告废止。这个过程中产生了一整套文献，将非洲男女刻画成丑陋、暴烈、纵欲的野蛮人，非常适合奴隶制。而人种学的研究指出了黑人天生善于屈膝，甚至提到遗传性的漫游狂症（drapetomania，即逃跑、游荡的倾向），更进一步证明了奴隶制的正当性（Rose，1976）。到了18世纪，奴隶制遭到越来越强烈的抨击，贩奴贸易商对非洲人的描述也越来越充满诋毁。他们纯粹从与英国文化之间差异的角度来描述非洲人。英国人是文明的、理性的，而非洲人则代表着一种"前社会的"秩序，受初民部落不受约束的本能所主导。而在别的地方，在波利尼西亚，贩奴贸易商为了增加贩卖人口所得利润，干脆将文身的毛利人的头砍下，直接从事首级贸易，欧洲殖民者稀罕这些头颅，就是冲着他们的"moko"（面部刺青）（Gathercole，1988）。

有关非洲的危险和神秘的种种意象长久流传，到了维多利亚时代晚期，英国的中上阶层男性通过深入这块大陆探险来证明自身"男性气概"的举动已是蔚然成风（Segal，1990）。社会达尔文主义也被用来证明创建并维持英国殖民地的正当性。斯蒂文·罗斯指出（Rose，1976），由于英国人就是生存竞争中的最适者，他们在国外的开化使命也就受到某种生物性律令的支持。其他的"科学证据"也被一一举将出来，以证明黑人诸民族低劣一等的"他者性"。倡导颅骨测量术的先锋白洛嘉[3]就曾提出：

> 凸颌（前突）型脸，皮肤多少呈黑色，卷发，在智力和社会角度上低人一等，这些往往相互联系；而皮肤多少呈白色，直发，直颌（平直）型脸，这些是人种系列中最高等群体的通常配置。……黑色皮肤的群体……从未能够自动将自身提升到文明的阶段（白洛嘉，转引自 Gould，1981：834）。

而在美国，通过其身体来界定黑人价值的思路也被用来证明蓄奴制的正当性（从 1820 年到 1860 年，有超过一百万黑人被出售）（Marable，1983）。而对黑人女性的处置更是维系着三种主要

---

[3] 白洛嘉（Paul Broca，1824—1880），法国外科医生，法国现代体质人类学发展的重要人物。曾创办巴黎高等研究院的人类学实验室、巴黎人类学学会和巴黎人类学学院。研究人类各种族的颅骨，提供人脑功能分布（特别是言语功能）的解剖学证据。

第三章　自然主义的身体观

的肉身意象：她们要么是"去两性化的保姆"、奶妈和佣人，"大胸只是供奴隶主的孩子吮吸的，是用来照看他们的"；要么是"悲剧性的穆拉托女人"[4]，试图装作白人，而这种欺骗鲜明体现了她们可疑的本性；要么就是性欲旺盛，适合用作育奴工具，其"比例过大的"生殖器官和臀部即为明证(Young，1999：68)。在种族分化的惩罚中，也渗透着对黑人的性相的忧惧。比如说，在1885年到1900年间对黑人男性施行的私刑中，强奸指控只占全部案例的三分之一。然而，对于这些私刑的正当性辩护却总是提到，要保护白人女性免遭黑人男性的兽性侵犯(Carby，1987)。这种忧惧也体现在许多私刑最终的举动上，会将受刑者阉割，这在现代美国等地依然是焦虑之源。在20世纪大多数时间里，好莱坞对黑人的性相的描绘不成比例地偏向强奸的意象，或是"单纯的动物能力，不能产生文明"。仅有少数例外，还是斯派克·李[5]等黑人电影工作者的功劳(Dyer, 1986：139)。如若不然，更为安全的做法就是干脆否认黑人演员具有强烈的两性身份，给他们安排的角色只是"忠心耿耿的黑人仆役"这一主题的当代翻版(Lyman，1990；Young，1995)。到了21世纪，随着哈莉·贝瑞(Halle Berry)、丹泽尔·华盛顿(Denzel Washington)和威尔·史密斯(Will Smith)等演员所刻画的角色，超出了主流电影中的这些刻板印象，随着渴望吸引跨越种族光谱的消费者的新媒体、实验电影和市场营销专家大量出现，随着2008年巴拉克·奥巴马

---

[4] 原文为"mulatta"。穆拉托人(Mulatto)就是欧洲白人与非洲黑奴的混血后代。
[5] 斯派克·李(Spike Lee，1957—)，美国著名"黑人电影"导演，出生在南方佐治亚州亚特兰大，对黑人的处境和心态十分了解，立志通过电影表现黑人的社会境况和所受歧视，有《丛林热》、《黑潮》等名作。2015年获奥斯卡终身成就奖。

当选美国首位黑人总统,上述情形有所改观。不过,从厌女症嘻哈时代"ho"[6]视频中对黑人女性的刻画(而在20世纪90年代的"TLC""Salt-N-Pepa"等致力于女性赋权的饶舌组合,到本世纪由"天命真女"[Destiny's Child]组合演绎的"独立女人"["Independent Women"]所例示的节奏布鲁斯团体,在较小程度上有所平衡),到色情网站上对于黑人性相的种族主义刻板印象,上述限制性的意象依然有活跃表现。根据英国电影协会晚近的一项调查,被问到的大多数非洲及加勒比裔黑人都认为,电影里的黑人角色被描绘得"性欲旺盛",也体现了这种趋势(Griffiths, 2011)。

有些艺术形式传统上允许的表达尺度要比电影更为宽松,其中的黑人身体往往被建构成让白人男性既畏惧又迷恋的客体对象。比如说,在罗伯特·梅普尔索普的摄影作品中,黑人男性似乎既有表现其性相的空间,但又被化约为仅仅是性相。回顾历史,同志情色作品中对黑人男性的表征也往往范围有限,要么像性力旺盛的种马,要么成了"异域风情的东方人"(Mercer and Race, 1988)。在更一般的层面上,斯特普尔斯提出(Staples, 2006),在西方文化中,人们同时基于畏惧和欲望来描绘黑人的性相;沙普利-怀廷(Sharpley-Whiting, 1999)指出,在殖民焦虑的时期,就会动员并强化这样的性相意象。

通过一些似乎反映出对黑人身体的深层恐惧的社会习惯,黑人男女所遭受的压迫得以在当代美国延续并有所巩固。以司法系统为例。尽管在美国南方各州被控谋杀兼强奸的男性中有50%

---

[6] 新千年前后十大厌女歌曲第一,收于 Ludacris 2000 年的专辑 Back For the First Time 中。

是白人，但因该种罪行而被处以死刑的却有90%是黑人。这些被判死刑的人中，绝大多数被指控强奸了白人女性，而根据斯特普尔斯的说法（Staples, 1982），直到20世纪80年代初，没有任何一名白人男性因为强奸黑人女性而被判死刑。[7] 这些明显的双重标准似乎在一定程度上回应了南北战争前后盛行的对强奸非裔美国女性的说明和辩护：这些女人之所以会招来强奸，就是因为她们的性欲近乎动物，不受控制（Weitz, 2003）。

有必要强调，为奴隶制、殖民化和其他压迫形式提供正当性辩护的那些关于黑人的意象变化多样，各有其特定的演变轨迹。不过，它们往往把焦点放在身体上。姆里纳里尼·辛哈（Sinha, 1987, 1995）研究了在19世纪晚期的孟加拉，英国人有关道德帝国主义的意识形态，就是一则耐人寻味的案例。英国通过维多利亚时代有关性别的意识形态，为其在孟加拉的统治提供正当性辩护，这种意识形态框定了"女里女气"（effeminate）的孟加拉男人这一刻板印象，从而衬托出印度社会中的一些缺陷，使其不适合自治。[8] 孟加拉男人的男性气概值得怀疑，因此不适合享有权力。维多利亚时代的意识形态认为，过早的性经验会败坏男人的道德素质，孟加拉男性没有能力约束性欲，因此是靠不住的。童婚习俗也表现出这一点。孟加拉男性的体格也被殖民当局说成是"瘦小的"（puny）和"矮小的"（diminutive），当局用这些意象来取笑

---

[7] 说到死刑，有必要指出，1991年在南卡罗莱纳州被处以死刑的大卫·加斯金斯（David Gaskins），是1944年以后被政府以谋杀黑人受害者而处死刑的第一位白人男性。——原注

[8] 这里的孟加拉是印度次大陆上的地区名，涵盖了今日孟加拉国和印度一部分地区。

和嘲弄（Sinha, 1987: 218, 227）。孟加拉人的身体相比于英国白人统治者，依然被视为"他者"，但如果与非洲人身体的意象相比较，具体的建构还是有很大差异。

回顾历史，对黑人身体的负面建构使这些身体成为与健康和疾病有关的各种道德恐慌的靶子。在奴隶制下，非洲黑人被视为有病的、肮脏的。对不洁的"外国身体"的恐惧后来被移植到了移民法规中。1905年，出于对英国种族"退化"的严重恐慌，英国法律中开始引入限制性的健康标准。在20世纪60年代，英国布雷德福（Bradford）的巴基斯坦裔群体爆发小规模的天花疫情，导致英国医学会方面产生道德恐慌，要求对黑人移民进行医疗监控。随后，到了70年代，通过对亚裔女性的"贞洁检验"（virginity testing），这样的设想付诸实施（Jones, 1977; Mercer and Race, 1988）。将黑人身体与疾病相联系的举动中更为晚近的一次是由艾滋病带来的。非洲黑人成为艾滋病的替罪羊，既是这种综合征的可能病因，也是其载体（Alcorn, 1988）。艾滋病被称为"同志瘟疫"，在报道中也被唤作"非洲瘟疫"，导致在英国有人提议，对于非洲黑人的迁移需要采取更为严格的控制（Watney, 1988; Frankenberg, 1990）。时至今日，英国的国民保健服务制度依然禁止此前一年内与曾经在非洲某些地区有过性活动的人发生性活动的人献血。

种族主义的特点就在于一再企图将负面特征赋予各种人群的肉身存在。实际上，"种族"本身的建构（这个社会范畴在自然界中并没有任何科学基础）就有赖于处在支配地位的民族和人群根据肤色之类的肉身特征，对人进行归类（S. Hall, 1997）。菲利普·柯亨说得很清楚（Cohen, 1988），基于某些体征（比如肤

第三章 自然主义的身体观

色)而不是另一些体征(像是身高)来对人群实行分类，根本不是什么合乎自然的事情。在将某些特定的人群建构为"可见的"过程中，掺进了社会因素，而界定可见性的特征也会随时间而变。比如说，在19世纪50年代的英国，爱尔兰移民被挑出来作为"危险分子"，而到了20世纪50年代，他们的迁入很少见诸官方告示了，尽管他们在迁入人数上其实超过来自新联邦[9]的移民(Cohen, 1988)。在19世纪70、80年代，犹太难民被描绘成"文明化不足的""不洁的"和"不道德的"，而在20世纪50年代，遭到污名化的是其他群体。西印度群岛人作为"廉价临时劳工"来到英国，在人们眼里，是一群生活水平低下、不善节制、不讲道德、不守秩序的殖民地臣民。另一方面，锡克族人、穆斯林和印度教徒又被概括为贫穷却充满抱负的人群，与自己的邻居不仅语言有别，而且有令人陌生的宗教信仰和生活习惯，往往自成一体(Jones, 1977)。到了70年代，通过对袭劫[10]的社会建构，黑人青年在英国进一步被罪犯化，在这个过程中，英国媒体展开了长期的舆论攻势(Hall et al., 1978)。而在20世纪最后几十年，随着伊斯兰教的全球复兴，以及围绕"911"恐怖袭击的一系列事件，人们越来越多地将穆斯林面纱描绘成一种邪恶的标识，仿佛一个个非理性而暴力的身体潜伏其后，无非是对于"种族他者性"的概括的又一趋向(Modood, 2005; Khiabany and Williamson,

---

[9] 新联邦(New Commonwealth)，指1945年后取得自治地位的英联邦国家。这里特别指巴基斯坦、孟加拉国、印度等南亚国家和众多加勒比海岛国。
[10] 袭劫(mugging)，特指从后面以兜头、掐脖等方式袭击路人，将其击昏后实施抢劫，路人多不知行凶人面目，危险随时从背后袭来，故此远比正面或前方而来的拦路抢劫更令人心慌。

2008)。这些种族化的刻画多元而易变,恰恰证明它们是如何受制于各种社会力量(例参 Craig,2002;2012)。

从社会学的角度来看,自然主义的身体观之所以非常重要,是因为社会中居于支配地位的人一再企图通过诉诸被支配者据说较为低劣的生物性构成,证明自己所处位置的正当性(Elias,1994a)。这些观点的确切内容屡经历史演变,但在许多方面已经变得更为复杂,表现出种族、族属、性别、宗教、文化与习俗等观念以愈益错综的方式混融一体。当代社会依然扮演着重要角色。近些年来,这种复杂性愈演愈烈,这并不令人奇怪。随着许多城市越来越具有世界主义性质(Gilroy,2004),同时,越来越多的人口变迁涉及迁移与族群通婚(Song,2010),旧有的那些刻板印象迅速沦为过时。尽管如此,把某些群体描绘成生物学角度上低劣一等的做法还是颇具影响。完全通过血肉之躯来界定人的价值,这样的做法还是屡见不鲜,尽管在这些有关优等与劣等的界定中,心智已经开始占据更为核心的成分(Gould,1981;Lewontin et al., 1984;S. Rose,1984;Birke,1986)。话说回来,尽管自然主义观点通常是由社会中居于支配地位的人群所采纳的,但也有一些尝试要倒转这些主张。这类情况下,在被压迫群体的符号表达中,自身的身体与具身体现相对于社会中的其他群体,更为优越或得天独厚(privileged)。

五、得天独厚的身体

纵观历史,将个体的价值与其身体相等同的做法一向有利于社会中居于支配地位的群体。将社会不平等的原因定位于不变的、自然的、生物性的身体上，有助于使针对现状的抵抗显得徒劳无益、无的放矢。然而，力求将个体特性／身份／认同与生物特征相等同的并不总是支配者。20世纪60、70年代的黑人权力运动就致力于通过颂扬黑人的肉身特性，来倒转有关自然主义身体的那些种族主义形式（Segal, 1990）。而在性别方面，女性主义者也采取自然主义的思路来看待身体，借鉴了一种基于生物本质主义的认识论："有关永恒女性的一种女性主义版本"（Eisenstein, 1984: 106; Barrett, 1987）。

苏拉米斯·菲尔斯通阐述了一种自然主义思路的早期女性主义版本，但她的分析与此前把女性身体描绘成存在固有局限的论述之间有诸多相似之处。菲尔斯通主张（Firestone, 1971），劳动上的两性分工自有其生物学基础。"生物学家庭"之所以普遍存在，其根基就在于人在生育方面的生物特征。而"生物学家庭"这种单元的典型特征，就是孩子对母亲的依赖，而后者又依赖于一个男人。尽管菲尔斯通也认识到，社会制度对于维持男性支配地位十分重要，但这些社会制度的最终基础还在于人在生育方面的生物特征，这些特征使女性比男性更脆弱，依赖于男性。因此，女性要获得解放，就只能通过值得信赖的避孕技术和生育手段，尽可能降低对女性身体的使用，来克服"对其生育方面的生物特征的暴政"。

艾莉森·贾加尔认为（Jaggar, 1984），尽管女性主义运动并没有广泛采纳菲尔斯通的分析，但这并不妨碍其他女性主义者在建构有关父权制／男权制的其他阐述时，依旧把不变的、前社会性的生物性身体视为建构自我认同与社会的基础。这些阐述与菲尔斯通的不同之处，只是在于以更为正面的眼光来看女性身体。贾加尔指出(Jaggar, 1984),当代激进女性主义论述经常谈什么"女性生物特征内在固有的力量","与女性生物特性相维系的创造力","女性天生才华与优等性"。她们在这些说法中反复表示,女性特有的力量就在于亲近自然,而之所以有这样的特性,就是因为能够生育。按照戴利(Daly, 1978)等人的概括,这样的力量使女性"天生比男人更热爱和平,多情善感,讲求道德,富于创造,肯定生命"(Weitz, 2003: 8)。事实上,苏珊·格里芬就提出(Griffin, 1978),女性与非人的自然彼此不可分离(Jaggar, 1984)。

这种女性主义版本的自然主义身体观还颂扬自然赋予女性的"美德"。至于这种思路在社会政策方面的相关意涵,卡普兰与罗杰斯做出了有益的概括(Kaplan and Rogers, 1990)。20世纪70年代后期的女性主义者主张,女性要想实现社会平等,那些在生物学意义上属于天生固有的"才华",比如生儿育女的能力,就需要得到充分的认识和酬报。在这里,平等指的是女性与男性的工作角色不同但价值相当。卡普兰与亚当斯指出(Kaplan and Adams, 1989),这种说法并不新鲜,早在20世纪20年代,甚至在希特勒掌权之前,法西斯主义意识形态里就有类似的平等原则。按照她们的讲法,"千百年来,男性一直在颂扬女性的美德,却没有多少证据表明,女性就此获得了更多的权利或自由"(Kaplan and Rogers, 1990: 209)。

在女性主义版本的自然主义身体观中,玛丽·奥布莱恩的论著(O'Brien, 1979, 1981, 1989)或许最为成熟精致。她的分析的核心观念,就是认为生育是一种物质性、历史性的过程,引发某种"生育意识","在性别角度上,以意义重大、显著明确的方式

第三章 自然主义的身体观

相互分化，彼此对立"（O'Brien, 1979: 235）。生育及其相关的'环节'，使女性通过特殊的体验与世界相关联，产生对于世界的知识，并与男性对于世界的接触渠道截然不同。

对于女性来说，生育融合了知与行，自觉意识与创造活动，暂时性与延续性。而为父之道（paternity）则是一种相当不同的现象。为父之道的本质环节……是抽象的、不自觉的，必须由抽象知识而不是切身体验来赋予意义（O'Brien, 1989: 14）。

事实上，男性与自然的关系以（交合中精子的）疏离／让渡（alienation）为特征，而女性与自然的关系则以延续为标志。正是从这一事实中发展出了性别化的生育意识。按照赫恩的讲法（Hearn, 1987: 79），"为母之道（maternity）和母亲的生育意识包含了自觉意识与不自觉的生育劳动的统合一体，而为父之道与父亲的生育意识则是一个观念（原则）支配物质的过程（比如说，当上父亲的观念要先于孩子的出生）"为了克服这种疏离／让渡，男人在婚姻中力求通过父亲身份来利用孩子。不仅如此，父亲身份和婚姻只是"人类制度的发展"和"有关男性首要地位的意识形态"在社会角度上的起点，发展到极致，便是公共领域与私人领域的分离，而后者受着男性的控制（O'Brien, 1981: 49）。简言之，父权制／男权制尊崇男性对生命和价值的界定，而这类界定的根基就是男性在生存意义上与物种延续相分离。之所以出现这种状况，是因为男性声称对女性的劳动成果即孩子有控制权，而"没完没了地执迷于死亡和破坏"（O'Brien, 1989: 15—16）。

根据奥布莱恩的分析，父权制／男权制之所以存在与发展，在于男性不断尝试将她所称的"分离出来的／抽象化的父亲"（abstracted father）重新整合到生育过程中。然而，尽管她对男性支配做出了批判性的分析，但这种观点与一向助长了对女性压迫的那种自然主义身体观却有某些共同点。通过生育这一生物性过程，女性与知识之间的关系注定与男性不同。不过，她们的世界观却没有能力影响社会的结构。这是因为，以男性与生育过程之间的生物性分离为基础建立起来的父权制／男权制，利用并贬低了生育体验。奥布莱恩的分析意味着，男性与女性所拥有的那些导向父权制／男权制的知识形式，既定位在生物特征中，也定位在自然中，因此既是合乎自然的，也是不可避免的。

米歇尔·巴蕾特指出（Barrett, 1987），这种分析的危险在于，它差不多等于放弃了将世界转变为不那么受传统"男性特质"价值支配的地方这一规划。不仅如此，如果认为体验是一种得天独厚的探察知识的方式，基于这种观点得出的主张将会导致如下情境：单单"将自身命名为某一给定群体的成员，就等于为自己的言行宣称一种道德支撑"（Ardill and O'Sullivan, 1986: 33）。巴蕾特主张（Barrett, 1987），在这种道德主义的政治话语中，与特定体验相维系的价值成为不言自明的东西，而人们根据自己的体验所建构的认同也被视为不容置疑。

奥布莱恩的分析预设了一种人道主义的主体模型，对于这种主体，体验与知识之间是延续不分的。不过，鉴于男性和受男性控制的技术装置已经在相当程度上影响了有关生育的界定和体验，对于从生育体验中孕育出来的知识，上述说法似乎简单化了。奥布莱恩的分析还将那些不能或不愿生孩子的女性给边缘化了，但这类女性依然臣属于一系列的肉身压迫，并不能化约为生育体验。

这些批评意见并不是要否定奥布莱恩的确促进了人们将身体体验与知识相关联。社会学角度对知识和意识的阐述常常忽略了心智与身体之间的关系，但身心关系正是奥布莱恩作品的核心主题，从社会学角度对身体做出任何充分的阐述，都需要重视这一主题。她的分析固然存在问题，但并非因为认识到具身体现与知识之间这一重要关联，而是过于偏重与生育有关的一系列身体体验，相对忽视了肉身存在塑造意识的其他一些方式。比如说，赫恩指出（Hearn, 1987: 83），性对于男性意识的影响不仅仅在于遗传上的非连续性，而且关系到身体接触、快乐与痛苦本身。

六、被扭曲的身体

女性主义对自然主义观点的发展还有另外一种思路，关注的是女性的身体体验如何受到支配性社会力量的扭曲。这与本章此前已经考察的那些身体观略有不同，有所改进。尽管身体为父权制/男权制社会关系的建构奠定了基础，但这些关系本身被视为塑造了女性的身体。自然主义观点往往只是将身体视为一种前社会性的持恒现象，而这种有关被扭曲的身体的分析却能够看到社会关系的影响。

苏茜·奥尔巴赫（Orbach, 1988 [1978]）和金·彻宁（Chernin, 1983）出色地分析了"被扭曲的身体"。她们的著述尽管已经有些年头，但依然是最清晰的例证，无论在有关进食失调问题的女性主义文献中，还是在有关女性与其身体关系的报章文章里，都是一种愈益流行的思路（例参 Fallon et al., 1996 中的争论）。奥尔巴赫与彻宁都主张，女性的身体有其自然的尺码和体型，只是被父权制／男权制的力量扰乱了。

奥尔巴赫（Orbach, 1988［1978］）集中探讨了"强迫进食"症状，这是一种暴食与挨饿之间的循环。女性之所以陷入强迫进食，是因为自然的饥饿机制被扭曲，女性想要"瘦身"的自觉欲望被想要丰满的不自觉欲望所破坏。强迫进食就是女性遭到社会压迫所导致的。使女性的身体发育被扭曲的力量主要有两类，一是媒体和减肥产业给女性施加的压力，一是女性无论工作还是居家，能够承担的角色都有限制（Hesse-Biber, 1997）。

首先，一个女人要想为人妻，为人母，就得找个男人。这个目标对于少女来说是不可或缺的，但却几乎是难以企及的。要找到个男人，女人就得把自己看成是一件商品，其价值就建立在自己的外貌和仪态基础上（Orbach, 1988［1978］: 29—30）。如此强调外貌，意味着面对庞大的时尚和减肥产业，推广有关女性应当像个什么样子的强烈而有限的意象，女性很难不受影响。在这些意象中有一点是始终不变的，那就是女人应该苗条，至少绝对不能肥胖。在奥尔巴赫看来（Orbach, 1988［1978］: 31），许多女性被这些意象所引诱，陷入具有破坏性的节食循环中，而另一些女性为了避免被物化，把自己变胖，以此来做出反抗。实际上，后面这类女性往往会变得不自然的胖，因为这"履行了一种符号功能，即拒绝遵从……社会（对于她们）的扭曲，以及她们与其他人之间的关系"（Orbach, 1988［1978］: 44）。

其次，女性往往把食物当作解决其他问题的方式。奥尔巴赫提出，身为母亲会在许多年间将丈夫孩子的需要放在第一位，从而压制并误认自己的需要。在这些情况下，吃东西往往充当了她们自己在情感上和思想上真正的需要的替代品（亦参James,

1990)。不仅如此，对于投入有薪劳动的女性来说，肥胖成了在其他人眼里将自己两性身份/认同中立化的一种方式。诚如奥尔巴赫所言（Orbach，1988［1978］：35），女性通过这种方式，"就能指望在其出门工作的职业生涯中受到重视"，而不被其男同事"轻浮地"视为性对象。在这里，这些女性渴望得到尊重的真正需要同样是通过食物满足的，只是间接而不充分。

行文至此，应该看得很清楚，奥尔巴赫认为，强迫进食其实是表现了其他的需要和受挫。未被满足的需要和食物之间的关系，根源在于让人困扰的母女关系。这种关系之所以被扭曲，是因为处在父权制/男权制的背景下，母亲的地位被否定，在家庭外部也不能获得与男人平等的机会。而当食物成为母女之间斗争和冲突的对象，情况就更加恶化（Orbach，1988［1978］：36—45）。自然的饥饿机制被压制，进食成为一种对于社会压力而非生物需要的反应。

在奥尔巴赫看来，强迫进食意味着"不考虑标志饥饿的生理线索的进食……对于强迫进食者来说，食物具备了额外的重要意涵，乃至于早就失去了其显而易见的生物学关联"（Orbach，1988［1978］：118）。不过，奥尔巴赫的作品不单单是要分析女性为何会强迫进食，变得肥胖，也是某种利于减掉不自然的体重的"自助指南"。减掉这些体重[11]的关键在于把强迫进食的行为与它所表达的那些情感和冲突相分离。用更具生产性的方式来解释和展示这些情感，学会倾听自然的饥饿机制，是回归自然的、平

---

[11] 不是单纯意义上的减肥，而是把已经有的体重从"不自然"的"肥"转化为"自然"的"重"。

衡的尺码的应有之道。

金·彻宁（Chernin, 1983）也分析了强迫进食，探问西方的女性为何受制于"苗条的暴政"，限制了自身在社会和生理角度上的成长与表达。女性与男性截然相反，后者在成长过程中被教会要对自己的身体感到骄傲，而前者的社会化过程却使其讨厌自己的身体，并常常一味追求削减（Chernin, 1983: 62, 92；Bovey, 1989: 48, 229）。这种追求的破坏性结果已经越来越广为人知，从日渐流行的整容术和吸脂术，到愈益频发的神经性厌食症。因为女性面临减肥的压力而出现的致死事件越来越多，正说明了在何等程度上，"女性比男性更多地承受生活在身体中所带来的苦痛"（Chernin, 1983: 62；亦参 Bovey, 1989: 48, 224—229）。

为了说明女性在身体上遭受的压迫，彻宁借鉴了社会学、心理学和历史学。首先，对于男性支配的文化、政治和金融等领域来说，女性被视为权力已然太多（Chernin, 1983: 96, 129）。男性为了维护自己的权力，就让女性自觉有欠缺，而这样的感觉又会转而针对身体（Chernin, 1983: 87, 190）。其次，男性出于自身作为孩子对母亲身体的体验，从一开始就认为女性蕴含着危险，又基于自己随后所处的社会权力位置，将对女性身体的恐惧和疑虑转换成控制和削减女性在社会中占据的有形空间的企图。第三，近些年来，尤其是妇女运动已经威胁到男性的支配地位之后，这些压力更趋增长。按照彻宁的说法：

> 对发育过程中的女性要保持抑制，这样的要求变得更加显见，更为严格。从梅惠丝到玛丽莲（梦露），到翠姬，再到克

莉丝汀·奥尔曼，[12] 逐步渐进的轨迹明确可辨……在这个女性主义维权的时代，男性还是心仪女性萝莉般的身心，因为小萝莉容易受伤，柔弱无助，不那么让人感到不安。真正让人不安的是熟妇的身心（Chernin, 1983：95, 110）。

奥尔巴赫和彻宁揭示了社会压力如何能够被内化，并体现于进食活动中，扭曲了女性的身体。在两人的说明当中，跨越各阶级但具有性别特定性的过程都占有重要位置。首先，奥尔巴赫和彻宁的论著都认为，女孩所经受的社会化过程是以在婚姻市场上获得成功为核心的。这就涉及否定身体及其他方面的需要，以服务于他人（Wolf, 1991），而无助于女孩将休闲的选择用作属于自己的选择（Cockburn and Clarke, 2003）。

其次，身体形貌的重要性往往影响女性对体育活动的态度。尽管在消费文化中，运动型身体（athletic body）越来越显著（Fea-

---

[12] 梅惠丝（Mae West, 1893—1980）以性感喜剧起家，从百老汇发展到好莱坞，言行惊世骇俗。所编写戏剧曾被控猥亵，另一出因涉同性恋而被禁。四十初上银幕，颠覆20世纪30年代电影的清教徒气氛，丰满妖娆，成为性感偶像，"二战"时美军飞行员将海上用的充气式救生衣形象地称为"梅惠丝"，这一词义沿用至今。

翠姬的原名是 Leslie Hornby（1949年生），靠"代表1966年的一张照片"成名，时年17岁的她身高1米67，体重只有82斤，毫无传统意义上的曲线可言。照片上一头短发，表情略略受惊，这个雌雄同体式的新形象迅速攻占时装杂志和模特界，四年后，20岁的她结束模特工作，但已经成就60年代最具盛名的模特儿。在模特界外，这个没胸没腰没臀的女性成为无数渴望真正独立自主的职业女性的偶像。"Twiggy"这个外号的词义就是嫩枝，纤细。

而奥尔曼（Christine Olman）年仅12岁就成为世界名模，取代了肉感的梦露，伴随神经性厌食症一起成为新时代的象征。

therstone, 1982），但女性身体的可接受形式和不可接受形式之间依然存在着明确的分隔。肌肉健硕依然是被污名化的，担心肌肉发育太好会使许多女孩远离体育运动（Willis, 1974, 1985; Bryson, 1987; Dworkin, 2001; Brave-Govan, 2004; Shilling and Bunsell, 2009）。不仅如此，在女孩眼中，要身着运动服装在学校里展示自己的身体，也常常是不可接受的，因为这有悖于她们自视为成熟女人的自我认同（Cockburn and Clarke, 2003; Gorely et al., 2007）；而体育课的组织也被批评说巩固了性别化的身体刻板印象（Velija and Kumar, 2009）。诚然，奥尔巴赫和彻宁表明，并不是所有的女孩都亦步亦趋地寻求遵照男性的理想来发展自己的身体。不过，这种拒绝也会使女性与自己的身体相疏离（比如说，通过强迫进食）。因此，女性往往要么遵从传统的社会化模式，力求发育成理想的身体，要么拒绝遵照这些过程，但这又会陷于因进食失调而损害自己身体的风险（亦参 Bordo, 2003: 270）。

第三，绝大多数体育锻炼都发生在公共生活领域，而女性还面临种种压力，要在家庭私人领域建构其主要角色。比如说，格里芬发现（Griffin, 1985），女孩会丢开自己的女友，晚上和男友待在一起，以此为自己的未来储蓄，这与培养起独立的运动爱好并有可能带入婚后生活之间很难协调。我们可能乐于觉得，格里芬的发现已经过时，但研究依然不断发现，在当代文化中有不少因素还在阻碍青春期少女保持体育活动（Tiggemann, 2001），包括男人们对女性在公共领域的进步感到恼火时，会使用特定的运动作为"男性特质最后的堡垒"（Nelson, 1994; Dunning, 1999）。

第四，奥尔巴赫和彻宁凸显了男性支配的制度/机构在限制身体发展方面所扮演的角色。比如说，对于男孩而言，运动向来就被组织成要反映肌肉型男版本的男性特质的发展（Simon and Bradley, 1975; Graydon, 1983）。体育课在学校里依然是最具隔离性的科目，女孩和男孩往往是在同样的课表时段参加不同的运动，可以说，其组织依然受到有关（男性）身体扩张和（女性）身体约束的性别意识形态的影响。总之，女性主义对于自然主义思路的这种发展凸显了女性会如何与其生理特征相疏离。女性与男性截然不同，往往不能通过其身体自我体现其力量/权力（power）（S. Gilroy, 1989, 1997; Connell, 2005）。

这种关于被扭曲的身体的观点相比于其他自然主义身体观，也展现出某种改进，因为它认识到，女性的身体其实是受到社会关系和制度的影响的。自然主义观念往往一味强调，身体以某些方式引发了特定的社会关系模式，从而不能认识到，这些关系本身也影响到身体的形貌和发展。身体不只是社会由此兴起的基础，本身也受社会影响。

话说回来，尽管有关"被扭曲的身体"的这种分析做出了相当贡献，但在方法论上却颇成问题。在奥尔巴赫看来，瘦就是自然的，而胖成了扭曲的。这些身体状态涵盖了内在固有的属性。根据尼基·戴蒙德的说法，"'胖瘦'似乎成了自然给定的对立，'瘦'是合乎自然的状态和目标，而'胖'倒成了病态的，成了一个问题"（Diamond, 1985: 54）。把胖看成是问题，等于"再生产出那些有关女性特质的文化理念，即把'瘦'定义为理想的"（Diamond, 1985: 47）。奥尔巴赫尽管鼓励女性"接受自身"，却认为"每个女人（其实）都希望苗条"（Bovey, 1989）。

而彻宁则与奥尔巴赫相反，认为丰满的[13]女性身体才是正面的、自然的。瘦削的女性是陷入了对抗自然的斗争（Chernin, 1983: 9）。绝大多数人之所以减肥后又反弹，就是因为这些重量是"自然"属于她们的（Chernin, 1983: 30, 54）。这样的分析固然驳斥了有关女性身体的通行的刻板印象，但它和奥尔巴赫的思路一样，都患有本质主义的毛病。无论是奥尔巴赫还是彻宁，都改进了现存的自然主义身体观，但她们的论著都没能彻底摆脱自然主义思路的基本预设。

除了奥尔巴赫和彻宁，还有其他论家也主张，女性身体具有合乎自然的体型和尺码，只是被社会所扭曲。比如说，爱泼斯坦（Epstein, 1987）和达纳（Dana, 1987）都认为，女性从自然角度上是瘦的，而暴饮暴食只是在替代其他的需要和活动。米歇尔则提出（Mitchell, 1987），女性的身体可能被剧烈的锻炼所扭曲。不过，所有这些论家都设定了存在某种持恒不变的自然身体，这种本体论立场与性别歧视和种族歧视的观点颇为契合，前者认为女性的身体由于其"自然"功能而比男性的身体低劣（Connell, 1987），后者认为加勒比裔黑人的身体天生就比白人身体更为强壮，也更具性力。

七、不堪其负的自然主义思路

自18世纪以降兴起的那些自然主义观念的显著特征之一，

---

[13] 本书中的"丰满""胖"和"肥胖"原文都是"fat"。与此类似，"苗条""瘦"和"瘦削"的原文是"slim"或"thin"。分别传递褒义、中性和贬义。

就是支撑它们的那些基本原则始终不变，彻宁和奥尔巴赫有关被扭曲的身体的分析属于例外。首先，它们是化约论的。将个体化约为其物理构成、基因构成或神经构成的某个维度，来说明社会的结构。比如说，在社会生物学中，"因果链据说始于基因单元的层面，逐级上升到作为整体的社会"（S. Rose, 1984: 44）。其次，确立了人的肉身性的基本特征之后，再将它们归类成简化处理的二元对立的社会范畴（比如男性／女性，黑人／白人，上流阶级／中产阶级／工人阶级），忽略人的各类身体之间的交叠而凸显其差异（Birke, 1986, 1992; Fine, 2010）。然后，这些社会范畴就被物化为自然现象。

要进一步揭示这些说明原则的欠缺，不妨看看自然主义身体观的一个早期实例。根据柏拉图的讲述，理想国中的公民分为三个阶层，其理据在于上帝是用三种材料塑造了他们。用白银做成的人注定成为卫戍者，用铜铁做成的人注定成为农夫和工匠。不仅如此，如果人们都老想着提高自己在生活中预先注定的位置，国家就会被毁灭。千百年后，社会生物学家复制了这种主张的逻辑，根据基因基础来证明现状的正当性。基因决定了哪些个体特性和社会结构最适于维持生存。企图改变社会结构是不会有好下场的，只能使社会毁灭。在这些实例中，对于人体意涵的界定都是非常有限的，不准确的，但却被认为规定了这些人的自我认同，构成了社会。它们在阐述人的具身体现的社会重要性时都很狭隘，不能让人信服。

对于社会学来说，以自然主义的思路聚焦身体，已经证明不能令人满意。而在这方面，身体史学家们做出了重要的贡献，认为在18世纪前存在一个独特的时期，当时把身体看作是社会意义和社会关系的接收器，而不是生成器。实际上，在对身体感兴趣的社会学家看来，如果认为身体是开放的，似乎可以始终接受重新解释，并以此作为出发点，要比自然主义思路有道理得多。在社会学家眼里，以自然主义的思路来看女性的身体和黑人的身体，对于所谓"肉身现实"，往往说不出什么深刻的东西，远不如将身体视作极具可塑性的意识形态资源和符号资源，用途极广。不过，当社会学家摒弃了自然主义观点的负面特性，也往往会忽视身体如何奠立并作用于社会生活。自然主义观点的这一面我觉得是值得继续发扬的，但在社会建构论的身体阐述中，往往会归于湮没。

第四章　社会建构论的身体观

自然主义的思路依然影响着流行的身体观。不过，社会学家们更感兴趣的分析是将肉身特性视为社会力量和文化意义的接收器，而不是生成器。有鉴于此，人们用社会建构论这个术语来统指那些认为身体被社会塑造、约束甚至创造的观点。社会建构论者反对自然主义的生物性身体观，认为赋予身体的那些意义是社会的产物，但是他们有关身体与社会关系的分析可谓各色各样。比如说，后结构主义者往往主张，语言范畴决定了我们的身体知识与体验；而符号互动论者则认为，相对自主的人类行动者基于共享的文化意义，管理着自己的身体。两种思路都认识到社会力量作用于身体，但要确定这些力量究竟是什么，又如何影响身体，就各执一词了。整体来看，身体在何等程度上是一种社会产物，是否应当同样聚焦于针对具身主体的技术塑造，以补充社会建构论中的"社会范畴"，甚至是否还有可能说身体是一种生物现象，这些就是社会建构论者的分歧所在（Vance, 1989; Hansen, 2006）。

启发认为身体出自社会建构的那些观点的主要有五种影响：玛丽·道格拉斯的人类学，身体史家，米歇尔·福柯，欧文·戈夫曼，以及更为晚近的聚焦于技术的动因网络理论相关著述。[1]

---

[1] 本章下文将更详细地说明，动因网络理论的影响在于去除了社会建构论中"社会范畴"的核心位置，集中关注形形色色的技术性、物质性和展演性因素如何以各（接下）

我将首先逐一简述这些影响，然后着重考察福柯和戈夫曼意义重大的研究。福柯通常被归为后结构主义者（关注身体如何受到话语的控制并被赋予权力），而戈夫曼通常被视为符号互动论者（感兴趣的是身体在社会关系中的行动）。不过，两位都把身体看成人们生活中的核心要素，同时主张，身体的重要意义归根结底是由个体力所不及的社会"结构"或文化"结构"所决定的。然后，我探讨了两位论家的研究，他们将福柯与戈夫曼的著述发展成明确的身体理论。布赖恩·特纳关于"身体秩序"的理论（Turner, 1984）在形式上遵循了霍布斯和帕森斯的路数，但却以福柯对于身体的生产与控制的关注为引导。阿瑟·弗兰克的身体分析立足于"行动问题"（Frank, 1991），聚焦于与行动态身体有关的身体习语的风格，不妨视为从根本上发展了戈夫曼的研究。

如果说社会学采取了一种双重思路来看待身体，那么社会建构论者就是将社会带入了身体，从而挑战了这种缺席在场的倾向，并有助于让身体在学科中得到重视。如果说身体的确受到社会的形塑，那么有关身体的研究就不再能够完全丢给其他学科。不过，尽管社会建构论谈了许多社会力量如何建构某种叫作"身体"的东西，但身体究竟是什么，为什么在社会中如此重要，具身体现的不同维度是否受到社会不同程度的建构，社会建构论的许多支脉却往往所言甚少。这些视角也常常没有给我们提供什么分析工具，来考察身体可能拥有的无法化约为社会力量和技术力量的特性（Turner, 1992a：106—107；亦参 Bury, 1986, 1987; King, 1987; Williams, 1999, 2003; Hekman, 2008）。

（接上）种方式结合起来，进入身体的展演与构成。——原注

因此，社会建构论的危险就在于，它以另一种形式再生产出社会学中对身体的双重思路。身体被置于各式社会背景之中，但本身依然未被探察。接下来，我将指出，福柯的研究就有这种问题，而戈夫曼、特纳与弗兰克的论著也不尽如人意。不过，对于社会建构论的第五种重要影响为我们提供了关键资源，可以矫正其中某些困难。动因网络理论家大大削减了对于社会范畴的强调，探究我们如何通过身体在物质性、技术性、自然性和观念性现象的复杂网络中的定位，组装起对身体的看法、管理与体验，从而大大丰富了将身体视为被建构的东西的当代尝试。身体不断被"拼装在一起"，并基于这种持续进行中的工作，以多种方式进行展演。动因网络理论对身体的聚焦方式激发了可贵的经验研究，我会揭示身体如何通过肉身特性与其他现象之间确立的关联来变得可见，以此探究这一思路。不过，尽管动因网络理论颇具魅力，但当它考察具身主体的各种特性时，它所聚焦的网络化空间却倾向于"拉平"本体论意义上的深度，忽略其重要性。这就限制了动因网络理论的说明力。

一、建构人的身体

玛丽·道格拉斯的人类学（Douglas, 1966, 1970）是建构论的第一种源泉，聚焦于身体，视之为社会意义的接收器，社会的象征。道格拉斯在《自然象征》中主张（Douglas, 1970），人的身体是用来反映一个社会系统的最普遍的意象，有关人体的观念对应于有关社会的通行观念，而特定群体对身体所采取的思路也对应于它们所处的社会位置。比如说，对社会持批判立场的艺术家和学者，往往会展现出某种对身体的舍弃，"某种精心拿捏的、相对其所承担责任而言的不修边幅"（Douglas，1970：72）。然而，身体首先是对整个社会的隐喻。在20世纪，共产体制国家和资本主义国家都通过颂扬富有男性特质的英雄劳动者的形象，来反映传统行业的重要性（Slavishak，2008）。这就意味着，每当爆发特定的社会危机，国族边界（national borders）遭到威胁，通常会激发人们关注于维护既存的身体边界和身体纯洁。我们这里看到的是有关社会秩序和风险的象征人类学，在其中，文化和经济方面的优先考虑，对社会不确定性的焦虑，都被投射到了对身体的关注上。

道格拉斯的研究中的整体主题就在于：社会态身体约束了人们以何种方式领会和体验物理态身体。这些感知和体验本身维持着某种特定的社会观。对于社会态身体与个人态身体之间的关系，道格拉斯的研究富于洞见。不过，它有时也暴露出将这两种身体混为一谈的危险，因为它把有关个人态身体的现象学，即人们如何活出自己的身体，化约为社会态身体所调用的那些位置与范畴。

托马斯·拉克尔和鲁德米拉·约尔丹诺娃之类身体史家构成社会建构论的第二种源泉。第三章已经考察了这类研究中的一小部分，并且不妨重申一遍，它揭示了人体被赋予形形色色、变动不居的意义。这些历史研究提供了宝贵的信息，被用来分析知觉与嗅觉的社会基础之类论题（Duroche，1990；Cockayne，2008）。它们还被用来证明，社会学家有正当理由致力于考察作为某种社会现象而不是生物现象的身体。不过，这部分工作大多聚焦于知觉、意象与意义，尽管已经展示了这些方面是多么变化多样，但辅之以考古学、人体测量学和其他方法，考察实际的、物质性的具身体现形式在代际之间演变发展时，各项特征如何变动，会很有帮助（例参 Hamilakis et al., 2001; Floud et al., 2006; Sofaer, 2006）。

米歇尔·福柯的研究是社会建构论的第三种源泉，从许多方面来看，也是最具影响的源泉。在福柯看来，身体不单单是由话语赋予意义，而且是完全由话语所构成。身体作为一种生物性实体已经渐趋消散，成为一种社会建构的产物，具有高度的可塑性和不稳定性。福柯的作品影响如此深远，以至于现在有理由说存在一种福柯式的身体研究思路。比如说，特纳在社会理论、宗教与医学社会学等领域中开创性的身体研究，就对福柯的作品多有借重（Turner, 1983, 1984, 1987）。而从医学知识、欲望、体育运动、牙科到福利国家之类话题，其他许多有关社会建构的身体的研究，也都受到福柯的深刻影响（例参 Armstrong, 1983, 1987; Hewitt, 1983; Lash, 1984; Davies, 1990; Nettleton, 1991, 1992; Jones, 2002; Markula-Denison and Pringle, 2006; Rose, 2007）。

对社会建构论的第四种重要影响，就是欧文·戈夫曼的研究。戈夫曼考察了公共场所和私人场所中的行为，自我的呈现，以及污名，通过这些来研究社会互动中的身体。在这里，对于维护日常接触（encounters）和社会角色，对于充当个体自我认同与其社会认同之间关系的中介，管理身体都至关重要。在对身体与自我认同之间关系的研究（例参 Featherstone, 1982），以及吉登斯在结构化理论中对具身行动者的分析（Giddens, 1984, 1988）中，都明显体现出戈夫曼的影响。

动因网络理论是本章中的建构论的最后一种源泉。它肇始于20世纪80年代由布鲁诺·拉图尔、米歇尔·卡隆以及约翰·劳这样的社会学家所做的科学与技术研究，但安妮玛丽·莫尔（Mol, 2003）等人将其用于分析身体。动因网络理论看起来不太可能被收入讨论社会建构论的一章，因为在它的批判靶子中，就包括非常强调赋予社会范畴的真实性和因果力的那些思路，无论是结构主义的、解释性的还是别的什么（Latour, 2003, 2005）。不过，动因网络理论固然贬低了社会范畴，却只是重新强调，很有必要将主体和客体都看作随时随地通过组合成形态各异、复杂程度不等的网络而得以建构，从而确保在本章占有一席之地。动因网络理论拒绝接受它眼中"社会范畴"的"因果帝国主义"（causal imperialism），而提供给我们一种在它看来更为可行的方法，可以循此探究身体的建构性质。

二、权力、话语与身体

福柯的思路的特点就在于实质研究中偏重"身体史"；这种历史关注的是各种具备政治策略的生命权力形式如何对准人的生物性特征，权力的"微观物理学"如何"通过愈益精细的渠道"，进入人们的"姿势"和"日常行动"，在现代性中展开运作（Foucault, 1980: 58, 151, 152; 2009: 1）。不过，福柯把这种实质关注定位在对身体的认识论观点上，把身体看作是由话语所生成，并存在于话语之中。话语是福柯著作中最普遍渗透的概念，尽管不能完全化约为语言，也与语言并行，指的是一系列相互交叠的深层原则，将特定的意义构架（grid）融合在一起，这些意义构架支撑、生成、确立了一切所见所闻、所思所言（Foucault, 1974;

Dreyfus and Rabinow, 1982; Poster, 1984)。不仅如此, 话语还构成了日常实践与权力的组织及实践之间的唯一关联(Dreyfus and Rabinow, 1982), 福柯关于规训系统和性史的研究都生动例示了这种关联。

这些研究回溯历史, 探究个体如何以多种方式与制度/机构相关联, 被生产成具身主体, 以此分析从传统社会向现代社会的转迁。在这场转迁中, 话语的目标、对象和范围都发生了变化, 并对个体的建构产生了深刻的影响。首先, 向现代性的转迁也伴随着话语的目标发生转换。塑造主体的话语不再直接构成作为肉身的身体, 而是越来越通过将身体建构为一种"心智性的身体", 间接控制着身体。"心智性的身体"不是肉身性的客体, 而是通过占有意识、意向和语言来被规定。对身体的控制不再像传统社会那么诉诸强力, 而是更多地借助监控和激励。比如说, 在君主制的法律下, 最严重的惩罚类型是要公开执刑的, 要通过宣示主权者权威的可见仪式, 对罪犯进行烧灼和肢解(Foucault, 1979a：8)。与此相反, 19世纪的监狱则把犯人的身体置于科学管理的制度空间之中, 以便规训他们的心智。全景敞视监狱(Panopticon)就是这种规训的范例, 是由杰里米·边沁所倡导的一种监狱设计。所谓可见性就意味着在监管者持续不断的凝视(gaze)下, 鼓励犯人对自己的行为实施监督和控制。

在福柯有关性相(sexuality)的研究中, 话语的身体目标也经历了类似的转型。在中世纪, 基督徒的忏悔建构了"性"。神父关注人们的性活动, 性话语关注的是作为肉身的身体。然而, 在宗教改革和反宗教改革期间, 神父还开始究问人的意向, 而性相的位置也开始从身体转向心智。按照福柯的说法, 性"受到约束，趋向一种话语的存在"（Foucault, 1981: 33）。它与肉身性的身体的关联逐渐消退，而在心智中的定位却通过忏悔语言得到探究。

福柯所勾绘的第二点转换涉及话语对象上的变化，因为政府表现出越来越关注控制人们的生命而不是死亡的权力。这里包括关注人口的生育、健康与疾病、饮食和居住的模式（Foucault, 1981: 25; 2009）。因此，君主制法律下的惩罚是否定性的，关注的是物理意义的消灭；而现代监狱系统则致力于激励犯人的"生产性的"生活形式。与此类似，在性相的领域，早期的忏悔的焦点是要确认人的行动是否适于死亡之后的来生。而到了18、19世纪，关注的则是政教都赞成的能够生产生命的性相形式。

最后，向现代性的转迁也伴随着话语范围的变化。政府的注意力从关注控制相对匿名的个人态身体转向调控整个人口。比如说，监狱系统越来越关注社会态身体的行为，而全景敞视监狱所提供的控制样板也扩展到学校、医院等机构/制度（Ball, 1990; Honneth and Joas, 1988 [1980]: 144）。这就使监控得以大为扩张，所掌握的关于整个人口的知识被用于政策制定和规划（比如说，学校使政府能够监管孩童的健康）（Foucault, 2009）。无独有偶，关于性的话语也逐渐摆脱了个人态身体，转而将焦点放在社会态身体的生育健康上。从18世纪开始，通过打造四种重要的话语形象，推动了相关转变："歇斯底里的女人"（受其性相的限制与规定）；"手淫的孩童"（从事不道德的行为，使种族的健康面临风险）；"马尔萨斯主义的夫妇"（通过社会化，根据社会的需要来养育孩子）；以及"性变态的成人"（具有异常本能）。而"异性恋夫妇"则发挥着规范化分类的作用，将其他的性相形式归类为

偏离 (Foucault, 1981: 105: 亦参 Connell and Dowsett, 1992)。

综合观之，话语的目标、对象和范围等方面发生的这些转换重新构造了具身性个体与大规模权力系统之间的关联。首先，它们增强了政府的控制。随着话语从涵盖个体、身体与死亡的有限空间，转向融合心智、人口和生命的那些关联，人们也变得更为不同，就此更为可控。特纳 (Turner, 1983) 把这类过程说成是个体化：经由个体化过程，基于有关人口的知识，并结合规范的确立，通过标记、数字、符号和编码，界认和分隔个体。比如说，教学医院对于监控国民的健康扮演了重要角色，促成了医学规范的发展，可以据此对个体进行比较和归类 (Foucault, 1973; Armstrong, 1983)。

其次，这些话语转换也改变了控制的手段。压制渐趋减少，愈益转向通过激励欲望来确保秩序。早期资本主义的发展也伴随着城市中身体的大量聚集，需要控制这些身体，这是商贸成功的前提条件。在这种情形下，从 18 世纪到 20 世纪早期，权力通过学校、医院、兵营和工厂中那些"严厉、沉重、琐细、持续"的规训体制，构成了身体 (Foucault, 1979a, 1979b; Gordon, 1980)。不过，在 20 世纪，生产性的控制形式广为流行，身体在消费文化中的表征即为明证，这些表征劝告我们，"想脱就脱——但拜托要苗条瘦削、有型有款、肤色健康！" (Foucault, 1980: 57)，以此用正面的激励取代了负面的规训。

福柯后来的作品 (Foucault, 1988, 1990 [1984], 1990) 聚焦于个体如何利用"自我技术" (technologies of the self) 来成为特定类型的社会主体，进一步发展上述关切。这些话语建构涵盖广泛，从指点如何成就身体完美的大众自助指南，到宗教教义小册子，也有关于如何照看的世俗规制，使得个体"能够凭借一己之力或他人协助，……作用于自己的身体与灵魂，作用于思想、行为与存在方式，从而改造自身，以求达致某种幸福、智慧、完美或不朽的状态"（Foucault, 1988: 18）。这里涉及某种道德主体化的过程，在此过程中，通过"自我反思、自我知识、自我审察"，确立起与自我的某种关系，由此趋向"力求凭借作为客体的自身实现的转型"（Foucault, 1990: 29; 亦参 Davidson, 2005）。

鉴于福柯提出说，现代性加速了个体化，促进了生产性的控制手段，如此聚焦于自我形成似乎特别恰当，但他的关注点却还是希腊罗马哲学与基督教精神中突出表现的那些文本性的自我技术，而不是现代性中居于支配地位的那些自我技术。不过，福柯对自我形成的思路也有后续的推进。尼古拉斯·罗斯（Rose, 2007）研究了生物技术和基因组研究的进展是如何导致了新的生命本身的政治，其特点就是生物公民权的一种规范性形式。有必要简单谈谈罗斯的研究，因为它创造性地运用福柯的思路，分析目前可用技术中最为前沿的自我形成手段。

根据罗斯的看法（Rose, 2007: 116, 134），个体越来越被期待，要诉诸有关遗传风险的不断增长但尚不确定的话语知识，来塑造自己的具身认同和行动。这一点鲜明体现在生殖遗传学中，给怀孕的女性施加了巨大压力，要通过一系列的生物技术，发现、细察和管理各种风险（Ettorre, 2002）。但是，在政府、科学家、健康服务和保险公司等多方努力之下，这种趋势业已普遍化（Kerr, 2004; Bunton and Peterson, 2005）。针对这一背景，罗斯概括道（Rose, 2007: 26），我们现在生活在一个初露萌芽的"身体个体性"（somatic individuality）时代，其标志就是主体"在一定程度上运用生物医学的语言,体验、表达、判断并施加行动(于自身)",这种语言有助于系统安排个体可以合法利用的各种医学选择(Low and Murray, 2006)。

罗斯的研究(Rose, 2007)将福柯的关切与下述方面相结合:(1)话语目标、对象和范围的一系列转换,导致现代性下的个体化趋势加剧;(2)个体运用各种自我技术,塑造自身的认同;(3)对于新型生物技术和科学发展所主导的初露萌芽的当下的一种观照。它还耐人寻味地探讨了阿甘本的相关关切(Agamben, 1998),即现代政治已经化约为有关"赤裸生命"(bare life)的生命政治。不过,尽管它发人深思,富于启发,却并没有完全解决福柯思路中的问题。

三、福柯笔下渐趋消散的身体

对于那些致力于考察作为一种可塑现象的身体自我的社会学家来说,福柯关于话语态身体的分析至关重要,因为这样的可塑现象能被灌注变动不居的各种权力。这种思路特别受到女性主义学者的欢迎,她们反对自然态身体塑造了身份/认同和社会不平等的结构的主张,更愿意把性别化的自我看作是碎片化的、不稳定的。福柯的研究还被用来破坏性与性别这种区分,即主张生物特性是以社会性的方式建构而成的,并探究权力如何通过身体实施运作,生产出性别化的认同形式(Brown and Adams, 1979; Morris and Patton, 1979; Diamond and Quinby, 1988; Sawicki, 1991; Heyes, 2007)。我们已经看到,罗斯关于新型生物公民权的兴起的分析创造性地发展了这种研究思路。这些福柯风格的分析进一步发扬了女性主义研究的传统，主张生物范畴只是社会范畴的某种展现（例参 Wittig, 1982；Delphy, 1984；亦参 Fuss, 1990）。

不过，在福柯的思路中，也存在根本性的张力，使其不能克服社会学对身体所采取的双重思路。一方面，身体作为建构话语的始终可用的实际产物，被给予的关注是实实在在的，比如考察科学思想和规训技术对身体的效应。在这里，身体始终是已经被话语建构的；无论何时何地，身体都同样可资利用，作为接收来自外部力量的意义并由这些力量构成的定位场所。颇为悖谬的是，福柯强调历史的非连续性，但这种立场却把身体刻画成某种跨历史、跨文化的统合一体的现象，根本不曾认识到，基于特定的历史环境，人的具身体现的不同特征可以接受多种方式的重构。有些人主张，福柯使我们将身体历史化，这样的说法如此看来也成问题了（Weeks, 1992）。

另一方面，福柯对于身体的认识论观点意味着身体作为一种物质现象或生物现象消失了。基于福柯式的思路，永远无法把握物理态身体，因为这样的身体存在方式始终被挡在话语或自我技术所设置的意义构架背后。话语并不只是揭示了肉身特性，而且创造了肉身特性；这样的因果决定机制曾经被"物质论女性主义者"拒斥，另外也有越来越多学者相当在意维持某种对我们的生物性存在的认知（例参 Alaimo and Hekman, 2008）。在我看来，如果你读福柯的分析，有些觉得成了非具身性的，原因就在于他所采取的认识论。身体作为讨论话题是呈现的，但作为考察焦点却是缺席的。他总想着规训系统和性相，或是有关"自我的照看"的文本，而在其讨论中，身体却消失不见，不能成为积极活跃的现象。福柯有关心／身关系的看法就是这种趋向的明证。一旦身体被困于现代规训系统，心智就取而代之，成为话语权力的位置所在，而肉身则被化约为消极的惰性。然而，自我技术却意味着身体接受认知省察的规制的管理，而后者随后会具体落实为宗教文本或世俗文本的教诲。但无论是哪一种情况，我们都无法明确地把握到，心智定位在社会角度和个人角度上具备生成性的积极行动的人体之中。

简言之，福柯作品中的身体作为肉身性的实体并不享有持久的可见性。身体被生产出来，而其自身的生产性力量却都仅限于话语赋予它们的那些（或者说限于有关自我身份的那些话语技术所促成的知晓自己的方法）。身体作为一种因果现象，消失在话语的决定力之中，而要把身体想作是社会行动的积极的、物质性的要素，也变得十分困难。福柯对活生生的体验的关注也是不够的。特纳指出，尽管福柯究问快乐和欲望，但却忽略了具身体现的现象学。"在有关我的身体的观念中，包含着个人对于具身体现的感官体验的直接性，但这种性质却没有引起多少关注……浓墨重彩的却是从外部实施的调控性控制"（Turner, 1984：245）。这种忽视严重损害了福柯的分析。彼得·迪尤斯认为，"要是没有某种理论，让肉身范畴不单单是一张白板，就不可能衡量施加于'积极活跃的身体的精微权力'所造成的代价"（Dews, 1987：163）。

福柯并没有克服社会学对身体所采取的双重思路，而是以另一种形式再生产出了这种思路。身体确实受到话语的影响，包括充当自我技术的那些文本，但对于身体如何回应话语，反过来影响话语，我们却知之甚少。即使是福柯提到身体做出抵抗的时候，他也说不出身体抵抗的是什么。如果与自然主义思路相比

第四章 社会建构论的身体观

较，福柯作品的这一特性就更明显了。

在自然范畴与社会范畴之间关系的问题上，自然主义身体观与福柯风格的身体观可以说泾渭分明。自然主义思路认为，自然范畴是社会生活的"原材料"。而在福柯看来，自然范畴只是社会范畴的一种建构。身体始终已经是"文化上勾绘好了的"，它从不会以"纯粹的或未经编码的状态"存在（Fuss，1990：6）。尽管这种观点认识到社会表征的力量，但并不以消灭本质主义为前提。相反，自然主义的本质主义只是被话语的本质主义所取代，这种化约使福柯没有办法考察生物特征（或任何有关身体的物质性因素）与社会之间的相互促进发展。社会被带入身体的程度是如此之深，以至于身体作为一种具有独立地位的、需要细致历史考察的现象趋于消失。既然身体就是话语把它建构成的无论什么样子，那么需要考察的就不是身体，而是话语。

归根结底，话语的决定性力量意味着，要说提供充分的身体研究思路，福柯的研究相比于自然主义的阐述，丝毫未见进展。身体可能是被话语所环绕，通过话语被领会，有时还基于话语而自我管理，但却不能化约为话语。按照格罗兹的说法（Grosz，2008：24），即使我们只是在一定程度上属于生物，"我们也因此需要一套有关生物特性的复杂精细的阐述，如果这样能够更加充分地说明丰富多变的社会、文化和政治生活。"福柯主义者或许会辩称，不能脱离知识系统来了解身体。然而，如果我们认为，知识确实根植于身体，受身体形塑，而不是与身体相分离，那么这种反对意见本身也就错位了。下一章我还会进一步阐述这一观点。

四、日常生活中的身体呈现

福柯把焦点放在权力如何通过身体控制个体上,相形之下,戈夫曼把身体看作是人的行动(agency)不可或缺的要素。不过,戈夫曼也认识到,具身个体并不是自主的。他分析了"身体习语的共享词汇"(shared vocabularies of body idiom),凸显身体管理所面临的社会约束。

戈夫曼的思路有三点主要特征。首先,他把身体看作是个体所具备的物质属性。自然主义观点把行动和特性／身份／认同说成是生物学角度决定的,戈夫曼与此相反,主张个体有能力控制并监管肉身之间的相互展演。在此,身体与人的行动的实施相维系,作为一种资源,使人们能够管理其举动和外表。其次,尽管身体并非像福柯的作品中那样,的确是由社会力量生产出来的,但赋予身体的意义却是由超出个体控制的身体习语的共享词汇所决定的(Goffman, 1963: 35)。身体习语是约定俗成的非言语沟通形式,是公共场所中的行为最重要的组成部分,包括有关"穿着、举止、运动与位置、音高、挥手或致礼等身体姿势、脸部装饰、明白的表情"等方面的标准、习俗和判断(Goffman, 1963: 33)。身体习语的共享词汇不仅使我们能够对身体发出的信息进行归类,还能够对不同形式的行为进行贴标签和分等级,从而深深影响着个体如何努力呈现自己的身体。

戈夫曼的思路的头两点特性意味着,人体具有某种双重定位。身体的确是个体的属性,但却是被社会界定为富含意义的。而第三点特征则在于,身体充当了人的自我认同(他们的"虚拟"身份／认同)与其社会认同(他们的"实际"身份／认同)之间关系的中介。这是因为，特定的身体形式与展演被赋予的社会意义，往往会被内化，塑造着个体对自我认同的感受。

戈夫曼分析了"互动秩序"，进一步发展了这种身体研究思路。这是一块自主的生活领域，由具身性这种无情事实给个体施加的约束之类的因素所决定。在这块领域中，要想赢得道德正派人士的名声，就需要维持熟练而一贯的互动展演（Goffman，1983；亦参 Burns，1992：17—47；Shilling，1999）。他对这种互动秩序的分析证明，要想成功地介入日常生活，面对可能的扰乱而维持对于某种情境的单一界定，就要求具备资格能力（competence），能控制身体的表现、运动和沟通（Goffman，1963，1969 [1959]）。我先简要讨论身体在戈夫曼的互动分析中的重要性，然后来展示这种分析如何丰富我们对于其思路中三大要素的看法。

五、身体与社会互动

在戈夫曼的研究里，对于互动秩序中的基本单元，也就是日常接触的结构化过程，身体至关重要。个体就是在日常接触的那些例行常规中，启动、进入和离开与其他人之间的互动。在这些有焦点会面或无焦点会面的各个阶段，身体的各种运动和外表都传递着人与人之间意向的讯息。比如说，在英美文化中，要维持有焦点的日常接触，时不时的眼神接触不可或缺，而频频看表就表示想要离场。

日常接触之所以对社会生活很重要，也是因为在这些场合下，人们都想要"表演出"（act out）特定的社会角色（比如说体谅的老师）。戈夫曼提出，如果人们要显出对这些角色自信满满的样子，就必须遵守主导日常接触的身体习语规则。例如，一位经理人也许会感到某次商业会议无聊乏味，但为了维持权威和文明的形象，他/她就得表现出满怀兴致的样子来（van Vree，2011）。基层劳动者也会投入"假装劳动"（make work，即装成很忙碌的样子），需要操纵自己释放给监管者的外在印象（Goffman，1969[1959]）。因此，要维持日常接触顺利流动，同时维护社会角色的完整/正直（integrity），关键是要做好脸面劳动（face work）和身体劳动（body work）。

在日常接触中发生的这种印象管理，也会进入支配与臣属的社会关系。比如说，有关尊重的一些身体上的表达，像是男性因为对方是女性而为她们开门，并不仅仅是象征性的，也不妨看作是构成了社会性别不平等（Goffman，1979：6）。按照戈夫曼的说法，"就各式各样的身体运用的'正常/规范'能力而言，男性往往把女性当作是有欠缺的行动者/演员（actors）"（Goffman，1974：196—197）。苏珊·巴特基援引南希·亨利有关身体政治的分析（Henley，1977），在自己考察权力和性别化身体的时候，详细阐发了上述观点：

> ［一个男人］的确可能为一个女人充当引导[2]，无论她去哪里：逛大街，拐弯，上电梯，进门厅，进餐时落座，舞场上回旋。男人的举止"并不非得沉重有力、咄咄逼人、笨拙难看，而可以温柔优雅但沉着坚定，宛如满怀自信的骑师，驾驭着训

---

[2] 此处原文为"may literally steer a woman……"，意带双关。"literally"也作"照字义"解，而"steer"正有"驾驭""操纵"的意思。

练精良的马匹"（Bartky，1988：68）。

在戈夫曼看来，这些不平等关系是通过身体的定位来传递的，甚至"渗入无比体贴或柔情蜜意的时刻／环节（moment），不会明显导致紧张"（Goffman，1979：9）。

最后，身体管理也参与了戈夫曼所称的有礼貌的不关注（civil inattention），这种行为在道德上是"中立"的，是都市社会陌生人之间的脸面劳动中最常见的类型。有礼貌的不关注意味着借助对整个身体的定位，来表示在场不具威胁性。比如说，陌生人在相对空旷而狭窄的街上相遇，通常会互相瞥视一眼，然后把目光转开，表示认识到对方的在场，但又要避免做出任何可能显出威胁意味的姿态。

六、社会认同、身体与自我认同

我们已经看到，在互动秩序中，要想让日常接触顺利流动，要想让角色成功扮演，身体管理都是至关重要的。在戈夫曼的作品中，一个人要想树立起作为有资格能力、有真实价值的人的自我认同，这一点也是不可或缺的。原因就在于，人们用身体习语的哪些词汇来归类他人，也就会用这些词汇来进行自我归类：如果一个人的外表使其被他人归类为"有欠缺的"社会成员，在互动秩序中不适合被接纳，他往往会将这种标签内化，并融入"被损害的"自我认同。戈夫曼有关污名（stigma）的分析表明（Goffman，1990［1963］），我们在理解自己的身体的时候，往往就像是照镜子，而镜子里给出的映像则是由社会的观点与偏见所框定的。

戈夫曼透过分析窘迫（embarrassment）和污名，具体例示了身体如何充当自我认同与社会认同之间关系的中介。当人们展示出性格（character）上的不协调一致（未能镇定自若地演出其社会角色），或当个人扰乱了互动的顺利流动（主导日常接触的规则遭到破坏），就会导致窘迫（Schudson, 1984: 636）。身体对于互动的这些失败而言都是关键因素，也将这些失败作为窘迫传递给"犯事者"，表现为口吃、脸红、音颤，以及手足无措（Goffman, 1963, 1990 [1963]; Kuzmics, 1991）。

对于一个人作为有资格能力的完整的社会成员这一地位，窘迫都意味着某种威胁，因为它揭示了这些人的虚拟认同（他们如何看待自身）及其实际社会认同（别人怎么看他们）之间存在差距（Goffman, 1990 [1963]: 12）。我们有一种普遍的欲望，要把自己呈现为"正常"的人，配得上在社会中扮演完整的戏份，这种欲望往往主导着我们的虚拟认同，不过，我们有多少能力以这种方式看待自身，却受到我们的社会认同的很大影响。伯恩斯指出（Burns, 1992: 217），如果我们的实际社会认同被别人发现包含某些属性，明显不及初看之下那么可取，那么我们的实际认同与虚拟认同也很可能发生重大转换。无论在我们自己的眼里，还是在社会的眼里，我们都不再是一个完整而平常的人，转而成为"被污损、被贬值的人"（Goffman, 1990 [1963]: 12）。

戈夫曼观察到，在这种背景下，人被赋予了污名（被标定为名声很坏的属性），在与"正常人"之间的社会互动中面临一些问题，对其自我认同可能特别有害。如果被污名化的个体试图装作"正常人"，就会冒着发现"虚拟社会认同与实际社会认同之间存在某种歧异"的风险，会导致他们孤零自处，成了"名声扫地的人，面对着一个不欢迎他们的世界"(Goffman, 1990 [1963]: 12—13, 31)。诚如戈夫曼所言，"污名化的个体对认同所持的信念往往与我们相同……这必然导致他也认为，哪怕只是偶尔认为，自己的确是欠缺原本应当具备的某种东西"(Goffman, 1990 [1963]: 17—18)。戈夫曼在分析污名的时候，表现出特别关注身心障碍人士的问题，因为这些人不得不耗费大量劳动，以便被接受为完整的社会成员(Phillips, 1990; Zitzelsberger, 2005)。

我还将简短讨论一些对戈夫曼的思路的批评意见。不过，基于上述背景，在此有必要指出，戈夫曼在人的虚拟社会认同与其实际社会认同之间设立的关联往往过于紧密。身心障碍人士运动分子拒绝接受整个社会普遍弥漫的健全身体规范，就表明了这一点(Shakespeare, 2006; Davis, 2010)。而费瑟斯通和赫普沃思对"老年化的面具"的分析(Featherstone and Hepworth, 1991)也提出了相关的观点。两位论家提出，上年纪的人绝非其他人眼中的他们那样"过气了"，而是把老年化过程看成是某种面具，掩盖着他们依然自视为骨子里充满青春活力的自我。

七、戈夫曼笔下可管理的身体？

戈夫曼有关互动秩序的分析生动展现了个体如何控制并监管自己的身体，以及身体、自我认同与社会认同之间的关系。在这方面，戈夫曼赞同身体是构成人类行动者的关键，并且对这种观念比福柯重视得多。不过，戈夫曼的研究也有一个重大问题，即缺乏一些机制，将位于互动秩序这一有限领域中的个体的身体管理，关联到有关身体习语的更广泛的社会规范，乃至整个社会秩序(Goffman, 1983: 26)。这种缺失使其作品面临两点重要批评。

第一点批评针对的是戈夫曼研究的焦点，即互动秩序中的个体身体。由于戈夫曼把互动秩序理解为分离的领域，因此低估了身体对于社会学中结构性问题的重要性。那些对庞大人群产生关键影响的经济、政治和军事方面的决策，有时也是在身体共同在场的情形下做出的，有鉴于此，戈夫曼的作品理应启发我们对结构性问题的理解。尽管如此，戈夫曼并没有给出理论性的手段，将自己的洞见与有关跨越广泛时空的社会再生产的分析关联起来。的确有学者对他的作品做了如此诠释，但也是通过涂尔干等理论家来解读他(例参 Collins, 1988)。所谓社会分类，所谓身体习语的共享词汇，这样的观念都太模糊，太抽象，难以实现上述宗旨，因为我们对它们是如何源起的，又是怎样维持下去或遭到挑战的，都无甚了解。

第二点批评针对的是戈夫曼赋予社会分类在给身体贴标签方面的重要性，并揭示出戈夫曼与福柯的作品之间存在某些亲和之处。在这两位作者看来，身体的意涵都是由受其影响的具身主体之外及超乎其上的力量(身体习语的共享词汇或话语)所决定的。不仅如此，这些外在力量在说明上的重要性还意味着，关于身体是什么，或者身体如何有助于人的行动，我们还需要更多地了解。我们从戈夫曼的作品中了解到身体如何打嗝、放屁、绊倒，但却不怎么了解身体如何成为行动不可或缺的要素。身体对于个体来说意义重大，但之所以如此，主要却是因为人们彼此归类为在社会角度上(没)有资格能力。归根结底，身体的重要性是由心智对身体习语的共享词汇的接受程度所决定的。这就像在福柯那里，心智成为铭刻身体之意义的场所。

戈夫曼与福柯提出的身体观彼此对立，但两者都没有力求提供一套关于社会中的身体的明确学说。在这一点上，有必要看看布赖恩·特纳（Turner，1984）和阿瑟·弗兰克（Frank，1991）的研究。特纳的"身体秩序"学说以霍布斯和帕森斯为出发点，但受到福柯的显著影响。相反，弗兰克进一步发展了戈夫曼对于身体及社会互动的兴趣。

八、身体与社会秩序

特纳的"身体秩序"理论（Turner，1984）将霍布斯经典的秩序问题重新概括为身体治理的问题。为此，他把霍布斯对身体的几何形式及其运动的关注，融入帕森斯对社会系统再生产自身时所面临的"核心问题"的分析。特纳认为，所有的社会系统都必须要解决如下四点相关的身体问题：(1) 人口历经时间的再生产；(2) 作为一项体内问题的欲望约束；(3) 人口在空间中的调控；(4) 身体在社会空间中的表征，成为身体外表或"外部"面临的一项任务。尽管(2)和(4)似乎是个体面临的任务，但特纳认为，这些任务的根源依然是社会层面的，对于社会系统充分发挥功能和再生产来说，都是不可或缺的。

特纳确立了这一类型体系后，接着分别确定了社会力求管理身体治理各维度时，凭借哪一种制度子系统或控制模式，每个维度各自对应的一位主导理论家，以及社会强加这些任务后导致的容易"破坏"身体的典型疾病（Turner，1984：91—114）。这样来分析疾病，反映了帕森斯的观点（Turner，1987），即病患是一种社会状况，涉及个体进入社会角色的渠道。

	人口	身体	
时间	再生产／生育 马尔萨斯 不完全性交[3]	约束 韦伯 歇斯底里	内部
空间	调控 卢梭 恐惧症	表征 戈夫曼 厌食症	外部

表 4.1　特纳的身体秩序学说

引自 Turner, 1984

　　表 4.1 复制了特纳笔下的"身体问题"。逐个象限来看，首先，人口再生产问题传统上是通过晚婚和父权家庭的体制来管理的。马尔萨斯这位 18 世纪的生育理论家就主张，支配人们的需要有两种：一是饮食，一是男女。但这两种"自然法则"相互矛盾，因为生育能力很容易超出整个人口生产食物的能力。而控制人口增长的因素除了饥荒，要么是不道德的（比如堕胎），要么就不行婚嫁或晚婚晚育。马尔萨斯认为，晚婚是最理性的人口约束模式，也有助于培养自重、勤俭的美德（Turner, 1984：95）。而这些又有助于经济的健康发展。不完全性交开始被视为一种"疾病"，标志着面临婚前保持道德纯洁的要求，身体被破坏，因此被视为浪费，需要控制。

　　传统上，要约束欲望，就要借助父权／男权对女性性相的调

---

[3]　"onanism"，比"masturbation"涵义宽泛。

控。社会要实现这一点，涉及一套有关苦行的意识形态，以此推延性的满足。韦伯被视为探讨苦行主义的理论家，他的新教伦理命题捕捉到工业资本主义与新教对自我否弃和艰苦劳作的强调之间的亲和关系。但这种苦行主义对男性和女性所造成的后果是不一样的，因为女性陷于一系列彼此矛盾的压力。尤其是在维多利亚时期，中产阶级女性被视为受其生育功能支配，就应该被限制在婚姻和家庭领域中。然而，按照欧洲的习俗，早婚的推延被视为会使女性面临歇斯底里发作的危险。女性要想过上健康的生活，除非通过以生儿育女为宗旨的婚姻，找一个男人结成性的关系。这种看法既有助于巩固男性高于女性一等的地位，又使任何偏离的女性都面临歇斯底里的威胁（Turner，1987：88—93）。

福柯所称的"全景敞视体制"（panopticism）已经实现了人口在空间中的调控，这种控制模式在监控、记录保管、人口管理和"清除游民现象"上都有所加强（Turner，1984：92）。18世纪开始，人们认识到，都市生活方式是对精英文化的一种威胁，尝试对人口实施调控。卢梭提出，城市化对道德产生了有害的后果，因为人口集聚破坏了发乎自然的同情心。城市生活所带来的焦虑集中体现在中产阶级女性身上，她们被视为尤其容易受到城市空间在性方面的危险的伤害。当城市的治安与调控发展到一定程度，女性在城中游历倒是变得更为安全，但这又加剧了男性对女性独立的焦虑，首次出现有关恐旷症[4]的系统连贯的医学描述。特纳认

---

[4] "agoraphobia"，亦有译为"广场恐惧症""旷野恐惧症""陌生环境恐惧症"。当然，在人群高度聚集的城市中，置身陌生人流，或许能从内心的角度更深地体会到"旷野"的孤独。

为，用弗洛伊德的术语来说，恐旷症患者担忧的是性诱引，要压制对陌生人的性兴趣。妻子的恐旷症就表达出丈夫担心不能控制家庭的焦虑，但也展现了妻子对资产阶级家庭环境的安全与地位的依赖(Turner, 1984: 107—108)。

最后，特纳提出，对于人们如何在社会空间中**表征**自身，社会会要求最低限度的稳定性。在封建社会，表征寓于一个人/男人的**盾牌**[5]，表示某种特权性的阶级位置。而到了资本主义社会，个体的表征逐渐与制度性的角色相分离。如特纳所言(Turner, 1984: 109)，这就使人们更加注重脸面劳动和印象管理。当代西方社会通过商品化这种模式，力求确保人们在呈现自身的方式上有最低限度的延续性。要实现社会意义上的成功，关键就在于呈现出某种在商业上和文化上为人接受的自我形象。关注呈现的理论家代表就是**戈夫曼**（尽管同样有必要强调，特纳认为身体管理的问题来自于社会需要再生产出自身）。而典型的疾病就是**神经性厌食症**，表现出在自我呈现的压力下的身体崩溃。患上厌食症的主要是年轻女性，如今看来，与美丽和苗条被维系在一起有密切的关联。

特纳的类型体系对既有的身体论著进行组织和归类，并阐述了社会要想维持生存，必须履行哪些身体方面的任务。它还揭示了社会学对身体所采取的双重思路是如何未能考虑到摆在社会系统面前的身体秩序问题，从而忽略了社会结构的肉身维度。特纳的研究大大影响了随后对社会中的身体这个问题的考察（例参 Frank, 1991; Therberge, 1991）。它还有一个优点，就

---

[5] "shield"，也包括盾形徽章、纹章。

是比福柯更关注物理态身体，同时也继续关注秩序、控制和性相。特纳还描述了身体如何可能由于社会施加的那些类型的控制而遭破坏，患上疾病，并明确了物质态身体与性相的结构之间，与社会接受的呈现模式之间，都有哪些关联。不过，这套身体秩序理论也存在一些问题，因此除了帕森斯、霍布斯和福柯，还需要看看其他的理论家，以创建一套理论，能完全克服社会学中探讨身体的双重思路。

如此聚焦于秩序，使我们对身体作为一种思考着、行动着的现象，在理论上并没有什么认识。身体之所以很重要，是作为有待社会系统进行管理的一个问题。我们了解更多的是身体受到哪些约束，却不太清楚身体如何相互关联并促进人的行动(T. Turner, 1986)。特纳的理论还有一些问题，原因部分在于其讨论范围。从核心问题入手的思路确立起社会系统必须加以管理的一些身体参数，但对于某些系统为什么就比其他系统更成功地应对这些问题，却没告诉我们多少东西。这种思路也没有明确指出，在哪些历史机制之下，社会系统力求解决身体问题的办法发生了转变。尽管有众多历史素材启发了核心问题的思路，但它依然是一种历时态角度上静滞的学说，有关历史变迁的分析仅限于经验考察的层面。这些批评意见并不等于否定了特纳的身体思路的价值，只是意味着，它的用益或许仅限于明确身体对社会系统设置的那些问题的外部因素。

九、身体与人的行动

在特纳的核心问题思路之外，阿瑟·弗兰克另辟蹊径，来考察身体与人的行动之间的关系(Frank, 1991)。弗兰克首先考虑的是个体的身体所面临的"行动问题",而不是摆在社会系统面前的"身体秩序"任务。如其所言,"有关社会的理论概括或许就只能走到特纳的范畴划分这一步了,但这些范畴首先不能被设定为某个'社会'的抽象需要,而应该源于身体自身的问题,即处在某一社会背景中的具身体现"(Frank, 1991: 48)。就此而言,弗兰克比特纳更关注如何进一步发扬戈夫曼有关身体与行动的洞见。

弗兰克采取社会建构论的思路来看身体,因为他认为,身体的意涵和发展都与社会力量和社会关系密不可分。然而,他的"行动问题"分析又超出了许多社会建构论观点所特有的局限。这是因为,他非常重视身体作为肉身现象所具备的能力与面临的约束。弗兰克认识到,身体"并不是从话语和制度中凸现出来的,而是来自其他身体,具体地说,就是女性的身体。"身体的肉身性"始终是牢不可摧的事实。这块血肉形成于子宫之中,一生中历经变形(无论变好变坏),然后死去,分解"(Frank, 1991: 49)。

弗兰克进而提出,身体在投入社会行动(互动)时,必须处理四个行动问题(Frank, 1991: 51)。这些问题借鉴了特纳的理论,分别关注控制(牵涉到可预测的展演),欲望(身体是缺乏欲望还是生产欲望),身体与他人的关联(身体是单子式的,自我封闭,还是对偶式的[dyadic],通过与他人之间的沟通关系或支配关系得以构成),以及身体的自我关联性(身体是在肉身中"舒适自在",还是与其肉身相脱离)。由于具身主体会对这四个行动问题做出回应,也就浮现出各自特有的身体习语风格,以及各自对应的活动中介,以不同的方式解决这些行动问题。具体参看图4.1。

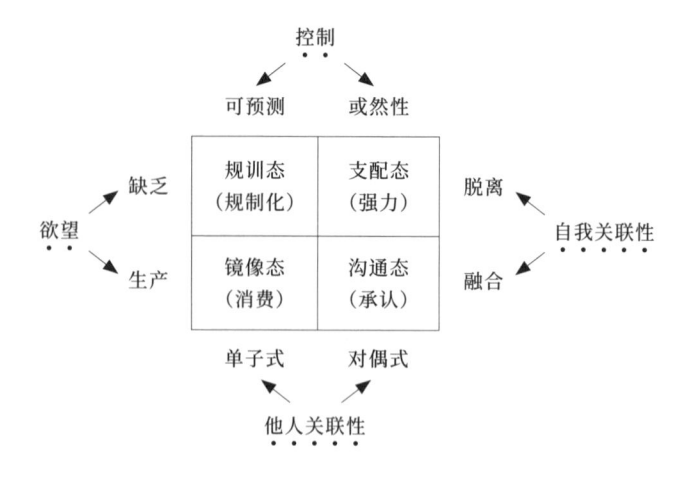

```
                           控制
                       ↙        ↘
                   可预测        或然性
              ┌─────────┬─────────┐
         ↗ 缺乏│ 规训态  │ 支配态  │ 脱离 ↖
      欲望    │(规制化) │ (强力)  │    自我关联性
         ↘ 生产│ 镜像态  │ 沟通态  │ 融合 ↙
              │ (消费)  │ (承认)  │
              └─────────┴─────────┘
                   单子式        对偶式
                       ↖        ↗
                          他人关联性
```

图 4.1 弗兰克有关行动中的身体运用的类型体系

引自 Frank, 1991

规训态身体（disciplined body）使自己成为可预测的，并力图通过规制化（regimentation）方案，掩盖对自身或然性的认识。它认为自己缺乏欲望，但运用规制化来承认自身的存在。规训态身体是单子式的，孤立的，脱离于自身的外表，也脱离于与其他身体之间的任何移情。总之，规训态身体成为一种适宜于工具性用途的"工具"，没有能力给予或接收情感。军事训练中可以看到规训态身体的实例（Foucault, 1979a）。

镜像态身体（mirroring body）也使自身可以预测，但这一次是借助反映出什么是可以被消费的。为了将自身欲望的缺乏这一点保持在无意识层面，镜像态身体通过消费，无休止地生产着浅表的欲望。它采取单子式的他人关联性风格，因为它纯粹是从自我利益的角度来对待外部的客体。最后，镜像态身体与其外表相维系，而身体的"内部"除了"授权人员"，所有人禁止进入(Frank, 1991: 61)。镜像态身体的实例包括自恋主义的个体，他们否认个人担当或政治担当，追求人为虚设的生活风格，而不是在感官体验上和他人相关联(Sennett, 1974; Giddens, 1991: 170—171, 198)。

支配态身体(dominating body)始终意识到自身的或然性。它的世界充满战争，不断受到新的情境的威胁。这些身体的本质属性就在于把欲望建构为缺乏，一种要求得到补偿的缺乏。支配态身体的缺乏与这种身体对偶式的他人关联性结合在一起，就产生了某种恐惧，并经由强力转而向外针对他人。支配态身体必须与自身相脱离，以便做出惩罚，也能忍受惩罚。支配态身体主要是男性的身体，休莱特对德国自由军团(Freikorps)的分析即为明证。自由军团是第一次世界大战结束时形成的军事单位，旨在打击布尔什维克和工联主义者。[6] 根据休莱特的说法，自由军团成员的动机来源，有一部分就是对自己的死亡感到恐惧，只有将被视为对自己生命的威胁的东西统统消灭，才能忍受这样的恐惧(Theweleit, 1987 [1977], 1989; Frank, 1991: 69)。

弗兰克的第四类身体用法是沟通态身体(communicative body)。沟通态身体的或然性不再是一个问题，而是一种机遇。其本质属性就在于，这种身体通过与他人之间的建构性互动来创造自己。沟通态身体生产了欲望，但不像镜像态身体，这种欲望针对的是

---

[6] 原书第二版接下来一句话新版删去，但正合作为这个名词的注解："官方的授权终止之后，许多成员依然作为民间准军事力量留存下来，最终汇入党卫军和冲锋队，而冲锋队的部分成员后来在第二次世界大战期间成为集中营的指挥官。"

第四章　社会建构论的身体观

对偶式的表达和相互承认,而不是单子式的消费。沟通态身体也关联着自身,感到舒适自在,而不是与自身相疏离。沟通态身体关乎"通过充分体现于身体的叙事共享来增进承认能力"(Frank, 1991: 89)。弗兰克认为,在那些照看别人的人和被别人照看的人身上,或许能找到沟通态身体。

弗兰克的理论旨在凸显行动的具身体现,但他的论证核心其实还在于身体必须克服的那些"行动问题"。其结果,它并未细致阐述,身体如何作为一种重要资源,既是人的行动的核心要义,又是其促进要素。"行动问题"的思路还存在着其他一些困难。它未能说明,人们为何应当选择对自己的身体采取某些特定的风格,个体如何能够在身体用法的不同风格之间做出转变,哪些更为广泛的历史条件会影响到他们采取这些而非那些风格。不仅如此,弗兰克关于结构与行动两者的具身体现如何相互构成的分析还有相当大的发展余地。

弗兰克的分析聚焦于行动的具身体现,可以视为补充了特纳的结构主义模式。如果把两人的理论融合在一起,就有可能从个体身体面临的行动问题当中,推出社会系统所面临的主要问题。但针对这两种思路也都可以提出类似的批评。尽管弗兰克也批评了特纳,但他们都采取了某种"核心问题"的思路来探讨身体,究其本质,都是功能主义者。仅仅是转移了讨论这些核心问题的层面(从社会到个体身体),丝毫无助于克服这种思路的欠缺:一是历时态维度上的阐发不足,一是难以充分地梳理人的行动中的身体要素。

十、网络化身体

动因网络理论是对建构论思路的第五种主要影响。尽管它强烈抨击自己的前例典型体现出的那种社会帝国主义，但仍主张人类生活的建构性特征，只是认为，这种建构是经由将各自拥有"存在方式"的独特要素关联或拼装在一起而实现的（Latour, 2011：312）。具体而言，动因网络理论的前提是主张，要分析社会、政府、组织、家庭、机器和身体，最好是统统视作各种个体、观念与物质技术之间形成的建构性关联组成的模式化网络（patterned networks of constructed connections）（Law and Hassard, 1999）。例如，学校构成了老师、学生、物质性的建筑、正式课程体系、书本电脑之类技术等的拼装，处在这个教育网络中的个体则不应被视为自主的主体，而是更广泛的社会性、物质性关联中的节点（Latour, 2011）。动因网络理论指出，简单地用所谓"社会性的"来讨论这些彼此迥异的教育变项所形成的关联，就错失了作为一所学校的这个异质性网络的制作，以及"实施"与"维系"过程中涉及的那些偶然性与作用（Fenwick and Edwards, 2010）。

用这种思路来分析人的肉身特性，会拒绝接受说"身体"是社会性建构的一个个整体的观念，而是聚焦于它们作为功能运作实体的拼装中涉及的作用与零散材料。动因网络理论认为，这样的观念对于我们理解那些成为护士、医生和外科大夫的具身主体无甚助益，而只是把他们描述成社会建构物。相反，我们需要去领会，他们作为医疗专业人士的存在，如何有赖于他们作为处在某个网络中的身体的定位，而这个网络包括了医疗器械、诊断分类图式、权威化操作、预算约束、病人，以及进入这些个体所在的物质性、认知性和身体性"建筑物"复杂丛结的其他各种网络化要素(Harris, 2011; Maseide, 2011)。与此类似,要打造出参加一级方程式赛车竞争的选手,要靠车手与各种中间因素、调节因素之间形成的复杂关联的协助,后面这些因素包括驾驶舱技术和头盔音频连接等,否则维修团队无法提供给车手信息(比如轮胎磨损和燃油消耗)。这些赛车团体并不是"社会性建构"出来的,而是通过将一系列物质、身体、信息方面的关联维系一体拼装出来的,而一点意外事故就能在顷刻之间将这些关联拆散。

同样的思路也能启发我们对性别的理解。比如说,女性特质不是一种纯粹社会性的建构,是社会化过程中各种规范的影响所导致的;女性特质的文化存在是以下因素的某种拼装:身体、特定形式的服饰、包括化妆和特定鞋款在内的性别化技术、美发美甲等领域的技师,以及将这些关联视为特定认同(相对于"男性特质"中涉及的相反的拼装而言的一种认同)之要素的诸般期待的稳定化。在上述各例中,动因网络理论都主张,无论是属物的还是属人的行动者或"动因",都可视作在实施行动(agency):人不再是我们所有关注的中心,发号施令,而是作为由各种物质、力量和观念组成的链接中的节点(Pickering, 1995: 26)。

动因网络理论应用于身体研究的最细致的一些案例是在医学社会学领域。莫蒂默-桑迪兰兹(Mortimer-Sandilands, 2008)描述了自己母亲在被诊断阿兹海默症后将要从医院返家时的情形,凸显了以上述方式梳理健康和疾病概念的好处。莫蒂默-桑迪兰兹及其父亲所面临的状况不只是一位心理学家说的她母亲"在精神能力的几项测试中表现不尽人意",而且是一位社工"谈到24小时全天看护",一位治疗专家谈到"升降椅、如厕辅助、移动辅助"，以及个人的恐惧感和不知所措感加剧。所有这些乃至更多的因素使得阿兹海默症的存在与其说是一种单独的病况，不如说是分解及重组几个人与身体性、物质性和社会性现实之间关系的一种复杂模式。

在更为明确的一例动因网络理论应用实例中，安妮玛丽·莫尔(Mol, 2002)突破性地考察了对动脉粥样硬化（脂肪物质的积累导致动脉壁增厚及硬化）的诊断与治疗，探究我们如何在医学语境里了解我们的身体，并认为患病的身体可以通过多种方式被拼装和展演（通过身体所有者的体验与行动，凭借医学诊断和治疗）。因此，"从患有动脉粥样硬化的动脉上切下来的一块斑块，与患有动脉粥样硬化的病人在诊疗室时谈论的问题，尽管两者都被称作同样的名目，却不是一个东西"(Mol, 2002: vii)。按照莫尔的讲法(Mol, 2002: 42—43)，我们在这里看到的不是简单的社会建构，而是对本体性的东西不同方式的展演或"设计"(Cussins, 1996)。不仅如此，我们会以多种方式关联并展演我们的身体自我，比如我们通过医疗从业者在我们的肉身与诊断技术之间建立的关联，进入医疗情境，体验我们的身体特性，都是在证明"身体及其疾病并非同一样东西"(Mol, 2002: viii)。

这种看待身体的思路认为具身体现即使不说是无法补救的碎片化，也是不可化约的复数形式。而莫尔与劳(Mol and Law, 2004)有关糖尿病和低血糖的饶有意趣的分析则进一步发展了这种思路。糖尿病患者力求避免低血糖症状和副作用（血糖过低会导致失去意识、病情发作、视力衰退，甚至脑损伤和死亡），办法就是平衡膳食、加强锻炼和注射胰岛素。糖尿病患者要延续寿命，就必须评估自己在身体和外界之间确立的关联：这可能包括定期接触到血糖仪,稳定获得方便点心(无论在家、开车还是上班),通常能打造"方便行动"的环境(Mol and Law, 2004: 53)。所以,患糖尿病的身体并不是社会建构出来的肉身,而是通过它与更广泛的环境确立的诸般关联而拼装出来的。话说回来,并不存在单一的糖尿病身体生活方式,随着时间推移,建议血糖水平趋于下降,不仅如此,个体也面临着相互竞争的多种风险。如果血糖水平掉到太低,就立即会有低血糖的风险,会马上使得开车之类的活动充满危险。而如果血糖水平居高不下,就会有动脉粥样硬化、神经损伤和视力衰退等更为长期的危险。在这种情况下,患者不得不在展现糖尿病患者的不同方式之间,在短期风险与长期风险之间,做出权衡。比如说,是让得糖尿病的身体同样是爱运动的身体,继续高强度锻炼,冒着低血糖频频发作的风险?还是让糖尿病患者"放弃"他们之为自身的部分特征,即他们的运动特性/认同?按照莫尔和劳的讲法(Mol and Law, 2004: 55),对于患有糖尿病的个体来说,面临着紧迫的问题:"要活出哪一种生命?哪一副身体?"

有关身体与病患的这些研究鲜明体现了动因网络理论中常见的几点要素。首先,尽管它反对自然主义思路,但却摆脱了传统的社会建构论身体观,即"相信世界(及身体)真的是由社会材料做成的"(Latour, 2003: 23,着重格式为引者所加)。相反,动因网络理论更乐于谈论自然、观念、个体和技术的拼装,它们以各自特定的方式被赋予模式,得以展演,实现维持,而这些方式通常会遭受争议,发生变化。这种路数有效凸显了本章此前多项分析中特有的具身主体观念的局限,即过度结构化,"过度社会化"(Wrong, 1961)。它强调了身体如何越来越向技术、观念与其他(非)物质的东西所构成的关联"开放"。它还有助于引导我们关注，由于身体与观念、物质和技术之间多种关联的牵连，身体可以"做"什么，或者可以如何"展演"（亦参 Latimer and Schillmeier, 2009）。比如说，哈里斯（Harris, 2011）叙述了她作为一名派驻海外的医生，在适应不熟悉的医疗技术时遇到的种种困难，并且提出，技能并不完全蕴含在身体内部，而是构成了结构丰富的环境中多种关系组成的一个总体系统（Ingold, 2000）。这些东西都很重要，都需要纳入社会学有关身体的讨论。

当然，动因网络理论也依然存在一些问题，尽管它可能避免了自然主义观点和社会建构论观点分别特有的本质主义，但它在这里取而代之的立场确实倾向于把一切都化约为网络。这种"网络化约论"产生出一些棘手之处。首先，基于身体的、观念的、技术的或自然的要素是否属于一个网络，并作为其组成部分的存在，来判断这些要素的重要性，会导致无法区辨这些现象在本体论属性上的差异。动因网络理论对一个网络各个方面特性的处理方式就清楚例示了这一点，在该理论看来，无论是一个人、一篇文本还是一种技术，都是具有重要意涵的东西，有正当理由获得作为某个动因或曰行动因子的地位。正面来看，这种观点凸显了自行车、铁锤和计算机之类的"东西"对人行动的实施所具有的"重要性"，并进一步促使人们承认，物也具备"示能"（affordances），使它们特别适合于某些活动（Latour, 2005: 71, 205）。而从负面来看，这种梳理方式有混淆的风险：物并不具备自觉意向、内在对话，或是人的那些欲望与本能，而这些现象都是社会学的行动观念的关键所在（Archer, 2003; 亦参 Bloomfield et al., 2010）。如果认为它们都拥有同样的行动能力，我们就难以认识到一个网

第四章 社会建构论的身体观

络中彼此相对的各个维度在本体论上的属性各自特色所在，也难以探究这些属性之间的因果关系。说在一个拼装组合中"一切都相互影响"固然很不错，但搞清楚一个网络中每一部分的属性和示能，有助于我们理解，如果去除它的某一个组成要素，它会如何变化，用某个"节点"取代另一个"节点"，可能有怎样的效应。

其次，动因网络理论的特色在于描述性强，勾勒出有可能无穷无尽的涉及身体的联结、关联和拼装。这往往导致阐述的范围之大，牵连之广，令人印象深刻，但却很少深入探讨肉身范畴，视之为独立自在的一种突生现象，具有显著的因果意义。比如说，技能或许并非完全蕴含于身体之内，但忽视习惯性、创造性的身体能力却是不对的，因为无论它们在其间展开运作的网络如何，正是这些能力使专业从业者有别于业余外行。在上文提到的海外医疗实践的例子里，哈里斯（Harris, 2011）之所以最终能够利用新的设备，恰恰是因为她从一个网络带入另一个网络的具身知识；这种与习惯相维系的知识或许会被要素的不同拼装所扰乱，但也具备足够的持韧性和创造性，以做出所要求的更改。如此提及习惯，有着更一般层面上的相关性，涉及肉身深度的重要性（Dewey, 1980［1934］）。动因网络理论适合用来描述习惯性实践中涉及的那些个体和物之间的关联。然而，鉴于该理论忽视具有因果意义的肉身深度，难以看出它会如何阐述那些强烈的情绪和心理强迫，而这些因素能够驱动个体寻求重复那些根深蒂固的行为模式，无论它们在什么时点被卷入什么结合网络（Smith, 1992）。与此类似，也难以看出动因网络理论会如何阐述以下各方面的具身性基础：显灵，意识的长时段转型，以及与宗教、运动等特定类型的实践形式相维系的习惯性实践所导致的各种感官超越形式（Latour, 2010；参看 Mellor and Shilling, 2010）。

莫尔和劳反对这样聚焦于身体，视之为某种突生现象，拥有自身特有的习惯，就像拥有其他属性和因果力量。所以她们主张（Mol and Law, 2004: 57），"你并不拥有一副发乎自然地、完全凭其自身地维系一体的身体，你也不是这样的身体。保持自身的整全只是生命的许多任务中的一项。它不是被给予的，而是必须去达成的，既在皮肤之下，又在实践之外。"这段描述响亮地回应了从类似角度描述病体体验的那些叙事阐述（Frank, 1995）。它还谈到，事实上，我们都需要确保能得到充足的食物、淡水与休息，才能维持生存，保持我们身体"不散架"。不过，它没有让我们领会到，特定身体在某一时间会如何拥有特定的行动能力；能力之所以会各见其异，并不只是因为个体所处的网络不同，而是由于突生性的身体主体的健康、强壮、速度、智力、同情，以及其他通过进化和代际传承发展而来的特性。

最后，尽管动因网络理论坚持面向身体相关网络中涉及的各式各样物质、关联与拼装，但它有时也会混淆本体论和认识论的议题。医学身体观与外行身体观或许有着根本的差异，病人也可能根据自己面临的问题以及看到的选择，以不同方式展演自己的身体。不过，这些"观看"身体、践行身体的不同方式并不意味着身体在本体论意义上是多重的。身体会因时而变，会有许多认识论意义上的方式来观看处在某一时点上的身体，但是，尽管身体以各种方式向周遭环境开放，个体要拥有多重肉身，还只限于科幻小说和电脑游戏设计者的虚拟创造的领域，至少目前为止还是如此。

动因网络理论承认身体的物质特性，并且不仅限于将其命名为一种理论性的空间。不过，尽管它聚焦于网络，体现出身体与一系列现象之间的相互关联与相互依赖，但也往往会使我们的目光偏离身体—社会关系中的核心议题，使我们的理解不得要领。

十一、弥合鸿沟

社会建构论者将社会带入身体，以此考察身体对社会学的重要意涵，但却往往忽略了物理性、生物性的身体作为行动、认同与社会的基础所具有的重要性。尽管福柯、戈夫曼和特纳等人都有助于重申"身体"在社会学中的重要性，不过，他们纯粹从社会的角度（无论怎么界定）来看待身体，所以未能克服这门学科处理该主题的双重思路。在他们的研究中，身体作为一项讨论事项是在场的，但作为考察对象却是缺席的。就此而言，弗兰克的思路至少还融入了身体作为一种肉身现象的观点，并且，因为身体与社会关系关联在一起，从而被吸纳，发生转型。而动因网络理论调整了社会学家赋予社会范畴的力量，凸显了身体与其他现象之间结成的关联的重要性。后两种思路纵然有些缺陷，却都包含了重要的洞见。幸运的是，正如第五章所揭示的那样，有一批社会学家已经将类似的特性融入自己的研究，一方面认真对待作为肉身现象的身体，同时也探究身体如何受到权力关系和物质客体的影响。

第五章　身体与社会不平等：社会的具身化

本章要考察的是身体有哪些特征，使其既受到社会的塑造，又能对社会发挥创造性的影响，由此可以考察那些力求同时克服自然主义学说与社会建构论学说的局限的社会学研究思路。这些思路认识到，人的具身体现是一种突生现象，不能化约为其构成要素，值得给予独立分析。为此它们承认，具身主体是由各具特色的部分（大脑、基因、血液、骨骼等）构成的，对自然主义视角所分析的那些生物特性和神经特性赋予了有限的意义。同时它们也接受了社会建构论的主要洞见，承认社会过程影响着身体。不过，坚持了突生原则，也就没有理由尝试单纯基于生物性组成部分或现有社会过程来说明我们的行动和身份/认同。与自然主义观点相对而言，其原因在于人体不只是生物性的东西，而是以较高层次的组织为特征的，涉及感情、信念，以及使具身主体有能力实施行动的反身性意识（Capra, 2002; Archer, 2010）。与建构论相对而言，其原因则在于身体除了具备生物性及其他方面的组成部分，还拥有一些特定的属性，确定着它能在多大程度上，以怎样的方式，被社会因素所影响。水的属性（比如其湿度和流动性）既不能被化约为其组成要素（氢气与氧气），也不能被化约为可能影响其供需关系的社会变项；与之相仿，具身主体的能力也不能与其个别组成部分或与社会混为一谈。

这种突生论的整体原则使我们能够认识到，尽管有特定的社会性、技术性力量与网络塑造身体,但具身主体在其整个生命历程当中,它的诸般属性与特征会以多种多样的方式,向外部影响和拼装开放。比如说,重组骨骼,甚至再造血肉,可能比改变根深蒂固的习惯还容易一些。认识到具身主体具备突生性能力,也有助于探讨我们的身体体验和展演怎样构筑起某种具备因果重要性的基础,支撑社会的再生产或转型。因此,尽管社会的许多方面的确是具身性的,但社会关系与制度的未来如何,却依然取决于它们是否能凭借具身主体具有社会创造力的行动长久维持。

为了勾勒这些思路的发展演变,我考察了晚近有关生物学与社会学关系的一些讨论,使我们能够确认,具身主体具有自己突生性的"社会—自然"属性和特征,既受到社会发展和技术发展的塑造,也能促成社会发展和技术发展(Burkitt, 1999)。然后,本章要分析社会在(1)性别社会化过程中,(2)遭遇到其他支配与臣属关系时,(3)有薪就业中,如何与身体相互作用,由此探察这种突生论观点的社会学意涵。这些例证凸显了身体劳动作为某种关键手段的重要性,经由身体劳动,一是具身主体的突生性能力在社会中得到磨练,二是这些能力本身也在一定程度上受到社会关系和技术关系的结构塑造。

一、身体作为突生性社会—自然现象

泰德·本顿在一系列作品中主张(Benton, 1991, 1992, 2009),有许多现象是无法明确定位于"社会"世界还是"自然"世界中的,社会学要想充分分析这些现象,就需要丢开它的"生物恐惧症"(biophobia)(亦参 Freese et al., 2003; Quilley, 2011)。这就关乎重视生物科学，但并不需要接受庸俗形式的社会生物学。比如说，本顿既拒绝认为可以把人的进化化约为前社会的生物性过程，也不觉得人当下的每一项特征都必然对我们过去的维存做出过积极贡献。相反，他也主张科学家当中被愈益普遍接受的观点，强烈呼吁去理解那些进化过程，是在这些过程的协助之下，我们才成为今天这个样子，包括人类行动者所锻造的那些社会生活模式（Benton, 1991, 1992; 亦参 Mayr, 1988, 2001; K. Sharp, 1992; S. Jones, 1993; Ofek, 2000; S. Rose, 2005）。例如，人们普遍接受说，乱伦禁忌是人类社会进化的关键，有助于确立家庭之外的人际关系与群际关系（Durkheim, 1963 [1897]; Levi-Strauss, 1969），但是纵观历史，这种禁忌之所以长久维持，生物学上深植的本能与涉及婚姻规则的社会文化压力起到了同样的作用（Turner and Maryanski, 2005）。

人的身体是一个绝佳的例证，说明某种现象不能完全定位在社会世界或自然世界。越来越多的社会学家赞成本顿的观点，认为如果我们想要理解那些促成我们的具身体现现状的历史因素，就需要考察生物性过程与社会性过程之间的关系（例参 Massey, 2002; Quilley, 2011）。无论是身体的进化，还是身体历经个体一生寿命的发展／发育（development），都是如此。由于身体千百年来不断演化，为社会关系的确立提供了不同的基础，而确立起来的社会关系又有助于身体进一步的进化发展。与此类似，随着身体在生命历程中发生改变，它也给个体装备了各自相异的能力来实施行动，而这些能力又会对塑造人们健康与寿命的社会背景产生影响。有鉴于此，把身体看成是一种生物性的、前社会性的现象，与视之为一种社会性的、后生物性的实体，同样是错误的。

对于所谓生物学或许有助于学科发展的建议，许多社会学家的反应是心存警惕的（Karp，1996）。然而，人体的那些"自然"属性，作为进化中涉及的生物性过程以及社会性过程的结果发展出来，与人的文化成就是不可分离的，如果社会学家不想显得像是生理维度和认知维度上的神创论者，就需要承认这一点（Shermer，1996；Pinker，2002）。双足直立以及工具使用的发展塑造了人的身体，包括所谓"手—脑复合体"（Wilson，1999：287），其方式为现代文化构筑了肉身性的背景框架。要是没有直立和使用工具这样的身体能力，个体就永远不能发展出标志其当下存在的生活方式和人工制品。基因工程和生物技术领域晚近的发展，提供了人类的社会—自然性质的又一例证：我们已经到达了特定的社会阶段和技术阶段，有可能至少改变我们的进化遗传中的某些要素（Burkitt，1999；Carter and Charles，2010；Parry and Dupré，2010）。

而在个人的身体上，也能明显看到人的"自然"构成与社会／文化构成之间的关联。我们的表型特征（phenotypical characteristics）被视为是由基因和环境共同决定的（Kurzban，2002）。更广泛地说，从玛丽·米奇利（Midgely，1979）、诺贝特·埃利亚斯（Elias，1991b）到保罗·赫斯特与彭妮·伍利（Hirst and Woolley，1982）都揭示道，即便是新生儿也并非无限可塑，随心所欲地塑造是不可能的。婴儿就具备了有着物种特定性的神经系统，该系统关联着一个起决定作用的大脑，各司其职的器官、肌肉和表达手段，使婴儿能够努力趋向社会。实际上，按照米奇利的说法，"一个物种如何能够像霍布斯假定的那样不断进化，并在获得社会性之前就学会计算，我们并不清楚"（Midgley，1979：167）。因此，人的"自然"属性并不是与社会彻底分离，而是社会关系和文化活动的必要前提。

埃利亚斯的《符号理论》一书(Elias, 1991b)进一步例示了自然过程和社会过程如何在人体的习得能力和非习得能力中相互交织。一个孩子要能学习语言，就只能通过生物性成熟和社会性发展这两个密切关联的过程。如果没有在生物学的角度上具备特定的任务所需，任何人都学不会极其精微的语言模式。但是，语言习得是在沟通需要的背景下发生的，而语言也是个体生长所处的群体说的(Elias, 1991b: 171)。在口头语言之前，脸充当着主要的沟通工具，它进化成为某种"信号板"，尽管面对面沟通在遗传角度上的限定性或非习得性要甚于语言，但也可以通过文化习得的脸部信号得到调整。比如说，在幼儿身上，笑完全是天生固有的。而随着人的成长，笑变得越来越具有可塑性，更像是文化的表达，能够象征从愉悦和快乐到讥讽和屈尊等多种情绪。

有些学者认为，埃利亚斯的理论提供了统合各门人的科学(human sciences)的一种手段(Quilley and Loyal, 2005)。他们提出，埃利亚斯的分析乃是基于如下预设：人代表着某种进化突破，只有这个物种，驾驭行为的习得方式会超过非习得方式而居主导地位。因此，文化过程和社会关系越来越能塑造身体。不过，这并不等于否认，事实上，身体本身依然充当着这些社会关系的突生性基础，不能被化约为社会关系的某种表达。在任一时点上，身体都具有特定的社会—自然特征，驾驭着具身行动者能够以何种方式作用于社会，也驾驭着社会能够在何等程度上塑造这些行动者。

具身主体是具有因果重要性的突生性现象（就连达尔文也把作为整体的生物有机体视为进化竞争的基本单位），探察这些主

第五章　身体与社会不平等：社会的具身化

体在任一时点上的构成与体验，有助于我们确定它们有多大潜力影响环境，也确定它们会受到所处环境哪些方式的影响。在生物技术和神经科学的发展之下，相较于长时段的进化时间中发生的身体倾向塑造，甚至是代际时间里发生的身体倾向塑造，当代的社会干预与技术干预都可能显得更为重要（Mellor and Shilling, 1997：18—25）。然而，或许不仅要把这样的干预看作是身体倾向塑造的后果，而且依然受到身体自身属性相当程度上的塑造。要不是具身主体有能力学习、思考并作用于其他身体／材料，这些发展都是不可能发生的。

将身体作为兼具生物性和社会性的突生现象来分析，只是超越自然主义观念和社会建构论观念的局限的出发点。然而，认识到社会过程和生物过程紧密交织，不可分割，就使我们能够看到，尽管社会关系、行动和分类并没有在福柯的意义上创造出身体，但的确参与了身体的发展，从而能够获得具身性。

为了进一步展现研究作为突生性社会—自然现象的身体的这种思路有多少潜力，我将转向 R.W. 康奈尔和彼得·弗罗因德。这两位作者做出了重要的分析，都认真对待身体兼具社会性和生物性的实体这一命题，这种实体既受社会塑造，也构筑着社会的基础。关于心智在身体中的定位，或者更准确地说，意识的具身基础，在社会学上能带来什么后果，他们也都有所论述，我们可以用神经科学方面的有些贡献作为补充。我将介绍康奈尔讨论性别态身体的研究，以及弗罗因德阐述身体对于支配与臣属关系的反应的作品。然后，我将讨论有薪就业中的身体劳动，进一步考察他们的分析的连带意涵。

二、建构性别态身体

康奈尔的分析（Connell, 1983, 1987, 2005）聚焦于身体的"外部"（身体的体型、尺码与肌肉系统），分为三个阶段逐步推进。首先，它考察了如何通过范畴化之类的社会实践，将女性身体和男性身体界定为不同的身体，而这些社会实践可以在符号意义上，抵触甚至否定当前人类具身体现的实际状况。换句话说，对于那些不能通过诉诸其突生属性获得正当性的身体，社会范畴将赋予其颇具新意的意义。其次，康奈尔主张，尽管社会范畴将人们的身体界定为不同的，但其他社会实践对身体的影响要更为直接。性别化的社会实践并不只是意味着否定身体，而是要以特定的方式转变身体，从物理的角度改变人的身体的特征。第三，否定的过程与转变的过程相互作用。性别化的范畴和实践共同作用，有助于以特定方式塑造女性身体和男性身体，进一步巩固女性特质和男性特质的特定形象。按照梅洛-庞蒂（Merleau-Ponty, 1962）与达马西奥（Damasio, 1999, 2010）的主张，从认知角度来梳理身体概念，与我们的具身体验密切相关。如果说这些体验具有性别化差异，就有可能支撑有关男性特质和女性特质的主导观念。

三、否定身体

康奈尔承认了进化和生物特性的重要性，接着提出，社会当中主要的不平等乃是基于社会标准，在身体上并没有持恒的基础。不过，这并没有妨碍生物特性被用来为这些区分提供正当性辩护。从男性为其相对于女性的优势地位给出各色理由，到历史上英国和美国20世纪上半叶劳动力市场设立的婚姻限制标准，到希特勒为对犹太人实施的种族灭绝给出的种种辩护，在这类情形下，生物性的差异要不就是凭空捏造，要不就是夸大其辞。

对于范畴化的社会过程及其所依赖的身体基础之间的这种矛盾，康奈尔称之为"对生物特性的否定"。否定并不总是意味着彻底忽略生物特性，而往往是指对生物特性的歪曲。比如说，性别差异的基础就在于压制身体共性，夸大身体差异。

对身体共性的压制最明显的例子，就是小孩子很早就被强加了性别身份/认同，而此时他/她们还远未具备生育能力或是相互支配（Connell, 1983: 28; 1987: 81）。给宝宝挑衣服，女装粉色最走红，男装蓝色最畅销（这种偏好本身在历史上是有变化的），就说明了人们始终很重视要凸显身体之间的差异，哪怕此时尚不具备任何重要的社会意涵。健康的宝宝都有能力吃喝拉撒，有能力让父母睡不安稳。但他/她们还没有能力承担重要的社会任务，可以径直归诸其"两性归属"。对生物特性的否定还有一例，在青春期之前和青春期早期，小女孩被界定为"软弱""脆弱"，哪怕她们常常比同龄男孩更高大，更结实。简言之，如果女孩与男孩之间的差异、女人与男人之间的差异都是非常自然的事情，那就不需要借助衣着的两性分类等做法，如此郑重其事、持之以恒地予以标示了。更准确地说，应当这样来看待这类做法：

> 属于维持对于性别的社会界定的不懈努力，这种努力之所以不可或缺，恰恰是因为生物逻辑，以及消极迟钝地回应它的

做法，无法维持性别范畴（Connell，1987：81，着重格式为原引文所有）。

男女两性个体在身高、体重、力量、耐力等方面均有差异，但这些特性在两性之间的分布有所交叠（Birke，1992；Fine，2010）。把平均差异转换成绝对差异，才会生产出"女性"和"男性"这两种彼此分离、不相平等的范畴。"男人比女人体力更强壮"之类的说法，就是忽略了事实上，有许多女人比许多男性更强壮。因此，聚焦于身体而否定生物特性的社会范畴，就成了有关男女两性差异的意识形态建构的核心。身体之间的共性被忽略，差异被捏造或夸大，而生物属性的意义则被转换成新的范畴与对立。这一点有个范例，在那些正式和非正式的劳动力市场排斥中，预先阻止女性参与某些工作岗位，以及在另一些工作岗位上获得晋升，依据不过是对其生理能力和思维能力的错误判断（Holloway，2005）。更有甚者，支撑所有这些实例的，是某种视觉过滤的过程，经由"留意"与"忽略"的感官模式，女性与男性之间身体上的相似性被否定（Friedman，2011：200）。

康奈尔有关否定的分析关注的是性别差异的生产。不过，对我们共享的那些能力和特性的否定，也是在生产其他社会区分。例如生物种族主义，就是根据一个群体在社会角度和文化角度上据称如此的优等性或劣等性，来评价该群体的生理属性（P. Cohen，1988）。生物共性被压制，身体差异被凸显，用来支持种族主义的分类系统。回顾历史，否定也曾被用来区分属于不同社会阶级背景的孩子，分别适配或适合于不平等的社会位置。比如在19世纪的英国，从贵族阶级到工人阶级的孩子的身体被界定为不同的身体，并在不同的机构中接受学校教育（Simon and Bradley，1975）。

四、转变身体

康奈尔在论证的第一部分，分析了社会范畴如何通过否定人体之间存在的共性来分离人群。不过，要考察身体的社会意涵，这还只是初始阶段。单单说生物特性与社会实践之间存在简明矛盾并无济于事，因为这等于预设了生物特性是固定的，作为社会实践的焦点，却不被社会实践所改变。这类观点的连带意涵之一，就是确立生物特性与社会之间的某种二元对立，仿佛这两者完全分离。另一点连带意涵就是树立心智与身体之间的二元对立，性别化的意象与社会实践通过影响人们对女性身体和男性身体的感知，就此只作用于心智。不管怎么说，康奈尔希望避免这些问题，其论证的第二阶段就要探究社会实践如何转变了身体的生物特性的一些面向。

关注转变，就是认识到身体是人们作用其上的某种劳动对象，和自然世界与社会世界的其他维度没什么两样。比如说，体操和力量训练能强身健体，而单独关禁闭就会导致身体退化。技术进步也能改变身体的尺码、体型和成分。要实现这一点，可以直接通过移植手术的前沿进展，或间接通过改变旅行、劳动和投入休闲活动所要求的体力。

转变的过程建构了性别态身体，同时也在此前毫无差异的地方创造出肉身性的差异。许多男人体验到的生理意义上的男子气并不只是源于阴茎的符号意涵，也不单是源于通俗文化常常附着于男性身体的体力的形象/权力的意象(images of power)，而是来自实实在在的生理变化，它们肇始于"体魄崇拜"(cults of physicality)，其焦点落在对身体的规训化管理和对空间的占据(Connell, 1983, 1987, 2005; Messerschmidt, 1999)。在青春期期间，这些差异往往会进一步扩大，媒体会把女性特质与苗条和美妆相维系，而男性特质则与积极强身健体相维系，虽说是在愈益明确的男性美学的规范之内(Arthurs and Grimshaw, 1999)。

西蒙·德·波伏娃(de Beauvoir, 1993 [1949])捕捉到这些差异，提出要成为一名女人，就涉及接受训练，培养特定的角色、习俗和身体技术，它们相对于"培训男人气概"所特有的那些显得消极被动。女孩被逐步塑造为男性用来追逐自己目的的工具，而男孩则被引入竞争性的体育运动，被教授如何使用自己的身体去对抗"任何将其化约为客体地位的企图"(de Beauvoir, 1993 [1949]: 348—349)。自波伏娃著书以来，女孩参与运动的机会大大增加，但当女性参与强健肌肉的活动时，"玻璃天花板"依然存在，这种壁垒鼓励女性在锻炼时，要参照有关合乎审美的女性特质的有限理想(Dworkin, 2003: 244, 253; K. Martin, 2003)。

诸如此类的实践会对身体产生切切实实的效应，并且不仅仅是肌肉发不发达，强不强健。洛威指出，身体活动的不同模式能够影响到骨骼发育和身型(Lowe, 1983)。之所以如此，部分原因或许在于荷尔蒙的分泌水平，而后者本身又受到身体活动和社会压力的模式的影响，会左右一个人的身高。它也会通过劳动和运动，以更直接的方式发生。因此，女孩和男孩参与强健肌肉的工作与休闲活动的机会不同——比如男孩被鼓励参与更(近似)直接接触的运动——在转变其身体的一些重要维度方面,会有显著的影响。

对身体的建构有许多方面具有压制性,符合性别刻板印象。比如说,社会赞赏女性身线苗条,男性肌肉雄健,加剧了引发进食失调的那些压力(Turner, 1987),也会以其他方式使年轻女性疏离于激发充满活力的具身体现形式(Prendergast, 2000),而男性青少年为追求配得上肌肉强健这类霸权式理念的身体,越来越多地使用促蛋白合成类固醇之类非法药物,也与此脱不开干系(Connell, 2005)。2007年,仅在英国,据估计就有约20万人接种这种类固醇,其中越来越多的使用者是年仅十二、三岁的男孩。情形若此,迫使"药物滥用咨询委员会"(Advisory Council on the Misuse of Drugs)明确表示,对于"成千上万"的健美爱好者和青少年使用药物深表关切(Travis, 2007)。类固醇之类的药物除了给使用者带来身体上的危害,还有很多副作用,包括越来越具有攻击性,倾向于暴力行径等。

性别化的身体实践和身体意象施加的影响并不停留在意识或话语的层面上。我们以怎样的方式对女性身体和男性身体做出领会、归类和评估,无疑是使社会不平等合法化并得以再生产的重要因素。不过,性别化的意象与实践也可以具身化。晚近有学者讨论镜像神经元(mirror neurons),即在面对意象和事件的具身观察者体内能够唤起并导致某种电化学反应的脑细胞,但这些讨论只是进一步巩固了康奈尔的观点(Rizzolatti and Craighero, 2004)。有关镜像神经元的研究尚存争议,不过一些社会科学家和理论家,包括沃森(Watson, 1998)、加莱塞(Gallese, 2001)、利萨尔多(Lizardo, 2009)和皮茨-泰勒(Pitts-Taylor, 2012)等,都强调这种观念很有希望拓展我们对社会互动的理解。里佐拉蒂等人的研究（Rizzolatti et al, 1996）最初设定为猴子，后来在人身上得到确认，发现镜像神经元就意味着感觉运动神经元（sensorimotor neurons）在人脑中被激活，并且不仅是在个体实施某项行动的时候，而且是当他/她看到别人实施同样行动或相关行动的时候，都会如此。在后一种情况中，它们会就此"激发"身体，或在体内模拟所见到的行动中涉及的某些过程，构成或可称作具身主体的"假想"装置（Damasio, 2010）。这就提供了个体之间的架通"桥梁"，缩减了共享某个关注焦点的人彼此肉身之间的距离，并提供了某种前意识的神经基础，以做出理解，进行社会互动（Franks, 2010; Pitts-Taylor, 2012）。而要让理解和相互协调的互动真正发生，还需要更多，还要求纳入相互协调的行动与符号意义，而这些行动与意义的形成要结合相关的刺激，后者有可能成为促进前两者发展的因素。纵然如此，镜像神经元这一观念也能帮助我们说明在肉身之间协调过程中涉及的那些过程。根据利萨尔多的观点（Lizardo, 2009: 719）：

> 镜像神经元提供了一种似乎可以成立的神经认知机制，能说明行动者如何在某种无需明言的身体层面上，彼此逐渐取得协调。而由对他人行动的观察所触发的一种渐成习惯的无意识"模仿"过程，又是如何能够经由加莱塞（Gallese, 2000）所称的"具身模拟"（embodied simulation），导致共享同样的"身体自动活动"（bodily automatisms, Bourdieu, 1990），就此促成了共享的社会实践。

关键在于，尽管镜像神经元往往被用来讨论移情，讨论我们

"承担他人角色"的能力(Franks, 2010), 但它们也有助于说明, 个体如何能够在前意识层面上被激发, 以同情理解的方式, 对创造男女两性差异过程中牵涉到的那些性别化表征和实践做出回应。这里体现出一种观念, 即在确定那些(性别化)场合的过程中, 社会习得和文化规范本身也扮演了某种角色; 而在这些场合中, 镜像神经元并不一定模拟个体, 以同情理解的方式对文化表征和社会行动做出回应, 力求予以模仿(Heyes, 2010)。用康奈尔的术语来说, 我想指出, 否定和转变的过程在创造出其他方面的身体差异的同时, 也创造出了神经差异, 而在此之前, 几乎没有、甚至根本不存在这样的差异。

五、性别态身体的再生产

康奈尔的论证的第三阶段关注的是否定与转变之间的关系。在性别的例子里, 我们已经看到, 有关男性特质和女性特质的主导概念理解是如何通过社会实践, 以特定方式具身化。然而, 这种具身体现本身就有助于为原初的社会范畴提供正当性与合法性, 在此过程中, 女性被压迫成为"两性中较为虚弱的一方"。这里有一种自证预言在起作用, 因为身体有时候会以某些方式发生变化, 以支撑原初意象和实践的有效性。当然, 有必要强调一点, 这些变化通常并不是与生俱来规划好的, 而是随社会实践而变, 并有逆转的潜在可能。这里潜在可能是一个关键词。比如说, 女性在青少年时期过后, 仍有可能发展出对体育运动的爱好, 不过到了这个时候, 她们身体的发展可能已经限制了其能够展示的技能水平。因此, 所谓性别的"训练", 就意味着许多女性的确变得比许多男性虚弱，不太擅长在运动中管理自己的身体，从而有助于将认为女性虚弱的既存观念，以及那些以女性身体较为低劣为预设的社会关系和实践，予以合法化。

詹妮弗·哈格里夫斯基于历史视角，描绘了维多利亚时代的中产阶级女性是如何将女性具有一副柔弱身体的支配性意象予以内化的：

> 中产阶级女性实现着自身有关"纤弱"女性的刻板印象，三天两头卧病不起，以此确认医学中的主导说法，所谓理当如此。女人"之所以"表现出在物理和生物角度上较为低劣，就是因为她们"确实"昏过去了，"实在"吃不下去，疾病缠身，总是以各种方式表现出被动和顺从。女性接受了自身"体弱无力"的状况，就为既存的所谓"事实"添上了人道的、道德的砝码（Hargreaves, 1987: 134）。

兜售给维多利亚时代女性的那些专家建议（Ehrenreich and English, 1988），以及广为流行的那些镇静药方（Berridge and Edwards, 1987 [1981]），使上述情形更趋恶化。简言之，否定与转变的过程大大有助于证明性别差异的正当性，并维持所谓男性在生物学角度上优于女性的迷思：

> 有关男性作为权力/体力持有者的社会界定不仅被转译成心智上的身体意象和幻念，而且被转译成肌肉的紧张程度、姿势、身体的感觉和构造。这是男性的权力得以"自然化"的主要途径之一，比如被视为属于自然秩序的组成部分。让那

第五章 身体与社会不平等：社会的具身化

些在其他方面没什么权力的男性能够维持对男性优越性的信念以及由此导致的压迫做法，具有相当重要的意义（Connell, 1987：85）。

六、使心智具身化

有关性别化观念、信念与身体之间的关系，康奈尔的上述观点得到了两方面的支持，不仅可以通过创造性地结合神经科学的某些要素，也可以借助超越思维应当视同为大脑这种观念。就此而言，马克·约翰逊（Johnson, 1987）和乔治·莱考夫（Lakoff, 1987, 1991）有关意义、想象和理智的具身基础的研究依然富有价值。莱考夫与约翰逊（Lakoff and Johnson, 1999）考察了心智与身体之间的相互关联，视之为心智的具身性的结果。身体一向被客观主义的知识论所忽视，后者认为身体会将主观因素带入我们对"真理"的理解，而某些神经科学论述将我们身体特性的因果意涵化约为我们的大脑，更是凸显了这种认识。然而，约翰逊却聚焦于"想象"和"范畴化"（Johnson, 1987），主张要想充分地阐述意义与理性，就必须将我们赖以把握世界的具身性的理解结构置于核心地位。所谓想象，指的是我们如何从特定的身体体验和背景中抽离出来，移到其他一些身体体验和背景中，以便领会新的情境。而所谓范畴化，关注的是我们所使用的分类图式如何通常有赖于人体的性质，尤其是有赖于我们的知觉能力和运动技能。这样来看待知识，莱考夫称之为"经验实在论"（experiential realism），它基于以下预设：经验与知识的结构来自人体，其安排方式先在于话语并独立于话语。因此，根本谈不上福柯意义上的话语决定身体，而是身体属于话语建构中不可或缺的要素。

针对心智的具身性质，安东尼奥·达马西奥提供了另一项有益的分析（Damasio，1999，2010），这一次是凭借采取特定的进化观点来看待神经科学。尽管达马西奥业已遭到抨击说是化约论者（Rose，2011），但也可以用某种方式来解读他的作品，以有助于进一步充实与康奈尔有关但他未能探讨的一些机制（Damasio，2010：294）。它与身体研究的另一点关联要宽泛得多，使我们能够探讨维多利亚·皮茨-泰勒所关注的大脑在身体研究文献中缺席的状况。在达马西奥看来，意识涉及在我们所居处的各种物质性的肉身之间环境中，体验自我的具身性自觉，这种自觉肇始于"我们去看、去听、去触碰的那一刻所产生的感觉"，也靠这种感觉来维持；至于我们大脑对刺激的反应中形成的"心智地图"，则根植于我们的有机体从其特定立场出发，与自然环境和社会环境发生相互作用，所发生的一些变化（Damasio，1999：26；2010：198）。按照艾布拉姆的主张（Abram，2005：172），对外界的一丝一毫感官知觉或身体行动，"都已经例示了一个有机体从外界接收到对自身的回应"（亦参 Damasio，1999：149）。

由此观之，身体是自觉心智的某种绝对基础，发展出这样的心智，就是大脑和身体就具身行动者所处内外环境交换了数不清的化学和电子信号的结果。这正是达马西奥 2010 年所著《自我成为心智》的核心观念（Damasio，2010：20，91—96）。这些信号（得到各种体感系统的促进，包括神经通道，肌肉骨骼系统，以及通过皮下传感器实现的精细触觉）有助于构造那些"勾绘有机体"与客体和他人"互动"的神经模式，探测环境中的威胁与机会，发动身体对这些情势做出反应（比如通过迎战或逃避的反

第五章　身体与社会不平等：社会的具身化

应）(Damasio, 1999: 51, 149, 320; 2010: 54)。达马西奥聚焦于对有机体的有形威胁，但我们没有理由不进一步拓展这种环境观念，以涵盖性别化的期待，在康奈尔的分析中，这些期待将对主体实施规范性的"拉力"。比如说，与不合宜的缺乏男性特质或缺乏女性特质相维系的污名，可以联系到神经内分泌系统中的某种反应，它或许有助于激发具身主体避免这种威胁，从而构成某种身体基础，支撑起性别化展演的潜在再生产。

更一般地说，达马西奥的研究思路可以用来进一步支持以下观点：我们有关自己周遭人们的身体属性的想法，并非基于抽象的意识形态，而是涉及一些特定的意象，它们以我们与具身性他人的视觉互动和身体互动为基础，由我们身体结构各处遍布的信号装置构造而成(Damasio, 1999: 320)。比如说，达马西奥(Damasio, 1994)所称的"身体标识"(somatic markers)（即个体体验中的关键时刻，在神经、生理和情感等方面的反馈中留下强烈痕迹，准备塑造未来的体验），可能是从有关性别不平等或其他维度不平等的孩童期早期体验中形成的，可能使我们基于这些"直觉"(gut feelings)，预先倾向于如何看待和体验后续的关系(亦参 Ledoux, 1999)。

在上述视角与有关心智、认知和具身体现的其他视角之间，存在着一些重要的差异。其他一些视角也能帮助我们考察，如何在技术或药物的协助之下拓展和"增大"我们的具身思维(Boothroyd, 2006; Clark, 2008)。还有必要指出，不能对这些视角不加调整，直接套用于有关身体的社会学研究。比如说，在我的阐述中，强调了神经科学的某些特征的用益，但不应解读为全盘赞成神经科学给出的说明。

神经科学的确倾向于把整个人，尤其是人的意识，化约为我们的大脑。有人认为，我们的记忆、思维和观点所具备的特性，与大脑活动的模式与强度一般无二。我们应当拒绝这样的观念。我们的身体不只是有机的、神经性的物质，而是作为我们自我的有感知的主观性载体，由我们在现象学的意义上活出来的（Crossley, 2001a）。神经科学的阐述将我们的具身意识和具身体验化约为大脑中发生的一些过程，或许颇能有助于我们了解这个器官中的大脑半球及其他结构里的电化学活动。然而，观赏美丽的绘画或聆听莫扎特能带来的欣悦，与友人一起欢笑而不能自已所体验的欢愉，或是紧握挚爱之人的手一起度过临终一刻时沉浸其间的绝望，与这样一些情感维系在一起的那些活生生的体验，神经科学的阐述其实是难以让我们见证到的。不仅如此，达马西奥（Damasio, 2010: 14）固然首先强调了神经科学的知识未臻完善，但神经科学通常还是贬低社会文化方面对于我们身体反应和思维的影响的重要性。

话说回来，对于共同强调将思维和存在根植于肉身背景与具身体验的这些视角，纵然存在上述局限，也不应妨碍我们关注这些视角的真正洞见。身体研究这块领域需要承认，知识、思维、信念与身体之间存在密切关联，哪怕要把身体看作本质上富于心智性质。诚如维基·柯比所言（Kirby, 2008: 221）："如果我们失去了皮肤，就能在我们彼此聊天，大声宣讲，在电脑前击键不已，或是与我们在意的某人进行深入交流等等时候，亲眼目睹那些否则无法得见的身体过程。我们可能不得不承认，身体的血肉或许就是思考着的物质材料。"

这项研究对于我们当前有关性别不平等的讨论的相关意义在

第五章　身体与社会不平等：社会的具身化

于，它意味着引导我们理解男女两性身体的那些概念与分类图式并非源于非具身性的意识形态范畴，而是基于我们有关具身体现(包括有关它的意识)的多重体验。按照伯格的主张(Berger,1972)，男性的呈现(无论是虚构还是实存)在一定程度上有赖于他所具身体现的力量/权力的保证。如果一个男人的生理特征不能够传递出某种力量/权力的形象，他的呈现就会面临威胁，因为男性作为权力持有者的社会界定未能反映在他的具身体现之中。正因如此，西方有关男性特质身体的霸权式规范就包括某种程度的肌肉强健，这种身体特性反映出文化权力(power)与肉身力量(power)之间的汇合(Connell, 2005)。

权力的具身体现并不总得通过一副强健有力的身体呈现出来，而是还有其他的变化形式，融合了姿势、身高、体重、步态、衣着和自信等要素。大腹便便的商人或许并没有强健的肌肉，但他的尺码、衣着和举止依然能够具身体现出权力的保证。不过，伯格(Berger, 1972)鲜明刻画了重要的一点：否定与转变的过程既不是普遍存在的，也不是不可避免的。如果具身体验否定了有关性别的支配性观念，就有了创造有关男女的替代性观点的基础。并非所有的身体都能够依照有关男性特质和女性特质的支配性意象/形象做出改变，有关反思和价值理性行动的突生性具身属性意味着，有许多个体可以在不同方向上发展自己的身体。康奈尔并不关注这类抵抗中蕴含的机制，但的确强调它会发生。女运动员就是这方面的一个范例。这个群体为有关女性特质的支配性意象/形象提供例外，给出了替代选择，女孩要想以非传统的方式发展自己的身体，就可以借鉴(Bunsell and Shilling, 2011)。

概而言之，康奈尔讨论否定和转变的思路集中于身体的"外部"。他把焦点放在身体的体型和雄健体魄上，补足了另外的一些论证，后者认为社会实践可以赋予具身体现以意义并加以改变。这是一种动态的关系，所涉及的突生性身体既影响了社会关系与网络，也受社会关系与网络的影响。康奈尔的研究也刻画了身体为何能成为一种规划，而这些身体规划又是如何导致社会不平等：由于身体出生时处于未完成状态，也就陷于持续的被塑造过程，但从这些重塑中浮现出来的性别化建构，会对女孩和成年女性可以利用的各种模式的具身体现和运动特性造成不利影响。艾莉斯·马利雍·杨（Young，2005：35—39）借鉴了梅洛－庞蒂的研究来说明这一点，认为男性特质的运动方式含义明确，不受拘束，以支配周遭环境为前提，从而典型地趋向于未来；而女性特质的运动往往有内部的分隔，不甚确定，以试探性为标志。男性特质的身体有助于男性介入日常生活流，并加以引导，以符合自己的欲望；而女性特质的身体则羁绊着女性实施类似形式的行动的能力。

康奈尔的研究思路纵然颇具价值，但确实倾向于将生物特性等同于可以笼统称为的身体的"外部"。他的思路没怎么揭示具身体现的其他维度在社会中是如何呈现、转化的。我之所以在本节花了一些时间来探讨受神经科学启发的视角，这也是原因之一。这些视角使我们能够"补充"康奈尔预设但未能充分讨论的一些机制。就此而言，弗罗因德有关支配与臣属的社会关联的分析，以及有关"安适"（well-being）的具身体验的分析，对于达马西奥在关注有机体"内部"时强调的一些身体过程，给予了更多的考虑，有益地补充了康奈尔的论著。弗罗因德的研究点出了未来的考察要遵循的路径，重视我们身体的反应性内部与身体所处外部社会环境之间的关系。

七、情感态身体

彼得·弗罗因德（Freund, 1982, 1988, 1990, 2006, 2011）聚焦于有关病患、健康和安适的身体体验，如何受到环境方面和人际方面的"压力因素"的影响，这些因素和支配与臣属的社会关系相关。这种对社会关系的"心理社会性"身体体验或许一直都很重要，但是在西方发达社会变得愈发重要，因为这些社会已经经历了"流行病学过渡"，即传染病不再是死亡的首要致因（Wilkinson, 1996; Freund, 2006）。在这里，健康不良的心理社会性来源（类型多样，比如在办公室，从职场霸凌，照明不足，座位不适，到电脑信息超载）会影响我们的神经分泌系统，并由此成为决定病患与疾病的关键因素（Freund, 2006: 87）。疾病、社会阶级与物质因素在塑造健康不平等方面依然具有重大意义，不应让上述讲法模糊这一点，但上述讲法仍然是关键的变项（Marmot and Wilkinson, 2005; Graham, 2009; Marmot, 2010; Freund, 2011）。

弗罗因德在探究支配/臣属、心理社会性紧张、生理病患与精神病患之间这种关系的过程中，论证经历了三个发展阶段。首先，他明确了个体要实现其所称的"身体安适"所必需的一些总体状况，这是一种涵括身心的整体论健康观，其实现与否，一定程度上取决于我们是否有能力对自己实施令人满意的控制力度或生命能动性。然后他提出，我们是否有能力实现安适，避免过度紧张，与我们经由"情感态存在"（Freund，1982）而落实的社会存在有着密切的关系。最后，他考察了这些存在样态在社会维度上有着怎样的分化。

所谓安适包括：(1) 身体在"划分过度或不足状态的参数范围"内对体温、血压、荷尔蒙分泌水平、电解质平衡及其他系统变项之类的调控；(2) 个体与自己身体保持充分的"接触"，以便当这种平衡被扰乱时能认识到；(3) 个体有能力达成适宜的生命能动性水平，包括各种有助于维持或恢复其内部环境以实现适宜平衡水平的反身性和躯体性实践（Freund，1982：40；2011；Freund et al.，2002）。要让一个人与其身体"保持接触"，就要求他们自觉意识到身心关系的关联本质（比如认识到要依靠定期刺激来满足学习时限要求，而如果被剥夺了充足的休息，就可能导致血压上升，精神痛苦）。它还要求他们有能力监管来自内部的信息（比如疼痛）并做出解释，有能力调动身体所具备的各项资源来处理这类信息。比如说，一旦我们饿了，身体通常会让我们知道，应当吃东西了。然而，那些患有进食失调的人，通常会忽视或误读这些信号，要么胡吃海塞，要么营养不足（Gordon，1999；Lask and Bryant-Waugh，2007）。[1] 与此类似，尽管我们的身体通常会向我们发送信号，让我们知道我们累了，需要休息，但当代诸多工作压力与文化压力促使我们优先考虑强撑着不睡觉，而不是活动与休眠的周期循环（Williams，2005，2011）。

弗罗因德的论证的第二阶段表明，要切实实现身体安适，有

---

[1] 在宗教和文化方面对特定食物各有禁忌，一定程度上使这种状况更趋复杂。——原注

赖于我们凭借自己的社会存在而发展出来的"情感态存在"。情感态存在是我们的具身自我与社会之间的中介，指的是一种对存在的身心体验，在实现我们目标的过程中，可能遭到阻碍，也可能得到促进。这些存在样态乃是基于人和社会互动所固有的情感特性（Buytendijk, 1950, 1974; Elias, 1987a; Scheff, 1997）。比如说，在互动中遭遇到抵制和冲突，被打压或受伤害，这样的体验反复出现，就会产生令人不快的感觉样态（Freund, 1990: 461）。这些体验让人趋于无力，会影响到我们身体的"内部"，通过作用于中枢神经系统和周围神经系统，通过影响肾上腺素和去甲肾上腺素之类的激素（体现在我们的迎战/逃避的反应中），对我们实现身体安适的能力产生不利效应（Pelletier and Herzing, 1988; Marmot, 2004; Freund, 2006: 89—90）。诸如此类的体验也不利于我们实施生命能动性的能力，使我们在思考和行动时，更难以用宜于体验并实现安适的方式，培育和调控我们的身体内部环境。

对于涉及肾上腺素或皮质醇之类应激激素长期增高的情感态存在，与之相关的损伤包括免疫力下降、冠心病以及其他一些问题，比如血压上升（Lynch, 1985; McEwan, 2002; Sapolosky, 2003; Freund, 2006: 91）。至于那些涉及孤独寂寞（Lynch, 1979, 1985）、愤怒与仇恨（Friedman and Rosenman, 1974; Harburg et al., 1973, 1979; MacDougall et al., 1985），以及无望感、无助感（Antonovsky, 1987; Lennerlof, 1988; Seligman, 1975）的问题，也都关联着损伤性的生理变化，主要涉及我们的神经系统和内分泌系统（后者指的是直接向血流释放激素的腺体）。比如说，库什纳有关自杀的研究（Kushner, 1989）表明，不利的社会境况会通过血清代谢水平的变化而导致沮丧之类的情绪。他的生物—文化研究将涂尔干式社会学研究的一些关注角度与有关情绪的生化研究相结合，认为社会环境会导致生化变化，后者能使一个人更容易去思考并实施自杀(Freund, 1988; 1990: 454)。

弗罗因德的分析的第三阶段探讨了情感态存在和实施生命能动性的能力是如何产生社会分化的：由于我们的社会位置不同，身体安适也有不同。尽管神经激素的反应是因人而异的，生命历程各阶段也都不同，但它与生物机械系统和心理运动系统等其他生物系统相关联，而身体"反应"的风格是可以习得的，在社会维度上是分化的(Miller, 1979; McCarty et al., 1988; Freund, 2006: 92; 2011: 63)。无论处在社会光谱的哪个位置，当人们遭受到任意的权威，无法表达愤怒，极有可能导致高血压。由此观之，在美国，黑人男性以及女性处在这种情况下，往往会比白人男性血压更高，也就不足为奇了。在其他地方也常常如此，只是并非总会这样(Harburg et al., 1973; Krieger, 1990; Krieger and Sidney, 1996; 亦参 Massey, 2004; Higginbottom, 2006)。弗罗因德在阐发这一点的时候指出，压力水平（我们现在可以界定为对于社会关系的情感体验中那些有碍于身体安适的体验）与人们能够控制自己生活的程度相关联（比如当工作中面临生产率压力大，而对工作环境的控制程度又低，压力就会上升），也与维持其自我认同不受干扰的程度相关联（当个体觉得自己在某一情境中的表现与其一般的自我观念不相符合，压力水平往往会上升）。弗罗因德继续指出，"社会生成的张力模式"还有可能导致"姿态上神经肌肉、矫形外科的后果，肌肉紧张，疼痛的'触发点'遍布身体"(Melzack and Wall, 1983)。我们所生活的物质环境加剧了这些张力。弗罗因德和马丁有关"汽车过度依赖症"(hyperautomobility)的作品提出（Freund and Martin, 1993, 2002, 2009），优先考虑拥有汽车和"车行"系统不仅增加了温室气体排放，而且加剧了长距离驾车人群中的那些体姿问题和肌肉萎缩。驾车还要求维持某种特定的意识和警觉，不妨认为会导致情感的逐渐钝化，导致弗罗因德所称的"清醒节制的暴政"（tyranny of sobriety），而这正是现代晚期生活的理性化环境的典型特征（Freund, 2004; Freund and Martin, 2009）。

失业提供了很好的例证，呈现出一个人丧失对于自己生活和身份/认同的控制时的种种状况，而布洛克（Bloch, 1987）和基德克尔（Kideckel, 2008）则生动刻画了身体在这类情形中的相关性。布洛克研究了30位参与有薪劳动后新近失业的工人阶级女性，而基德克尔考察了后社会主义时期罗马尼亚的失业后果。布洛克（Bloch, 1987）展现出，这些女性对于自己是谁，她们想要从生活中得到什么，产生了不确定感，自觉多余，这样的感受是如何挑战了她们原本对"个人延续性"的感受。她们始终忙个不停，疲惫不堪，觉得与社会关系和私人关系都渐趋疏离。布洛克提出，她们没有能力充分阐述是哪里出了毛病，而她们的身体却在不断表达出她们尚且无法通过话语澄清的东西。与失业相伴而至的，是"心智层面的冲突与失落在身体层面的强化信号"，包括暴饮暴食，肌肉紧张，偏头痛，犯恶心，胃痛，没食欲（Bloch, 1987: 438）。[2] 基德克尔的研究（Kideckel, 2008）有所

---

[2] 不过，身体并不只是受到各式各样工作的影响，还能够作为肉身性的良心（corporeal conscience），有可能影响人们投入某些特定任务的意愿。古斯特森有关核物理学家的分析就说明了这一点（Gusterson, 1991）。一位拒绝研发核武器的物理学家给出了如此说明："这事儿跟我的胃有关。我的脑袋明白研 (接下)

不同，但也反映了布洛克已经说出的大部分东西：具身主体逐渐习惯于艰苦的体力劳动所需付出的努力与带来的满足，而这样的劳动是被"劳动人民的国家"从社会角度和政治角度给予合法化确证的。具身主体接受了这样的塑造，遇到经济重构以及随之而来的有薪就业的丧失，只落得个脆弱易受伤害，茫然无定，焦虑无助。失业伴随着酗酒和药物滥用，工人们的身体长年受制于体力劳动的节奏，如今越来越困于健康不良。

在这方面，位高权重者所面临的问题往往会比别人少。借鉴霍克希尔德的分析（Hochschild, 1983），这与拥有地位防御手段（status shields）的差异有关。地位防御手段保护人们免遭对其自尊的攻击，免于丧失对自己工作环境的控制。如果缺乏地位防御手段，就成了陷入无力、感到无力的结构性源泉。进而，那些处在臣属地位的人没有渠道获得地位防御手段，往往更容易被社会重新塑造和重新界定为有权者希望他们所是的那种人。在这种情形下，人们可能发现难以摆脱剥削性的社会关系。伦德伯格等人（Lundberg et al., 2009）进一步巩固了这一观点，指出如果地位遭到破坏，人们会感到羞耻，并伴随着焦虑、沮丧和精神健康不佳。

弗罗因德有关情感态身体的分析，富于启发地梳理了有关健康和病患的体验与社会关系如何关联在一起。这样的分析超越了肉身维度上单向性的情感学说。而且，它不仅考察了社会形塑我们有关健康与病患的体验的某些机制，还论及这些体验如何"反

（接上）发核武器的道理，为了核威慑之类的，可我一想到做这档子事儿，就觉得胃不舒服。"继续从事核武器项目的物理学家也不一定就避免了这种"身体的反叛"，只是学会了怎样把自己的身体当作"容易出毛病的"机器（Gusterson, 1991: 48）。——原注

作用"于社会分类。按照弗罗因德的说法（Freund, 1988, 2006, 2011），这些体验充当了例示和原型，反映的是那些有助于维持社会不平等的社会角度上得体的身体反应。这里就看到了身心关系与社会实践之间的密切关联，有关男女两性情感特性的刻板印象式观念的发展就是明显例证，这些观念被用来维持有关"男人的"工作和"女人的"工作的带有两性歧视意味的观念（Collinson et al., 1990）。

康奈尔和弗罗因德考察了社会关系如何利用并转变人体的不同维度，其方式有助于再生产出不平等。在此过程中，他们以不同方式强调了身体是一种兼具生物性与社会性的现象。人的生物特性本身就在一定程度上是由社会因素形塑的。它深陷于社会关系与事件，敏于对它们做出回应，并受它们的影响。不过，正是人的身体的突生属性，使人们有能力以某些方式而不是其他方式被重新塑造，并使个体有可能抵抗某些身体规范，在作为身体、拥有身体的方式上，锻造可供替代的其他样态。

八、劳动、身体与情感

康奈尔和弗罗因德揭示道，我们对于自己身体或别人身体付出的劳动[3]，构成了社会用以塑造不同社会地位男女的能力的主要手段。实际上，我在本书第一版中所描述的那种"身体劳动"，

---

[3] 本书第二版中译在处理身体的"work"一词时根据语境差异选择了不同译法，本版统一为"劳动"。但确实需要体会戈夫曼、埃利亚斯等意义上强调细致、微妙的培育和调控的"功夫"，聚焦职业场所的"工作"，以及其中更具政治经济学意涵的"劳动"，这几个层次的差异。

不仅揭示了社会如何塑造我们的身体，而且揭示了肉身特性本身如何影响了社会关系和技术关系（Shilling, 1993: 118）。当然，雇佣劳动早就开始塑造着雇员的身体。亚当·斯密在1776年、卡尔·马克思在1844年都谴责了劳动分工对那些受制于此的人的身心造成的有害后果，关于劳动者、原材料与机器之间发生的"相互倾轧"，如何深远影响了劳动力大军的具身特性/认同和能力，各种阐述层出不穷，以上只是更为著名的两例（Scarry, 1994）。落到当代，在有关传统行业衰落的研究中，诸如此类的考察被赋予了新的形式（例参 Strangleman, 2004）。比如说，要想在采煤业、钢铁业以及相关工作岗位上维持生存乃至获得成功，就需要培养出相当的力量和耐力，而这样的身体—主体已经被体力劳动弄得粗犷笨拙，一身蛮肉，情感寡淡，置身一个以服务业和消费文化扩张为特征的经济体系，会发现自己缺乏素质赢得雇用（Kideckel, 2008）。

这种经过重构的经济体系的特点包括市场的扩张，国家供应的衰退，服务业的成长，以及消费文化领域的蓬勃发展。当代有关身体的绝大多数著述，都是定位在这种经济体系的情境中的。在20世纪最后几十年中，西方世界大部分国家的服务业都上升到支配地位，反映出劳动力市场上的这些重大结构变迁，也与和工业社会相维系的那种重体力劳动及/或体力密集型劳动相反，相伴随的是大部分有薪就业所强制促成的身体劳动形式发生质变。围绕着在人际角度和身际角度（inter-personally and inter-corporeally）接待客户和顾客的需要，确立起三种独特的身体劳动形式，被视为当代消费导向市场上对具身主体进行社会结构化的关键。它们是自我维护与外表劳动、情感劳动和对于他人身体的身际劳动(Gimlin, 2007)。

首先,我们通过看似日常琐碎的活动,比如刷牙、洗澡、剪指甲、化妆、剃腿毛或刮胡子,直至穿衣打扮,对自己的身体实施维护和外表劳动,这些都属于自我呈现和角色履行过程中重要的社会学元素(Falk, 1991; Twigg, 2012)。按照康奈尔的讲法(Connell, 1983, 2005),性别化的身体要想显现为"自然的",只能是靠创造并展演女性特质和男性特质所涉及的可观的自我身体劳动(亦参 Newton, 1979; Butler, 1990)。不仅如此,在当代经济体系里,在酒吧、餐厅和零售门店的"高档"区域,外表劳动已经变得越来越重要:自我呈现和企业形象或许从未如此接近(Warhurst et al., 2000; Nickson et al., 2001; Warhurst and Nickson, 2001, 2007)。

其次,身体劳动并不仅限于自我维护和外表劳动,而是包括情感劳动(Hochschild, 1983)。情感劳动包含对我们的感觉以及他人感觉的管理,对于我们如何让自己身体体验为"鲜活的"至关重要。在有薪就业中,它包含三大要素:(一)与公众之间的面对面或声对声接触;(二)要求雇员在别人身上生产出特定的情感状态;(三)一些培训和监管的方法,使雇主能够对雇员的情感活动实施一定程度的控制(Hochschild, 1983: 7)。要实施情感劳动,可以通过逢场作戏(surface acting, 掩饰自己之所感,假装感到自己之所未感),也可以通过移情入戏(deep acting, 采取"感情生产的手段"[the levers of feeling production],改变我们之所感)(Hochschild, 1983: 33)。弗罗因德有关情感态存在的分析凸显了这种身体劳动的潜在后果,展现出它对于探讨性别化及其他维度的社会不平等的重要性。

第三，身体劳动也可能涉及有偿或无偿地对他人身体进行身际的劳动(Wolkowitz, 2006; Kideckel, 2008; McDowell, 2009; Twigg et al., 2011)。在历史上，女性由于不成比例地过多负责家庭劳动，承担了这种身体劳动形式的大部分。但身际劳动还包括医生对病人的介入，美容师和美发师的打理，性工作者实施的服务，以及护理和照看工作中对各式各样体液的处置(例参 Theodosius, 2008)。茱莉亚·特威格(Twigg, 2000)指出，有些形式的身际身体劳动可以令人享受，亲密友好，但许多形式的这类劳动带有贬损性，在物理意义和情感意义上都令人精疲力竭。有些人由于自身的身心障碍，既提供又接受身际照看，对于这类人，身际身体劳动也具有额外的意义(Malacrida, 2009a, 2009b)。卡罗尔·沃尔科维茨(Wolkowitz, 2006)指出，探究身际身体劳动是如何"归拢到"各种行业位置和社会角色中，颇有助于搞清楚行业分层，搞清楚私人领域中的不平等关系。

在深入阐发身体劳动如何使我们进一步探究身体与社会的关系之前，有必要强调，自我维护/外表劳动、情感劳动与身际劳动是相互交叠的，各自涉入社会生活中对于人的具身存在的持续重塑(Mellor and Shilling, 1997; Gimlin, 2007)。还应当指出，每一类劳动都以各具特色的方式，共同融入了人的身体的"外部"和"内部"。霍克希尔德在针对美国女性空服人员[4]的分析中，生

---

[4] 原文为"women flight attendants"。在其下的行文中，作者都直接省略了"women"的限定，一方面体现了该群体性别比例的严重失衡，另一方面也反映了即使对其中的男性雇员的要求也更偏于"女性特质"。中译特意没有采用"空姐"的译名，因为它在年龄、相貌、体重乃至"性感魅力"等方面其实有着诸多"不言自明"的设定。

动刻画了这些类型的交叠程度，以及身体劳动有多大能力塑造那些投入劳动的人的认同（Hochschild, 1983）。空服人员例证了这类劳动逐渐占据支配地位的趋势，尽管霍克希尔德这项研究已有将近 30 年历史，但下文讨论的更为晚近的相关研究仍能证明，它对于当前的实践依然具有相关性。

到了 20 世纪 30 年代末，空服人员开始在航空业中扮演重要角色，承担着体力劳动和情感劳动，同时又不得不展示出"美丽、迷人和性感"（Barry, 2007: 6—7, 11）。随着航空客运的进一步发展，这些要求也不断强化，促使霍克希尔德围绕着一个核心议题，即这些女性如何认同自己的角色，而不至于被化约为这一角色，来奠立其有关"情感的商业化"的研究。霍克希尔德认为，这种平衡之举要求有能力将情境去人身化，但这个工作岗位又是如此强调情感劳动，因此很难做到这一点。对此的反应之一就是逢场作戏。不过，有人感到装扮门面属于"虚情假意"，有损于自尊，逢场作戏不能令他们满意。相反，有经验的空服人员往往会进行移情入戏：这些女性说，在对付粗鲁无礼或寻衅滋事的乘客时，自己会想出一些理由来为乘客的行为开脱，这样自己就不会气恼，而是感到同情。

这样的解决之道，使空服人员能够避免与逢场作戏相维系的不真诚感，但也不是没有后果。其中就包括感到与自己的举止和情感相疏离（因为不断地干扰自己对于事件的通常反应）。这种疏离有可能损害她们实施生命能动性的能力，有害于维持身体安适（Freund, 1990; Freund et al., 2002）。[5] 不仅如此，脸面劳动还

---

[5] 情感劳动既会干扰身体的平衡，也会破坏我们以适宜方式解释身体讯息并作 (接下)

要求空服人员保持微笑，从而以皱纹的形式，留下永久的印记（它们本身就是老年化的标志，搁到女性身上，无论是雇主还是社会都评价不高；Barry, 2007: 26）。

要求空服人员完成的劳动的其他一些特性更激化了这些问题。这个岗位历来对雇员的身体尺码施加种种限制：在20世纪30年代狭窄逼仄的飞机上，最早一批空服人员不能高于5英尺4英寸（1.63米），不能重于115磅（52公斤）。尽管出现过一些法律纠纷，但空服人员还是会因为超重被解雇，还被强制测量腿围，三围也有限制。而对于"恰到好处"的微笑的期待，又迫使一些人实施自我维护和外表劳动，包括美容和整牙（Barry, 2007: 25, 218）。耐人寻味的是，尽管这种传统上偏于女性的行业维系着一系列管控，规定了身体尺码的最大值，但回顾历史，消防员和警察等男性为主的行业却往往会规定身体尺码的最小值。最近，当英国开始设立法规预防身高歧视，消防行业调整了它的入行考试，让申请者必须出于安全原因，将水龙带缠在臂上，在地上行进一定的距离。就业的规则可以非常直白地体现出（embody）性别不平等，体现出有关霸权式男性特质与女性特质的规范。

(接上) 出回应的能力。当人们体验到弗罗因德所称的情感虚假意识（emotional false consciousness）时，就会出现这种情况。一方面是内部心理—生理感觉在身体上的展示与自觉，另一方面是长期置身充满压力的境况，要保持强烈的反应性，当这两方面出现分裂，就会产生情感虚假意识。人们也许可以训练自己产生某种感觉，但实际却体验到非常不同的东西（Freund, 1990: 469）。因此，当一名侍者碰上粗鲁的顾客，或一位教师试图制住学生，在应对自己工作岗位的要求时可能会感到平静如常，但其实是承受着血压升高所带来的有害生理后果。更普遍地说，社会关系的生理后果也会间接有助于社会控制。比如，导致沮丧的情境（像是失业）也能建构出某种情感状态，就此钝化抵制的动机。——原注

罗贝塔·莱索尔的研究（Lessor，1984）也揭示了空服人员面临的诸多健康问题。空服人员要好几个小时一直站立，并从事重体力劳动，包括帮助乘客存取行李，还要推着硕大的免税商品车，步行距离也颇为可观。例如，从芝加哥到迈阿密的一次例行航班上，一位空服人员佩戴了计步器，结果录下了"令人筋疲力尽的八英里"（Barry，2007：45）。而飞机要保持一定的角度飞行，又有规定要求她们穿皮鞋，鞋跟还不能低于一定高度，这些都无助于她们履行这些职责。莱索尔的研究中所报告的问题包括静脉曲张、腰背酸痛、拇囊炎肿、听力衰退、肺功能衰减以及早发绝经，而机舱内的干燥也导致早老症状和膀胱感染（航行期间饮水时间不足使情况更加恶化）。

在霍克希尔德的研究中，对空服人员备航的要求（随时听候上机）越来越频繁，比以往更难养成有规律的睡眠模式，导致那些力图管理自己睡眠/清醒模式的空服人员出现嗜药问题。目前航空业的国际竞争愈演愈烈，在这种背景下，又加上2009年至2011年英国航空公司争端所暴露的雇主与工会之间有关人员编制的争斗，劳动强化的问题看起来注定还会加剧。不仅如此，还有一些研究指出，空服人员患上进食失调的也是屡见不鲜。而对体重的要求、机上缺乏有营养的清淡食品更加剧了这种情形（Pennington，1991）。

上述讨论表明，对于不同形式身体劳动的要求会相互竞争，有时混在一起，使就业状况尤为艰难。空服人员抱怨航线广告中会融入秀色可得的意象，就体现出这一点（Hochschild，1983）。1967年，美联航在广告中加码了它的"特护"服务承诺，吹嘘说"人人得享温暖、友谊与特护，有人或能得到贤妻"，而中西部承运公司湖中航空（Lake Central）则采纳了"一飞钟情"[6]的口号（Barry, 2007: 179）。但相比于国民航空（National）的"飞我"[7]，以及法航的"法国风情，请君一行"[8]，前面的都相形见绌了（Barry, 2007: 178）。如果说这种给予爱的看护和性的探险的承诺还不够恶劣，这些承担体力劳动的饱受压力的空服人员还不得不穿着暴露的制服，有几例还包括穿热裤（Barry, 2007: 184）。到了当代，泰勒和阿博特（Tyler and Abbott, 1998）揭示道，持续使用"体重监测"，将体重作为一种管理工具，关系到一系列的要求，要求女性空服人员投入"性别举止"，其核心就是对于体重和外表的身体意识，以及细致管理之下对于性相的实施。

霍克希尔德的论著（Hochschild, 1983）出于比较的目的，还包括了一项有关收债人的小型研究。情感形式的身体劳动并不都是由女性来做的，也并不总是想要让客户保持信心。收债的案例表明，它也是男性要做的事情，也可以旨在引起客户的焦虑和忧惧。收债的过程（必须表现出咄咄逼人的情感基调）也会影响到男性与其身体的关系，也可能会对其私生活产生溢出效应。比如，收债活动需要随时展示进攻性，可能会成为私人关系中时常让人感到并展示出来的一种情感。

尽管无论男性还是女性都要投入情感型身体劳动，但往往存在两性分工，使他/她们的参与各自有别。霍克希尔德提出，男性往往做收债人类型的情感劳动，而女性则占据了培育型的

---

[6] 原文为"Love at First Flight"，仿照"一见钟情"（love at first sight）。
[7] 原文为"Fly me"。
[8] 原文为"Have You Ever Done it the French Way"。

空服人员一边。工作岗位的两性刻板类型化，女性身体和男性身体各自适于不同类型劳动的相关意象，都促进了这种分隔（例参 John, 2009）。比如说，就算有越来越多的男性充任空服人员，但在电视和流行文化中，明显存在视男性空服人员视为同志/娘炮（gay/camp）的刻板印象化表征，使得这一工作岗位上的个体依然让人觉得不是"真正的男人"。在康奈尔分析性别态身体时所描述的否定和转变的过程中，也蕴含着这样的两性分工。就业分隔依靠了少男少女往往习惯于展演的那些身体发展和情感发展，并有助于它们的再生产。夫妻双方往往会非常擅长一些情感技能，一方面用来管理家务劳动和有薪劳动，[9] 另一方面用来更专门地应对公共领域。这些情感技能也符合上述分隔。

其他一些研究也明显体现出身体劳动的这种性别分隔中蕴含的不平等。罗斯玛丽·普林格尔（Pringle, 1989a, 1989b）刻画了秘书所执行的身体管理如何在象征意义上关联着妻子、母亲和女儿所做的事情。佩塔·坦克雷德-谢里夫分析了性别、性相与劳动过程（Tancred-Sheriff, 1989），进一步例示了情感劳动如何被雇主所利用。她提出，女性的情感特性和性相往往被用于她所称的"辅助控制岗位"，包括移情（empathy）和同情（sympathy），有时还包括调控之下的性相展示（亦参 Nencel, 2008）。这种展示常常折射出种族的成分，更偏于教养有素的白人女性的性相，而不是黑人女性的性相（亦参 Adkins, 1995）。其他情况，将性服务与情感私密性相结合，至少是与后者的表面形象相结合，或许最明显

---

[9] 原文如此，如果直接对应于丈夫出门挣钱、妻子在家打理的分工的话，似应为"家庭无薪劳动"。

的例子就是提供"女友体验"的妓女(Sanders, 2005; E. Bernstein, 2008)。在这种服务形式中，真诚与否要看基于英国的"品春网"[10]之类网站上的评价(Pettinger, 2011)。

还有些研究进一步发展了霍克希尔德的兴趣，探讨传统男性主导的身体参与形式和情感展示形式，同样明显看得出性别差异(例参 Lister et al., 2000; Hobbs et al., 2002; Winlow et al., 2003; Wacquant, 2004; 亦参 Robinson and Hockey, 2011)。莫纳汉(Monaghan, 2002a, 2002b)研究了"门卫"[11]，或者说进出执勤者，他们在动感十足的酒吧和俱乐部等夜间经济中劳动，在此颇有相关意义。莫尼汉刻画了如何用权威性、威慑性的身体特征展示，伴之以控制暴力情境的能力，来管理那些在寻欢作乐中失控的人"不服管教的"身体，管理被酒精/毒品点燃的纵欲狂欢。在这些情形中，身际身体劳动和情感管理不太围绕着移情和同情打转(尽管最初的尝试可能会用这些来消解顾客的进攻性)，而是更聚焦于以适当使用暴力为核心准则(Monaghan, 2002a: 344)。在这里，与霸权式男性特质形式相维系的主导价值观和受推崇的工作岗位属性取得了融合。

身体劳动的性别化分隔并不涉及绝对的隔离。比如说，被招募去做门卫的女性也越来越多，以便应对要管理女客身体、巡视女卫生间所带来的问题(O'Brien et al., 2008)。也没有任何理由假定，所期待的身体劳动类型或其效应始终应该男女有别，

---

[10] "Punternet"，买春服务的点评网，点评对象主要来自英国伦敦等地。
[11] 原文为"bouncers"，特指在酒吧、夜总会等处雇用的身材魁梧的壮汉，负责驱逐捣乱者。

哪怕他/她们充任类似的岗位。不过，女性在社会中一般处在劣势位置，往往会使她们用来对抗雇主和顾客的进攻性和武断情绪的地位防御手段较少。有鉴于此，她们往往特别容易被按照别人的意象重新界定。不过，情况也有可能是，有关男性特质的霸权式意象强调进攻性和决断性，在要求富于同情、敏于回应的工作岗位上，就会给男性创造比女性更多的压力。这些因素意味着，同样的工作岗位所可能涉及的要求与给身体带来的后果，对于男女两性可能相当不同。至于要求在传统男性主导的行业里装点一些女性面容，似乎也必然是这种情况，她们会努力实现特定的身体风格，传递出可接受的女性特质的意象。特雷瑟薇对于职业女性的系列访谈（Threthewey, 1999），普瓦尔对于美国国会女议员体验的研究（Puwar, 2004），以及麦克道尔有关女性职场人格所带来的问题的讨论（McDowell, 2009），都对此有所探讨。

要讨论有薪就业中的身体劳动，有必要再指出几点。首先，雇主的控制不太可能是总体性的。因为情感的展示依然体现在雇员身上。自我维护和外表方面的身体劳动能够得到监管，并且越来越通过对雇员实施毒品和酒精测试，通过顾客反馈评估，来实现这一点，但就连这些也可能产生争执。不仅如此，实施身际劳动和情感劳动的效力与信度依然体现在雇员身上。比如说，对于病人、老人或体弱者，护理工作者所做的可能只是最低限度的要求，可以选择用各式各样的情绪状态来实施自己的劳动，有的促进信任，有的破坏信任（Twigg, 2002, 2006; Brown et al., 2011）。安妮－梅伊（The, 2007: 92）对荷兰看护中心的深度研究中，一位受访者提到，"我们真的有权力……住院的真的毫无发言权。

你可以为所欲为。如果你觉得哪个住院的不爽，都可以不给上厕所。"霍克希尔德的讲述更加平实（Hochschild, 1983: 127），空服人员面对愈益增大的压力，回应的却是情感劳动的"放慢步调"。按其所言，空服人员笑得不再那么明显，意思一下就收，眼中不带笑意。实际上，如果霍克希尔德现在重复她的研究，或许会发现，尽管头等舱的乘客还可能得到头等的情感劳动，但空服人员并不以同样方式对待经济舱的乘客。之所以如此，原因部分在于"9·11"事件之后，空服人员对于安保的责任增加。这也体现出雇主对身体劳动的控制的另一维度：它还受制于更为广泛的管控框架和国家干预，相较于雇员对自己劳动生活中这一方面实施控制的能力，这些变项更难预测。

对身体劳动的抵制也可以在不那么自觉的形式下显露出来。比如说，霍克希尔德指出（Hochschild, 1983），之所以出现性的问题，可能是因为不得不随时回应别人的需要，却否弃了自己的需要。在这里，不妨认为身体在被强迫超出可以容忍的界限时，做出了自己的抵抗：

> 不妨把性的问题看作是一种前政治形式的抵抗，反对过度延伸、过度使用其传统的女性特质。这种形式的抵抗，这种对某样十分私密的"我的"东西的守护，意味着原本属于自我的大片领地可能会被作为"不是我的"而被舍弃（Hochschild, 1983: 183）。

其次，身体劳动对潜在的"工作满足感"也至关重要。身体劳动以多种多样的方式将身体的"外部"和"内部"紧密结合，塑造了个体在工作中体验到的"牵引"、乏味或与压力相关的紧张(Baldamus, 1961)。所谓"牵引"，即雇员以有利于增强安适感的方式，在身体上沉浸于劳动过程，被劳动过程所"牵拉"；乏味是因为具身主体与其劳动之间距离太远，缺乏共鸣；而与压力相关的紧张则是由于身体劳动负担太重，或是以别的方式与具身主体"失调"(Baldamus, 1961)。这些因素各具差异，当然要看劳动本身内在的满足感，但不仅如此，还要看它们与劳动者特定具身认同相挂钩的程度。

第三，无论是逢场作戏、移情入戏，还是其他形式的身体劳动，都不仅限于雇佣劳动(Wouters, 1989a, 1989b)。诚如戈夫曼所揭示的那样，这两者都是日常生活中的仪式所必需的。比如说，在婚丧嫁娶仪式中，人们常常会努力让自己感到高兴或悲伤，至少要显得如此。无论居家还是上班，我们都被要求在大致的界限之内，管理自己的外表，自己的情感（从倦怠到愤怒），以及我们可能展演的任何身际身体劳动(Elias, 2000 [1939])。比如说，与小孩子一起外出购物，对于压力沉重的父母来说，常常就是在锻炼外表劳动，排队结账的时候，不能大声喊叫，而要保持微笑。为那些生病和／或经历个人身份／认同重大变化的人提供协助的支援群体，也常常会有参与者投入可观的情感劳动(Wolkomir, 2001, 2008)。不仅如此，罗宾逊与霍基(Robinson and Hockey, 2011)研究了工作场所中男性特质的平衡与展演，指出家庭领域是一种重要背景，可以让有薪劳动中对情感劳动的要求得到支撑、平衡甚至破坏。身体劳动是在各式各样背景中实施的，这些实施效果和后果会相互作用，对相关个体产生累积性的影响。

第四，人们在工作内外回应的那些"感情规则"并不是明确限定的，也不一定持久不变或四海皆一。而人们回应特定事件时所体验的情感也是如此。个体即使处在同一文化框架内，面对同样的情境，也可能有不同的回应。有关身体劳动的上述研究并不是想说，情感是完全属于前社会性的，从而是限定不变的。相反，它们描绘了处在特定情境下的特定人群也可能有共同的回应，而某些劳动条件可能会强烈倾向于在人身上产生类似的回应。

最后，尽管我的讨论聚焦于男性特质身体劳动与女性特质身体劳动的比较传统的形式，但有必要认识到，近些年来，涌现出大量新颖的男性特质与女性特质，使本节讨论的文献中视为想当然的某些区分趋于复杂化。在工作场所和公共区域获得认可的那些身体劳动形式，在对个体要求的质量和展演上也正变得越来越精致。这些都有赖于现存性别认同的诸多变异，有时更有助于巩固和确证这种变异（例参 Edwards, 2005; Atkinson, 2008）。

如果还有人怀疑身体劳动的重要意义，近几十年来，随着银行、保险、旅游及其他休闲产业部门等的服务业工作岗位增多，随着人口老龄化造成的护理工作的增加，美容整形产业的成长，以及对风格和外表作为企业优点的强调，涉及身体劳动的人也显著增多。麦克道尔（McDowell, 2009）提出，以英国为例，大约30%的工作岗位涉及身体劳动。

九、不平等的具身体现

本章旨在通过探讨一些将身体视为未完成的突生现象的研究思路，在自然主义和社会建构论这两种思路之外，发展一种替代选择，以此为我们奠定基础，来考察具身主体与社会之间长期以来的互动。身体的体型、尺码和意义并不是出生时给定的，而身体日后对于安适的体验也是如此。身体就是一个只能通过人的劳动"完成"的实体。无论如何，在任何时点上，身体都拥有突生性的一系列能力、倾向和限制，有助于未来的社会再生产或社会变迁，在此基础上，由于社会和技术方面各种关系、关联与过程的作用结果，会以多种方式发生改变。

康奈尔和弗罗因德分别结合我们的具身体现的不同维度，揭示了这种突生论思路的用益。他们的论著探讨了对生物特性的否定与转变，其中所提出的最重要的议题就是：社会关系、不平等与压迫的显现，不单单是接触经济、教育或文化资源的渠道有所分化，而且也是具身性的。对社会关系的体验、理解，以及社会关系的效应，并不是一种非具身性的认知现象，而是具有彻彻底底的肉身性（Finkler，1989）。对社会的社会再生产，也涉及对具身主体的社会再生产。不仅如此，这种状况要发生，所经由的核心方式就在于各式各样的身体劳动，它们使社会能够被输入肉身，也揭示了我们的身体特性是社会的重要生成性基础。如果说身体各项属性都敏于接收社会影响和技术影响，它们也为具身主体提供了机会，以对抗主导规范和期待的方式，对自身和他人实施劳动。

现在我打算转到讨论皮埃尔·布尔迪厄和诺贝特·埃利亚斯的研究。康奈尔和弗罗因德刻画了如何将身体视作一项规划，作为其未完成性的结果。但对于身体为何真的被反身性地利用，变成现代人的一项规划，他们却着墨甚少。不仅如此，他们虽然给出了分析身体的方法论思路，却不太致力于提出有关社会中的身体的一般性理论。对于布尔迪厄和埃利亚斯的论著，已经有了不少解读方式，但我要指出，他们各自的关注核心就包含着有关身体的具体学说。关于身体成为现代性下越来越多人的规划，无论是具体详情还是个中原因，这两位理论家的议论都很有针对性。

布尔迪厄点出了我们身体的多重商品化，如何成为我们当下对身体的关注的有力源泉。人们越是重视如何看待自己的身体，用自己的身体做什么，人们的自我认同就面临越多的压力，陷于其身体之中。与此相反，埃利亚斯强调了我们身体越来越个体化的意义，并探讨了过去发生在身体之间的那些冲突，如今怎样移到了具身性个体内部，以应对越来越高的情绪控制要求。这种情形往往使我们与自己的身体独处，投入更多的时间与精力来监管和控制身体，考虑其外表，却丧失了我们曾经从身体获得的许多满足之源。

布尔迪厄和埃利亚斯都讨论了身体资本、符号价值、品位和暴力、情感表达、情绪控制，他们的讨论都可以置于认为身体兼具生物性和社会性的整体思路中。这一点在埃利亚斯那里比布尔迪厄更加适用。因为埃利亚斯在《符号理论》一书里（Elias, 1991b）明确探讨了生物特性与社会之间的关系。不过，我还是想指出，品位、身体管理以及身体的表层、纹理和外观，对这些方面的重要性，布尔迪厄也都很重视，也可归入这一思路。至于他们在何等程度上使我们能够认识到，身体作为一项突生现象，既具有社会生成性，也是被社会所结构的，这也是我将要来探究的问题。

第六章　身体与身体资本

皮埃尔·布尔迪厄的社会再生产理论的核心关注就在于身体，他视之为社会塑造出来的，生成社会阶级分隔。身体在布尔迪厄看来就像埃利亚斯所认为的那样，是一种未完成的实体，与各种社会力量相结合，历经生命历程而不断发展。事实上，布尔迪厄把身体概括为一种价值的载体，这显然是受到了埃利亚斯有关文明化身体的观点的影响（Bourdieu, 1984: xi）。两人都认识到，在人的社会位置与肉身发展之间存在相互关联，并都认为对身体的管理是地位积累的核心因素。就连两人的概念工具都有重叠之处。布尔迪厄使用的"惯习"（habitus）这个术语，似乎取自埃利亚斯1939年对于"社会惯习"的用法，而这个术语最早来自亚里士多德有关德性的作品（Mennell, 1990）。不过，布尔迪厄关注的是当代社会中的身体，而埃利亚斯则是追溯文明化的具身体现形式的历史发展。因此，布尔迪厄的论著最直接接续着第五章，探究身体劳动愈益强化的经济意涵，聚焦于身体与社会不平等之间的关系。

布尔迪厄将身体界定为某种形式的**身体资本**，具有权力、地位和各具特点的/区隔性的（distinctive）符号形式，是积累各类资源不可或缺的要素，并由此考察具身主体如何通过多重途径被商品化，并嵌入难以改变的社会阶序。身体资本的生产指的是身体以某些特定方式发展，被认为在社会场域中具有价值；而身体资本的转换指的是让工作、休闲等场域中的身体参与转译成不同的资源。在绝大多数情况下，身体资本会被转换成经济资本（货币、物品和服务）、文化资本（比如教育）和社会资本（社会网络，促成对于其成员所拥有的服务的互惠诉求）（Bourdieu，1978，1984，1986）。[1]

斯科特·拉什（Lash，1990）提出，尽管布尔迪厄的著作被人批评说未能就现代化过程提出明确的理论，但对于研究现代社会，它的确做出了显著贡献。与此类似，布尔迪厄关于身体资本的观点也大力强调身体在当代的重要性。在传统社会中，集体通过仪式来传递被共同珍视的具身特性/认同，权力在共同在场的情境中践行；与此相反，现代身体在塑造以阶级为基础的关系的结构中扮演了更为复杂的角色。不同的社会阶级与阶级小集团往往会发展出各具特点的取向来看待自己的身体，看待它们用来装饰和补充其身体的各种技术与技术制品，看待一般意义上的身体劳动，而这些又会创造出彼此相异的具身体现形式（例参

---

[1] 布尔迪厄对身体的关注源于其对文化资本这种特定资本形式的探讨（Bourdieu，1973；Bourdieu and Passeron，1990 [1977]）。文化资本这个观念使布尔迪厄能够说明，为什么不同的阶级与阶级小集团（class fractions）投入教育场域的资源比例不同，又为什么它们对自己投资的回报期望也不同（Bourdieu，1986；Bourdieu and Passeron，1990 [1977]）。不过，布尔迪厄在谈文化资本时，并不仅限于通过教育实现的制度化状态。相反，他提出，文化资本有三种不可彼此化约的存在形式：客体化状态（比如特定的照片、书籍，作为理论和知识体系的痕迹或落实）；制度化状态，即被授予制度据称要保障的文化资本的原初属性（比如授予那些达到特定教育水平的人以学术资格）；具身性状态（体现为身体与心智上的持久倾向 [dispositions]）（Bourdieu，1986：243）。布尔迪厄也把文化资本的具身性状态称为身体资本（Bourdieu，1978），拿它当一种独立存在的资本形式。本章我将论证，也可以把身体资本看作是其他所有资本形式的基础。——原注

Bourdieu, 2000)。在现代性下，对于人们的自我感来说，附着于这些形式的符号价值变得特别重要，而对于来自特定社会阶层的人来说，也越来越把身体当成一项终生的规划。

本章将阐述并评价一套有关身体与社会关系的理论，它在布尔迪厄的著述中尽管不曾明言，却是无处不在。我先考察布尔迪厄关于身体在社会中如何发展的分析，然后重点来谈人们如何拥有基于社会阶级的不平等的机会，生产各具符号价值的身体形式，并将它们转换为其他资源，最后来探讨其思想的局限。布尔迪厄分析了身体对于社会特有的各种"利益体系"的核心意义，从而矫正了社会学对于该主题的双重思路中的某些成分。不过，他是如此强调商品化和社会再生产，使得身体的其他维度在其理论中被边缘化了，比如"鲜活的"身体，至少就身体拥有不可化约为现存权力关系的那些属性和能力而言是如此。

一、身体的社会形成

布尔迪厄并不着意于细致考察身体兼具生物性与社会性这一点，而是认识到，要把身体转化为社会实体，需要付出劳动，而身体劳动培养出特定风格的步态、言谈与打扮。这些东西远非自然如此，而是表征着具有高度技能和社会分化意味的成就，自诞生伊始开始逐步习得。事实上，随着身体的发展，它也打上了不容辩驳的个体所属社会阶级的印记（Bourdieu，1984）。布尔迪厄更具体地指出，身体之所以带有阶级的印记，是因为三大相互关联的因素：社会位置，惯习，以及品位。社会定位（social location）指的是以阶级为基础的地理环境及其他环境，它们构成了人们生活的背景框架，并参与了他们身体的发展。这些位置中最重要的是一个人所拥有的资本总量，各色资产的相对权重，以及这些属性随时间推移而发生的变化（Bourdieu, 1984: 114; 1985: 724）。社会定位的测量指标还包括其"与必需（necessity）之间的距离"，或是与财政、文化和社会等维度上的匮乏（want）之间的距离（Bourdieu, 1985）。

惯习（habitus）是在人们的社会定位的背景框架中形成的，是"在社会中构成的认知结构与动机结构系统"，为个体提供一些有赖于阶级的预定方式，由此和熟悉的或新鲜的情境产生关联并予以归类（Brubaker, 1985: 758）。[2] 惯习使个体具备对于其社会定位的"实践把握"，以及一套适合其所处社会环境的生成性资源，但通常也会基于这种定位，在与它们取得调和的前提下，灌输给人们一种"世界观"（Calhoun et al., 1993）。如此一来，惯习就体现出"固有的惰性"的特点，往往会再生产既存的结构（Wacquant, 2005）。惯习定位于身体，影响到身体的方方面面：人们对待自己身体的方式就"揭示了惯习的最深层的倾向"（Bourdieu, 1984: 190）。这一点明显体现于"最不假思索的身体姿势，看似琐屑不堪的身体技术，比如走路的姿势、擤鼻子的作派、吃东西的样子、说话的方式等等，它们都关联着最为根本的建构和

---

[2] 一方面是社会场域的决定力，另一方面是个体行动的创造性，在布尔迪厄寻找这两方面之间中介的努力中，惯习这个概念至关重要。因此，惯习并不对应于任何单一的文化场域或经济场域，而是充当着各共存场域的结构与个体行动结构之间的中介，并力求克服大部分社会理论所鲜明表现出的身心之间的对立。在布尔迪厄的概念图式中，惯习概念大有用武之地。这个概念颇有些承载过多，当被用于不同的背景，其意义往往发生侧移、偏滑，有时甚至消失。——原注

评价社会世界的原则"(Bourdieu, 1984: 466; 2004; 亦参 Mauss, 1973 [1934])。

身体的形成也要通过品位(taste)的培养，即惯习的自觉展现。所谓"品位"，指的是个体把一些根植于物质约束的生活方式挪用为自愿选择和偏好的过程，它从必需中制造出优点(Bourdieu, 1984: 175—177)。因此，布尔迪厄把品位界定为"一种转变成自然的阶级文化……它是已经被融合的分类原则，主导着一切融合形式，选择并调整身体在生理上和心理上吸收、消化并同化的一切东西"(Bourdieu, 1984: 190)。比如说，人们对食物的品位是在其相对稀缺或剩余的背景框架中培养起来的，塑造着身体发展的结构，而居于支配地位的人也会挪用某些特定的食物，以使自身卓然有别，这样的努力也影响了对于食物的品位(Mennell, 1985)。例如，在当代英法社会，廉价的肥胖食品更多是由工人阶级消费的，这不仅会影响到其体型，而且导致他们的冠心病发病率较高(Bourdieu, 1984; Townsend et al., 1988; Cockerham, 2009)。的确，发病率和死亡率的差异就非常直接地表现出阶级品位能够给身体带来何等影响(Nettleton, 2006; Marmot, 2010)。

概而言之，身体是未完成的实体，要通过参与社会生活才能形成，并被烙上社会阶级的标记。身体通过个体的社会定位、惯习与品位之间的相互关联而发展。这些因素有助于将社会群体与其身体的不同关系自然化并长久维续，对于人们在社会生活各个领域做出的选择也是至关重要(Bourdieu, 1981)。我们将会看到，这对身体资本的生产会产生特定的后果。

二、身体、社会阶级与身体资本生产

布尔迪厄主张，工人阶级与其身体之间，往往会发展出一种工具性关系，因为他们没多少时间摆脱必需。身体就是实现目的的手段，就疾病与医疗而言这一点是显而易见的（比如说，"调整好身体"首先是一种手段，以便回到工作岗位，准备出门度假，或是能够进行运动）。工人阶级男性对体育运动的选择也是如此（比如在足球和拳击中，身体是一种寻求刺激体验的工具性手段，尽管有受伤的风险）（Bourdieu，1984）。不仅如此，成天承受体力劳动的工人们，往往没有什么时间留给慢跑和健身中心之类"装腔作势"的活动。就算他们参加锻炼，"工人阶级（男性）也喜欢把精力花在举重和直接针对力量的活动上，这些都是确认体力支配地位的领域"（Wilkes，1990：118；亦参 Wacquant，2004）。

工人阶级内部的性别分割，以及"贤妻良母"[3]所面临的有薪劳动和无薪劳动的"双重负担"，意味着女性发展出的与自己身体的关系往往会比男性更具有工具性（例参 Finch，1983a；Hochschild and Machung，2003）。工人阶级女性往往没什么时间参加体育/休闲活动。罗斯玛丽·迪姆等休闲社会学家早就指出，就连看电视这样的"低调"活动，也往往是和熨衣服之类的杂活儿一起干的（Deem，1986；Green and Hebron，1988；Green et al.，1994）。

因此，工人阶级女性发展出的对其身体的取向，带有兼顾

---

[3] 此处原文为"wives and mothers"，就是前文提到过的为人妻兼为人母，显然"贤妻良母"这种固定说法本身就带有性别建构意味，并与后面的有薪劳动（即出门工作）形成潜在对立。

挣钱之需和打理家庭之需的鲜明印记。布尔迪厄指出（Bourdieu, 1984），"贤妻良母"往往要养成特定的居家衣着方式，做饭的方式也有讲究，这都是上述说法的明证（居家的衣着要方便做家务；而做饭的宗旨是要把饭菜做得实惠，精打细算）。工人阶级的"贤妻良母"往往要牺牲自己的身体需要（休息、娱乐，甚至是吃东西），来满足老公孩子的身体需要，也明显体现出上述说法。这种牺牲还有一个明显例证：这类女性中有许多并不怎么看重自己的健康，就算认为这很重要，也主要是从履行自己的家庭责任或以其他方式为家庭经济作贡献的角度出发（Cornwell, 1984; Nettleton, 2006）。

因此，整体而言，工人阶级发展身体的特点，一是"过日子"的直接需求，一是试图暂时"摆脱"这些需求的种种办法（Crawford, 1984）。就此而言，在分析有关健康和疾病的常人观念时，有一点很耐人寻味，就是"身体就像机器"这一通用类比（Rogers, 1991; Baxter, 2010）。在此，身体成为一项意义非常限定的规划，或许需要接受医学专家的服务，但只是为了保持身体的有效运转。就像多诺万所称（Donovan, 1986），在社会中拥有权力最少的那些群体，也最有可能对个体预防疾病的能力抱持听天由命的态度（亦参 Howlett, et al., 1992; Cockerham, 2009）。

与此相反，支配阶级既有时间也有资源来把身体作为一项规划来处置，"具体各见差异，就看是把重点放在身体作为一个有机体的内部功能运转上，导致对于健康长寿饮食的崇拜，还有强调身体作为可感知构型的外表，即所谓'体格/体形'（physique），也就是为他人而在的身体"（Bourdieu, 1978: 838; 1984: 212—213）。享有特权的人往往不会在意要制造出魁梧强壮的身

第六章 身体与身体资本

体，但身体修长/苗条更"适合这个世界，这个自我呈现能使经济实践的构成更为强大的世界"（Wilkes, 1990: 118; 亦参 Ehrenreich, 1990: 236）。资产阶级为他人而在的身体发展有许多明证，比如特定的举止，特点是"手势、体态和步姿都是张弛有度，表现出占据多少物理空间……最重要的是，要表现出有节制、有分寸、有自信的步调"（Bourdieu, 1984: 218）。这种自信也明显体现在资产阶级所持有的健康观和疾病观上。与工人阶级不同，中产阶级成员往往相信自己更能控制自己的健康，而这是一种通过选择适宜的/得体的（appropriate）"生活方式"实施的控制（Calnan, 1987: 83; Baxter, 2010; Wills et al., 2011）。当然，这些以阶级为基础的对于健康的感知密切反映出，来自不同背景的个体有不同的能力影响自己的体内环境。彼得·弗罗因德（Freund, 2006）所称的生命能动性在社会阶级连续统上各见其异。

而在各支配阶级内部，对于身体的取向会出现更加精细的分化。比如说，上向流动的中产阶级常常从事单纯的健身训练，"在锻炼本身中获得满足，……接受说姗姗来迟的满足将会回报眼下要付出的牺牲，这就是健身训练本身存在的意义"（Bourdieu, 1978: 839）。与此相反，文化生产领域中的专业人员，比如大学老师，倾向于从事一些特别的活动，既能满足维护身体的健康导向功能，又能融合"践行极具独特性/区隔性的活动所带来的符号性满足"，比如登山或偏远地区的徒步运动（参看 Macnaghten, 2000）。布尔迪厄指出（Bourdieu, 1978: 839），这等于融合了"对自己身体的主宰感"和"对粗人无法接触到的风景的排他性利用"（厄里分析了中产阶级"旅游者的浪漫凝视"[romantic tourist gaze]，对这种消费要素多有阐发 [Urry, 2002]）。这类活动可以"独自进行，其时间和地点也不是许多人能够办到的"（Bourdieu, 1984: 214）。身体活动的另一种区隔面向的是所谓精英（élite），即地位稳固的资产阶级，他们往往将体育活动的保健性与高尔夫、舞蹈、射击和马球之类运动中包含的社交功能结合在一起（Bourdieu, 1978: 839—840）。

布尔迪厄在研究乡村农民与都市文化之间的对立时，在探讨社会苦难时，都对性别化的身体取向提出了一些富有洞见的看法（Bourdieu, 1999, 2004）。但我们不妨继续推进其观察，说女性往往比男性更受到鼓励，要把自己的身体发展成为他人而在的感知客体。埃弗拉特·泽龙（Tseelon, 1995），苏珊·博尔多（Bordo, 2003），以及关注桑德拉·巴特基所称"时尚美情结"（Bartky, 1990）的其他一些学者，都探究过这一点。不过，布尔迪厄清楚地展示了不同的社会阶级如何生产出各具特色的身体形式，无论哪一种性别。这一点对于其社会再生产理论很重要，因为赋予特定身体形式的符号价值有着实质性的不平等。工人阶级通常对身体采取工具性关系，但这并不意味着他/她们的身体就不具有符号价值（比如说，在推崇力量的某些背景下，肌肉发达的男性身体就承载着特定的符号权重。参看 Hobbs et al., 2002；Monaghan, 2002a）。不过，工人阶级身体的整体特征（比如他们的口音、姿势和衣着）所获得的评价，一般不像其他社会阶级生产出的身体形式那样高。

支配阶级更有意愿也更有能力生产出具有较高价值的身体形式，因为形成这些身体形式要求投入大量时间和金钱（Bourdieu, 1986: 246）。支配阶级付得起私立学校和大学的费用，有能力让自己孩子接受最长时间的（精英）教育，不需要从事专职工作，并被鼓励参加有利于长成受到社会推崇的身体的活动。这方面的一个例证就是，有些父母把自己女儿送到"淑女学堂"[4]，不仅是要完成心智教育，而且是要打磨其衣着打扮、举止言谈，以求实实在在地表现出某种阶级感。还可以举出其他许多例子，比如鼓励和资助少男少女在学前或课外参与网球或骑马之类活动。

三、改变身体？

在布尔迪厄看来，社会定位、惯习与品位之间的相互关系生产出了各具特色、相对稳定的身体形式、身体取向及各类身体资本。实际上，布尔迪厄之所以用与其惯习概念密切相关的"身体素性"(body hexus)这个术语，就是要表示肉身的风俗习惯(corporeal habits and customs)是比较难以转变的。不过，这些取向并不总是静滞不变的：人们的身体从来就不是"充分完成的"，始终受到各类社会、文化与经济过程的影响(Bourdieu, 1985, 2000)。在身体形式的相对稳定性中还蕴含着偶然性，经历迅速转型的经济体中明显能看到这一点，工人们的传统技能此前受到推崇，却不得不要发展新的性情倾向和能力(Bourdieu, 2000；Kideckel, 2008)。在运动与休闲的领域也清楚表现出这些偶然性。

经济资本、文化资本及其他形式的资本都会影响对体育活动的参与，而参与体育活动又会影响到身体的发展。帆船和滑翔通常开销甚巨，局限在社会中较为富裕的集团。与此类似，以精英

---

[4] "finishing schools"，或称"女子精修学校"，是女子在完成普通教育后进一步学习社交技能、琴棋书画的私立学校，为进入社交界做准备。

俱乐部为核心组织的体育活动和社交活动常常要求新成员在加入之前，先获得一定的社会资本或文化资本（比如，申请加入素负声望的高尔夫俱乐部或网球俱乐部的人，可能会被要求与俱乐部老会员之间建立有社会交往，在本地社区内有相称地位）。在这些例子里，如果一个人的资本储备下降，可能会发展出对其他活动的品位，最终培养起对自己身体的新的取向。[5]

尽管如此，在决定身体活动的分配的过程中，身体依然是核心因素，有时是最重要的因素。以具有社会排他性的运动为例：

> 可以看到，经济壁垒无论多么分明，……都不足以说明这些活动的阶级分配。家庭传统和早期训练之类更为隐蔽的进入要求，或是强制性的（穿着与行为）作派，以及社会化技术，这些都维持着这些运动对于工人阶级的封闭……维持着它们……作为反映资产阶级出身的最可靠的指标。……我们不妨假定其为一项通则：一项运动如果与某社会阶级和身体的关系在最深切、最无意识的层面上都不矛盾，就很有可能被该阶级所接纳。这个层面即身体图式（body schema），储存着整个世界观，储存着全部关于人和身体的哲学（Bourdieu, 1984：217—218，着重格式为引者所加）。

社会阶级与其身体图式之间的关系并不意味着，不管是什么

---

[5] 另一种可能性是这类人减少参与运动和休闲。要改变一个人的惯习，得花很长时间。在布尔迪厄看来，作为阶级典型特征的惯习的改变与其说要耗一个人的一生，不如说得费几代人的时间。——原注

第六章 身体与身体资本

国族文化或地区文化，社会中的支配者都会从事类似的身体活动。为了理解一项体育运动的社会组成，有必要将该运动置于整个运动场域，并且结合同一国族（nation）内的其他社会场域来考察运动的结构（Bourdieu，1988）。运动所要求的对身体的取向，运动的相对声望、增长速率，及其与"举国运动"（national sport）之间的距离，这些变项共同构成了运动场域（Bourdieu，1988）。运动与其他社会场域之间的关系能够影响其参与者的社会组成。比如说，在19世纪的英国贵族当中，拳击运动甚为流行，在私立学校中蔚然成风。学习拳击之道是成为"英国绅士"的标志。不管怎么说，到了19世纪晚期，当精英私立学校的学生们将拳击传给少年俱乐部中的工人阶级青少年，还号称是要以此锻造品格、学习自控。随着20世纪的流逝，拳击在工人阶级当中越来越普及，而在支配阶级里面却逐渐乏人问津。虽说某些私立学校还保留此项运动，但它已经不再显赫。而随着综合格斗（Mixed Martial Arts）的兴起，拳击遭到挑战，也使得这种格斗运动与社会阶级之间曾经稳定的关联变得更为复杂（Spencer，2011）。

如果说社会群体与体育运动之间并无任何简明对应，那么身体与其他活动之间也不存在直接匹配。无论是吃吃喝喝、电影电视、服饰美容、言谈举止，某人的阶级位置与这些实践之间的关系都会随着社会的不同、时间的推移而各见差异。近些年来，随着相互竞争的多种有关身体外观和实践的美学在全球范围内流通，上述关系更趋复杂（Bourdieu，1984）。比如说，一个社会群体之所以采取某种特定的衣着或饮食风格，关系到可替代的风格的分配与意义，某种衣着或饮食风格所倡导的对身体的取向，以及时尚场域、饮食场域与其他社会场域之间的关系。在法国社

会，就饮食而言，这些因素之间的关系已经导致了对于食物消费的诸多激烈对抗的取向。随着一个人在社会阶序上逐渐下降，

> 所消费的食物也越来越多（花销越来越大，热量越来越高），越来越腻（野味，肥鹅肝）。与此相反，专业人员或高级经理人员的品位对大众品位则持负面评价，认为其油腻而粗劣，更偏向清淡雅致……经济上的约束不复存在，伴随而来的是社会监督的增强，打压粗疏和肥胖，推崇区隔与修长／苗条。……最后，教师的文化资本比经济资本更为富足，因此在一切领域都倾向于克制消费，以最低廉的经济成本，追求独特新颖，热衷于异国风味（意大利菜、中国菜等等），饮食烹饪讲究质朴民风（农家菜肴）（Bourdieu, 1984：185）。

布尔迪厄把焦点放在法国，但他的分析也可以用于其他国家，用于社会生活的其他领域。例如，戴维斯有一篇文章引人入胜（Davis, 1989），分析西方服饰的地位含混状况，揭示了对身体的取向如何能够历时而变，以应对时尚场域及其与其他场域之间的关系（亦参 Berber and Lobel, 1952; Entwistle, 2009）。凯珀斯（Kuipers, 2006）分析了幽默的国别差异，生动展示玩笑是怎样呈现了人们彼此迥异的身体倾向的。巴赫迈尔与维尔特丁格（Bachmayer and Wilterdink, 2009）提出，当代品位的模式或许表明，各种文化体裁之间的等级差异趋于缩小，纵然如此，在各种流行文化体裁内部的等级区隔却呈加剧之势。里梅（Rimmer, 2010; 2011）勾勒了青年群体中彼此迥异的各类音乐惯习的兴起，认为这属于他们对特定阶级轨迹的挪用；而布尔古瓦和舍恩伯格

（Bourgois and Schonberg, 2007）则提出"族群化惯习"这个术语，来阐述吸毒者群体内部存在的"亲密隔离"（intimate apartheid），这些群体的特点就是互动频繁，穷困相似。威尔斯等人（Wills et al., 2011）有关家庭餐食和进餐实践的个案研究表明，与膳食相关的计划和行为依然受到以阶级为基础的可能性场域的束缚。最后一点，体现在手机差异（比如苹果和黑莓）上的消费风格变异和消费模式，展现出笼罩在看似琐碎的技术物件上的阶级和地位区隔（Ito et al., 2006）。

概而言之，社会阶级深刻影响了身体发展，也影响了赋予特定身体形式的符号价值。这就是身体资本的生产。不过，这一点的重要意义还不单单是以阶级为基础的男男女女的生活方式开始铭刻于其身体，还在于这些身体"适宜于"人们从事不同的活动。改变并没有被彻底勾除，但布尔迪厄认为（Bourdieu, 1981），社会位置（positions）与人的性情倾向（dispositions）之间往往存在密切匹配。保罗·威利斯（Willis, 1977）就给出了例证。他研究了工人阶级的"弟兄们"（lads）在学校里如何排斥脑力劳动，倡导体力劳动。该研究例证了人们参与不同形式的身体活动，是如何多少成了自然而然的事情，而这些身体活动形式被赋予的社会价值并不平等（亦参 Dolby and Dimitriadis, 2004）。

四、身体资本的转换

布尔迪厄提出，工人阶级生产出的身体形式所构成的身体资本，其交换价值要低于支配阶级所发展出的那种资本形式（Bourdieu, 1978）。杨（Young, 1990）、沃尔克维茨（Wolkowitz, 2002）等指出，即便是在当代服务业中，传统的工人阶级身体也在消费文化"有特定肤色和声线要求的世界里被标示为越来越不被认可的"(McDowell，2009：70)。当然，这并不意味着工人阶级完全缺乏机会进行资本转换。比如说，针对体力劳动的身体培训可以提供直接薪资，让个体具备必要的技能，可以在"隐性经济"或夜间经济中从事一些活计(Monaghan，2002a，2002b)。不仅如此，将运动视为完成特定目的的手段，这样的工具性思路也让工人阶级有潜力通过进入职业运动生涯，将身体资本转换为经济资本。在这里，身体被赋予的力量、速度和灵活成了交换价值的客体。不过，这也面临几个方面的限制。

首先，工人阶级中只有很少一部分成员能够通过搞体育谋生(Dunning，1999)。其次，这种转换形式是局部性、暂时性的。之所以说是局部性的，是因为工人阶级女性相比于工人阶级男性，较少能获得这种转换机会。之所以说是暂时性的，是因为即使对于那些成为职业选手的人来讲，身体的能力也是一种重要的限制性因素(参看 Wacquant，2004 对于拳击手惯习的引人入胜的研究)。只需一次受伤就可能终结一名足球选手的职业生涯。许多运动项目的职业生涯平均持续时间很短，这使得大多数职业选手在结束职业生涯之后还需要找份工作来维持余生。实际上，橄榄球或拳击之类的运动易受重伤，不仅会终结一个人的运动生涯，还可能终结他们进入其他大多数职业生涯的机会。第三，工人阶级家庭出身的孩子们在运动上耗费大量时间，可能不利于他们在学校里求取学术文凭。几十年前布鲁斯·卡林顿就提出(Carrington，1982)，这一点可能尤其适用于工人阶级家庭出身的黑人学童。教师们的眼光带有种族色彩，觉得黑人"天生"就有运动才华，但不适合脑力劳动，所以引导黑人学童从事运动。我们或许希望看到，卡林顿的研究如今已经不合时宜。然而，二十年后，艾特勒夫妇（Eitle and Eitle, 2002）分析了种族和文化如何能够导致那些社会中较为弱势的人群被过于强调参与体育运动，从而进一步巩固了上述论点（亦参 Azzarito and Harrison, Jr., 2008）。最后，工人阶级家庭出身的孩子们以这种工具性的思路看待自己的身体，也会引导他们偏离支配阶级所从事的活动，并就此增强了他们的阶级区隔性。

如果说工人阶级将其身体形式转换成经济资本时面临着一些限制，那么在转换成文化资本和社会资本时也同样如此。就文化资本而言，伯恩斯坦（Bernstein, 1970）、凯迪（Keddie, 1971）以及布尔迪厄与帕瑟隆（Bourdieu and Passeron [1990 (1977)]）都曾指出，工人阶级的言谈举止往往会遭到教师的负面解读。就社会资本而言，把自己的身体打造得充满侵犯性，可能会以其勇猛好斗，或能够显出成人气概或女人味道，招来同龄群体的仰慕，但却基本赢不来教师的支持，以促进其学业（Willis, 1977; Dolby and Dimitriadis, 2004）。与此类似，在酒吧、夜店和球场等处公开表现男性暴力，可能会赢得同伴之间的声望，满足"对刺激的追求"（Marsh et al., 1978; Clarke, 1990; Dunning et al., 2002），但却基本不能打动法庭，也没有多少经济价值。总之，工人阶级将身体资本转换为其他资源的努力往往会有较高的风险和机会成本。教育场域、运动场域及社会中的其他场域的结构安排方式，一般都不会赋予很多机会来推崇工人阶级的身体。

与此相反，社会中的支配阶级往往拥有价值更高的机会，将身体资本转换为其他资源，并且不用承担那些风险或机会成本。

对于支配阶级家庭出身的孩子们来说，体育运动并不承载同样的上向流动手段或意义，因为他们有渠道接触替代性的经济资本来源（Bourdieu，1978：832）。因此，他们往往会从事一些具有社会精英意味的体育活动，强调的是举止风度，从而有助于未来获取社会资本和文化资本。精英私立学校中的体育课程就反映出这种导向，与公立学校中的学童可以进行的活动大有不同。具有社会排他性的运动/休闲场合包含着礼仪规则，在正式情境中展示身体上的资格能力，使参与者得以认识到，身体是一种符号，标示着承载者分享特定的价值（比如通过衣着样式、言谈方式、管理脸面和整体性的"身体语言"）。在这些场合中也会培养起友谊和非正式接触，这对获取法律和金融之类专业领域中其他人士的帮助大有益处。不仅如此，培养出对于精英的体育活动和休闲活动的品位是很重要的，虽然这些活动或许并不总是代表着直接通向支配阶级职业生涯的康庄大道，但其导向的社会情境却能间接促进进入某种专门职业[6]或培植生意往来。

精英的体育活动也有助于找到"门当户对的"[7]婚姻伴侣，从而保障经济资本的传承（Bourdieu，1986）。道格拉斯和伊舍伍德指出（Douglas and Isherwood，1979：85），不妨把上层阶级男性看作是"封闭而稳定的……守住自己的特权，也小气地守住自己的女人。"在英格兰，以马术和马球之类活动为核心的精英运动领域地位显赫，或许是支配阶级中阶级内部通婚比例高的一个重要

---

[6] 原文为"profession"，特指需要长期教育背景和资格认定的医生、律师、学术人员等。

[7] 原文为"appropriate"，也就是"得体的"。

因素。最后，身体资本也能转换成获取文化资本的机会。比如说，尽管文凭证书充当了最初的甄选手段，但对于进入一些精英性岗位、私立学校或牛津剑桥的筛选过程，面谈依然是不可或缺的，而此时对于言谈和身体的管理就至关重要（亦参 Bordo, 2003：284）。

所有这些情境都体现出支配阶级在排他性社会场合中对身体的安放与管理，在这些场合里人们如此打造彼此的接触，以求各种资源未来的积累。最负盛名的私立学校晚近的发展态势鲜明地体现出，即使在愈益迅速的社会经济变迁时代，这种状况依然延续。根据西莫斯·可汗的研究显示（Khan, 2011），这些机构依然关注特权的具身体现，只是实现这一任务的途径变成倡导灵活的精英身体，"自在"适应各种文化路数的身体，将社会阶序视为赢利和进一步提升的机会。

五、身体资本的价值变动

布尔迪厄凸显了身体在不平等的形成中的重要性。不过，有必要指出，特定身体形式被赋予的符号价值并非一成不变。各种形式的经济资本或文化资本的价值可能会发生波动（比如股份和股票会跌价，教育资格证书会因滥发文凭而贬值［Dore, 1976；Collins, 1981；McKenzie, 2001］），身体资本的可转换性也是同理。

为了理解为什么会出现这些波动，有必要考察一下布尔迪厄的社会场域概念，我用过这个术语，但尚未加以说明。拉什（Lash, 1990：261）把社会场域说成是布尔迪厄眼中的结构。更具体地说，社会场域指的是一套动态组织原则，由社会群体维持，确认并限定社会实践（无论事关艺术、经济、时尚、性相、教育等等）的特定范畴。每一个场域都相对独立于其他场域，并根据其内部组织赋予社会实践以价值。因此，在职业体育场域，价值被赋予实际成绩（performance）、积极参与、拼搏争胜，而在艺术、设计和时尚的场域，价值会被置于创造性和创新性（Entwistle, 2009）。

当社会场域将价值赋予某种特定的身体形式、活动或展演（performance），就会有效地创造一类身体资本。当然，构成某个场域的动态原则在承认某种特定的身体资本形式后也会发生变化。因此，那些被视为颇具价值的身体形式，以及附着其上的明确价值，也都有可能改变。布尔迪厄阐述了前殖民地阿尔及利亚的工人被要求养成的具身性情倾向的变化，其核心要求就是"所有生存行为都要服从于计算理性"，以戏剧性的方式揭示了这一点（Bourdieu, 2000: 25）。在基德克尔的研究中（Kideckel, 2008），工人们勉力应对后社会主义时期罗马尼亚方兴未艾的市场化经济体系，典型地体现出负面性的身体转型，亦属明证。运动领域提供了另一个例证。职业运动员的收入会有涨有跌，而各项运动的价值也会有升有降。时尚场域的变化可能会影响言谈举止、穿着打扮的特定风格所具备的符号价值（Entwistle, 2009）。

诸如此类的差异意味着，一种颇具价值的身体形式在某个群体或阶级中最初的生产并不能确保其交换价值的延续。附着于特定身体的价值会因时而变；随着社会中的各个场域发生变化，它们所推崇的那些身体资本形式也会改变。这也影响到了人们如何体验老年化，要摆脱通常让人想到慢慢变老的生物决定性。随着人们步入老年，他们生产身体资本并将其转换成资源的能力也往往会下降。但同样得说，在决定特定群体如何体验老年化过程的

148

第六章　身体与身体资本　　　217

时候，社会阶级扮演了重要角色。在这一领域，费瑟斯通对布尔迪厄的研究做出了有益的发展：

> 大体而言，……进入老年的过程必然涉及积累经济资本的能力逐渐丧失或衰减，特定类型的文化资本贬值（由于所附着的那些形式的知识与风格现在被视为过时的了）。与此同时，展现为言谈举止、身体态度的某些类型的（身体）资本还可能将其区隔和价值维持到老年晚期，贵族或王室成员就是例证（Featherstone，1987.：125）。

社会群体将身体资本转换为其他资源的能力会随年龄大小而变，不仅如此，惯习也往往会基于不同的阶级发展出对于老年化的不同态度。费瑟斯通提出（Featherstone，1987），工人阶级往往更能接受身体衰弱是老年带来的必然现象，而"新"中产阶级则发现趋于老年化的身体成了焦虑之源。所以他们往往采取各种身体保养技术，以抗拒衰老及其相关特征。与此相反，上等阶级往往养成特别的身体取向，能够遮盖和伪装许多老年化的效果，不自觉地把自己的老年本身"穿戴"出来，成为地位显赫的标志，而非走下坡路的象征，或是比较低调地间或尝试整容手术，期望给自己的外表带来微妙的变化（参看 Heywood，2003）。

这些对待老年化的态度并不只是与惯习有关，也反映了人们所工作的经济场域。对于工人阶级来说，和漠然接受身体衰弱分不开的是，事实上，早在人到中年，生活水平就已经下降，对未来的控制力也在减少。而中产阶级的焦虑则源自对工作地位的不确定感（比如面临被更年轻的竞争对手取而代之的危险），体现在愈益盛行地努力追求饮食控制、锻炼和外表修饰，使自己看起来像年轻同事一样富有能力（Ehrenreich, 1990; Sennett, 1998）。与此相反，上等阶级在中年时已经"真正达到人生巅峰，他们是发号施令的一代"，有资本至少更为轻松地应对老年化过程（Featherstone, 1987: 117），哪怕在整个阶级结构中，与外表有关的压力越来越普遍弥漫。

不过，无论在人生的哪一个阶段，不同形式的身体资本的价值都有其核心所在，就是支配群体有能力将其身体和生活方式界定为高人一等的、值得回报的，并且无论比喻还是实指，都是阶级的具身体现。这种对于区隔的追寻可能会经常爆发斗争，要界定并控制某些场域，因为它们将特定的身体形式规定为颇具价值；而针对一个社会群体内部最具价值的身体形式是什么，也会产生冲突，并且可能会有其代际基础。工人阶级男性之间的某些斗争可能会诉诸身体力量来解决，而中产阶级内部年龄群体的冲突可能会涉及抢夺何时开始算老年的界定权的斗争：

> 比如说，允许基于某种视角，将中年重新界定为中青年，就意味着从青年人那里挪用了年轻，而这是一种值得欲求的属性。但从老当益壮者[8]看来，这可能是他们乐意送给中年人的一种标签，因为年轻（这里让人想到的是担不起责任、办不得大事）这种属性与成熟和睿智相对立，而后两者是掌权者所需

---

[8] 原文为"young-old"，在人口学、老年学中亦有老年早期、中老年期、早老年等说法。下文中的"老迈之辈"（old-old）亦有老年后期、老年晚期、老老年等说法。"垂暮老朽"的原文是"deep old age"。

的，也是老年人力图为己独享的。无独有偶，中年人也试图把老当益壮者送入老年，因为这样他们就能争取尽可能扩大自己的选择机会，是维持发号施令的地位，还是自己不想干就退休。与此同时，他们还要与在争取制度化的游戏中已无多少资源的老迈之辈分清距离，与垂暮老朽那些令人厌恶的特性分清距离（Feathertone，1987：120—121）。

能够引发代际之间的冲突的，还不仅仅是对老年化的意义进行归类的权力。怎么说话，穿什么衣服，听什么音乐，如何举止行事，如何管理身体，这些风格究竟是合乎时尚，还是老套过时，往往聚讼不已（例参 Rimmer，2010；Twigg，2012）。

费瑟斯通提出（Featherstone，1987），群体之间会展开竞争，都想把自己的身体界定为具备最多的符号价值。在这场竞争中，年龄成了重要的结构化原则。而人步入晚年，也会在自己的外表与社会地位之间的关系方面面临两难（Ward and Holland，2011）。话说回来，在布尔迪厄的研究中，阶级之间的冲突才是最为重要的。无论是想方设法把较低阶级的活动界定为"粗鄙无礼"，还是把上等阶级的做法界定为"装腔作势"，都在布尔迪厄探讨法国生活的论著《区隔：关于品位评判的社会批判》中占有显著位置（Bourdieu，1984）。这场追求区隔的斗争利害攸关（Bourdieu，1985）。然而，这既不是参与者平等占有资源的所谓"公平"斗争，也不是"游戏规则"明确宣示的斗争。支配阶级由于有更多的渠道接触并占有文化资本与社会资本，因此极有可能处于一些优势的职业场域或其他场域，被赋予权力，去授予身体形式与身体活动以价值。即使当个体成功地上向流动，有关身体资本的通行界定也依然在其身体上打着其出身标记。布尔迪厄这样说小资产阶级："穿着打扮，言谈举止，乃至整个风度气场，都显得清醒乃至刻板，严肃乃至谨慎，始终显得境界局促、眼光狭隘、内蕴贫乏、气量悭吝"（Bourdieu，1984：338）。与此类似，无论是中了大乐透飞来的横财，还是英超联赛中晚近重新议定的 20 万镑周薪合同，都不能确保进入文化精英的行列。不仅如此，就对于资本转换机会的了解而言，支配阶级也可能处在优势位置。诚如道格拉斯和伊舍伍德所言：

> 工人阶级所处的同质化社会环境从来不会提供中产阶级家庭能从其社会交往中获取的那种信息。……要获取并保住赚大钱的可能性，关键可能就在于能控制这种信息（Douglas and Isherwood，1979：9—12）。

那些没有这类交往的人可能不太了解，眼下都有哪些机会将身体资本转换成其他资源。逢到时代跌宕之际，他们也很可能不太确定是什么构成了符号价值较高的身体形式。而对于那些规定是什么构成身体资本的社会场域，社会中的支配群体也往往更有权力加以改变。我们置身于当代，见证着全球层面上长期持续并愈益加速的变迁，有鉴于此，这种驾驭或至少是解码支撑肉身界限转型的原则的能力就尤为重要。

六、身体资本的传递与控制

支配阶级要维持自己身体所具有的符号价值，有一项明显优势，但无论是身体资本的生产还是其转换，都不是没有问题的。首先，身体资本不能直接被传递或传承。它不像货币、股票和股份或产权，不能单单通过馈赠、遗产或交换，就从一代人转给了下一代人。相反，由于身体的未完成性，身体资本的发展是一个复杂而漫长的过程，可以持续多年（Connell, 1983: 30—31; 2005）。不仅如此，尽管身体的发展关系到社会阶级的作用，但不可化约为后者。人们不管处于什么样的阶级位置，其身体都可能"得天独厚"或"受到诅咒"，会干扰经济资本在阶级内部的传递。例如布尔迪厄（Bourdieu, 1984）用"致命诱惑"（fatal attraction）这个术语，指身体魅力尽现，激发跨阶级关系，破坏社会阶级的封闭机制。

其次，身体资本的积累通常不能超越个体行动者的利用能力。相反，它会随着其承载者的衰落和死亡而逐渐衰亡（Bourdieu, 1986: 245）。但对于某些往往有宗教意味的实例，亡者的遗体被神圣化，与特定的力量相挂钩，上述结论就需要有所修正（Kramer, 1988）。不过，纵然有这些条件限定，通常也可以把所具有的身体资本看作是比所具经济资本更变化不定的资源。

第三，身体资本的购买很少像购买一件经济商品那样的意思。这一点上，整形手术或许是个例外，但也只是部分属于例外，因为这种手术的结局各有差异，在某些国家和地区，那些运用这种人为手段改进自己外表的人会被附加污名，在这种背景下，手术的好处和符号价值是有限的。另有些情况下，父母固然可以购买孩子的时间，使其免于雇佣劳动的必然要求，购买教育，使其有机会发展颇具价值的口音、衣着和举止风格，但他们不能确保孩子获得这些东西。相反，每一代新人要获得颇具符号价值的身体，得付出各式各样的身体劳动。来自不同背景的个体的惯习和品位意味着，他们对于执行发展具备声望的身体所要求的劳动，所产生的倾向程度可能不一。不过，无论是哪一种身体资本，要想切切实实地获取，始终是无法确保的。有些孩子尽管享有昂贵的私立学校教育，却不能获得学业文凭，同样，有些孩子也可能没能积累起"适宜于"其精英出身的身体资本。这不仅是因为中上阶级的父母担心，在反学校的亚文化里会滋长学业上的失败（或不能获得某种文化资本）。这类文化会拒斥脑力劳动的要求，并且排斥被强加特定类型的身体管理与衣着要求（Tsolidis, 2006）。

第四，特定的身体形式始终会面临风险，可能不被承认为身体资本。如前所述，一个人终其一生，各种身体形式的价值会升降不定。而对于精英身体的承认也会随着社会场所的不同而有所变化（Bourdieu, 1986）。不少论家关注"后现代"消费文化的发展，认为跨国企业助长了衣着风格和其他消费商品的大量繁生，从而参与了差异的生产，因为这些东西可以被各社会群体用作身体认同的符号（例参 Jameson, 1984, 1985; Hall and Jameson, 1990; 亦参 McRobbie, 1989; Featherstone, 2007）。生产上之所以会发生这些变化，原因部分在于中产阶级在设计、时尚和广告领域中所占份额上升，而全球形式的产业重组更起了推波助澜的作用（Entwistle, 2009）。不过，尽管这些发展可能有助于经济赢利，但也可能导致风格样式大量繁生，会威胁到支配阶级将其身体作为最具符号价值而合法化的能力。费瑟斯通指出（Featherstone, 1990），引领消费与"生活方式"的商品迅速国际化，迅速流通，也威胁到支配者用来标示其精英身体资本的符号的可读性。而各种具有逾越性、暴力性和文化对抗性的行动与风格被商品化，融入时尚，这样的趋势更加剧了上述发展潮流（例参 Lyng and Bracey, 1995; Ferrell et al., 2008: 94, 139—152）。在意大利版《时尚》杂志上，引起争议的风格就体现出这样的趋势（L. Armstrong, 2011）。

在那些承认并维持身体资本的场域里，支配阶级实施着持续的管理与控制，而上述话题则对这些管理与控制发出了质疑。如果有越来越多的身体意象和社会实践被呈现为构成了颇具价值的身体资本形式，充斥在场域之中，那么场域的结构也会发生变化。在这方面，有一点耐人寻味：传统上，"白色"是富有价值的身体资本的核心特征，尽管如此，过去几十年来，某些黑色都市身体风格渐趋成型，提供了一个不断壮大的生态位，容纳那些试图倡导草根亲和、真诚可信的形象的公司（Wolkowitz, 2006）。这并不是要说身体资本不再基于"种族"来形成结构，显然情况没变，而是要指出，标记化在肉身上的相关因素并不总是反映出简单明了的对立和阶序。更一般地说，除非社会中居于支配地位的部分有能力将这些身体风格的轮廓勾绘归类到既存的分类结构里去，并使这些分类体系被承认为合法有效，否则就会威胁到"差异逻辑，基于这些逻辑，文化、消费商品和生活方式等方面活动的品位被视为是按照对立的方式塑造结构的"（Featherstone, 1990: 12）。因此，在当代消费社会，我们可能正见证着一些过程，会让任何一个群体都很难强加有关"富有价值的身体"的单一分类图式，赋予其霸权性，值得全社会的敬重与遵从。

与身体资本的转换有关的第五个问题在于，与某些形式的经济资本截然不同，身体资本的"交换率"难以预估。可能会出现一些情境，为了将身体资本转换为其他资源，不得不投入本不该如此的过多努力。概而言之，富有符号价值的身体的发展所必须经历的传递过程，相比于经济资本的情况，更具伪装，也更有风险(Bourdieu, 1986: 254)。在这种情况下，来自支配阶级的个体如果可以利用自己的物质财富，投资于其他可能更为安全的资本获取形式，又为什么要投入时间和资源来发展身体？答案之一会是：并非所有的人都付出了这等努力。个体基于自身的资本持有情况，可以选择尽可能扩大对于经济资产或是文化资产的投资。比如说，支配阶级中那些极具经济资本的集团，可能会把绝大部分精力放在持续扩大自身及其孩子对财富资源的占有上。然而，2007年以来，经济衰退在西方社会以及世界其他大部分地区蔓延，各种货币、股票和债券的价格大肆波动，易于崩盘，当此之时，身体资本更有可能真正变成更为安全、更受偏爱的投资形式。这就体现出布尔迪厄的观点(Bourdieu, 1984)：有必要将投资针对的(愈益全球化的)场域纳入考虑范围，而不只是考察身体资本、经济资本或所考虑的其他类型资本的内容。

支配阶级也有可能为了身体资本自然的、生物性的外表，继续对身体进行大量投资。身体资本的自然化外表的后果之一，就是一代人在下一代人身上培育身体资本的尝试往往有着重重掩饰，难以显见，或是遭到误识。身体资本的(间接)代际传递所需具备的社会条件，远不如经济资本的(直接)传递那么显见。因此，政府可能试图(通过税收)控制经济资本的代际传递，但身体资本的发展是一种隐藏的特权形式，不过还是可以重新转换为经济资本。因此，支配阶级很可能耗费可观的时间与金钱，让自己及其孩子参与精英活动，旨在尽可能扩大身体资本的生产与转换潜力。实际上，我们可以不无理由地假设，国家越是有能力

第六章 身体与身体资本

防止或阻碍经济资本的正式传递,身体资本的秘密流通的效应就越重要(Bourdieu, 1986：254)。

七、合法的身体

本章主要探讨的是：针对富有社会价值的那些身体形式的发展、界定和利用,展开了哪些斗争,当这些斗争涉及某些身体类型相对于其他类型的合法化,就愈发显得重要了。那些对社会场域有特定权力的人非常在意将身体实践规范化/正常化(normalizing),包括：

道德家,尤其是牧师；医生(特别是健康专家)；广义上的教育工作者(比如婚姻顾问)；引领时尚和品位的人……(Bourdieu, 1978：826—827)

这些"身体专家"都参与了教育身体,标定管理、作用和体验我们身体的具体方式哪些是合法的,哪些是偏离的。这会影响到我们是将自身及他人的身体实践识别为"正确的"、得体的,还是需要控制与矫正。

在许多社会场域中,都能发现将身体视为合法的规范化/正常化的处理。比如说,为了塑造性相场域中的结构,国家从历史、意识形态和物质等维度推崇特定的异性恋形式：一夫一妻制已婚关系。国家还把同性恋界定为"不自然的",予以惩罚(Walby, 1989；Weeks, 1989；Canaday, 2009)。在教育场域中,学校也被要求负责监管"儿童肥胖",采取步骤在学生中推行体重规范／标准（norms）。这些规范遭到批评者的猛烈抨击，他们谴责政府只盯着问题的后果，却不关注问题的起因，更准确地说，问题的根源乃在于建筑环境和食品工业；他们还谴责政府煽动焦虑，助长易受影响的孩子对食物产生不健康的关系（Evans et al., 2009）。而在宗教场域，服装样式也成为争议话题，比如说，让偏好头巾的穆斯林群体与西方国家形成对立，后者将肉身可见性与礼貌呈现视为一体（(Laborde, 2008)。这种界定什么构成合法身体、什么构成不合法身体的权力，已经不仅仅关乎对于资源的获取渠道，而是触及我们作为人的存在的核心内涵。

八、小结

布尔迪厄的研究之所以发展如此，是因为他创造性地继承了古典社会学，并且着力避免结构主义与主体主义两方之间那些对立所表明的二元论。布尔迪厄关注具身行动者，视之为被社会结构化但又生成社会结构的因子，将此关注置于自己理论的核心，力求梳理出一种研究思路，既能阐述人类社会中的规律性表现，又不忽视人的行动的策略性特点。在陈说这种身体观时，他的概念图式以马克思的立场关注社会再生产，以韦伯的视角关注界定地位群体的特定生活风格及荣誉赋予，以涂尔干的眼光关注符号形式与表征的社会起源和功能。在布尔迪厄进一步发展其所称的"利益社会学"（sociology of interest）的过程中，这些关注不可或缺。"利益社会学"这一思维模式把所有具身实践和表现（哪怕是那些看似无利益考虑的，比如对教育的追求）都理解为"经济的"，指向物质利润和符号利润的最大化（Brubaker, 1985）。在这个意义上,布尔迪厄的研究例示了当代社会学有关身体的研究如何能够富有成效地借鉴古典社会学的遗产,同时寻求有所超越。

话说回来,布尔迪厄关于社会再生产的整体理论也已经遭到了一些批评,而这些批评更延伸到他对于身体的分析。布尔迪厄的作品所给出的分析在共时态角度上充满动态活力,但在历时态角度上却大有挖掘余地。历史变迁的确进入了他的分析视野,但往往只停留在描述的层次上。尽管他屡屡声称,自己的理论阐述充分考虑了变迁,但一方面是社会场域,另一方面是社会定位、惯习和品位,相互决定之下,能够在理论层面上考虑到变迁的那些机制其实已经没有余地了。这方面也有两个例外。其一,正如华康德所指出的那样(Wacquant, 2005),惯习能够容纳多种生成性层面和相互矛盾的要素(例如在一个童年以迁移为标志的个体身上),都能促进创造性的选择,并对现状加以冲撞而不是加以巩固(亦参 Hilgers, 2009)。其二,布尔迪厄关于区隔的分析似乎是说,各社会阶级投入争夺资源和承认的无尽斗争,由此导致历史变迁。不仅如此,为了给自己理论梳理中强调再生产的倾向作辩护,布尔迪厄提出,社会静态其实比社会变迁更为常见(Bourdieu and Wacquant, 1992)。然而,布尔迪厄尽管让我们细致观察了特定社会中的身体形式、外表与实践,却无法充分阐述诺贝特·埃利亚斯所考察的身体上发生的那类历史变迁。

布尔迪厄作品中对社会再生产的强调也反映了人们在多大程度上有能力实施行动。在理论层面上难以看出人们如何能够"突破"其所处的社会定位、惯习和品位为他们指定的肉身轨迹。这是因为,惯习在潜意识的层面上运作,"非意志的内省或控制之所能及"(Bourdieu, 1984: 466),而品位也是通过从必需中做出选择来发挥功能。因此，尽管布尔迪厄声称，身体倾向的确会发生变迁，但他的阐述却没有充分说明，为什么有些形式的具身体现和品位并不符合其预先指定的阶级基础。他也承认，社会危机使得支撑惯习的那些预设浮现在具身主体的自觉意识之中，激发了反身性思维和理性决策（Bourdieu and Wacquant, 1992: 131；亦参 Bourdieu, 1999）。这对他的分析是一项重要补充，用来探讨一些问题富有裨益，比如说迁移如何构成了一种断裂，不仅与某个家园断裂，而且与自己的身体断裂（Sayad, 2004）。不过，这也引发了一些不曾获答的疑问：反身性与危机如何与他理论的其余部分相互契合（Alexander, 1995），计算性的审慎思虑是否比布尔迪厄所允许的程度更为普遍（Crossley, 2001a, 2001b），在晚期现代性中反身性本身是否已经变成一种惯习（Sweetman, 2003），他对性情倾向的强调是否使我们无法考察，我们所属的多种网络如何发展出情境中的主体间性，进而激发出反身性（Bottero, 2010）。随着互联网和卫星电视之类全球传媒的普及，随着人们面临的有关生活方式和存在方式替代选择的图像和新闻比以往任何时候都要繁多，社会理论要想综合全面，必须能够阐述这类发展趋势可能激发出的那些审慎思虑。身体具备了它在布尔迪厄著述中的某些特征，但也似乎非常紧密地维系着现有结构，乃至于像是真正具有突生性、独特性的社会生活生成因子。

还有一点与此密切相关。尽管布尔迪厄强调，惯习一旦形成，就会长久延续，但他对塑造惯习过程中涉及的具体机制所给予的关注，却远远不及关注某些教育过程，群体和个体经由这些教育过程，被促动去打造自己和他人的具身自我，以期生产出特定的一系列品位、习惯、认知倾向和身体技术。对惯习的这种塑造过程，在别的地方有更为细致的讨论。亚里士多德在自己有关道德德性的著述中，详细探讨了要想在个体人格的核心中养成特定的惯习，需要如何进行对于某些行动和习惯的实践培养（Aristotle, 2004）。在基督教神学中，通过阿奎那这样的作者，借助宗教改革思想和反宗教改革思想中有关宗教惯习之源起、持续和恰当培养的相关论战，对这些过程也都有突出体现（Wisse, 2003）。再到晚近，莫斯（Mauss, 1973 [1934]）探讨了那些呼吸机制和运动机制，是它们促成了对于世界的一种新型身体取向。受布尔迪厄启发的学者们也已潜心进行参与观察式的研究，探究在学徒见习期间，以及各种搏击术和军人之类职业中，如何养成特定形式的惯习（例参 Wacquant, 2004; Lande, 2007; O'Connor, 2007; Spencer, 2012）。而批评者们则指出，如果我们想理解如何习得新的技能，并最终养成惯习，就需要同时更加关注自觉意识（Noble and Watkins, 2003）。最后，我自己最近在与菲利普·梅勒的合著中，也致力于以更广泛的实在论关注，发展一种对惯习的分析，看看有关一套文化或宗教的身体教育是如何得到传递、体验、再生产或改变的（例参 Mellor and Shilling, 1997, 2010; Shilling and Mellor, 2007, 2010a, 2010b）。

布尔迪厄看待惯习，首先关注它作为依赖于阶级的外部结构或文化符码之承载者的功能运作，这就给他的研究造成了另一点局限。具身实践之所以重要，远不仅限于它们有能力"作为社会地位和阶级地位的指标"的功能（Mahmood, 2005）。无论如何，按照特纳的讲法（Turner, 1992a），这等于说在布尔迪厄的研究中，要从现象学的角度来理解"鲜活的身体"，是没有什么余地的（亦参 Crossley, 2001a, 2001b），如果要阐述人类体验中那些超越经济利益之类世俗指标的特性，就更是如此。宗教情怀之类的例子就清楚表明了这一点。布尔迪厄把宗教情怀化约为追求此世的好处，却拒绝探究与信念、祈祷者或其他神圣仪式相维系的现象学体验或后果（Flanagan, 2008）。在布尔迪厄的著作中，无论是对于个体有关其反应、性情倾向和环境的"内在对话"，还是对于这些有着多层情感维度的内部对话有时如何导致个体决定抗拒其倾向而行事，寻求有所改变，都没有什么连贯的理论探讨，同样明显体现出他把焦点放在再生产上（Archer, 2003, 2007, 2010）。他的《世界的苦难》一书在经验层面上勾绘了这个领域的一些状况，但那种反身性从未深切融入其核心分析框架。

布尔迪厄的著述还有一点局限。他这样处理社会阶级，也就难以重点探讨那些对身体形成和身体资本转换很重要的跨阶级因素。布尔迪厄的阶级观念非常宽泛，成了"整套社会决定因素的类比"（Brubaker, 1985）。但性别和族属并没有隐含在这套阐述之中。比如说，对于工人阶级女性与中产阶级女性所处的情境，对于身体资本、身体劳动与美容行业之间的关系，布尔迪厄有很多有价值的分析可说。然而，他在分析女性时的切入角度，却是与其他阶级范畴相对而言的阶级范畴归属。这就意味着布尔迪厄往往低估了性别化过程在何等程度上影响了身体取向，碰到要分析女性与男性可以获取的身体资本形式不同的时候，分析力度就比较弱了（Shilling, 1991；亦参 McNay, 1999）。这方面有一点例外耐人寻味。他分析了在 20 世纪 60 年代的法国西南部，乡村女性如何以身体外表和举止作派，比其男性同乡更快地吸收了城里人的关注，使得乡村男性面临黯淡的未来，其身体资本的价值似乎将进入彻底衰落的状态（Bourdieu, 2004）。

尽管构成一个阶级（或阶级小集团）的群体五花八门，但布尔迪厄对社会阶级的概念梳理却同样造成难以确定性别压迫的某些特性，它们会影响对身体的取向，在一定程度上横跨各阶级范畴而作用于女性（Walby，1989）。比如说，强奸或对强奸的恐惧，从所谓"约会强奸"，到作为战争策略的强奸，乃至在南非对被视为女同性恋的女性所实施的"矫治强奸"，纵贯整个社会阶级谱系，对于女性生活的危害都远甚于男性。这样的体验或威胁会摧毁女性继续生产富有价值的身体资本形式的能力（Bourke，2008）。关于将富有符号价值的身体转换为其他资源的可能性，还有不少话题是有着性别特定性的。许多女性无论处在什么样的阶级位置，要想将对身体活动的可能参与转换成社会资本、文化资本或经济资本，机会都要比男性小得多。当社交场合和运动场合充当了"婚姻市场"，显然属于这种趋势的例外。不管怎么说，在父权制／男权制社会里，这种转换自有其代价（Finch，1983b）。对于女性而言，将身体资本转换成其他资源，往往也面临很多限制，个中的好处常常要以其丈夫作为中介（Wright，1989）。

至于种族的议题，也可以有类似的说法。比如说，在当代英美社会，种族主义的效应横跨各阶级范畴，影响到个体有多少能力生产富有符号价值的身体形式。具体说来，这并不排除说在美国可能存在相当数量的黑人资产阶级，但它的确使某些群体的资本积累过程比其他群体更为艰难。弗纳·基思和塞德里克·赫林分析了黑人社群中的肤色深浅与分层位置，生动地展现了这一点（Keith and Herring，1991）。基思和赫林先是援引了几项研究，指出在过去数代人期间，地位较高的黑人往往比地位较低的黑人肤色更浅一些。然后他俩提出，肤色[9]依然会对分层结果产生显著的净效应。不仅如此，马西（Massey，2004）从种族、身体资本和健康的角度出发，提出在非裔美国人的隔离处境与生理压力源程度加剧之间存在某种关联，而这样的关联可能有害于个体的幸福感和适应性。

布尔迪厄对身体资本的分析乃是基于一种隐含的观点：具身体现是一种兼具生物性和社会性的现象。但这一点很少得到明确陈述。约翰·杜威及其他实用主义者很重视习惯是如何逐渐渗入我们身体的肌肉系统以及五官感觉，对照之下，就能体现出布尔迪厄的局限。在杜威等人看来，习惯并不只是"性情倾向"，而是构成了对于"某些类别的刺激"的"特定敏感"，"一种潜在的能量，一旦有机会就会重新活跃而显露出来"（W. James，1900：134；Dewey，2002［1922］：44）。不过，并不只是说习惯将我们的各种冲动和欲望组织进"它们自己的伪装"之中（Dewey，2002［1922］：125），当身体生病、变弱或衰老，它们也会相互冲撞，变得难以驾驭，有时会受到环境的钳制。这样的阻碍之所以重要，不只是因为它们使具身主体无法以某些特定方式行事，而且因为当习惯不起作用时会伴随的危机，它们能激起创造性的反应。至此，惯习所指的不再是单一一套习惯，而实用主义者的关注，即我们的感觉如何向所处环境逐渐展开，与之建立关联，获得相关信息，则赋予他们对于身体的关注以某种深度，这是布尔迪厄著述中付之阙如的。

不管怎么说，布尔迪厄把物质态身体置于社会再生产的核

---

[9] 此处原文为"complexion"，特指面色。

心，成功地克服了社会学探讨身体传统上采取的双重思路的某些面向，这样的双重思路承认身体是一块理论空间，但未能充分考察该空间。还有必要强调，他的研究依然激发着数量相当可观的创造性研究和著述，探讨社会主体和社会的具身面向和感觉面向（例参 Wacquant, 2004；Wainwright et al., 2008；Sweetman, 2009；Susen and Turner, 2011）。事实上，布尔迪厄的研究纵然有种种局限，但论其深度和广度，仍不妨看作是为身体研究的发展提供了更具希望的基础之一。

第七章 文明化身体

人的身体或许不是诺贝特·埃利亚斯文明化进程理论唯一的核心焦点(Elias, 2000 [1939]),但对他为社会学和各门社会科学提出的"核心理论"而言,却是至关重要(Quilley and Loyal, 2005; Gabriel and Mennell, 2011)。本章我将提出,埃利亚斯的论著中包含着有关"文明化身体"的阐述,这支撑了他对文明化进程的整个分析。这一点明显体现于埃利亚斯对身体的整体关注,看的是它在行为准则和情感控制、互赖网络、暴力垄断等方面的历史转型中的相关意义。它还进一步体现于他的下列具体研究,考察身体作为宫廷社会中的价值符号,作为德国自由军团中的暴力载体,作为当代社会中被期望的自我约束的情感代价承载者,以及(与埃里克·邓宁合作研究的)通过体育运动和休闲活动投入"寻求刺激"。埃利亚斯通过推进这些考察,让我们以长期的视角来看身体的个体化、理性化和社会化过程,这种视角对物质文化或"技术化"的角色很敏感,并且说明在特定的历史时期,具身性的内涵究竟如何。相比于本书中讨论的其他任何理论家,埃利亚斯(Elias, 1991a: 188)还更多地提醒我们,我们是相互依赖的具身主体,而不能说个体所拥有的身体在一定程度上与自己的心智、能力或欲望相分离。由此观之,埃利亚斯使我们充分地从"身体"走向了"具身体现":"身体"依然是一种有用的主题检索词,但他关注的是相互依赖的具身主体作为体验着的历史承载者和创造者所塑造的关系。

建构论者将身体看作是一种由外部的社会力量所决定的产物，与此相反，埃利亚斯主张，社会学应当阐述人类有机体的生物性维度与社会性维度(Elias, 1978b, 1978c：107；1994b：31, 86—88)。事实上，在埃利亚斯看来，具身主体是一种兼具社会性和生物性的未完成实体，在发展出完整的突生性能力、被社会充分接受之前，需要经过漫长的教育过程，但也是"天生适应"去学习的(Elias, 1978c：109—110, 115, 136；2000 [1939])。因此，不妨认为，埃利亚斯有关文明化进程的分析与第五、六章中考察的视角相关，但在这些视角之前，就已经建构出一套有关社会形态／形成(formation)中的身体的综合理论。[1]

为了说明文明化身体的形成，埃利亚斯采取进化的、发展的视角来谈身体，主张个体和社会中的长期文明化进程导致了情感表达与身体表达方面的某些转换。简言之，现代西方社会所特有的这种"文明化"身体是高度个体化的，因为其所处的社会环境和自然环境牢固划定了它的界限。这种文明化身体也具备能力将其情感理性化，对其实施高度控制，监管自身及他人的行动，并将有关各式情境中何为得体行为的一套精细划定的规则内化。在这些方面可以拿来对比的，是中世纪早期的相对"未文明化"(uncivilized)身体，与其所处的社会环境和自然环境之间只有松散的界限划定。约束未文明化身体的行为规范屈指可数，对情感的身体表达也是直截了当，可以无拘无束地满足身体欲望，不用

---

[1] 埃利亚斯很谨慎地避免过分推广自己关于欧洲社会文明化进程的研究结论。就此而言，导致文明化身体在北美及其他地方发展的进程还需要另行分析，就美国的案例而言，斯蒂芬·曼内尔(Mennell, 2007)已经进行了这样的分析。——原注

考虑别人的利益。随着个体所面临的主要忧惧发生变化，随着各社会所特有的社会控制主导类型发生变化，在这样的背景下，身体也逐步文明化。在相对缺乏调控的社会里担心遭受攻击，逐渐被现代社会中对于羞耻与窘迫的社会/社交"忧惧"所取代，而控制也不再是自外向内强力施加于人们，而是趋向自我施加。

在更细致地考察埃利亚斯的具身体现观之前，有必要澄清他对于"文明"这个术语的用法，以及用来考察文明化进程的方法论思路。"文明"传统上被用来意带褒贬地为各个社会的经济、道德与政治进步排出等级序列。不过，埃利亚斯通过考察用以指文明的不同术语在历史上的用法变动，以及支撑这些术语的行为形式，给这个词附上了不同的技术意涵（Elias, 1996; 2000 [1939]）。埃利亚斯谈文明，并不诉诸不同社会之间的长短优劣，而更关注文明作为一系列过程，涵盖了一个社会中内部安定的程度；习俗的精致化；社会关系中的自我约束与反身性的程度；在一个社会中的成长体验，以及社会中的技术发展与应用（Kuzmics, 1988）。因此，尽管可以认为某些社会与身体形式比另一些更加文明化（Elias, 2000 [1939]），但这并不是对其相对价值的价值评判（Krieken, 2011）。而且，当埃利亚斯把个体与社会说成是"文明化的"，并不是用这个词来表示某种静态的成就巅峰。"文明化的"是一个关系性的用语，一方面提供了一种比较的手段，同时也始终指向持续的变迁过程：文明化进程并无明确的起点与终点。而文明化身体的发展也是如此。

身体乃是未完成的实体，在社会背景下不断发展，彼此依赖，拥有突生属性，不过始终处在流变状态。这就是贯穿埃利亚斯所采取的方法论思路的观念。它主要有三种体现方式。首先，

第七章　文明化身体

身体发展的社会背景既不是由孤立自处的个体所决定，也不是由其运作"非"人力"之所能及"的抽象社会事实而决定。相反，社会型构（social figurations）才是埃利亚斯著述中的基本单元。型构相对独立于特定的个体，但并不独立于个体本身（Elias, 1991a）。由于人们彼此结成的互赖关系波动不定，这些型构的形貌也变动不居。随着社会型构的变化，对人体发展产生效应的那些影响也会发生变化。因此，尽管我们可能将自己的身体自我体验为包含某种稳定的"主我"（I）或认同，与我们周遭那些人相分离，但我们的身体存在的体验、外表和培育，始终是在与我们相互依赖的他人之间的关系中发生的（Elias, 1978c；1991a：19）。

其次，埃利亚斯考察文明化身体的发展时的思路融合了社会生成性与心理生成性（sociogenetic and psychogenetic），因为它涵括广泛，上至支撑整个社会发展的长期过程，下至个体具体的物质结构、人格结构与驱力结构（Elias, 2000 [1939]：xiii, 251, 450）。这就既要考察社会分工方面的历史转型，又得研究人的行为和外表的细节，还要阐述各种控制形式是如何从外部强制转变为受超我引导的对于本能冲动的遏制，转变为超我约束的单方面表达，变成更具反身性、情感上更为复杂的自我监管方式（Elias, 1994b：59；2000 [1939]；亦参 Wouters, 2004, 2007；Gabriel, 2011）。

第三，如前所述，埃利亚斯在梳理肉身维度变迁与社会层面变迁的概念时，其基础是认为身体兼具社会性与生物性。无论是人的身体还是人的历史，要是没有进化过程中的生物因素与社会因素的相互关联，都不可能存在。话说回来，尽管具身主体保持着不可化约的生物性，但进化却使人具备了能力，使他们能够独立于生物性变化而针对新环境做出调适（Elias, 1987a, 1991b：

31—32，43）。身体就此具备了突生属性，使其能够考察自身的各项属性和特征是如何与周遭环境相互作用、相互关联的。比如说，人有能力通过符号进行沟通、思考，并建立针对现实的定位。这就使人能够基于习得知识行事，也具备了相对其他物种而言的进化优势。埃利亚斯把这叫作符号解放（symbol emanicipation，Elias，1991b：53，93—96）：我们具有独特的能力去习得并综合符号，把它们发展成以反身性、灵活性及高度的"现实对应性"为特点的语言，并以符号的形式，在代际之间传承积累起来的知识。符号解放还帮助人反思性地监管并控制自己的行为，发展并操作技术，从而成为文明化身体发展的关键前提。概言之，进化过程既使人体有可能赢得对于其他物种的支配地位，也促成了文明化身体的发展。

我在本书序论中提出，埃利亚斯的作品体现出身体在现代性状况下越来越重要。但这个说法是有问题的，尤其是因为他的理论的核心部分写于20世纪30年代中期，因此，就当代资本主义而言，尚属未完成阶段。话说回来，阿瑟·博格纳（Bogner，1992）探讨了埃利亚斯的研究与现代化理论之间的关系，提出前者分析国际关系、对身体强力和税收的垄断，在这些方面对后者大有助益。埃利亚斯捕捉并考察的那些过程，至今依然伴随着我们，通过发展他的框架来探讨以下议题的诸多研究可为明证：美国的国家形成（Mennell，2007）；中国的文明化进程和权力（Brandstadter，2003）；全球化与国民性（Inglis，2008）；父母养育之道的变化（Krieken，2005）；更有其他主题不胜枚举（Gabriel and Mennell，2011）。接下来，我将进一步发挥博格纳的看法，认为埃利亚斯创造了一种与当代社会高度相关的具身体现分析。

一、身体的历史发展

要说明具身体现的文明化形式为何在欧洲发展起来,并不能只是诉诸现代资本主义的兴起,因为它还根植于中世纪早期的武士贵族(warrior nobility)向宫廷贵族(court aristocracy)转型。尽管文明化身体的发展历程并没有什么绝对的起点,但中世纪与宫廷绝对王权之间的时期加速了身体表达模式与人格结构模式的变迁,而这些变迁至今依然明显(Elias, 1978a;2000 [1939])。在中世纪早期,人格结构轻快易变,行为难以预测,常常为着看似琐碎的原因而剧烈波动,易走极端。生命短暂,食物供给往往不能保证稳定,暴力乃属家常便饭,并不被视为不同寻常,甚至不被认为不可取(Mennell, 1987)。酷刑折磨、残害肢体乃至取人性命都能给人带来快乐,人们不得不随时准备好自卫,准备肆意宣泄自己的情感,以便守住自己的财产与安全(Elias, 2000 [1939]: 163, 370—371)。[2]

在这种情形下,要对各种驱力和身体举动进行强硬而持续的节制既无必要,也不可行。只要有可能,人们就会毫无节制地满足自己,而快乐的焦点就在于肉身的欲望。中世纪社会的确存在苦行和弃绝的极端形式,但与这幅整体画面并不矛盾。诸如此类的"约束"也属于遁入生理特性,"相比于其对立面,即好勇斗狠,肆意快活,一样地激烈偏颇,一样地彻底狂热"(Elias, 2000 [1939]: 373; 亦参 Bynum, 1987; Mellor, 1991: 56—58; Shilling and

---

[2] 尽管埃利亚斯屡屡谈到,中世纪缺乏对于行为的约束,但也不妨认为,人们其实只是在遵循不同的行为准则。——原注

Mellor, 2010a)。

而到晚近，战事频仍，破坏惨烈，也就不难理解，埃利亚斯会遭人抨击，说夸大了中世纪社会与当代社会之间的差异。然而，在埃利亚斯看来，重要的并不是暴力的累积结果，而是其性质和在日常生活中的发生状况。他曾明言，相比于我们的祖先，我们就像是唱诗班的男孩(Elias, 2000 [1939])，背后也就是这个意思。战争在现代世界中已经理性化了，相比于阿比西尼亚战士在战场上的凶猛，[3] 或是大迁移时代诸蛮族部落的狂暴，[4]"即便是文明化世界中最好战的国族，其进攻性也似乎有所克制"(Elias, 2000 [1939]: 161, 170; 亦参 Sica, 1984)。前朝往世有更多的个体更直接地参与暴力举动，肉身相搏，比如杀戮与残肢。这有助于说明我们如今目睹这类行径时，会感到厌恶和震惊(Burkitt, 2005; 参看 Ray, 2011)。

中世纪充斥暴力，缺乏对行为的抑制，与此截然相反，自文艺复兴以降，我们看到了一股长期趋势，对情感控制的要求越来越高，见证了愈益分化的身体管理准则的兴起。这些趋势与宫廷社会的发展有莫大的关系。自文艺复兴以来，几乎在欧洲各个国家，宫廷都越来越重要。到了17、18世纪，在绝大多数西欧国

---

[3] 就在埃利亚斯写作此书的20世纪30年代中后期，意大利与非洲东北部的阿比西尼亚(即今埃塞俄比亚)展开侵略与反侵略战争，双方力量对比悬殊，阿比西尼亚军队缺乏现代武器，但士气高昂，骁勇力搏，意方最后不得不频频使用化学武器。——原注

[4] "Great Migrations"，特指公元4至6世纪日耳曼诸部族向南侵入罗马帝国的民族大迁移过程，直接起因是被汉帝国击退的匈奴人转而向西侵袭东哥特人(日耳曼人的一支)。这里的"tribes"(部族)史称蛮族，在埃利亚斯笔下也是"文明"制造等级化对比的结果。

家，宫廷都具有核心意义（Elias, 1983: 35—36）。

宫廷社会将细化的身体管理准则制度化，根据人们的相对价值进行区分。那些拒绝遵从宫廷礼仪的人将招致制裁，人与人之间出现了愈益强化的趋势，结合这些标准监管并塑造自身（Elias, 2000［1939］, 1983）。在这种情形下，身体被置于宫廷礼仪价值体系的核心。国王作为宫廷社会最重要的形象，堪称明证。自每天早晨醒来，国王的梳洗打扮就被分解成一系列行为／剧幕（acts），有众多重要他人参与其间，象征着宠幸与权力的分配（Elias, 1983: 83—84）。

而人们生活其间的更广泛的社会背景更助长了这些发展趋势。与中世纪截然不同，宫廷社会并不要求个体时刻准备着展现出高度的进攻性。在大多数情况下，近身肉搏被宫廷阴谋所取代，生存的维持有赖于遵守行为准则，磨练印象管理技能（Kuzmics, 1988）。要想获得成功，呈现好身体自我比借助强力征服其他身体更为重要。宫廷人士开始必须培养起"极其敏锐的感觉：基于一个人的举止、言谈、礼节或外表，应当赋予他在社会中什么样的地位和重要性"（Elias, 1983: 55）。

对身体的监管和控制，以及对身体周遭的敏感性，都趋于增强，并且无论宫廷社会内外皆呈此势。和陌生人同床越来越让人窘迫，排泄之类的生理功能开始受制于更多的禁忌，性也移到了社会生活的后台区域（有关行为礼节的文献曾经包括建议如何应对在客栈中与陌生人同床，如果在街上撞见一对男女行苟且之事该如何）。在此之前，无论是身体还是其生理功能都不会让人心生厌恶，例如一份16世纪中期写给贵族的有关良好礼节的文献，力求改变人们对于身体排泄物所表现出的司空见惯但颇为亲近的态度：

> 一旦撞上令人恶心的东西摊在道上，转向同行者，指给他们看这摊污物，殊为失礼。
>
> 而让别人闻恶臭之物就更不合适了，因为就有人习惯这么做，甚至怂恿别人也这么做，凑近来闻然后说："我想知道该有多臭"（转引自 Elias, 2000 [1939]: 111）。

埃利亚斯指出，如果这份文献煞费苦心地强调这种做法，以便给予谴责，那很可能就证明了它确实存在。

身体管理上的这些变化并非凭空发生，而是伴随着其他一系列趋势：人们直接从暴力中获得快乐的倾向逐渐衰减，对暴力行径产生道德厌恶感的阈限逐渐下降，人的行为波动不定的幅度逐渐减少。社会开始限制人们所面临的身体危险，也就开始限制有关危险的符号象征和技术手段。有关刀的使用的禁令逐渐增加就是一例（Elias, 2000 [1939]: 105—106）。长久以来，刀就被用作武器和餐具，现在成了危险和死亡的符号。它产生了不安感，导致人们约束其广泛使用。

我们可以看到，支撑着礼节方面的这些变化的，是人们力求以一切他们觉得属于动物性或生物性的东西为对立面，来界定其具身体现。让人想起身体的自然机能的痕迹也往往隐匿于后台。甚至食物的"动物性"也遭到压制：

> 曾几何时，动物尸体摆上餐桌并当场切割，其实是令人愉快的，至少一点儿也不会让人不快。从这样的感情标准发展到

第七章　文明化身体

另一种标准，乃至于一盘肉菜都会让人想到杀了一只动物，得尽量避免。在我们的许多肉菜中，烹饪和切割的艺术大大隐藏并改变了动物原料的形式，吃的时候很少再想起其由来了（Elias，2000［1939］：102；亦参 Otter，2005）。

这种趋势，也不妨描述成文明化身体的发展牵涉到身体的愈益社会化。这里所用的身体社会化有三大特性。首先，自然机能不再与自然的节律和命令密切相关，也受到社会性的管理和组织。技术的进展也促进了这一点，比如设计与建造作为一种封闭单元的厕所，"令人非常满意地解决了将这些机能清除出社会生活、移位到幕后的问题"（Elias，2000［1939］：118）。在这里，人们对于裸体和身体机能的感觉发生变化，促进了技术的发展，但后者也有助于将这些感觉转译为此后能够变成规范的实践。第三，随着身体开始受制于越来越宽泛的禁忌，它也转型为汇聚行为准则的场所及其表达。将身体与自然相"分离"，有助于为基于身体价值区分个体奠立基础。人们共享的身体机能越来越退出人们的视线，而区分个体的礼节与性情却越来越被当成其价值和自我认同的标志。

二、身体与对区隔的追求

以上我描述了文明化身体的一些特性，接下来，我将更细致地考察推进这些文明变迁的主要因素。就身体礼节而言，有可能勾勒出一些健康上/医学上为习俗变易辩护的理据。不过，这些理据并不能导致这些发展，因为基本上是在礼节已经变易之后，旧的习俗才被视为不健康的、不被社会接受的（例参 Elias, 2000 [1939]: 97—99, 107）。相反，埃利亚斯找出了两大系统性起因和一大"局部化"起因，即对区隔的追求。它们都对身体管理的历史产生了重要的后果。

这些变化的主要局部起因在于宫廷社会中的个体对区隔的追求，这种追求有助于行为准则的内化。在中世纪，自由骑士们基本不担心自己的社会位置会遭到自下而上的威胁。因此，他们不面临什么心理压力要检点自己的行为是否混同于下等阶层。然而，宫廷社会的发展改变了这种情形。一个人在宫廷社会中的等级地位首先是由其府邸和官衔所决定的。不过，贯穿并左右着这套等级体系的地位秩序，端赖于一个廷臣从国王那里得到多少宠幸。这关系到一个人在充满张力的宫廷场域中享有多少权力和重要性，并会促成相当程度的社会流动性。如埃利亚斯所言：

> 一个人在宫廷等级体系中占有的位置……极其不稳定。他所赢得的实际的敬重迫使他渴求提高其官衔等级。这方面的任何提高都必然意味着其他人的降等遭贬，因此，这样的渴求也就释放出除了奔赴沙场为国王效命之外，仍然向宫廷贵族开放的唯一一种冲突，即在宫廷等级体系内部的位置争斗（Elias, 1983: 90—91）。

这样追求区隔，就对身体的管理提出了严格的要求。如果表现出"失礼"，会被视为令人厌恶，可能使不守礼节的人损失名誉。因此，行为准则对人的行为施加了强制影响。任何一桩判断失察的举动都可能决定一个人在社会上的位置，要想在这场地位竞争中获得成功，就要求精细打磨一套印象管理技能。人们不得不"不惮琐碎地权衡其他每一个人的姿势和表情"，细心揣摩"他们一言一句的意思为何，目的何在"(Elias, 1983: 104)。比如说，"在什么程度上孤独自处，什么程度上圆滑周旋……必须经过细致衡量；每一次致礼问候，每一场寒暄对话，都自有其玄机隐意，远甚于实际的所言所行。它们标示着人的身份地位，参与形成有关其身份地位的宫廷舆论"(Elias, 2000 [1939]: 398)。无论是"对行情看涨的某人有失恭敬"，还是"对在等级体系中步步下滑的某人过分亲近"，都蕴涵着危险(Elias, 1983: 91)。在这种情形下，情绪爆发就会造成损害，因为它们暴露了一个人真实的感情，表示出丧失了控制。

埃利亚斯提出，宫廷生活中的地位竞争"迫使人在和别人打交道的时候，克制情感，注重对行为精心计算、细致拿捏"(Elias, 1983: 111)。担心丢脸，就会在个体心中培养起一种习惯成自然的区隔性行为再生产，培养起支撑这种再生产的严格的驱力控制(Elias, 2000 [1939]: 384—386)。要维持受人敬重的地位和负有声望的人格特征，就要求富于远见、自我约束以及"重重焦虑之下的小心谨慎"(Elias, 2000 [1939]: 430)：

> 要在宫廷中争取重要性的激烈竞争中保住位置，避免遭到嘲笑、蔑视和名誉损失，就必须将自己的外表和姿态，简言之就是将整个自我，臣属于变动不定的宫廷社会规矩，这类规矩越来越强调差异，强调从属该社会的人的区隔。必须穿着特定的衣料、特定的鞋款。一举一动也都必须遵照标志从属宫廷社会的人的特定方式。就连一颦一笑也按宫廷习惯加以塑造

（Elias，1983：231—232）。

鉴于这种情形，身体管理规范逐渐开始内化。行为准则不再通过直接制裁由外部强加，而是逐渐成为潜意识的，乃至于不管有没有他人在场都会被遵守（这种情境持续至今，人们早晨起来，即使整天独自呆在家里，也通常会梳洗穿衣）。

宫廷社会中存在的地位争夺"毫不逊色于工业社会中对资本和经济权力的竞争"（Elias，1983：73）。然而，宫廷社会中的竞争不是在经济市场上决定的，而是以个体对礼仪体系的控制及在其间的位置为中介。这种情形就导致社会中的上等人试图通过行为礼节和举止风度来使自己卓然有别，将自己的标准确立为规范，别人也不得不遵循。这样的地位竞争给礼仪的一招一式[5]都附上一种"拜物教性质"。在宫廷社会中，"自下而上"的对于承认、回报和地位的持续压力，"自上而下"的由这种竞争引起的忧惧，成了"精雕细琢的文明化的最强大力量之一"（Mennell，1989：107），具有社会支配位置的人赖以展示自身阶级。比如说，在17世纪下半叶的法国：

> 来自宫廷的习俗、行为与时尚持续渗透到中上阶层[6]里面，被竞相仿效，并根据不同的社会情境而有或多或少的改变。从某种角度上说，它们就此丧失了作为区分出上等阶层的手段的

---

[5] "every act of etiquette"，这里的"招式"也带有演剧的意味。
[6] "upper middle classes"，并非上层与中层的合称，只是中层中更接近于或更自认为接近于上层的那一部分。

特性。它们在一定程度上贬值了。这就迫使那些上层的人对行为作进一步的打磨和精致化。从宫廷习俗的发展，下向扩散，在社会中稍稍变形，到作为区隔标志趋于贬值，就是上述这种机制，在一定程度上推动着通过上等阶层实现的行为模式持续运动（Elias, 2000［1939］: 86）。

纵观历史，地位竞争体现为两种主要形式。第一种的特点是个体主义的社会流动企图，即下层的成员效仿上层，但往往在其行为中留有印记，暴露出"个体的社会提升所要求的巨大努力"（Elias, 1983: 186）。第二，当下等群体的社会权力上升，并以上等群体的社会权力下降为代价，各群体就倾向于夸大其差异，各自宣称是高等优越的样板（Elias, 2000［1939］: 429—431）。

就这样，宫廷社会中追求区隔，推动着对行为准则的监管和内化。不过，宫廷竞争还产生了三项意外后果。首先，人与人之间的相互认同更加巩固，也更加频繁。埃利亚斯在《宫廷社会》中证明（Elias, 1983），要在一个竞争情境中维护甚或提升某人的社会位置，就必须用更为"心理性"的眼光来看人，包括精确观察自己和他人的行动与表达。更加自觉地考虑自己的行为将被他人如何解释，也可以视为与他人之间达成更高水平的认同。人们被迫更加关注比此前更多的人（Goudsblom, 1987），但相互认同也有助于对他人产生程度更高的同情和移情。而布尔迪厄（Bourdieu, 1984）与戈夫曼（Goffman, 1969［1959］）则点明，到了当代社会，对区隔的追求依然是印象管理背后的重要推动力，用埃利亚斯的话来说，不妨看作是提升了人与人之间相互认同的程度，远高于前朝往世。与这一相互认同的长期提升过程相伴而来的，是羞耻与窘迫的阈限上升。当情感战胜了情感控制，逾越了内化的行为准则，就会体验到羞耻；而当其他人破坏了社会惯例，自己就会感到窘迫（Elias, 2000 [1939]: 296）。论述行为礼节的文献甚至致力于在个体身上培养羞耻感和窘迫感（Elias, 2000 [1939]: 114）。

其次，要更加关注他人，不仅必须以更具心理性的眼光来看别人，而且还要有能力提前筹划，基于未来可能出现的后果，对行动做出预见。一旦如此重视意见，行动的后果就不再限于其直接效应，还必须结合其后续的连带后果来考虑。当代货币经济中的往来往往是暂时的，迅速了结（Simmel, 1990 [1907]），相形之下，宫廷社会中的所有关系都是持久的，"一句无心之语就会后患无穷"（Elias, 1983: 110）。不仅如此，在宫廷社会中，公共生活与私人生活之间缺乏明确分界，意味着身体处在比如今更为持续的展示之中，需要始终保持警觉和管理。

宫廷社会中这种对于区隔的追求的第三项后果，在于创造出并逐渐扩大成人与孩子之间在身体上和心理上的距离。按照埃利亚斯的说法（Elias, 2000 [1939]: x—xi），西方社会中的"成长"过程无非就是"个体的文明化进程，作为多少个世纪以来社会的文明化进程的结果，每个年轻人都会从诞生伊始就自动受制于这一进程。"随着成人所践行的自我控制程度增加，孩子也不得不学习更多的东西，才能发展出文明化的身体，成为完整的、可被接受的社会成员。在现代，成人与孩子的行为、语言与思维之间有着"深切的距离"，孩子要在寥寥数年内掌握高级水平的"历经千百年发展起来的羞耻和厌恶"（Elias, 2000 [1939]: 119）。因此，他们的本能生活必须马上受制于严格的控制（Elias, 2000 [1939]:

119，153）。事实上，孩子如果未能达到社会所要求的那种程度的情感控制，往往会被视为有病（其实最近几十年来已经显现出不良行为的医学化的整体趋势），这也表明了发展文明化身体的重要性（Elias，2000［1939］：120）。

在教育和发展孩子的身体以符合文明化身体的标准的过程中，首要的行动者/中介（agents）就是父母（绝大多数是母亲）。父母要负责训练自己孩子如厕，教他们以得体的方式擤鼻涕，教他们怎么系鞋带，还有公共场合怎么管理好自己的身体，不要大喊大叫，乱冲乱撞。事实上，埃利亚斯主张（Elias，2000［1939］），文明化进程的要求越高，父母要实现这一任务所承担的压力就越大。话说回来，父母只是这种调控的（往往不够充分的）手段，因为总归是作为整体的社会，整个人类型构，对新的一代施加压力。从这一分析显然可以看出，埃利亚斯拒绝接受心理学家有关孩童期的不具历史维度的分析。如果把个体看作是历经各个历史时期都以千篇一律的方式发展，就无法理解孩子"社会化"过程中涉及的诸般问题（Elias，1998；Gabriel，2011）。其实，根据孩子与成人之间的关系存在多少距离，其性质如何，有关孩童自觉意识与本能冲动的问题也会有许多变化（Elias，2000［1939］：153）。

因此，文明化进程就会使得成人身体与孩童身体之间的心理距离与身体距离都趋于增加。这体现于成人能够展现的表情、可预测性和控制的范围，以及他们能够事先筹划和与别人取得认同的程度。成人的身体越是受制于自我与别人的监管和控制，孩子的身体在能够被接受进入成年期之前，必须投入的劳动就越多。孩童的身体不再能够即刻表现出驱力与身体表达之间的关联，而是转型进入成年期的规范模式，情绪冲动很少能像从前那样宣泄出来。

要说明这些差异，重要的是要记住，只有当身体兼具社会性和生物性的地位，有了符号解放这一进化发展，以及我们通过驾驭技术来协助并延伸我们与他人之间锻造的关系，才能促成成人与孩童之间的鸿沟（比如说，在富裕的西方社会，开车成了获得成年人地位的近似条件，既增加了孩童与其长辈之间的社会距离，也增加了其间的技术距离［Elias, 1998］）。

三、身体的社会互赖性

与文明化身体有关的这些变化背后，有着局部性的直接推动力，就是宫廷社会成员最初发动的对于区隔的追求。不过，支撑这些变化的还有更为广泛的系统性过程，构成发生这些变化的前提条件。第一种在于社会分工的不断演进，导致人与人之间的互赖链条延长。随着个体的密度加大，互动更为频繁，人们不得不更多地考虑自己行动及他人行动在当下和未来的效应。成功不再依赖于打斗的能力，而在于持续的反思和预见，在于更多地获取有关关联网络的知识，对个体来说，这些网络变得"更为模糊"，不那么适合直接控制了（Elias, 1978c : 68）。

支撑身体控制与表达方面变化的第二项系统性因素，在于形成越来越有效的暴力垄断。在封建时代，人口增长和迅速消耗的可用土地供应缔造了新的情境，领主们几乎是被迫相互争战，竞夺土地。埃利亚斯指出（Elias, 2000 ［1939］: 218—219），任何拒绝参与这场斗争的人"只能一味守成，而其他人都在力图开疆拓土，最后必然比别人更'小'更弱，越来越有危险俯首称臣"。不过，随着竞争逐步清除参与这场斗争的对手数量，中央集权的力量也开始增长，导致那些地方的人们面临更大的压力，要彼此和平共处。由于合法暴力的手段逐渐汇聚于宫廷或国家，具体个人所体现的威胁也变得更加可以计算了。暴力行为的成本也急剧上升，情绪爆发很可能遭到中央集权的严厉惩罚。在这种情形下，"情绪的形塑和驱力系统的规范也同样逐步发生变化"(Elias, 2000 [1939]: 169)。这就意味着日常生活的危险趋于减少，并且更可预测。不安定感减缓，而筹划也开始具备了可能性与必要性。

暴力垄断的巩固，互赖链条的延长，以及文明化身体的发展，这些现象是彼此相关的。一方面，对暴力行为的禁忌与国家对暴力垄断的效力增长密切相关。人们认识到暴力行为会受到政府的惩罚，因此越来越要对进攻性的冲动进行监管和控制。实际上，长远来看，国家垄断也不能单凭强力来维持，加强驱力控制才是国家垄断取得成功的重要条件。况且，人际互赖关系的增长也使暴力愈发不合宜，其效应更难逆料。另一方面，融合对暴力的垄断的那些国家形式与不断增长的分工愈益紧密地交织在一起，促进了城镇和行政管理机器的成长，货币的使用，以及人口的增长(Mennell, 1990: 208)。

复杂的社会分工促进了社会互赖，也激励了埃利亚斯所称的"功能民主化"(functional democratization, Elias, 1978c: 68)，即社会群体之间愈益趋向相互控制(亦参 Goudsblom, 1989)，导致个体之间的某种"平等化"效应。这是因为，互赖越是发展，各支配阶层的位置通常就越是依赖于被支配阶层，后者的潜在力量就越是强大（Elias, 2000 [1939]: 176—177; Elias and Dunning, 1986; 有关美国的情况亦参 Mennell, 2007）。内局群体内部竞夺着地位和其他回报，不得不考虑到外局群体大众的要求。[7] 这样的情形也助长了不同群体各自特有的行为准则的交换。这种趋势不仅适用于不同社会阶层之间——由于欧洲各地的功能民主化，发展出各具特点的方式，缩减了地位分隔——也适用于两性之间（Elias, 1987b; Wouters, 2007）。比如说，埃利亚斯提出，在 17、18 世纪的绝对主义宫廷社会，丈夫对妻子的全面支配第一次被打破（Elias, 1987b: 184）。这段时间里，妻子的权力迅速上升，因为社会舆论在相当程度上是由女性来决定的，而在地位市场上，社会舆论又是成功的关键。

总而言之，随着社会分工的细化，暴力垄断的发展，对于回报的竞争逐渐摆脱了难以预测的强力，转向调控有度的工商贸易和印象管理等领域。在这样的背景下，受到控制、可以计算的对于具身行动和情感的管理，对于获得成功也就越来越重要、越来越必要了，从而成为文明化身体发展的前提条件。

---

[7] "established" 和 "outsiders" 是埃利亚斯 1965 年发表的社区研究著作中的一对核心概念，通用的译法 "定居者/定居群体" 和 "外来者/外来群体" 强调了进入社区的时间长短，进而强调对各类资源的把持和竞夺，此时可采用 "(地位) 既定群体/既得利益群体" 和 "旁观者" 的译法，但埃利亚斯强调的是符号资源的塑造和竞夺（配合其 "我群克里斯玛" "他群污名" 等概念），在这个 "局" 中，这两类群体的关系不单单是表面看似的 "局内人" 和 "局外人" 的关系。如果 "局外人" 拒绝玩这个 "局"，这个 "局" 也就不存在了，至少可以说符号效果不强了。所以我们颠倒过来，译作 "内局群体" 和 "外局群体"，以强调两类群体在行动取向上的同构性。可比照布尔迪厄有关场域、压迫与抵抗之辩证关系的分析。

四、文明化身体

基于如上分析，我们可以来概括一下文明化身体的主要特征：文明化身体的发展涉及身体不断趋向社会化、理性化和个体化。如前所述，我所说的身体的社会化，指的是自然机能的退隐，身体转型为行为准则的场所和表达。人们越来越把身体作为社会性的东西来领会和管理，从睡衣和厕所，到更衣室、镜子、化妆品和剃须刀，在多种技术的协助下，更多的身体维度与身体功能被界定为生物性或自然性的生命领域的对立面。

与此相伴的是身体的理性化。在中世纪，冲动即刻展现于意识与行动。然而，随着文明化进程的发展，人与人之间的界限得到加强。相对文明化的身体具备自我控制，表现为"道德"或"理性思维"，在以下两方面之间居中协调，"一方面是自发性、情感性的冲动，另一方面是骨骼肌肉"，促成了满足的推延。这就防止了冲动任意表现在行动中，"而未经这些控制机制的允许"（Elias, 2000 [1939]: 478; 1983: 243）。不仅如此，在当代英美社会中，理性化的身体管理和行为身体的规范性特征已经变得如此牢固，以至于已经有了一支心理"技术专家"大军，可供竭力实现这一目标的人们使用，随时准备着介入被视为在践行情绪控制能力方面出现发育偏差的孩童的个案。身体的理性化还包括身体的愈益分化：它越来越不被视为一个"整体"，更多地被看作是一种包括许多部分的现象，可以分解开来，宜于控制。同样，在这里，埃利亚斯称为"技术化"的过程（Elias, 1995）非常重要。随着人们更为密切地审查身体，关注点转向将会有助于他们完成这一任务的那些技术的发展。从"定点减肥"[8]饮食到运动科学，从外科手术到人类基因组计划，就其对于具身体现的影响而言，物质创新常常伴随着文明进程。

无论是对戈夫曼有关自我呈现和身体习语共享词汇的洞见，弗罗因德有关力比多和情感态身体的考察，对心理社会压力源在当代的重要意义的分析，还是霍克希尔德有关束缚空服人员身体的社会规范的研究，埃利亚斯有关身体社会化和理性化的分析都可谓提供了历史的基础，否则前面各项研究在这方面都付诸阙如。文明化进程越是将身体社会化，身体就越是成为人们发现难以抵抗的行为准则的场所与表达。与此类似，文明化进程越是将身体理性化，人们就越有能力控制自己的身体，而他们面临这么做的要求也就越多。

不仅如此，埃利亚斯有关身体理性化的分析就像韦伯关于社会理性化的分析，展示了理性化是一把双刃剑。随着文明化进程的演进，生命变得越来越不危险，也变得越来越缺少兴奋（Elias and Dunning, 1986; Dunning, 1999）。随着策略性思维取代了即刻的表达，自发的快乐与受控筹划的安定感之间存在某种平衡（Kuzmics, 1988: 155）。其效果之一就是，那些不再能在人与人之间直接展现的驱力和激情就会被内化。日常生活中暴力的程度可能确实减少了，但"战场却……移进了……驱力，激情，它们不再能够在人与人之间的关系中直接展现，却往往在个体内部展开抗争，对抗自身负责监管的部分，其暴烈程度丝毫不减"（Elias, 1978c: 242; 2000 [1939]: 375, 377—378）。对于孩童

---

[8] "spot-reducing"，或译"特定部位减肥"。

的严格形塑往往导致人际冲突，在有助于确定其人格结构的模式的同时，也会有损于成年之后的人际关系（Elias, 1978c: 242; 1982 [1939]: 245）。实际上，在个体身上负责监管的自觉意识与被监管的驱力之间，往往不存在任何彻底的了断。两者之间的平衡经常遭到各种干扰，从"人身上一部分反抗另一部分，或持续萎靡不振，使社会功能的执行甚至更加困难"，到感到厌烦、持续躁动和不满足。要实现对于身体及其驱力的控制，外部和内部的努力也都会导致强迫行动及其他不安症候："自我控制的习得……年轻人的文明化，从来也不会一帆风顺，全无痛苦，而总会留下伤痕"（Elias, 2000 [1939]: 375—377）。

身体的理性化进程中付出的代价启发了埃利亚斯和邓宁合作（Elias and Dunning, 1986），去研究体育运动与休闲活动在社会中的兴起及位置。首先，埃利亚斯提出（Elias, 2000 [1939]: 170），文明化社会有一点别具特色，就是观看或聆听一场文体盛会（events），就要对情感的抒发进行调控，这就影响到书籍、戏剧和电影的发展。回顾历史，个体从小就被教育要避免以积极进攻的方式表达快乐，而是要养成从观看中求快乐，规则有序、经过协调、冷静理智、比较被动的快乐。按照帕西·法尔克的说法，强调的重点出现了明显的转移，从"肉身特性的表达性一面转向体验性一面"（Falk, 1985: 115）。同时还伴随着另一场转变：个体在公共场合如何获得兴奋才是可以接受的。在这方面，埃利亚斯（Elias, 2000 [1939]: 170）引用了 1774 年出版的拉·萨勒的《文明论》（*Civilite*）："小孩子都喜欢用手去摸觉得有意思的衣服及其他东西。这种冲动必须予以矫正，必须教会他们，看的一切东西都只能看不能摸。"今天，这条训言在成人那里几乎成了不言自明的事情，他们基于社会灌输的自我控制，倾向于克制自己去触摸想要的东西。现在是眼睛和耳朵成了人们在公共场合的主导体验中介；这样的发展既有助于广告、3D电影和电游设备之类领域不断的技术创新，也在后者推动下愈益巩固。

纵观历史，体育运动作为一种相对非暴力的身体对抗形式，其兴起也伴随着整个社会的暴力减少，以及用非暴力手段来解决冲突，这就为我们提供了身体理性化的一桩佳例（Dunning,1999）。不受抑制的驱力曾经被疏导到暴力之中，而如今取而代之的是"模拟"对抗，在这种对抗中，人们精心确立规则，以维持适当的／得体的"张力平衡"（Elias and Dunning, 1986）。本职工作所要求的情感约束往往广泛渗透到人们的业余生活之中，会导致个体觉得自己"枯燥""单调"或"萎靡"。而体育运动已经成为人们能够体验到兴奋的主要方式之一（Goodger and Goodger, 1989; Bottenburg and Heilbron, 2006; Liston, 2011）。观看篮球、橄榄球或足球之类的体育赛事，让个体有机会体验到"受控的情感解控"（controlled decontrolling of emotions），感到高度享受，而在工作等其他公共生活领域，他们很少有机会如此（Elias and Dunning, 1986: 65页以下，96; Wouters, 1986, 1987）。这些机会也使得文明化进程所造成的内在自我约束更能忍受。它们给文明化的身体提供了释放的渠道，提供了"充电"的机会，有助于身体回归工作所要求的一致性。

如果说谈起文明化身体的主要特点，第一点就是身体的社会化，身体的理性化算第二点，那么具身自我的个体化就是第三点。埃利亚斯指出（Elias, 2000 [1939]: 475），"壳中自我"（self in a case）的观念是西方哲学中反复出现的主题之一，而人们也真的体验到了这一点。个体往往把自己理解为与别人相分离，觉得自身的确如此，而身体的作用就是自我的容器，或者像维特根斯坦所说的那样，"一个空管子，充斥的只是心智"（Wright, 1980: 11）。这种"封闭的人"（homo clausus, closed individual）模型受笛卡尔的影响最大，贯穿着莱布尼茨的著述，并在康德的思想中达到巅峰。它关注的就是个体如何能够从其封闭的思维中"向外伸展"，获得有关周遭世界的可信知识。埃利亚斯指出（Elias, 1978c: 130; 1991a: 114—115），这种模型将人描绘成"思考的雕像"，是孤零自处的自我，缺乏从前代传承下来的概念、符号、身体习俗和习惯。

　　埃利亚斯认为，这种观念是如此不言自明，以至于很少被人质疑，考虑到当代社会对于自我控制的强调，也就不足为奇了。然而，将个体区分开来的这种界限的实质"从未得到正确的说明"（Elias, 2000 [1939]: 472）。我们的"身体感觉"看似具有的"私人性和个体性"，根本不能作为理据来概括说，我们"天生……就是自足而孤零的存在"（Elias, 1978c: 134; 2000 [1939]: 481—482; 1983: 209）。事实上，这些体验本身就是文明化进程的结果，其中的我们属于"相互依赖的个体，共同构筑纷繁多样的型构"，使我们开始感到，我们都居处于某个"内在世界"中，与某个"外部世界"相割裂，中间仿佛是一道"墙"或皮肤壁垒（Elias, 1985: 52）。自中世纪末以来，人们具备越来越强的自我超脱和情绪控制的能力，开始更多地将自身领会为个体，与他人互相分离。对象／客体（objects）也呈现为外在性，开始具备与人们对它的直接用途相分离的意义（Elias, 1983: 252）。

　　身体的个体化对于行为礼节的演进产生了重要后果，因为它在人群中倡导对自己的身体更具反身性，并将自身感知为与他人不同。埃利亚斯认为，其结果便是人们开始建构"自己身体与他人身体之间的情感之墙"：比如说，手帕和睡衣作为人群真正发生转型的技术表现和符号表现而兴起（Elias, 2000 [1939]）。味道、声音与行动开始与特定的个体联系在一起，而不是整个物种，人类的血肉成了窘迫之源（Duroche, 1990）。身体与身体之间开始创造出距离，人的血肉开始成为窘迫之源。承诺"24 小时防护"的除臭剂和止汗剂，承诺剃得更彻底的四刀头和五刀头剃须刀，承诺帮助消除肚腩、道德疑虑或多余体重的饮食控制，这些都是在利用这种个体化过程。身体要想被接受，越来越需要以个体的方式，参照有关行为的社会规范，进行管理。

至此可以清楚看到，文明化身体的三大特征包括身体的社会化、理性化与个体化。尽管埃利亚斯分析文明化身体所针对的历史时期开始远早于现代，但我们不妨认为，他所捕捉到的过程依然在进行之中；我们仍要强调，身体对现代人的自我认同观来说，意义越来越重要。文明化身体的发展往往使人们孤独自处，其身体成了壁垒，阻碍与他人接触，产生蕴含意义的沟通。身体管理的标准要求人们监管并控制其身体，但这种情感控制的连带后果就是他们萎靡不振地居于体内，与体共存，并/或者苦于有可能损害自己健康和安适的心理社会性负担（Freund, 2011）。正是因为存在强大的文化意义系统，使得宫廷社会中的人们产生了自己行动的理据。然而，时至今日，个体越来越孤独自处，唯有以愈发增强的反身性，思索自己文明化身体的局限，却没有资源让自己能够为这种情境提供说明或正当性辩护。

五、文明化身体的瓦解

尽管在埃利亚斯的研究中,文明化身体的发展具有某种整体方向,但文明化进程又是不均衡的,有时会陷入逆转时期。进化过程为人类提供了文明化身体的发展所必需的生物性装备,但是否能真正实现,还要看人们的行动。国际层面或国内层面的不同文明对于身体所产生的效应,当社会系统内部发生去文明化过程时进入的逆转时期,以及社会中存在的相对"未文明化"的外局群体,都彰显了这种或然性。

首先,在国际关系和国内关系层面上的文明化进程进度不一,这对文明化身体的维护产生了重要影响。国际性的暴力控制和垄断的力度往往不如国家层面的。埃利亚斯指出:"如果把减少相互之间的身体威胁或增进和平共处看作是确定文明程度的决定性标准,那么可以说,人类在国内事务上已经达到的文明层次要高于国际层面"(Elias,1988:181)。在斯蒂芬·曼内尔有关美国文明化进程的开拓性分析中(Mennell,2007),以及越来越多借鉴埃利亚斯的作品来探察国际关系的研究中(例参 Linklater, 2007;Kasperson and Gabriel,2008),都继续推进了这些洞察。不仅如此,当国家之间的敌对关系最终发展为战争,身体冲突就会导致文明化身体的某些特性遭到瓦解,许多士兵在退伍后重新适应平民生活时会遇到种种困难,就是这种情形的例证。

其次,在一个国家里,当一些群体面临可能丧失其现有社会位置的威胁时,文明化身体的发展就会出现例外与逆转。比如说,在中世纪晚期,当西欧旧的武士阶层中有一部分被"驯服",转化为廷臣,未被吸纳到宫廷中的其他部分由于其社会基础遭到侵蚀，其实会变得更具暴力，更显进攻性（Mennell，1990）。在德国自由军团所犯下的暴行中，也有类似的过程在起作用。根据埃利亚斯的解释（Elias，1988：197），这些战士反对和平，因为和平威胁到他们在社会中的位置，"立志要毁灭这个世界，因为它拒绝认可他们的成就和宗旨，并就此显得毫无意义"（亦参Theweleit，1989［1978］）。有关暴力种族主义的某些实例或许也能从这些角度予以说明，因为相对缺乏权势的群体会迁怒于移民，视之为对于自己社会位置或就业前景的威胁（Loyal，2011）。更一般地说，在战争时期，由于国家支持的暴力的介入，文明化进程会被迫趋弱。

第三，在社会中的内局群体与外局群体之间，文明化身体的发展可能达到的层次是不一样的。人与人之间如果存在牢固的内局群体与外局群体之界限，被社会的完整成员资格所包容或排斥，就会导致外局群体使用暴力作为表达手段。内局群体在冲突中通常遵循支配性的行为准则以捍卫自身的特权，但外局群体并不都是这样。邓宁等人（Dunning et al.，1988）推测，英国或许正在经历一场去文明化的暴力回潮。尽管功能民主化进程使外局群体有可能大声疾呼其要求，但尚不足以瓦解其实现社会政治要求时遇到的障碍。

埃利亚斯和斯科特森在"Winston Prava"进行了社区研究，考察其内局群体和外局群体，刻画了内局群体与外局群体关系中涉及的一些导致上述差异的过程。对于那些靠遗产过活的家庭，大家给予的共享界定是价值较低的，"从父母延伸到孩子，影响到后者的人格发展，尤其是他们的自我意象和自我尊重"（Elias and Scotson，1965：144）。因此，尽管"外局群体的年轻人"希望获得某种能给自己带来尊重的自我认同,但要实现这一点,却只能诉诸"攻击并尽可能破坏秩序井然的世界,他们被那个世界所排斥,却不十分理解原因何在"(Elias and Scotson, 1965: 120)。

埃利亚斯点明(Elias, 1994a),这种研究对文明化进程并非没有更广泛的推论意义。人的自我观念与其在社会中作为内局群体或外局群体的位置密不可分(Van Stolk and Wouters, 1987),并不同程度地影响了他们确立持续有效的驱力控制的能力。实际上,埃利亚斯提出(Elias, 2000 [1939]),要让人们树立并维持超我动因,稳定地控制驱力,就需要有比较高的生活水准,比较强的安定感。这一点既适用于当代社会中内局群体与外局群体的关系,也适用于数百年前的贵族群体与被剥夺群体(Kuzmics, 1988: 173)。

正式化与非正式化的潮流波动也使文明化身体的发展更显复杂。比如说,20世纪60年代常常被视为一个特殊的时期,人们纷纷抛弃了情感约束,转而追捧自发的自我表达。然而,武泰却认为(Wouters, 1986, 1987),对于这一时期以及类似时期,也不妨看作属于高度受控下的情感解控。这个时期要想推进社会的非正式性/不拘礼节(informalities)和个人的实验,就要求高度的自我约束。类似的状况可以追溯到更早的时期,就像在20世纪30年代,当时对于生活中洗澡、跳舞和谈论自然机能之类的事情禁忌有所放松。同样,这些事件之所以可能,也只是"因为习惯成自然的、技术上和制度上趋于巩固的自我控制程度……整体上有所确保。这只是在业已确立的标准框架内的某种松动"(Elias, 2000 [1939]: 119)。如果接受这种观点,就很难具体指明究竟是什么构成了去文明化的过程:即使一个时期里的自我控制标准看似有所松动，或许也只是文明的某个加固期当中的一次潮流（有关具体指明这些条件的尝试，参看 Mennell, 1990)。

六、历史态身体

在埃利亚斯有关文明化进程的分析里，蕴含着我所称的一套基于历史维度的有关文明化身体的理论。与自然主义观点截然对立，身体与社会并不能化约为生物或自然的前社会性领域。相反，埃利亚斯关注的是人类，其具身体现是进化发展中包含的生物性过程与社会性过程的产物。基于这一背景，埃利亚斯致力于考察以下几方面之间的关联，"心理功能的结构，即给定时期内行为控制的特定标准"，"社会功能的结构"，以及"人与人之间关系的变化"（Elias, 2000 [1939]: 439)。换言之，个体身体的变化与社会型构的变化密不可分。

如果说埃利亚斯的身体观不同于自然主义思路所采纳的角度，那么它也有悖于社会建构论者所持的主张。在埃利亚斯的作品中，身体固然越来越社会化，但这一过程本身却是由人的那些促成历史的生物特性在背后推动的。如前所述，埃利亚斯主张（Elias, 1991b)，进化过程为人类提供了一种生物能力，即习得能力，使人类摆脱了对于进一步生物变化的依赖。人的这种非凡的习得能力，以及独特的综合能力，即通过运用符号来制造关联，再加上以符号形式在代际之间传承积累下来的知识的能力，促成了"独立于生物变化而产生迅速的社会分化，适应新环境"（Mennell, 1989: 204)。生物性的装备使人有能力主要借助习得经验来塑造自己的行动，也赋予了人一种独特的能力，创造自己的历史，塑造"自己"的身体，不为其他物种所共享。绝大多数社会学家都认为，社会性、文化性的过程使生物学与历史毫不相干，而埃利亚斯独树一帜，认为正是进化过程使得生物学的重要性大大降低。

埃利亚斯的研究为身体社会学的发展奠定了富有前景的基础。下一章我将再次谈到他的研究的重要性。不过，针对他的分析，也不妨提出几点批评。首先，与宫廷社会截然不同，要理解资本主义，不能只是诉诸面对面互动有关的诸项条件（Honneth and Joas, 1988 [1980]；Kuzmics, 1991）。当然，埃利亚斯非常清楚，随着资本主义的发展，施加于个体的要求也大大增加了。他更强调这种状况下个体对于身体的管理也更加重要（Elias, 2000 [1939]）。尽管这种立场并不直接回应相关批评，但也大有理由认为，这类脸面劳动和身体劳动属于资本主义的应有之义，吉登斯也在一定程度上持有这种立场（Giddens, 1988, 1990）。

要是说埃利亚斯过于侧重身体某些维度，带有明显的选择性，这种批评或许更中肯一些。埃利亚斯强调说，由于符号解放，生物特征的重要性降低。这种说法固然不容忽视，但未免言之过甚。符号解放之后，人的生物性构成往往被贬低为文明化进程的单纯载体。不妨把这说成是"人类例外论"的例证（human exceptionalism, Benton, 1992: 229）。人类例外论主张，当人类进化到某个阶段，会出现一些文化能力和社会能力，取代生物机制的重要地位。而现在，埃利亚斯本人也认识到，资本主义对身体产生了深刻影响，因为它对人们施加了诸多要求，使"即刻的倾向"臣属于"压倒一切的互赖之需"，在行为中清除一切不规律之处，实现持续的自我控制（Elias, 2000 [1939]: 380）。话说回来，尽管埃利亚斯把握到这种肉身理性化是一把双刃剑，却未能充分探明这类过程会对健康和疾病造成什么影响，或者用弗罗因德的话来说，对人们的身体安适产生什么效应。考虑到埃利亚斯对于死亡和临终过程的研究兴趣（Elias, 1985, 1990），这种缺失令人惊讶。生物特征不会单单由于社会越来越复杂精致，就不再构成对于人类行动的约束。当代社会中的死亡率与发病率各见差异，意味着对于人类主体的构成而言，社会性过程和生物性过程依然居于核心地位。

其次，不妨认为，埃利亚斯的文明概念作为一种机制比较缺乏分化，难以处理某些肉身变迁。比如说，当代资本主义对个体施加了越来越多的规训，迫使他们调控工作时的行为。相形之下，也可以说，家庭生活变得更加私人化，相比于宫廷社会，受制于行为准则的程度更低。埃利亚斯（Elias, 2000 [1939]: 89）也在一定程度上认识到了这一点，所以会谈论"消费技术的高度精致化"，但并没有深究这些变化的连带意涵。在当代社会，私人生活很可能更多地变成"后台"，人们在此摆脱了雇佣劳动的要求（Goffman, 1969 [1959]）。速冻食品和快餐食品取代了坐等侍者上菜的正式大餐，放屁、打嗝和抠鼻屎在雇佣劳动中的许多公共场合可能不为社会所接受，但在居家或开车之类看似私人的场合里，人们却往往不自觉地做这类事情。可以说个体只是根据所居处的情境的变换，有选择地应用标准，还远谈不上彻底内化了行为准则。

布尔迪厄认为（Bourdieu, 1984），这些准则具体被人遵循的程度，也可能要看某人所处的社会位置。克劳福德有关自我控制和健康的研究就支持了这一观点（Crawford, 1987）。他发现，在

第七章 文明化身体

工人阶级当中，每到雇佣劳动之外的休息时间，对于身体控制的要求就可能被视为侵犯了留给"放松"的时间，因此会遭到拒绝。无独有偶，尽管女性与男性之间的不平等或许的确有所减少，但许多人仍会怀疑，用文明这个概念来描述依然普遍存在的强奸与性骚扰是否合适。至少可以说，在文明化进程所带来的代价中，女性所承受的份额过大。男性和女性固然都加强了对自己情感的监管和控制，但行为准则依然在不少重要方面有性别角度的差异。比如说，在男人身上会被视为"自信果断"（assertive）的言行，搁到女人身上就常常被归为"气焰嚣张"（aggressive）。观察当代社会中受控的情感解控存在多少机会，或许也能看出社会性别角度上的差异。事实上，女性的身体已经被通过如此多的方式呈现出来，让男性能够消费，这也不妨看作是当男性"放松"的时候，女性还在工作。不过，晚近对于英国夜生活发达的城市中女性聚众狂饮和"行为下流"的担忧也表明，这幅整体画面自有其例外之处（Jackson and Tinkler, 2007；Carvel and O'Hara, 2009）。

也可以简单地打发这些批评意见，说它们意味着对埃利亚斯"文明"这个术语的用法的误读。但鲍曼有关现代性、理性化和大屠杀之间关系的分析（Bauman, 1989）尽管在更广泛的层面上展开，究其本意，却并不构成埃利亚斯立场的反题，促成种族灭绝和大规模破坏的机制可能与文明化进程的某些核心特征密不可分。还有一点与此相关，文明化进程与文明化身体的塑造与瓦解在时期上并不完全对应。曼内尔指出（Mennell, 1990），文明化进程积数百年之功才得以牢固确立，却有可能毁于一旦。对于这一批评，埃利亚斯可以做出辩护，只要说明每一代新人的文明都有赖于人类主体的行动，就不用解释上述差异。在这种情形下，只要出现一段社会失序的时期，扰乱了通常的社会化模式，就能迅速破坏长期以来的文明化进程。不过，这种辩护也存在一个问题。埃利亚斯非常强调个体身上驱力控制的内化过程。这似乎对个体的行为产生了持久效应，并预设了一种稳定性，近似于皮埃尔·布尔迪厄对于惯习的用法。然而，去文明化进程要能发生，就需要使这些控制在个体身上迅速瓦解，而这种情形与其稳定内化的趋势似乎有所抵触。

针对埃利亚斯的第三点批评说的是，他有关文明化进程的阐述构成了对于弗洛伊德的"单线"历史化，"本我"在其中被逐步纳入社会控制，进而是个体控制（Collins，2009）。这一批评意见整体上排斥"趋势理论"，因此值得一提，但同样有必要指出，虽然埃利亚斯的研究（Elias，1998）对于社会过程，对于型构的具身特性改变人之为人的内涵的多种方式，其重视程度远甚于弗洛伊德，从而改变了弗洛伊德有关人格结构的阐述，但还是被明确批评是基于"精神分析视角下的人"（homo psychiatricus）。他关于文明化身体的阐述并不依靠对精神范畴的自成一体的阐述，而是采取一种整体论观点，探讨在特定的历史时代，是什么构成一个具身主体。埃利亚斯对文明化进程的例外与逆转的许多关注，再加上他坚持认为文明化进程的未来是开放的，嫌弃那些企图抢在历史的未来之前做出具体陈说的决定论社会理论，从另一个角度反驳了对其研究的这种解读（例参 Elias，1995）。

第四，对于那些导致意料中后果的具身行动，埃利亚斯的理论没有留出多少余地。个体的行动的总和创造出了文明化进程，但他们并不预期自己的行动会产生这类效应。文明化进程所产生的那些制度和身体变化既非个体所意料，也非个体所筹划。对于

第七章　文明化身体

行为的控制越来越复杂，越来越稳定，自个体诞生伊始就开始灌输，把他/她"当成机器人"（Elias, 2000［1939］: xiii, 367）。文明化进程是一种迫力，即使人们有意识地希望反对它，也无法抵御（Elias, 2000［1939］: 368）。概而言之，在历史的进程中，在文明化身体的创造中，"意外"的东西支配着"意料中"的东西。文明化进程这种秩序"比构成该秩序的个体的意志和理智更具迫力，更为强大"（Elias, 2000［1939］: 366）。哈费尔坎普（Haferkamp, 1987）曾经批评道，埃利亚斯未经论证就侧重于历史过程中未曾预见的那些发展趋势。他同时主张，应该更加注重预期后果的多种可能性。对于身体也可以有类似的说法。在埃利亚斯看来，身体本身已经变成受型构驾驭的实体，影响到人践行和意图的行动的能力。

尽管存在这些批评意见，相对于自然主义观点或社会建构论观点，埃利亚斯研究文明化身体的思路仍然有明显的增进，堪称社会学传统上对身体采取的双重思路的例外。不仅如此，他认为这些过程分别涉及具身主体的社会化、理性化和个体化，这种认定尤其关系到晚期现代性下具身认同相关问题的反身性探讨方式大量繁生。埃利亚斯论证了这类过程如何使我们作为具身存在，卷入与他人之间波动不定的一系列互赖关系，并细致刻画了这一点对于把人理解为身体—主体而不是单子式个体有多么重要，后者即拥有一个物理容器或有机体，一种本质上属于认知性的自我就位于其中。埃利亚斯摒弃"封闭的人"，取而代之的是将具身体现视为突生性的，但也向各自社会关系和物质技术开放，这使我们能够探求型构关系是如何通过各种进化时间框架、代际时间框架和日常时间框架，推动着重新塑造身体（参看 Mellor and Shilling, 1997)。最后，如此提及埃利亚斯对于技术化的关注，为我们提供了更具收益的探究路线。埃利亚斯主张，身体的技术化和文明化常常是互补的过程，但对"无生命的材料"的利用往往导致意外后果，甚至是"去文明化的短暂趋势"（埃利亚斯以机动车致死率为例来说明这一点［Elias，1995］）。卫星电视、互联网、笔记本电脑、掌上电脑和手机之类的技术创新，也在各宗教群体及其他群体当中促进了全球认同形式的发展，推动了内局群体与外局群体之间新型关系的塑造，从而有助于在更大的距离间拓展连通性和互赖链。话说回来，诸如此类的发展趋势给主体的社会化、理性化和个体化造成何等效应，尚待观察，这就意味着，埃利亚斯所确立的具身研究方案在当代依然具有高度相关性。

第八章　身体、自我认同与死亡：生与死的型构

本章探讨身体、自我认同和死亡之间的关系，这是达成本书原初目标之一的一项核心主题。如果说对于愈益关注自己身体、视之为自我认同标示的个体来说，与死亡相对峙已经变得越来越重要，那么死亡这一主题也挑战了社会学可以说一面倒的对生命的关切。我在撰写本书第一版时，尚有可能得出如下结论：身体研究论及具身个体在法律和生理意义上的死亡（demise and death）只能说非常罕见，同样具有一面倒的偏重。自那以后，有关死亡和临终的社会学研究颇见成长，并且越来越关注身体（例参 Walter, 1994; Seale, 1998; Howarth, 2006, 2007）。这就使我们有机会进一步评估本书中涵盖的各种理论研究思路，并促使我们追问，我们是否需要超出生命态身体，认识到针对至少是生理意义上的死者，也可能从缺席在场的角度做出有益的概念梳理（Hallam et al., 1999）。

如此聚焦于已死的身体，聚焦于更一般层面上的死亡，实属姗姗来迟。如果我们重视彼得·伯格的观点（Berger, 1990［1967］），认识到死亡是人类境况的一项本质属性，要求人们发展出应对它的方式，那么，忽视死亡就等于忽视了影响处在社会系统中的具身主体的少数几项普遍参数之一。社会不平等可以由特定个体在肉身共同在场的情境中延续，而死亡则赋予这些社会不平等以某种限定性；与此同时，每一代人的逝去也会促进社会

变迁，使下一代人有可能接任权势之位。不仅如此，如果像伯格那样认识到，纵观历史，人们早就在通过宗教赋予死亡以意义，我们就能探讨有关身体的社会学研究以及晚近大部分社会学的世俗性偏差。

关于身体的社会研究重点关注的是身体规划和具身体现，并且结合青年、健康、工作和消费文化之类的话题。死亡是这些关注的某种"外缘限制"，迄今主要是基于有关其绝对有限性的世俗预设来分析的。这些预设使我们无法充分探究以下两方面之间的关系，一是生者的具身认同和亡者的身份/认同，一是许多生者感到对亡者所承担的代际责任。它们还使得千百万满怀宗教虔敬的个体被边缘化，因为在这些个体看来，死亡并非终点，反倒是使得有必要通过一些以超越此世肉体为目的的做法，调整物理态身体的脆弱性。这就进一步巩固了第一章中提出的观点：我们要想理解具身体现的当代意涵，就需要承认宗教性的身体取向的意涵，它既挑战了世俗身体规划的或然性，又挑战了对于肉体的晚期现代应对方式中普遍盛行的相对主义。

为了进一步论证身体、自我认同与死亡的重要性，本章前半部分将借助三种彼此对立的理论思路来探究这一关系。对于身体的生物性构成与社会性构成，这三种思路基于本书业已勾勒的视角，提供了各具特色的洞见，哪怕各有局限。后两种方式也间接表明了对于许多现代人来说，身体为何会越来越重要，以及应对死亡尤其成问题。无论科学进展如何，死亡目前在生物学角度上依然属于无法避免，最终非人力控制之所能及。这就给执迷于作为一项规划的身体的自我认同带来了问题，但也凸显了宗教作为一种特别资源的重要性，即促进以不同取向面对死亡。

第一种思路来自彼得·伯格的《神圣的帷幕》(Berger, 1990 [1967]),该研究将对于身体的基础主义思路与某种宗教观相融合,把宗教看作一套蕴含意义的表征,能够改善人的未完成性。不过,也有批评意见指伯格的研究以静态的观点看待身体,尽管他赋予了宗教表征以意义,但却忽略了宗教实践如何塑造具身体验。第二种思路来自安东尼·吉登斯(Giddens, 1991)的有关分析,即晚期现代性如何通过将身份/认同与必死的肉体相结合,使应对死亡成了问题。这有效地凸显了当代的一个主要特征,但也同样依赖于"本体性安全感"这一静态观念,无法说明宗教性的身体取向何以复兴。第三种思路取自诺贝特·埃利亚斯和皮埃尔·布尔迪厄的研究。他们承认身体既塑造了周遭环境,又被周遭环境所塑造,这就使我们可以将死亡的"问题"定位于充分关注历史差异和文化差异的框架中,而埃利亚斯的研究的某些特点有助于我们不再囿于视生死为二元对立的世俗观念。

这些思路之所以被选入,并以这种次序逐一考察,是因为它们为我自己关于死亡与具身认同的分析提供了背景。在本章后半部分,我要指出,在晚期现代性下,对死亡的组织更加剧了身体的个体化与理性化。这些变迁使我们能够理解鲍曼(Bauman, 1992c)所称的世俗"维存策略"(survival strategies)的显著角色。尽管如此,我确定了可供替代的趋势之后,还要指出,我们需要承认宗教性的身体取向的意义,而这类取向会以伯格、吉登斯、布尔迪厄和埃利亚斯都忽略的方式,塑造人们如何面对死亡。这一主张借鉴了韦伯的关注,即诸宗教如何通过引导人们的"此世"活动,以各有差别的方式来处理"来世"议题(Roth, 1987),只是在借鉴的时候,讨论了这种介入的具身基础。

第八章 身体、自我认同与死亡:生与死的型构

一、身体的悖论

伯格（Berger，1990 [1967]: 5）采用哲学人类学来论证，人类普遍的生物性构成要求我们必须筑造自己的世界，并赋予这些建构物以意义。但他又点出了这些活动中特有的一种核心悖论。现实是由人建构出来的，但个体在应对时，又无法认识到，现实只是某种人造物，"不得不"用"持恒的意涵"来"包装"偶然的东西（Turner，1992a: 117）。这一悖论也指向人们与其身体之间的关系：为了避免生存性问题，人们必须赋予其具身自我以意义，而这些意义又看似客观现实（Berger，1990 [1967]: 5—6）。在这种情形下，共享意义体系就成了不可或缺的方式，以遮蔽筑造世界的行动及具身认同的或然性。回顾历史，比如说，人建构了"母亲"和"父亲"之类的社会位置，使人们能够组织其有关世界的身体体验的秩序（Berger，1990 [1967]: 14）。更一般地说，各种社会制度／机构，比如学校和军队，提供了牢固确立的关于现实的解释，以及有关身体管理和外表的通则，以对抗世界的开放性（Gehlen，1969: 97；Honneth and Joas，1988 [1980]: 57）。不过，在最广泛的层面上，传统上是宗教来提供给人们"神圣的帷幕"（sacred canopy），以维持对于世界、身体和认同的共享景象。[1]

伯格在分析这些共享意义体系如何运作的时候，清晰展现了死亡对于这一过程的重要性。无论是社会位置、制度，还是宗教，最初都是人的活动或外化（externalization）的产物，然后被客观化（objectified）为具体的东西，又被内化（internalized）为"主观

---

[1] 此处原文为"vision"，亦有"想象力""幻象"等意涵，在宗教上更特指"显圣"。

意识的结构"（Berger, 1990［1967］: 4）。然而，伯格主张，这一过程会出差错（Berger, 1990［1967］: 83）：我们拥有对自己所处世界和身体过程的自觉意识，它会超出社会化的范围，使得我们有可能意识到自己所处的世界和自我是或然性的。伯格采纳了卡尔·雅斯贝斯的术语用法，把这类时刻称为"边际情境"（marginal situations）。边际情境将我们推至自身生存的边界，迫使我们自觉意识到，人的世界的结局是开放的，而意义的基础也不比人的活动牢固半分。面对死亡就是重大的边际情境，因为这会彻底损害日常生活的"认知性与规范性运作程序"，让个体遭受到人身无意义感的恐惧（Berger, 1990［1967］: 23）。死亡固然是一种必然，但我们身体的未完成性也意味着，死亡必然成为人所面临的一项生存性难题。

在这样的情境下，面对死亡的共享意义体系可谓至关重要。"只要无法回避有关死亡的知识……面对死亡，将有关社会世界的现实合法化，在任何社会中都是决定性的要求"（Berger, 1969: 43—44）。宗教，或者通过人的活动确立的"某种涵括一切的神圣秩序"，在此扮演着某种特殊的角色，因为它所设立的宇宙既超越了个体，又涵纳了个体。那些内化了宗教意义的人会在主观意义上存在于超越自己生命的或然性的宇宙中。如此一来，宗教使人有可能"善终"，在这种死中，个体到最后一刻依然保住了对于自己身体、身份/认同和世界的意义感（Berger, 1990［1967］: 26, 32, 44）。

因此，宗教提供了认同的有力源泉，使个体能够将其具身自我定位于超人身层面的意义结构之中。比如说，在基督教时代的中世纪，节食关系到精神的纯化，关系到对于肉体的支配（M.

Miles，1992）。然而，伯格撰写分析时所处的时期，宗教权威在现代西方世界所占据的空间已经缩减。他提出，这种趋势侵蚀了社会提供"蔑视死亡"的意义体系的能力。在世俗现代性中的死亡揭示了，我们与自己身体和所处世界的关系所依据的那些即便是最根本的预设，也有着"内在固有的变幻不定的性质"（Berger，1990［1967］：23）。

伯格如此结合哲学人类学，将与死亡的对峙定位在人的具身构成之中。而对于如何从概念上梳理心／身关系，他的研究也有重要意涵，因为它意味着心智之所以要探求意义，正是因为它处于未完成的身体之中。话说回来，伯格也遭到批评，认为他的分析里贯穿着人类学的常项（constancies）。人由于其具身体现的普遍生物性条件，需要有抵御死亡之恐惧的屏障（Abercrombie，1986；Beckford，1989；Turner，1992a：117）。如果我们质疑人类渴求意义这一根本预设，那么伯格的整个理论大厦就被撼动了（Mellor，1993）。就我们的目的而言，更值得注意的是，尽管伯格承认宗教意义对于"未完成的"身体很重要，但他未能探究宗教实践是如何以塑造人们对意义的要求和体验的方式，来安排人们具身存在的结构（例参 Coleman，2006；Mellor and Shilling，2010）。

二、现代性与自我认同

第二种研究身体、认同与死亡的思路，是吉登斯分析晚期现代的认同的独特性如何将死亡变成一项特殊的生存性问题[2]。在

---

[2] 这种将死亡问题化的方式与启蒙运动的规划紧密维系。如吉登斯所言（Giddens，(接下)

传统社会，具身认同是通过仪式活动传递的，这些活动与长久确立的社会位置的再生产维系在一起。而现代性则使认同成为可协商的(deliberative, Lyotard, 1988)：它不再被视为同质性的稳定内核，寓于集体或个体之内(Shils, 1981)。相反，认同是通过不断重组自我叙事，以反身性的方式形成的。而这些自我叙事的核心，正是对身体的关注(Giddens, 1991)。自我认同与身体成为"以反身性方式组织起来的规划"，从高度现代性提供的多元选择中剥离出来，但却没有给出如何选择的道德指引。

吉登斯使用了"生活风格"(lifestyle)这个概念，以说明个体置身晚期现代性的境况，如何力求确立蕴含意义、可以信赖的自我感。"生活风格"指的是个体为了赋予某种认同叙事以物质形式而选择的一套相对整合的做法。传统越是丧失其提供安全的自我感的能力，个体越是必须就各种生活风格选择进行协商权衡，并赋予这些选择以重要性(Giddens, 1991: 2, 5, 80—81)。不仅如此，生活风格已经越来越聚焦于身体，乃至于健康与健身的规制(regimes)几乎成了某种"道德律令"(Crawford, 1987)。

这些具身生活风格似乎是坚固的基础，能够据此建构起可信的自我感，但身体已经越来越不足以满足这一宗旨。本书序章就已指出，我们现在已经拥有手段，对自己身体实施前所未有的控制，但我们所生活的这个时代却破坏了我们对于身体是什么、我

(接上) 1990：48—49)，如果倡导理性作为求知之路的力量，自有其悖论所在："如果理性的领域完全不受约束，那就没有任何知识能够奠立于不受质疑的基础之上，因为即便是最牢固持有的观念，也可能只是在'原则上'或'暂且'被视为正当有效。"正是在这种情形下，对于自我认同、意义与秩序，高度现代性用一系列追问取代了传统的答案。——原注

们该如何去控制它的确定性。不仅如此，尽管有关"永生"的技术可能性存在种种推测，但预期寿命的增加却并没有根除慢性病，而对死亡依然找不到"解决办法"（Turner，2007）。通过采取生活风格，以身体为中心，建构可信认同，这样的能力必然要涉及控制，但死亡依然是"人类存在最大的外在因素"，是个体丧失对其具身自我的控制的"零点"（Giddens，1991：162，203）。针对这一背景，吉登斯提出，死亡的前景或许一直都在困扰着人们，但晚期现代反身性却使人们以新的方式面对必朽，能够彻底损害对于身体性生活风格的关注。

吉登斯重视死亡的社会学意涵，同时避免伯格著述中明显体现的某些人类学常项。但他关于本体性安全感的分析却依然假定，人类确保自身以及周遭世界的安定的需要恒常不易。本体性安全感指的是一个人对"自然世界和社会世界，包括自我和社会认同的基本生存特征，都感到自信和信任，相信所见即所得"（Giddens，1984：375）。本体性安全感使人们能够采取"向来如此"的思路来看待生活（Giddens，1984：123），但它的意义感却总会受到混沌的可能性的威胁。吉登斯借鉴了克尔恺廓尔的"忧惧"概念（dread，Kierkegaard，1944），认为人类在"决定命运的时刻"，面临着被焦虑吞噬的前景，焦虑自身以及周遭世界是否有意义，是否是现实。吉登斯和伯格类似，也认为死亡的前景是个体会面临的最具威胁的因素，因为死亡之不可避免能够摧毁我们认为实实在在、具有价值的一切（Giddens，1991：50）。

如果说吉登斯对本体性安全感的考察不尽如人意，因为它还是带有关于基本心理需要的预设，那么他有关自然—文化关系的分析也是如此（Burkitt，1992）。在吉登斯看来，人的身体已经从自然领域移到了文化领域。自然依然有所侵入，但只是在生和死的边界地带如此，而生与死已经从公共凝视中退隐（sequestrated），被专家所接管。这里存在某种二元论，将"文化"与"自然"相分离，忽视了身体的进化如何始终融合着生物性过程与社会性过程。在晚期现代性境况下，身体越来越向重构开放，但依然为促进这类重构的社会关系和技术进展奠定了基础。实际上，身体在何等程度上能够按照自我叙事加以重构，依然受制于肉体的抵抗。吉登斯要是注意到这一点，或许也能更为充分地探究宗教实践的意义，人们通过宗教实践这样的资源，应对身体的限制，并塑造他们在当代应对死亡的方式。话说回来，这些批评意见并不有损于吉登斯的研究的重要性，因为他更关注现代性让人们面对的意义的问题，而不是人们普遍面对的意义的问题。这一点颇为有助于捕捉当代关于死亡和具身认同的新颖之处。

三、身体之死

第三种思路源于诺贝特·埃利亚斯与皮埃尔·布尔迪厄的著述。埃利亚斯与布尔迪厄认识到，人的具身体现具有历史维度和文化维度上的变异，从而对伯格和吉登斯的分析有所补足。随着人的具身体现的转变，人们应对死亡的方式也会发生变化。布尔迪厄凸显了身体在现代的商品化趋势是如何愈益紧密地将人们的自我认同与其身体自我相维系。尽管特定身体形式被赋予的价值会迅速改变，诱发有关身体自我的不确定性（Featherstone, 1987），但如今最常见的情况，就是赋予充满青春活力的身体以地位。与之相反，对于绝大多数社会阶级来说，老年都意味着身体的符号价值的下降。因此，如果濒死／临终（dying）的前景使现代个体深感焦虑，也不应大惊小怪。个体的自我认同已经和自己的身体紧密关联，而死亡之所以令这些个体不安，就因为在这个对价值的积累亦步亦趋的世界里，死亡就代表着价值的终结。在布尔迪厄看来，死亡代表着自我的终结，一旦长眠地下或化为骨灰，就会对作为价值载体的身体施以严厉限制。个体或许可以努力选择对自己无生机的身体[3]的处置方式，但他们的努力归根结底依然仰赖别人的行动（Bendann, 1969）。比如说，在人体冷冻术（cryonics）中，冷冻的人体还有赖于活着的科学家找到治愈死亡的"良方"（Kamerman, 1988）。

布尔迪厄除了点明商品化过程如何对当代面对必朽的状况产生特别的影响，还让我们有办法区分人们基于各自惯习应对这一情境的不同手段。比如说，我们可能预想得到，身体在法律角度和生理角度的死亡的前景会因人而异，因为人们投给自己作为符号资本之源的身体的时间与精力各不相同。

诺贝特·埃利亚斯除了关注作为价值载体的身体，还分析了身体在历史维度上的社会化、理性化和个体化。我们在前一章探讨过他的分析，不过在此有必要重述，以便凸显其与死亡这一主题的关联。身体的社会化指的是我们如何变得与自己作为社会现象的身体相维系，并力求隐匿其自然机能。但是，即使不考虑现代性中的技术进展，我们也无法回避一桩事实：我们的身体既是社会性的实体，也是生物性的实体。具体来说，我们无法摆脱身

---

[3] 原文为"corpse"，因为人体冷冻术打破了传统的生死界限观，所以我们在此不按传统译作"尸体"。

体在法律角度和生理角度上的死亡的必然性。从埃利亚斯的著述（Elias, 1985, 1990）中我们可以推断出，我们越是将自己的身体界定为社会性的，对世俗性身体规划的投入越多，要应对身体的终点就会越是令人不安。在埃利亚斯的著述中，身体的理性化有助于我们理解现代个体对其情感和身体行动能够实施的控制愈益增强。回顾历史，理性化还包含着身体分划为越来越细密的部位与过程。齐格蒙特·鲍曼提出（Bauman, 1992a, 1992c），这也促进了现代人通过集中精神，从身体所面临的限制中识别出当下的、具体的限制，并加以控制，从主观上回避了死亡。最后，身体的个体化指的是在西方世界，身体如何被体验为某种容器，将个体彼此分离，也将个体与外部世界分离。在现代性下，随着对情绪控制的要求不断上升，个体为监督和管理自己的身体投入了更多的努力，但却丧失了许多曾经从其身体获得的满足。这些理性化和个体化过程相互关联，其效应也越来越使人们在面对死亡时，只能与其身体孤独自处，更多地思考自己身体的性质（Elias, 1990）。

　　布尔迪厄与埃利亚斯谈了不少现代的趋势，即人们采取不断增强的反身性来看待自己的身体，以及在这一情形下，死亡的前景为何会显得如此令人不安。具体而言，通过探讨死亡在现代社会中的组织方式的变迁，也能更进一步探究身体的社会化、个体化和理性化。埃利亚斯认为，我们之所以与身体的联系更加紧密，其原因与人们形成的变动不居的互赖网络不可分离。不过，要说到构成这些网络的关系、技术和环境究竟是什么类型，埃利亚斯却有些语焉不详。在这方面，我们可以通过探讨死亡在社会中的组织方式，进一步发展埃利亚斯的研究。而对于吉登斯分析看待必朽的现代特有思路带来哪些问题，上述主题也有一定帮助。

四、死亡的可见性

探察西方世界死亡的历史的那些研究,确定的几项主题与身体的个体化和理性化相关,后两种趋势影响到现代人应对有限性的方式。这些主题包括:死亡的组织方式逐渐私人化(或提供给死亡的公共空间逐渐缩减);就死亡体验而言的神圣范畴范围缩减;分隔亡者和生者的肉身界限,无论是符号性的还是实存性的,从根本上趋于增强。[4] 这些发展趋势还强化了埃利亚斯指出的个体对其身体所采取的取向的变易,使死亡的前景对于许多人来说越来越成问题。

菲利普·阿利埃斯的著述(Ariès, 1974, 1981)对于勾绘这些变化来说深具影响。阿利埃斯主张,在晚近之前,死亡始终是一种公共现象,这种事件会产生社群反应,受到集体符号和仪式的限制。每当死亡发生,其意涵与其说标志着个体态身体的逝去,不如说标志着对社会态身体的扰乱。这里包含着顺应了自身的死亡,承认其不可避免。不仅如此,由于认同的根源在于群体,死亡对于个体的自我认知的威胁方式和当下不同(Elias, 2000 [1939]; Walter, 1991)。死亡意味着社会已经丧失了自身的一部分,而不是个体丧失了社会(Bloch and Parry, 1982)。

---

[4] 有关死亡的退隐的这一分析关注的是现代性下的主导趋势(Mellor and Shilling, 1993)。当然,这并不意味着预先排除少数族群应对死亡的其他反应。比如说,沃尔特就指出,"从20世纪50、60年代开始,第一代加勒比裔和亚裔移民陆续离开人世。相比于英国白人城市居民的葬礼,他们的葬礼往往要复杂得多,仪式上讲究得多"(Walter, 1991:299)。不过,如其所言,这种少数族群的做法似乎并没有影响现代性下其他群体的仪式。——原注

新教对于改变这一情境深具影响：它最初并没有激起更大的对死亡的恐惧，也不曾引发使死亡从公共空间中退隐的现代欲望。不过，它的确倾向于将死亡特殊化，关注个体与必朽之间的对峙（例参 Douglas, 1977）。这也促使赖以组织死亡的符号界限逐渐从社会态身体转移到个体态身体（Campbell, 1987）。比如说，焦点逐渐远离能够确保社会态身体延续的社会仪式，转向能够导致个体"善终"的那些身体管理形式。尽管死亡在宗教上依然具有重大意涵，但新教对大部分现实的去神圣化（desacralization），或者用韦伯的术语来说，除魔（disenchantment），有助于为死亡本身的去神圣化做好准备。新教教义使死亡更趋个体化，也预示了死亡最终被更为彻底地清除出了公共空间。死亡如果还保留着宗教的意涵，它的私人化就不可能彻底，但随着传统宗教信念的衰微，将死亡保留在公共领域中的推动力也就减弱了。

这些事件有助于我们理解当代对死亡的许多态度。死亡不再是一种公开的、社群性的事件，现在成了比较隐蔽、私人的体验，由专业人士来管理和服务（Kellehear, 2007: 145），其标志就是生者与亡者的肉身之间的界限越来越令人不安，需由专门的"死亡劳动者 / 殡葬从业者"（deathworkers）居间中介（Walter, 2005）。当一个个体濒死的时候，很可能会与亲朋好友相分离，受制于医学专长的职业控制。例如，虽说美国的老人中有 95% 住在社区里，但其中只有 25% 会在家里辞世，大部分还是死在机构中（Shield, 1988; Kellehear, 2007）。如鲍曼所言（Bauman, 1992c），现代性下的死亡已经被给予了"在社会空间中自有的位置，一个被隔离出来的位置；它已经被置于自诩拥有科学文凭的筛选出来的专家监护之下。"安妮 - 梅伊（The, 2007: 201）以看

196

第八章　身体、自我认同与死亡：生与死的型构　　283

护中心为例考察了这种隔离,她注意到,将濒死的令人不快的性质"隐藏起来",也使我们能够在事情出问题时"怪罪他人"。

就连现代殡葬业也被视为一种集体性的"回避必朽",而不是整个社群以蕴含意义的方式努力应对死亡(Huntingdon and Metcalf, 1979: 195)。它融入了一种肃穆,分隔生死,使生者能够在情感上维持一定距离,避免被遗忘的威胁((Elias, 1985: 32)。不妨把敷抹防腐剂的做法看作是想要在入土为安或化为骨灰之前,延缓尸体的分解,从而巩固了上述趋势。林赛·普赖尔指出(Prior, 1989: 161—162),只有当死亡符合被社会接受的形象,才能公开展示。传统的习惯做法是在葬礼之前,在家里停尸数日,但如今已越来越罕见了。而凯利(Kelley, 2006)更指出,当代西方有一种趋势,就连我们亲人入葬的那些地方也要回避。

这种对死亡的回避,还体现在 20 世纪下半叶丧痛咨询(grief counselling)的增长:生者被鼓励不要对亡者念念不忘,而要"挺过"他们的悲伤,这样才能"继续前行"(move on),过上令人满足的生活,而不让逝者成为生者各种追求和欲望的消极拖累(Howarth, 2007)。斯特洛比(Stroebe, 1997: 257)指出,如此强调从丧失中走出来,忘记亡者,就把丧痛描绘成"一种病痛,需要尽可能迅速、尽可能轻松地康复",而沃尔特(Walter, 1999: 24)则主张,丧亲(bereavement)理论"有效地废弃了亡者"(亦参Howarth, 2007)。

这些个体化和私人化的进程对于生者与濒死者身体之间的界限而言具有重要的连带意涵。它们的累积效应就是让许多人在应对死亡的时候,茫然无定,缺乏社会支持,容易受到伤害。埃利亚斯提出(Elias, 1985),这使人们在与濒死之人打交道时踌躇再三。不过，他在讨论死亡的时候概括过度，其议论或许不适用于每一类人，比如得了不治之症的孩子。但不管怎么说，他的整体观点在于，个体没有能力直面自己身体的死亡，别人身体呈现出的死亡也往往会使他们感到不安定。这会推动人们倾向于回避濒死之人，拒绝给予他们需要的帮助与关爱，"因为一个人的死亡提醒了另一个人自己也会如此"（Elias，1985：10）。

埃利亚斯指出（Elias，1985），人们往往不情愿触碰濒死之人，潜意识里担心死亡会以某种方式传染。这种态度已经延伸到对待衰弱的老年人，视之为"社会死亡"的身体，属于不再包含活生生自我的躯壳（Hockey，1990）。医疗卫生的发展和饮食的改善都意味着，死亡现在可以被推入我们心智的黑暗角落，因为绝大多数人的死亡时刻都很可能相隔遥远。濒死之人使死亡成为切实、即刻的呈现，因此人们往往要从情感上和空间上切断自身与濒死之人的关系，将后者定位于医院，远离日常生活（Elias，1990）。埃利亚斯指出，"人们濒死之时，从来没有像在今天这些社会里这样安静而卫生，从来不曾处在如此孤寂加剧的社会境况之中"（Elias，1985：85）。当代有关欧洲的看护中心的研究表明，近年来并没有什么变化，趋于死亡就意味着趋于沉默，而沉默就意味着情感被"推入背景"（Österlind et al.，2011）。

死亡的这种医疗化趋势非常显著地展现了死亡从公共领域中的消失。尽管有关死亡的讨论还是占据着公共空间（Walter，1991），但医院以制度/机构的形式表达了一种现代欲望，要让疾患与死亡的身体迹象从公共凝视中退出。把尸体隐藏于医院，并在细致管控之下，从医院转移到丧葬代办人或殡仪馆那里，都巩固了这一表达形式。殡仪馆的空间组织也有助于实现不让刚刚丧失亲友的人看到尸体的任何直接可见的标志 (Illich, 1976)。将病人送进医院，死者送入后台，意味着许多人必须通过自主选择才能遭遇到腐坏的身体。甚至在临终关怀医院[5]的实例中也保留了这种组织方式，依然是将濒死之人移出其亲朋好友和本地社区；老年之家也是如此，濒死的住客被移至偏室，与其他住客隔开 (Hockey and James, 1993; Seale, 1998)。

但是，就在死亡从公共凝视中隐身的同时，对死亡的表征的需要也愈益增长：从战争纪录片，有关地震和海啸的新闻报道，到镜头常常出现医院急诊室的暴力电影和电视剧集。实际的死亡不断移出公共领域，仿佛倒刺激了对有关死亡的麻醉化"认知"（anaesthetized "knowledge"）的要求。我们每年要从电视上看到数以千计的死亡，或许成了对我们依然生存于世的空洞证明，充当着某种安慰性的负向所指，我们据此重新确认自己还活着。

五、维存策略：与死抗争

现代性下对死亡的组织似乎增强了生者与濒死之人的身体之间的界限，也凸显了身体的个体化，为我们提供了整体上支撑埃利亚斯处理该主题的思路的历史背景。鲍曼所称的"维存策略"（Bauman, 1992a）作用显著，也强化了现代人与濒死之人打交道时的踌躇，以及死亡的医疗化。维存策略的特点是通过富于策略地操纵各种生命选择，尝试遏制住死亡的影响范围。这些生命选

---

[5] 此处原文为"hospices"，注意此词原本用来指历史上出现的救济院、济贫院等机构。在福柯的治理术思路下，这些机构也带有设立后台、制造退隐的意味。

择聚焦于维护身体的健康，但也包括解构死亡，自恋地回避死亡，追求情欲之爱。

鲍曼在讨论维存策略时，承认宗教的重要意义，但把它看作是在否认死亡的终极必然性质的当代尝试之前，一种非现代的传统先驱。回顾历史，基督教是通过主张个人不朽、至少是灵魂不朽，来运作对于死亡的否定的。只要信奉上帝，就能让基督徒相信身体之死并非人之死，从而超越其身体限制，而随着基督复临，身体亦将复活（Bauman，1992a：13）。在西方世界，置信于上帝是一招特别见效的维存策略。不过，在鲍曼看来，伴随着制度化宗教的衰微，这种信念影响趋弱，也就削减了基督教让人重新确信死亡蕴含意义的潜能。

鲍曼提出，在今天，比较缺乏宗教应对死亡的维存策略，可以由其他替代选择来补偿。其中尤具影响的是自我照看（self-care）的策略，具体落实为反映对健康的普遍关切的身体规划（Bauman，1992a：18）。如鲍曼所言（Bauman，1992c：141），如果将死亡一笔勾销不切实际，那么终生健康至少在理论上是可以实现的。将身体状况维持在健康有型，是一项很耗时间的事情，要求对各种风险时刻保持警惕，在体育馆或健身房里一练就是好几个小时。这让人们没什么时间去思考死亡本身了。

有一种维存策略常常用来补充自我照看，就是解构死亡。解构的焦点并非死亡本身，而是如何能够克服必朽的具体致因，比如说，可以通过不吸烟来预防肺癌，而加强锻炼、少喝酒、低脂饮食等等就可以避免心力衰竭而死。因此，解构就涉及以反身性的态度，应对现代性下发生的死亡的理性化进程。普赖尔指出，"'必朽／死亡率'（mortality）的性质被没完没了、琐碎不堪地拆分为细之又细的部分……通过越来越复杂的手段加以测量，比如粗死亡率、婴儿死亡率、行业死亡率、成年比、性别比、标准比"(Prior, 1989: 8)。如今我们可能会听到所谓死者的类别，但按照鲍曼的说法，"我们并不会听到说某人死于必朽"(Bauman, 1992a: 5; 1992c: 138)。所以，这样将死亡化约为个体性的事件，有着个体性的致因，再一次表征了身体的个体化和理性化，表征了死亡在现代的退隐。对于现代人的感情而言，"死因不明"等于是丑闻，因为人们不再认识到死亡是不可避免的，是凡人皆然的(Bauman, 1992a: 20)，而是力求把每一桩死亡事例都纳入一种特定的医学说明。

从治疗性干细胞研究、再生药物到新型生殖技术，晚近的发展其实已经加速了寻找针对特定死因的解决之道的科学研究。例如，干细胞研究关注体外存在的可更新组织的储存，正在重新界定有关生物成长和寿命的定义方式。布赖恩·特纳(Turner, 2007: 21; 2012)将这种不断推进的对死亡的解构关联到有关"永葆活力"的技术承诺，这是对永生的"宗教承诺的世俗版本"。不管怎么说，"免死良方"的观念在科幻领域最为发达，这样的结构依然是一种回避策略，有赖于对科学的信念（这种形式的信念在社会学家当中越来越常见）与短浅之见的混合。

对死亡的自恋型回避构成了另一种维存策略。在这种策略下，个体寻求并挪用一些特别的体验，力图以此回避死亡，而这些体验会增强对自我的认识：神圣而不朽(Frank, 1991)。讨论到自恋型人格，拉希(Lasch, 1991: 207, 213)指出，老年对于这些人们"成了一种特别的忧惧"；这种忧惧会转译成一种几近神经质的欲望，要永葆青春。拉希提出(Lasch, 1991)，生活在一个面向未来而不是面向后代的西方文化里，自恋型人格会"对生育感到浑身不自在"，这不仅是因为生儿育女其实会扰乱以反身性方式建构起来的生活规划，而且也是由于生孩子会让他们直面自己的必朽(Hepworth and Featherstone, 1982; Featherstone and Hepworth, 1983; Bauman, 1992c: 29)。不仅如此，自恋型人格拒绝缔结真正交互性和关爱性的关系，也就限定了其所能承受的丧失，这也是有关个人发展和"自我实现"的心理学说所强化的一种思路，敦促人们自信四十一枝花，斩断过去的一切羁绊，开启新的职业生涯，确立新的婚姻生活（"创造性离婚"），培养新的爱好，轻松去旅行，不要停下来(Lasch, 1991: 214)。

追求与投入充满爱恋与情欲的关系，构成了对比鲜明的维存策略(Giddens, 1991: 205)。在此，主体可以通过向所爱的另一主体投入希望和意义，来寻求推延死亡。韦伯(Weber, 1948 [1915]: 345—347)主张，在情欲关系中作为核心的"自身的无限付出"，会导致"以成熟之爱为拯救的某种内在的、此世的感官化"，就是认识到这一点。巴塔耶(Bataille, 2006 [1957]: 11, 17)将情欲视为"生命的充盈"，其特征在于与个体凡俗存在的"非连续性"有关的各种界限趋于消解，也体现了这一点。不过，鲍曼也提醒我们，"爱恋关系的双方都面临着终结的危险"(Bauman, 1992c: 29)。被爱的一方只是另一个必朽的造物，其生存本身也只是提醒着身体的脆弱，而情欲关系本身却是值得怀疑的：它会排斥其他确认生命的关系，会包含伴侣一方对另一方的支配，会导致体验到"自我的丧失"，而这是死亡的序曲(Bataille, 2006 [1957]: 19, 211, 244)。老年化进程伴随着力量渐弱，精力渐衰，身体魅力渐褪，从另一方面提醒人们，这种维存策略的反思性要求最终会遭到肉身的抵抗。不过，如果说身体的衰微（decline）与现代性下情欲关系的优先化有所抵触，那么死亡通过艾滋病与性捆绑一体就尤其显得不和谐了：性成了死亡进入生活当中的渠道。对于置身决定命运的时刻的现代个体，这种情境凸显的悖论或许就是：生命正是死亡的终极致因（Bauman，1992a）。

针对这一背景，有必要谈谈近些年来越来越引起关注的安乐死。安乐死在许多国家依旧是非法的，显然也不是一种维存策略。尽管如此，这些想要对死亡的方式、场所和时间安排获取一定程度控制的尝试耐人寻味的是，它将死亡在现代的组织化、私人化和个体化带入了对生命弥留之际的管理。产生有意如此的欲望，就导致被称为"死亡旅行"或"自杀旅行"的举动增多，即去往安乐死不属非法的另一个国家，寻求（医生）协助死亡（参看 Huxtable，2007）。在实施安乐死之际能够最后叫停，也就是现代世俗的强调：在患上不治之症时还要管理自我。这里的宗旨在于"通过对自我和他人实施完好规训的组织"，得到"结果"，尽管是在死前局促的时间和空间范围内（Kellehear，2007：152）。

六、死亡的复活

行文至此，探讨死亡、认同与具身体现的各种思路已经足以证明，有理由将该主题纳入"身体研究"，然而，这些思路虽然洞见迭出，却表现出某种偏见，限制了我们能就该主题说出的东西。这一点明显体现在它们对死亡的绝对终极性所持的一些世俗预设，而这些预设的前提又是一种二元对立，使我们无法充分探求生者与亡者的具身认同之间的关系，以及许多生者觉得对亡者应尽的代际责任。它还将千百万宗教性个体放逐边缘，对后者而言，死亡并非终极，倒是必须通过以超越此世肉身为目的的实践，对生命态身体的脆弱进行结构管理。

这些预设中包括伯格的主张，即死亡不仅是生命的反题，而且死亡的存在就具有潜能，通过使心理的恐惧和生存碎片化归于麻木，破坏人们现世维持的活动。与之相关，对吉登斯来说，死亡就是"零点"，是在以控制为前提的现代世界中控制的终结；而在布尔迪厄看来，它对人们各自的身体资本积累设置了限制（除非是名人、政治家或统治者的尸体变成陵墓，被商品化或受尊崇）。而如我们前文所见，埃利亚斯（Elias, 1985, 1990）探讨了濒死的孤寂，但尽管他表面上拒斥二元对立，却明确主张，"死者就不存在了"（Elias, 1994b: 32, 80）。

无论如何，如果我们希望进一步推进分析，不囿于将死亡和亡者身体视为"终结"，尤其有必要推进埃利亚斯的概念框架，突破生命的边界。埃利亚斯分析身体的理性化和个体化，指出我们在面对死亡时，已经越来越孤零自处；但是他也主张，在当代，相互认同的程度业已增强，互赖网络也已增长，社会主体在概念上被更加充分地理解为"开放的人"（homines aperti）而不是"封闭的人"（homo clausus）。悖谬的是，埃利亚斯虽然对亡者缺乏关注，但在这样的语境中，这些观点每一点都有助于我们看清生者与亡者之间的关系。

相互认同的兴起，是理解埃利亚斯有关文明化身体的描述的关键。当个体接触新的环境，不得不更多去留意他人（就像在宫廷社会，地位竞争要求提升肉身间反身思考水平），他们往往会发展出更多的相互理解和移情。一旦接触到重病或濒死之人，这种移情就可能导致关切、焦虑甚或忧惧，埃利亚斯（Elias,1985：2）指出了这种相互认同的后果，用来说明不治之症何以遭到隔离，趋于退隐。但这种与他人相认同的趋势的后果并不止步于此。

与亡者之间取得认同会发生在不少背景中。伊丽莎白·哈勒姆、珍妮·霍奇与格莱尼丝·豪沃思（Hallam, Hockey and Howarth, 1999）提出，维多利亚时期以降，医疗护理改善，婴儿死亡率下降，激发了父母增强对孩童的认同，对新生儿也愈加珍视，强化投入。孩子的死亡对丧亲的父母来说打击越来越大，而在当代西方社会，父母对流产婴儿的认同程度如此之高，乃至于在咨询疗程中，会鼓励将尸体人格化、个体化，以便在埋葬之前，为婴儿命名、抚弄、着衣（Hallam et al., 1999：74）。

不仅如此，有确凿理由认为，与亡者取得认同远不限于儿童和婴儿，在丧失重要他人后的生者之间的具身认同重构当中，成了例行常规。埃利亚斯主张，我们对"我"或自我的具身性感受，是结合我们对"我们"的感受，或者我们所从属的群体的认同，锻造而成的。这一主张与米德的主我／客我之区分紧密相关。这些都不是什么狭义的心理学观念，只是在说我们有关自己自我的观念是如何受到他人影响的，而是意味着我们都是"开放的人"，我们的具身认同超出了我们皮肤的体表轮廓，包括了一些图式，它们吸收了那些通过与他人互动获得的情感、价值观和知识（亦参 Merleau-Ponty, 1962）。用来研究死亡，这意味着丧亲的个体并不只是失去了某位"重要他人"，而是要直面自身及身体图式中与逝者相维系的那个部分所遭到的伤害。马里斯（Marris,1974：33）认为，"丧亲的根本危机并非来自丧失了他人，而是源于丧失了自我"（亦参 Howarth, 2000: 130; 2007），就是认识到了这一点。而当代丧亲咨询中建议不要抛弃亡者，而是巩固内心中有关亡者的表征，以便"继续与亡者互动，并通过这种方式维持某种对于自我连续性的感觉"（Howarth, 2007），也体现了这一点。豪沃思（Howarth, 2007）的结论是，有关纽带延续的这些观念远非意指对死亡的否定或拒斥，而可能体现出西方社会的一种新趋向，要模糊生者与亡者之间的界限。

尽管如此，如果我们认识到，在我们的思维、情感和身体图式中，亡者依然保持活跃，我们也应当承认，这些界限已经被"模糊"了：这是生者与亡者在概念上的分离，应当被看得更值得注意，因为它设置了并不存在的某种绝对分隔。用埃利亚斯的话来说，我们在关注塑造人们的具身理解的那些关系型构时，毫无理由局限于生者。与之类似，如果我们认识到，我们的具身自我向他人的影响开放，而不是对其封闭，意义由"群体中的人"构成，他们以各种方式相互依赖，彼此结合（Mennell, 2007: 54—55），那么我们就应当像对待生者一样，认真对待来自亡者（通过我们的记忆、内在对话、价值观和习惯）发挥的影响。

近些年来，对"濒死体验"的研究颇为流行，与"另一头"的接触似乎也更为寻常，这就凸显了这些认同和关系的重要性（Lee, 2008）。就与"另一头"的接触而言，吉利斯（Gillis, 1997）提出，19 世纪中叶唯灵论的兴起，宣示了生者与亡者之间的距离在西方世界更大层面上的缩减之势。而马尔凯（Mulkay, 1993）认为，女性通过祈祷、扫墓和生辰纪念，长久维持着亡者的社会生存。哈勒姆等人（Hallam et al., 1999）探讨了遗孀们自述亡者的传讯与在场：

有时候遗孀们会真的看见已故伴侣，仿佛他尚在人间。另有些时候，以及在别人那里，丈夫的在场会被声音、视像或味道所激发：一曲旋律，楼梯上的一声脚步……体验到随着伴侣身体的重量"觉得床陷了下去"，尽管他们在具身形式上是缺席的（Hallam et al., 1999：149—150）。

我们不妨把这些称为在场的缺席（present absences），在其他研究中也有报告说时常出现，包括克里夫·西尔（Seale, 1998）探讨"复活仪式"（resurrective practices），但只是通过心理学上的阐述，仅仅关注对于亡者的认知想象，并不能充分描述。在场是经由"安定、体温、抚慰的感觉，或是光谱的另一端，另一方的肉身缺席所导致的身体痛苦"，在肉身意义上有所体验，在生理意义和情感意义上得到回应的（Hallam et al., 1999: 151）。

七、死亡与宗教态身体

不妨进一步发展相互认同、型构依赖、我们身份/认同中的我们/我或主我/客我维度等等观念，揭示死亡、自我认同和身体之间的关系。这种想法对于身体研究来说似乎是新鲜的，但当我们讨论宗教主题，它的相关性就显而易见了。在主流社会学中，由于20世纪后几十年来世俗化命题占据主导地位，宗教始终被边缘化，直到最近才有所改观。该命题假定，宗教的衰微甚或消失，是现代化势所必然的结果（Martin, 1991; Bruce, 2002）。然而，在全球许多地区，宗教在晚近都呈现复兴之势，世俗化命题就此遭到挑战（Warner, 1993; Berger, 2001; Beckford, 2003; Mellor, 2004)。在这股发展潮流的激发下，该主题重新引起学者的研究兴趣，并对我们有关具身体现的关注产生了重要影响(Beck, 2010; Habermas, 2010)。

关于看待新亡身体的大多数宗教性思路，首先要指出，它们要求进行肉身际的行动。例如，伊斯兰教、锡克教、印度教和犹太教都要求生者敬待信众遗体，以特定方式善加看护；这样一种责任将生者与亡者维系一体，但医院的组织和尸检的要求也会使事情变得棘手(Kramer, 1988)。更一般地说，死亡的到来促成了必要的相关仪式和行动，以维持亡者在生者生活中的在场，但也要改变丧亲者当中的互赖型构或纽带。马克·埃尔莫尔(Elmore, 2006: 39)指出，以当代印度教对待死亡的思路为例，就包括强调与亡者共同居住，这对那些依然在世的人来说有直接影响，因为祖先会在家庭里占据某种新的位置，生者当中的家庭内部关系也要重新协商。日本的佛教也在其仪轨中吸收了一些丧葬仪式，将亡者变为祖先，依然是家庭不可或缺的组成部分；这些仪式提供了手段，以便管理悲伤，管理"与亡者之间延续的纽带"(Goss and Klass, 2006: 81)。天主教要维持生者与亡者之间葆有生机的接触，则是通过圣徒相通(communion of saints)：教会全体现有成员与往生成员在基督单一奥体(mystical body)中的精神结合。在这种仪式里，天国的圣徒会为尘世的教众祈祷，而生者会为炼狱中的教众祈祷，并用代祷祈求那些升至天国的圣徒施予援助。即如麦戈文所言(McGovern, 2009)，死亡在天主教中只是人们之间暂时的分离，他们最终都是教会单一有机体的组成部分。不仅如此，在所有事例中，往往被视为生者与亡者之间的相互认同，相较于理性化世俗情境中能找到的那种认同，程度都更有甚之。这种现象或许促使我们去评估，宗教过程究竟如何影响文明的程度。

这些例证显著表明，用动因网络理论的词汇来说，哪怕我们不把亡者理解为完整的社会动因（actors），至少应当视之为重要的行动因子（actants）。他们依旧作为重要他人，存在于生者的生活中，体现在家祠、祈祷、具身习惯、与亡者的内在对话、照片，以及丧亲者之间重构家庭关系的诸多因素，这些都证明了他们还包含在关联人们与其环境的网络和结合中。我认为，这不单单是单方向的回忆或对话，作为我们与亡者之间的往来，能够促使我们以新的方式思考有关生命的话题，并得出新的结论。我们与挚爱的亡者之间的内在对话交流（甚或自问"他／她对这件那件事会怎么想"），会引出针对有关议题的崭新视角。

不过，有一种解释这些型构关系的方式更为激进，让我们更加切近其中相关个体满怀信仰的做法。不考虑本章前文考察那些理论思路所特有的生死之间的绝对二元对立。肯尼斯·克莱默指出（Kramer, 1988），无论从各大世界宗教的视角来看，还是从难以计数的本地化丧葬习俗来看，死亡都不被视为生命的对立面，而是一种转型过程。这一点也体现在罗伯特·赫尔兹的双重葬礼学说中。赫尔兹（Hertz, 1960 [1909]）以东南亚对尸体的处置方式的多重考察为基础，认为第一次"湿"葬允许肉体腐坏，而第二次"干"葬就包含对于骨骸的另行仪式。第一次葬礼中，亡者放弃了他们作为生者共同体的成员的地位，而第二次葬礼则促进了亡者转型为祖先共同体中的积极成员。在这里，我们那些此前在物理意义上已经亡故的主体有了新的创生层次，更高的组织水平。在基督教和伊斯兰教中，这种转型也很明显。这两个宗教中的亡者对于信众来说，也包含着一种改变，从此世的生活中逝去，紧接着获得重生，进入更高的、永恒的存在。在基督徒眼中，基督的复活预示了信徒的复活。与之相关，道教、佛教和印度教都把死亡看作是某种更广泛的存在的组成部分（Kramer, 1988）。例如，印度教将灵魂不朽的观念与另一理念相融合，即身体是从神那里借来的，死的时候是要做出偿付和牺牲的（Kramer, 1988: 50—51; Kellehear, 2007: 31）。在这些实例中，无论从本体论角度还是认识论角度，都没有把生死之间的关系理解成彻底而全面的对立关系。

不同的文化和宗教对待死亡、认同和具身体现的思路也不相同。我并不是说像基督教和道教之类各具特色的宗教/生死之道能被一视同仁，我在此要提出的观点更为广泛。这些宗教并不只是呈现出对待死亡的不同信念和仪式，也维系着对待鲜活的身体的相互对立的取向，这些取向以力求超出日常活动的世俗世界的习俗为基础，塑造了人们的信念和体验。你可以把这些视作宗教性的身体规划，我在第一章就是这么做的。但是宗教的具身范围，包括创造对此世现象和来世现象的独特的体验、性情倾向和取向，意味着需要有一个意涵更为全面的术语。就此而言，我认为，宗教致力于创造出超越日常生活的凡俗世界的体验，以便转变人的感情、价值观和对于那种生活的知识，不妨从宗教性身体教育（religious body pedagogics）的角度来看这一点（Shilling and Mellor, 2007）。其中包括布里吉特·梅耶（Meyer, 2006）所称的宗教的"感官形式"，力图激发并组织起有关超验范畴的情感，作为传递特定教育的宗教手段的组成部分；以及旨在形成对来世现象以及此世现象的特定取向的体验（参看 Mellor and Shilling, 2010）。与宗教提供的具身教育形成对照的，是工具主义的世俗性身体规划，后者在现代西方世界更为普遍，并且有潜力从根本上塑造人们对生命的体验和对于死亡的展望。克里斯玛式的基督教即为明证。

韦伯分析过清教对人的感官享受的排斥(Weber, 1985 [1904—05])，与此相反，克里斯玛式基督教最近的复兴力求介入所有五官感受，引导有关上帝的体验和知识的惯习。事实上，这些克里斯玛式文化（其核心是圣灵充盈的强烈体验，表现为"说灵言"、有神圣意味的"狂迷"和"神赐的医术"）的关键特性之一，就是在其他方面各有不同的社会中传递类似形式的具身体现(Beckford, 2003: 207; Mellor, 2007)。玛格丽特·波洛玛(Poloma, 2003)考察了"多伦多祝福"(Toronto Blessing)后提出，这种复兴之势伴随着在此世新的体验方式和行事方式，同时，它对身体的强调又关联起使基督教成其为一种宗教的两大特性：其一，相信耶稣基督是上帝肉身成人；其二，试图理解祂在酷刑和被钉上十字架后已在痛苦中死去这一事实。从一开始，这两大特性就确保了基督教神学中痛苦与真理之间的关联，基督徒对于疾患的体验和看待死亡的思路也依然反映着这一关联(Von Balthasar, 1982; Asad, 1983; Bynum, 1987; Beckwith, 1996)。例如，诺里斯(Norris, 2009)的研究考察了宗教训练是如何在不治之症患者当中塑造了对死亡的具身取向，使他们能够在具身性情倾向和某些神学主题的协助之下，让自己的体验富含意义。这些神学主题与对待必朽的世俗思路迥然有别。

这只是用来说明宗教惯习的重要意义的一个例证，但如果我们接受说，从斋戒、祈祷、朝圣、体验作为检验的痛苦，到通过调息锻炼实现意识转化，包括各式各样仪轨在内的宗教性身体教育塑造了人们的具身能力和认同，那么在对身体、自我认同和死亡之间关系所作的任何全面分析中，这些教育手法都值得探讨。

韦伯（Weber, 1985 [1904—05]）认识到，在塑造人们对周遭世界的体验和取向方面，宗教具有重要作用，但又认为，现代性的反身性和理性会侵蚀来世型说明体系的可信度。不过，如果我们结合对死亡的考察，认真探讨宗教在晚近的复兴，就会面临一个重大选择。我们可以将生死当作绝对的二元对立，尝试将死亡重新理解为无非是与忧惧、渴望、不安定感和缺乏控制等相维系的"魔幻型知识"，以此追随埃利亚斯及其他看待该主题的重要思路；或者，我们可以认真对待体验、评价和了解世界的其他方式，视之为由更为复杂的一系列缺席和在场所构成，将凡人必朽的生命与死亡放在更广泛的框架之内。我之所以提出这一两难，并不是要断言有一种正确的方式来探讨这一议题，而是提议说，思考死亡、自我认同和身体之间的关系，或许使我们面临在克服社会学对待其具身基础所采取的双重思路时迄今最大的挑战。在实施有关鲜活的身体的研究时，或许需要大大加强对已故之人的缺席在场的关注。在这种情况下，承认亡者缺席但也在场，并不是暴露出分析上的欠缺，而可能标志着一种新的社会学研究，有能力吸纳下述可能：具身体现赋予人们突生性能力，使他们既与其所处周遭环境密切关联，又有能力超越这一环境。

第九章 结语：
具身体现、认同与理论

《身体与社会理论》一书的初版致力于发展当时初露端倪的"身体研究"领域，勾勒该领域的社会学基本特征，提出一套宽泛的理论思路，能够重视人类具身体现的物质性，视之为具备自身属性、特征和能力的一种突生现象。由于人类与其环境之间长期发生的互动，以及相互之间确立的关联，使这些兼具社会性和自然性的属性也会发生改变，但是它们的存在提醒我们，不要企图基于"生物特征"或"社会"之类带有化约论意味的静态观念，来说明我们的具身存在。在这篇结语中，我将探讨对于打造充分考虑具身性的社会学的不懈努力而言，至关重要的三项议题，以此回顾身体研究领域的一些晚近发展。依照我处理这些议题的次序，它们分别是：(1) 鲜活的身体在社会思想中的"缺席在场"；(2) 身体与自我认同之间的关系；以及 (3) 如何从理论上推进有关社会中的身体的研究。这些议题彼此相关，因为把鲜活的身体搞成缺席在场的概念梳理路数牵涉一系列问题，依然困扰着有关认同的观念，尚有待在身体理论中充分克服。这些棘手之处看似难以解决，更使人认识到，对身体的理论概括陷入了某种僵局。而围绕具身体现的各个面向进行的经验研究回避了理论关注，往往忽略它们原本可能借鉴的实用主义遗产，也偏向于那些以片面的具身体现观念为前提的支配性理论思路，这类经验研究大量繁生，更呈现出这样的僵局。

要想改善这种局面，就需要证明一些理论关切依然很重要，认识到现有的理论思路各执一端，但又不无视它们的力量，承认在认同与社会的构成中，身体是充分在场的（同时不忽略在有些场合下，经过重新构建的缺席与在场观念可能有助于我们分析生者与亡者之间的关系）。基于这一背景，我力求进一步发展我在初版和第二版中提出的立场：避免自然主义思路和建构论思路的本质主义，同时承认具身主体具备突生属性和能力，使他们能够在被更广泛的环境所塑造的同时，也塑造着环境。这还启发我在本篇结语中进一步发展身体图式这个概念，加以调整，帮助我们探究社会、文化和技术如何"进入"具身认同，同时使我们继续主张，身体构成了某种重心，关联着这些"体外"因素。最后，这一思路还引导我认为，我们可以在理论上推进有关身体/社会关系的分析，同时发展一种肉身实在论的具身体现观，将具身体现看作是社会之构成的某种多维媒介，以此为巩固身体研究奠定基础。

本篇结语所涉分析领域颇为可观，为了便于消化（一名研究身体的学者肯定对这样事情非常在意），我决定把结语分为三节："缺席在场的身体"，"身体与自我认同"，以及"身体理论与肉身实在论"。

一、缺席在场的身体

在20世纪80年代，有一批出版物认识到，不能把人的身体特性留给自然科学，而是提出了诸多具有社会学旨趣的议题，涉及社会行动与认同、历史变迁、符号体系、权力与治理等的生成与流通，从而为身体研究这一领域的确立铺平了道路（例见 Freund, 1982; Hirst and Woolley, 1982; Johnson, 1983; Turner, 1984; O'Neill, 1985, 1989; Feher et al., 1989a, 1989b, 1989c; Martin, 1989 [1987]）。这些分析对将身体确立为理论关切的合法主题居功至伟。不过，它们在研究议程上也有一个共同特点，归根结底，使身体的物质性和感官性臣属于其他因素。具体像是把身体看作被主宰的客体，并致力于将这种身体观融入一套社会系统学说（如特纳的"核心问题"理论[Turner, 1984]）；基于某一特定的子学科视角来分析身体（如弗罗因德关于健康与疾病的分析[Freund, 1982]）；通过身体来确立社会学、生物学与心理学之间的跨学科对话（如赫斯特和伍利合著的《社会关系与人的属性》[Hirst and Woolley, 1982]）。诚然，这类论著的成就无可置疑，但身体臣属于它们对其他关切的分析。身体的"缺席在场"依然是个问题：尽管身体议题已经激发了社会学的想象力，但依然淡出视线，隐于传统议题之下。

当然，这种缺席在场并不新鲜。多少个世纪以来，西方思想中的主导哲学思路始终推崇心智，将其置于肉体之上，身体理论家一直在和这类思路作斗争。笛卡尔的"我思故我在"在某个层面上就蕴含着对一切身体感觉的拒弃。他在《第一哲学沉思录》中主张，"我……就是思考着的那个东西"，"我的心智……完全地、确定地有别于我的身体，没有身体也可以存在"，我们的身体会使我们趋向非理性的情感与冲动（Descartes, 1974: 105, 156）。激情有时也会有用，比如当惊奇使我们的思维过程保持警醒，有所聚焦，但也主要是因为它们让心智准备好增进知识与理解。不过，这种对身体的贬毁也有其例外。蒙田这样的人文主义者就认为,"我们的人性的一部分就在于为我们的身体、我们的感情承担责任",并致力于限制抽象思维的真理诉求(Toulmin, 1990：40)。但不管怎么说,最具影响的哲学思想家认为身体妨碍了更为高贵的心智之力。比如康德就主张(Kant, 1985 [1797]),具身性的激情是对自决行动的阻碍,并认为道德取向乃是源于人类的固有能力：超越欲望,遵循普遍的"绝对律令"。这样一来,他就进一步明确将身体视为自我的"异己",是对抗正确思维和伦理行动的敌人,是有罪的欲望的动因,会让真诚的个体主体面临被吞噬的威胁(Bordo, 2003)。

古典社会学感兴趣的是工业化,是支撑社会的基本过程,因此,它对具身体现的相关议题至少会更多一些正面关注,也就不足为奇了。比如说,埃米尔·涂尔干(Durkheim, 1974 [1914])把他的理论建立在有关具身个体的道德潜力的人性二重性模型上。与此相关,从"道德情感""生机能量"(vitalistic energies)、"情感行动""前社会"成分、"心理反应"到"激情",对于这些关乎具身体现的体验、关乎社会关系的形成的范畴,孔德、韦伯和齐美尔已经留给我们丰富多彩的分析(Shilling and Mellor, 2001)。不过,在他们的著述中,具身体现的重要意涵往往消失不见,掩映在政制或理性化之类"实实在在的"兴趣话题上。而社会学此后的解读彻底忽略了学科基础中这些与身体史相关的资源,更大大加剧了这一倾向。

塔尔科特·帕森斯这位社会学传统的伟大梦想家,他的研究就是这种对待身体的双重思路的典型例证。他把生物有机体说成是社会学的"指涉单位","忽视它必然带来危险"(Parsons, 1991 [1951]：541—542; 1969：13),但又主张,身体的社会意涵是由社会所赋予的。基于这一背景，帕森斯才能够认为，健康并不主要是生物性身体的一种属性，而是指个体能够贡献于社会的生产性资源的"潜在能力"（Parsons, 1991 [1951]; 1978: 21, 81）。更一般地说，具身体现的这种边缘化趋势也构筑了某种背景，让帕森斯决定将约翰·杜威和乔治·赫伯特·米德之类实用主义者排除出社会学典范（canon），而他们相当关注身体和物质环境对于人类体验、沟通和关系的重要意义（参看第二章）。

这些评论并不意味着，如果我们想要理解身体在当代的意义，古典社会学毫无用处。无论如何，至少有必要回顾古典社会学的主要代表人物的著述，阐明其中隐含的有关具身体现的学说，并作进一步的发挥。这也是我多年研究的宗旨之一（例参 Shilling, 2001, 2002a, 2002b, 2004, 2005a, 2005b, 2007, 2008; Shilling and Mellor, 2010a, 2010b, 2011; Mellor and Shilling, 2010）。还有必要认识到，身体研究显然一味注重社会性或技术性的所指（无论关注的是性的文化理解，精英的体育运动，还是外表的商品化），容易让分析者将有关具身体现的讨论剥离我们的血肉、骨骼、感官，趋向非具身性的视角，注重组织、技术或其他方面的因素。晚近该领域的许多发展趋势依然明显存在这一问题，尽管文化理论家在探讨新媒体如何以数字技术为渠道和核心，延伸、重组与封装我们的感觉时，以颇有意趣的方式触及了这一问题（例如 Munster, 2006）。

徒具其表的身体

如果说哲学看待身体颇具负面意味，古典社会学又始终对身体的社会意涵立场暧昧，这就给致力于赋予身体更具生产潜力的意义的当代论家们留下了相当大的运作空间。实际上，自20世纪90年代以降，"身体"成了一个被频繁且正面使用的概念，哪怕其确定性还有所不足；这个概念经过细致审查，被用作颇具可塑性的能指，"替代"一切，除了自身。不同的理论以彼此对立的方式界定身体，赋予其相互抵触的属性、功能和角色。在研究消费文化的理论家眼里，身体就是一种表面现象，标示着商业价值，受制于变幻不定的时尚。在女性主义者眼里，身体就是一种关于肉身和生理特征的意识形态观照，用来证明女性臣属地位的正当性。在分析治理术的学者眼里，身体是一种被变动不居的控制模式弄得消极被动的客体。在关注"半机械人"（cyborg）的理论家看来，身体是前技术时代文化的残余，前途难卜，正迅速消失。而对于动因网络理论家而言，身体是关联链条上的行动因子之一。如果关注的是发展一套新的普遍伦理体系，身体就是自我的一种脆弱的要素。如果各路论家只是一门心思在各自学科内部探讨问题，身体会被化约为一种正面肯定的概念范畴（即能够说明此前被某种理论边缘化的现象的范畴）。

在这种情形下，"身体"成为社会科学中最不稳定、最具争议的概念之一，有关身体的分析成了某种思想战场，从后结构主义与后现代主义、现象学、女性主义、社会学、文化研究到种种方兴未艾的理论，各自的主张在这块战场上打得不亦乐乎（例参 Howson and Inglis, 2001）。身体被捆绑上彼此竞争的研究议程，变得几近一种隐喻，经此再去分别追求特定的关怀。身体成了各说各话的东西，究竟应当如何进行概念梳理，不存在任何共识。人们从彼此对立的视角出发来看待身体，不仅如此，这些视角还维系着相互排斥的理论，而这些理论又基于各自对立的本体论和认识论观点，来看待身体是什么，如何认识身体。而且，当身体被捆绑到这些研究议程上，有关身体的生理物质性的议题不仅臣属于这些议程，而且常常消失了。朱迪斯·巴特勒试图通过分析"异性恋基型"（heterosexual matrix）来梳理身体概念，就是这种趋向的明证。巴特勒通过有关"展演性"（performativity）的语言学观念来推进其研究，得出的结论是：性别化的身体"除了构成其实在的各式表演（acts），别无本体性地位"（Butler, 1990: 136）。她同时承认，原本是想考察身体的物质性（她通过受精神分析影响的语言模型，片面地探讨这种物质性），结果却发现自己移向了其他领域，"依然没能把握该主题"（Butler, 1990: ix, 29, 68）。巴特勒有关身体的展演性构成的观点颇具启发，但忽略了具身体现和物质性本身是如何参与展演的，它们并不只是这些表演的效果（Kirby, 2008）。

身体的这种淡化趋向反复呈现于不少论著，它们把人的身体特性完全概括为一种定位场所，各类结构、文化或关系在上面打上自己的"印记"，"铭刻"自己的效应，或是"询唤"主体，以此将自己的存在传承给一代代新人。当然，如果按照如今身体理论依然奉为圭臬的那种观点，身体"始终已经"被赋予社会传承的各种话语，受到这些话语的结构安排，那么把焦点放到这些肉身之外的因素上，也就完全是合法正当的了。那些关注身体如何通过新型数字媒体受到技术决定的人，走的正是这一步（例参 Hansen, 2006）。按照安娜·芒斯特的观点（Munster, 2006: 10），在反映这种网络文化的作品中，一向是重信息而轻具身体现，在这样的优先考虑之下，身体的物理缺席越来越胜过了身体的物理在场（Hayles, 1999: 285—286）。不管这类技术决定论有什么长处，

第九章 结语：具身体现、认同与理论

要说它们能多么有助于认识人体的生理物质属性，难以苟同。与此相反，如果我们希望搞明白，身体如何能够在作为"社会形式"的传承场所的同时，还能积极主动地再创造这些"社会形式"（作为一种具有再生产性的再创造因素，或是具有转型能力的全新创造因素），我就要重申自己在本书初版中提出的主张。为了克服鲜活的身体在社会思想中的缺席在场这一问题，我们需要在梳理具身主体概念时，视之为兼具社会性和生物性的现象，其所具有的突生属性和能力，既受当代社会关系和结构的塑造，又不可化约为这些关系和结构。相反，如果剥离了身体自身的历史与特征，就等于忽视了我们的具身存在是如何使我们重塑了周遭世界，并由此重塑我们自身。

二、身体与自我认同

近几十年来，全球都越来越操心身体的尺码、体型、展演和外观。而外表在消费文化中所占据的核心地位更加剧了这种趋势。在这种文化中，青春朝气、有型有款、性感十足的身体似乎被偶像化为蕴涵神圣意味，只想暗示我们，其实我们人人都有可能做到这一点。而且，肉身美学愈益重要的趋势还不仅限于消费文化领域，还在宗教性、国族性及其他性质的众多群体中获得了愈益增长的重要意涵（Turner and Yangwen, 2009）。这就凸显了将人的身体特性视为某种缺席在场时带来的问题之一：它完全无法应对任何以对肉身的长期执迷为核心的文化或认同。当然，不是所有的人都赞同这一结论，令人啼笑皆非的是，在有关身体体验的现象学的研究中，最有力的实例之一恰恰倡导缺席在场的观念（Leder，1990）。德鲁·莱德的潜势态身体（latent body）学说反映了一种传统哲学观点：身体通常处于我们对于自我的认识的边缘。我就从他的阐述开始。然后，焦点将转向另一些认同观念，认为要通过对作为长期在场（作为"规划""选择"或是"规制"）的身体的特定结构化，达成对于自我的统贯认识。最后，我将考察作为"面具"的身体的观点，这样的身体充当了我们的认同与他人和我们自己之间的中介。

1. 自我认同与潜势态身体

莱德的分析（Leder，1990）以现象学和解构主义为理论基础，认为当个体从事合目的的行动时，身体保持潜势的状态。莱德赞成梅洛-庞蒂的观察（Merleau-Ponty，1962），承认是身体提供给我们在世"生存的载体"，以及我们必然片面的对于世界的"观点"[1]。不过，莱德（Leder，1990：2，62）同时又借鉴了解构主义的主张，即任何在场都有赖于相对应的缺席，从而提出现象学意义上的身体既不是"有血有肉的饱满身躯"（比如它忽视了内部器官之类我们身体的"退隐的"特征），也不能揭启肉身缺席对于生命体验造成的重要后果。

肉身缺席对于莱德的命题至关重要。在他看来，由于现代世界倡导外在于我们身体的结果导向的理性行动任务，部分后果即在于此。我们可能忙着写作业，打电游，更新脸书个人简介，在客服中心回答投诉，设计电脑软件，或是努力赢下一场运动竞赛，但当我们与外在客体或他人互动的时候，我们的身体却很少

---

[1] 原文此处为"point of view"，强调的是观看之点，因此必然是局部性的。

浮现在我们脑海中。而当我们"沉浸于观念的世界",公司的例行公事,逻辑关联,或是与对手的比赛,"不太(自觉)留意"我们自己的"身体感觉或姿势",它们就逸出了视线,从自觉意识中消失了。我们的注意力焦点是外在于我们的这些事情和变项(Leder, 1990: 1)。

有好几项因素促成了这种缺席。首先,我们通常会对自己的身体拥有实践掌控,使我们能够自动执行走路之类的基本行动,而不需要思考。其次,这种实践掌控也能扩展到专业技能:比如说,一位职业网球运动员无需自觉思考就会移动击球(Leder, 1990: 33)。第三,投入任何活动的过程,比如读一本书,都要求将无数的技能和运动方案保持在停用状态。实际上,在感觉周遭世界的一般过程中,"知觉器官置身被领会的东西中间,保持在缺席或无用的状态"(Leder, 1990: 13—26)。最后,在现象学的意义上,我们的内部器官"以区域开口为标志,这些器官尽管对维持生命至关重要,但无法通过身体感受来领会":比如说,我们可能患上了危险的高血压,却对我们的状况浑然不觉,它也不干扰我们的活动(Leder, 1990: 26, 43, 53)。[2] 正因为如此,才必须训练医生解读身体的迹象,那可能是更深层问题未

---

[2] 用生理学的术语来说,我们的本体感受(proprioception,即我们的肌肉、关节、韧带中的本体感受器以及内耳所提供的平衡感、位置感和肌肉紧张感)提供给我们有关世界的关键信息,以及如何利用与世界打交道的不同模式的选择,但在我们现象学意义上的生命体验中却是隐没不显的。考虑到我们的内感受(interoception,即我们的内部器官的感觉)提供给我们的信息,这种缺席就 (接下)

被感受到的征候。这些说法都不等于说我们的身体真的消失了。身体依然充当着"肉身背景",只是通常隐没于生命体验的背景之中。不过,莱德也认识到,即使说功能运作正常的身体从自觉意识中隐退,疼痛、疾病或窘迫也会使身体以复仇的姿态复显(reappear)。

(1) 病显或复显的身体

莱德借用希腊语的前缀"dys"(表示"坏"、"难"或"病",变形后可用于"功能失调"[dysfunctional]),用"病显"(dys-appearance)来描述身体复显(reappearance)为我们体验的主题焦点和感觉焦点,但却是以生物学意义上病态的或社会意义上偏离的形式(Leder,1990:84)。与我们和世界打交道的正常方式相反,病显使我们陷入疏离,把我们重新抛回属于自己身体的有限世界。疼痛最为清晰地例示了这种病显或复显,它有潜力"让我们屏住呼吸",在现象学意义上使我们撇开合目的的活动。剧痛使我们清晰地意识到我们的身体:身体不再是前台行动的后台中介,我们会迷失在身体疼痛的世界里,局限在戳痛、刺痛、灼痛的范围内(Scarry,1985)。

(接上)更为明显,它为我们提供的有关我们身体和外部世界的描绘只是泛泛的,延时的,不精确的(Leder,1990:41—43)。比如说,从饮食不健康到导致心脏病,或者从吸烟到导致血栓或癌症,妨碍我们从事生产劳动的能力,可能要过好多年。

疼痛并不是导致肉身复显的唯一感觉。性的唤起，或是恐惧之类其他强烈情感，会把我们的身体及他人的身体推向前台（Smith，1992）。突如其来的感觉或身体事变也会导致我们把注意力集中在自己身体的某一特定方面。为此莱德举例，当我们看到什么东西却又难以置信，就会揉揉眼睛，眯缝着调整焦距再看。女孩乍逢初潮，男孩遭遇变声，亦皆可为例证。当个体在感官上被某种精神体验或宗教体验触动，让他们"深受震撼"，不能自已，也会发生这种重新聚焦的过程（Freund，2009）。在这些例子里，某种身体"状况"在我们的经验与认同中凸显出来（例参Prendergast，2000；亦参 Leder，1998）。

这种充满疼痛或情感的身体病显还有一种社会等价表现：当社会互动陷入尴尬或被扰乱时，就会出现自觉意识。戈夫曼（Goffman，1956）在这一点上尤具洞见。他提出，有序的互动一旦被打破，像是因为姿势不妥或表达不当，冒犯者就会清楚意识到自己的身体。窘迫往往随之而来，并伴随着口干舌燥，肌肉发紧，微微颤抖，导致日常接触被扰乱（Goffman，1956）。社会病显的效应并不仅限于窘迫和互动受扰，甚至会导致疾病（Leder，1990：99）。比如说神经性厌食症和神经性贪食症，前者维系着对于女性要实现"理想"体型的文化压力，后者则维系着一个特定社会中的诸多张力，因为这个社会既推崇生产劳动又倡导享乐主义消费（Bordo，1993，2012；Turner，1984）。

莱德的分析挑战了以肉身属性为核心的认同观念，它意味着身体在当代成了人们的自我感受中比较不重要的因素，因为在现象学意义上，身体通常是从经验中缺席的。至少可以说，莱德的分析提供了一种颇具启发的说明：西方哲学为何扬心智而抑身体。如果说在深思之时，身体退出视线，那么抽象的哲学关怀会贬低身体的重要意涵，也就不足为奇了。莱德有关疾病、疼痛与合目的行动的受扰等方面的概念梳理，也与主流社会学有着强烈的回应。帕森斯（Parsons，1991［1951］）将疾患联系到社会角色的功能顺利运作受到扰乱，并预料个体会寻求帮助，以便让功能失调的身体不显。

（2）解构潜势态身体

采取解构主义的思路来探讨身体，尽管会有颠覆性的效应，但由于揭示了它通过什么样的原则，使具身体现的某些特定特征成为可见（或不可见），因此这种思路本身也会被解构。在莱德看来，当身体沉浸于合目的的行动，就会退隐不见。但他又提出，"恰恰是因为正常的、健康的身体在很大程度上不显了，身体的直接体验才偏向了功能失调的时刻"，这样的主张似乎是基于那些正当青年或中年的异性恋健康男性的体验。莱德（Leder，1990：86）援引了扬的观点（Young，1990：147—148，163），即女性怀孕的、经期的或客体化的身体不像男性的身体那样不显，等于在一定程度上承认了这一点。不过，莱德的核心命题依然未变：这里并没有什么意思要说，身体在其"正常"状态会变成持久的关注焦点。

这一命题的问题就在于，有些人的身体通常会凸显于前台，其方式会影响他们的认同，而该命题却将这些人边缘化。身体种族主义的一个效果，就是让那些受影响的人对自己的肤色产生深切的自觉和不安（Fanon，1984［1952］；Sayad，2004）。研究性相的理论家们也已指出，那些偏离异性恋认同的个体会被塑造成自感与其外表和行动相疏离，时常自责所作所为，以保护自身（Stryker and Whittle, 2006）。讨论身心障碍的论家也展示了个体如何同时与自己身体的种种局限和问题相抗争，而他人可见的是基于这些身心障碍来看待的个体，不可见的是他们作为完整的人，承担着一系列的社会角色（Zitzelsberger, 2005）。那些经历过社会流动的个体，也会对自己的作派和外表长期感到不自在，因为他们是在与不熟悉的社会环境和新的身体习语词汇进行协商（Goffman, 1963; Bourdieu, 1984）。不过，莱德的分析并没有进一步扩展这类例证的意涵，而是假定，在人们的身体惯习与他们所居处的社会场域之间，存在着某种契合。

莱德的这种肉身潜势观也没有考虑到，近些年来，身体有可能已经变成一种规划。相反，在莱德看来，身体会变成一项规划的唯一的重大时刻，就是当疼痛要求得到个体的注意。这就又引出了关于文化特定性和历史特定性的更多问题，这构成了莱德的分析的背景，尽管已然隐退其中。对于全球各地千百万人来说，饥饿、疾病和恐惧是日常生活的组成部分。某些运动能力受损的人的体验也对支撑莱德分析的那些预设提出了质疑。比如关节炎患者，他们能够把自己的身体体验为长期功能失调，习以为常地将自己四肢的运动置于前台，结合每一次迈步、每一次跳跃、每一处扶手。而在更为凡俗的层面上，饿、渴、累、憋、撑，吃喝拉撒的日常循环都在例示着身体是多么频繁地侵入我们的意识。

尽管存在这些局限，潜势态身体的观念还是有助于说明身体的某种特别的现象学经验。莱德的著述业已启发了健康与疾病社会学中的研究，并有助于说明社会理论为什么有时会有所取舍地聚焦于具身体现的特定方面，比如视觉，要使人们的身体认同的其他特性趋于不显，将盲人或严重丧失视力的人边缘化，才能促成这样的聚焦。不管怎么说，如果我们打算考察身体对于人们如何能比莱德所认为的更加持久地凸显于前台，不妨转向另外一些彼此密切相关的分析：身体作为"规划"，作为"选择"，作为"规制"，它们都认为，认同是基于肉身长期在场而建构起来的。

2. 自我认同与肉身在场

如果认为，人们通常都会参与身体规划或身体选择，有些人还曾经耽于身体规制的要求，这样的想法就与所谓身体潜势的观念直接对立，因为前者意味着，从肉身的尺寸、体型、外表到体验，都是我们的认同的不可或缺之要素。它还意味着，身体通常都被当成一项事业，有待依照关于自我的特定观念和结构化，对身体施以作用，加以改变。

（1）身体规划

我关于身体规划的观念进一步发展了安东尼·吉登斯（Giddens, 1991）的观点，即在当代，自我业已成为以反身性方式组织起来的东西；以及马克斯·韦伯有关理性行动的非理性后果的考察（Weber, 1948 [1919], 1985 [1904—5]）。吉登斯认为，晚期现代性的典型特征就在于，技术控制获得了质的进展，对于消费的关注大大强化，身体在其中成为核心培育对象。莱德所讨论的那种合目的的、外在导向的行动，已经向内转为聚焦于身体。与此相反，韦伯关注理性行动的非理性后果，使我们能够对这一洞见有所限定，认识到如果世界的典型特征就是稳定的道德标准付之阙如，那么合目的地干预身体如何会变得毫无意义。随着身体成为一项规划，莱德所指出的干预的有限所指（比如基于清除身体疼痛）就发生了大规模扩张，开始脱离固定目标，遭受变幻不定的时尚的影响。

有关时尚的这一点提醒我们注意到，纵然是在富裕人群中，增强身体控制的优势也始终受到牵制，因为关于人们应当如何对待自己的身体，缺乏终极纲领（Weber, 1948 [1919]）。而那些依然不属于科学能力所及的现象也限制着控制的好处。比如说，尽管生育技术颇多进展，但不育依然是个大问题。身体还常常拒绝依照我们的意向被塑造。节食期间减掉的体重，超过95%会重新长回来，而身体更会降低卡路里的消耗速率，贮存更多的脂肪，以防御未来的"饥饿"期，就这样对节食做出反应。因此，身体规划也会产生非理性的后果，使得所欲求的身体理想更加难以实现。广而言之，所有的身体都会老去、腐坏，死亡是一种无法逃避的现实，在这个迷恋身体的现代，这些都显得尤其令人困扰。会有一些短期逆转，但身体的逐渐衰退依然持续，随着我们慢慢变老，越来越难以让血肉之躯重新焕发出青春。

不过，无论身体规划面临什么限制，它们也不太可能"退回后台"。实际上，晚近的宗教复兴促使越来越多的人基于能够结合超验关怀来应对身体偶然性与脆弱性的特定标准，对自己的外表和行动进行结构化处理；尽管说正如上一章所示，这些标准的焦点放在来世，也可以基于对传统关怀经过更新后的担当，不妨视为对绝大多数身体规划的世俗形式的挑战，同时也点明了它们依然延续的相关性（例参 Watling, 2005；McGinty, 2006）。晚近的技术进展也会通过创造出一些身体选择，进一步增强身体规划中明显可见的对于肉身属性的聚焦。身体选择作为彻底的身体转化形式，至少拥有潜力，使身体规划中涉及的"酸甜苦辣"变得过时。

(2) 身体选择

身体选择就是受技术启发的重构人类具身体现的方法，它通过彻底攻击与作为一副身体相关联的限制，拓展了与拥有一副身体相维系的可能性(Mellor and Shilling, 1997)。身体规划帮助我们探索生活在一个身体中的可能性，而与虚拟现实和电脑技术维系在一起的那些选择则让我们看到，未来有可能探索甚至占据多个身体，随时间和地点的不同而有实质的变化。这些发展趋势中有一些在于未来，还有些或许有待充分实现，但已经有了一种可能性，即有朝一日，一个身体在其一生之中会被彻底重构好几次。纳米技术就有潜力提供微型机械，投放到我们的血管中，进行动脉修复或分解血脂淤积，乃至其他医疗用途(Rucker et al., 1993; Foster, 2005)。而将电脑芯片移植到大脑中的可能性发展到极致，也可能会让我们掌握新的语言，有能力在刹那之间处理并展示海量数据(Tomas, 1991)。虚拟现实很可能激发出根本变迁(Benedikt, 1991; Rheingold, 1994; Sherman and Craig, 2002)。通过一台电脑与其他人相联结，受与电子图像相关联的紧身衣反应的激发，就可以在午饭前扮作一个追逐星舰进取号的博格人，打上一仗，晚餐前参加一场以古罗马为背景的狂欢，最后，在一天结束、上床睡觉之前，还可以扮成玛丽莲·梦露，和菲德尔·卡斯特罗安静地喝上一杯。

身体选择的社交潜力可以借助让·鲍德里亚有关"符码"的讨论(Baudrillard, 1993)来挖掘。从这个术语可以看出，鲍德里亚认为技术有能力清除确定、绝对和对立。从我们的行文宗旨来说，最好认为符码属于某种可能出现的未来场景，此时自然已经被社会技术程序和制度控制并吸纳。不过，在生物学的 DNA 编码、计算机的二进制编码、电视和录音的数字编码中，已经可以找到这种意涵的当代例证。这些符码都深具潜力，仅仅需要通过生产或模拟来复制或仿造客体，让我们已有的能力变得过时。事实上，符码已经促成了对"原创"的复制，促成了对我们身体的控制的大规模增强。

原创性的这种再生产通过人工进化之类的技术实施运作（Kelly, 1994），最终能够使人类生活完全具备自我指涉性，一切尽在我们的控制之中，因为没有任何东西外在于我们的复制能力（Robins, 1995: 144）。我们被告知，如果科学获得了复活生命的能力，就连死亡也可能变得过时（Kimbrell, 1993; Turner, 2007, 2012）。用布罗代尔的术语来说（Braudel, 1973），个体时间将能战胜属于长时段的进化时间。身体选择在空间和时间上都灵活可变，这也破坏了所谓"独一无二的身体"，从而挑战了当我们说作为一个个体时所维系的那些传统特征。按照伊安·瓦特的说法（Watt, 1957），启蒙运动思想所接受的那种个体性原则自有其前提，依赖于有可能撤除时间和地点的偶然性而确定一个人的独特性。而身体选择如果发展到逻辑上的极致，则有可能清除任何诸如此类的连续性。有朝一日，一个个体从一个场合到另一个场合，在尺码、外表、性情、性或性相上都可能不再类似于他 / 她自己。

不过，我们在被这些推测带入彻头彻尾的幻想之前，先有必要认识到，身体选择也可能只是加剧了与身体规划相关的那些不确定性和不安定感。同样有必要指出，即便是最令人称奇的案例，也是基于此前在消防、建筑、温控、交通等方面的创造发明，而这些更加剧了人对环境的影响（Goudsblom, 1992; Sennett, 1994）。最终或许难以区分人和机器，但就像中世纪身体规制所揭示的那样，人类早就已经从物质上和符号上改造了所居处的世界，由此改造了自身（Marx and Engels, 1970 [1846]）。

(3) 身体规制

形成中世纪的惯习的那种环境，其典型特征便是暴力、疾病与食物匮乏，这显然不利于采纳旨在培育"身体之美"的习惯（Elias, 2000 [1939]）。不过，肉身也能成为追求宗教性的身体规制的场所，就是对身体进行规训的结构化方案，这在基督教中由来已久。早期基督徒已经"把握住"身体，认为这象征着基督战胜死亡、战胜腐坏的人类秩序。基督徒通过受洗而加入基督教共同体，包括禁食、节欲、守夜、祈祷、驱魔等（Miles, 1992）。不过，也正是中世纪的基督教，将这些规制精致化为一般化程度更高的身体规训方案，包括节食、祈祷和严苛苦行的生活方式。

与现代身体规划恰好相反，中世纪的身体规制常常表现为以带有摧残性的憎恨肉身为核心。要抗击某人的原罪，可以包括自我鞭笞，钉子戳进肉身后到处走动。坎波雷西把这些行为与当代文化中的规范相比较，认为"环顾今日之大众美感文化和肉身特性的升华，没有任何人会准备自愿将自己的身体转化为令人毛骨悚然的人形木偶，虽生若死，布满蛆虫"（Camporesi, 1988: 43）。然而，在中世纪的欧洲，虔诚的苦行忏悔者"甘受灼烧……渴望以尽可能令人厌恶的方式，绝灭自己的身体自我"（Camporesi,

第九章 结语：具身体现、认同与理论

1988：43）。成行成列着装类似的自我鞭笞者，在点燃的火炬和旗帜伴随下，进入中世纪城镇，右手拿着鞭子，上面打好绳结，扎好尖钉，同时教堂钟声奏响，随后他们褪去衣裳，鞭笞自身，"直至鲜血迸流"（Kreuder，2008；Largier，2006：89）。然而，尽管表面上与当代的做法截然不同，但中世纪宗教对充满原罪的肉身的聚焦却并非导致逃离身体，而是促使信徒逃入身体特性，其强度与其现代对手相比毫不逊色（Bynum，1987；Mellor，1991）。不仅如此，当我们想到现在的人不惜忍受某些化学手术和外科手术，为了"净化"自己体内"原罪般的"脂肪、皱纹、酒精和尼古丁，随时准备进行长时间的艰苦锻炼和节食挨饿，那这两类做法之间的差距就变得更小了。比如说，狂热节食之类的做法所展示的不一定是对身体的"憎恨"，而是意味着参与对肉身的重构，与几近宗教性的献身于某种理想自我颇有相似之处。

中世纪身体规制可能与身体规划形式颇为类似，不仅是它们都执迷于身体，而且都使某些个体可以重构其认同。即如卡萝琳·沃克·拜纳姆所言（Bynum，1987），禁食，宗教事工，还有"迷狂"状态的身体体验，使得一些女性能够摆脱生儿育女的角色，并且避开某些形式的教权控制。这些认同虽说面临重重危险（男性神父可以判断宗教迷狂属于虚伪做作甚或魔鬼附身），但也刻画出女性如何利用宗教传统，以追求地位和宗教"生涯"，并挑战男性等级秩序。进而言之，如果个体力求在"失控的世界"里稳定其认同，可以利用身体规划（Giddens，1990），那么过去的人们也常常利用身体规制来抗衡对身体之不稳定的焦虑。千百年来，蛆虫一直让人想到原罪与腐坏，在中世纪，更常常被认为寓于身体之内，属于原罪的明证（Ariès，1974：42），而苦行式的身体规制则被认为能将其破坏效应降至最低。最后，还有必要指出，这些基督教规制使信徒能够赋予疼痛和疾病以意义，而意义源自基督教的下述观念：基督为其所爱的那些人付出牺牲，并在痛苦中死去(Shilling and Mellor, 2010a)。

身体作为规划／选择／规制这几种观念，并没有提供给我们一套有关认同的单一理论。不过，它们构成了对肉身潜势的概念颠覆。身体并没有退隐到后台，而是走向前台，成为合目的活动的主体与客体。身体的某些部位和感觉或许相比于其他部位和感觉暗淡无光，但在身体规划／选择／规制的观念的挑战之下，用"不显"和"病显"来对认同进行分类已经不合适了。一旦讨论到穷人、无家可归者、食不果腹者的身体，而这些人成天想的就是维持生存，再要认为身体对于人们的认同具有积极正面的核心意义，显然是有局限的（尽管这些人自有其执迷于身体的角度）。然而，同样有必要指出，身体作为规划和作为选择的观念与莱德的潜势态身体观念并非彻底对立。鉴于它们强调对身体的认知监控（与身体规制所特有的有关肉身的肉体知识相对立），不妨认为它们都低估了身体在何等程度上支撑着我们的思想，侵入了我们的认同(Mellor and Shilling, 1997)。比如说，关于身体选择，有些更具未来取向的见解似乎忽视了一点：我们身体的基本需要和能力本身是如何塑造并限制了虚拟环境的发展（参看 Heim, 1995; Sobchak, 1995）。

利用"身体规划"或"身体选择"的观念来重构当代的自我，这种路数是否充分，尚待实践检验。要进入中世纪的身体规制，乃是基于宗教标准，充盈着神圣的意义，它们的规范性根源清晰明了，而它们的变迁步调通常也比较缓慢。不仅如此，在这些规制之外，还有一些方便可行的替代选择，或者至少是定期的释放解脱。比如说，狂欢（Carnivals）就可能曾经和宗教目的密切相关，即某种肉体的（carnal）放纵，以求让身体一泻通畅。但这些节庆活动展示的是对离奇出位的东西（the grotesque）的肉身颂扬，是个体摆脱教会目标的感官超越（Bakhtin, 1984 [1965]）。与此相反，和身体规划相维系的身体理念越来越广为扩散，从而引出了谁控制"值得欲求的意象"的问题。

如果社会表征渗透进了我们对自我的感受，那么我们所进行的身体重塑与其说关涉个体行动，不如说在于有关外表的支配性规范：这些规范使人们纠缠于别人的意指实践之中，或许助长了社会不平等的再生产（Pfohl, 1993）。比如说，近几十年来，冒出了大量的手术，"淡化"或"漂白"非白种人的肤色、面色与长相（Peiss, 1998; Anand, 2002）。"扮作"白人，或许还包括"扮作"中产阶级或具有男性特质，已经不是什么新鲜事。但是，这些技术进展只是提供了手段，对人体进行更彻底、更有害的"种族化"重构，强化了一种新式的肉身帝国主义。简言之，有些规范充当着标准，个体力图对照这些标准来塑造自己的身体，而谁控制这些规范的问题就引出了一种可能性：有关身体之美的意象或许成了某个人群强加于另一人群的压迫性的面具（Bartky, 1988; Bordo, 2003）。然而，这不应当阻止我们承认，在许多文化和宗教中，都能看到通过服从某些特定规范和实践，生产出受到推崇的身份/认同（例参 Mahmood, 2005）。或者，在这些规范的里里外外，是否可能留有足够的余地，让身体意象被用作灵活可变的"面具"，个体可戴可脱，以此践行行动，尽可能扩大自我表达的机会？

3. 身体作为认同的面具

不少有关性别认同、种族认同和代际认同的学说提出，外表的视觉规范助长了一些群体对某一群体的压迫或制造劣势。这些学说中可以看出身体作为面具的意象。而在社会建构论的论著中，也越来越普遍关注具身体现中那些灵活可变、未有定论的特性，如何使个体能够向特定的受众"释放"特定的印象。这些思路殊途同归，都意味着身体外表构成了"第二层皮肤"（Fanon, 1970），成了我们的生物态身体的中介，承载着符号意义。前一类思路凸显出在某些场合下，身体的"面具化"牵涉到强加一些负面的刻板印象，使身体成为某种紧身衣。[3] 后一类思路则意味着在呈现方式上技能娴熟的个体建构并管理着外观，根据社会情境的需要，向他人投射一系列的认同。在这里，身体成为某种出于自愿的展演，是践行能动作用的不可或缺之要素（尽管要说明这类行动，必然还要考虑情境规范）。

因此，无论是"身体面具"作为紧身衣还是面具作为展演，这些观点尽管彼此对立，但都聚焦于与身体外表相维系的符号意义，聚焦于个体对那种外表所拥有的程度不同的自我觉知、控制与选择，以及所遭遇的约束。它们也意味着视觉已经成为建构、巩固和再生产现代社会关系的唯一感官中介（Evans and Hall, 1999; Mirzoeff, 2012）。

---

[3] 原文为"straitjacket"，最初指对付疯子或犯人的拘束衣。在某种意义上，如今它可以"普遍化"、"美观化"地称为"紧身衣"或者"束身衣"（比如各种纤体内衣）了。

（1）作为紧身衣的面具

弗朗兹·法农（Fanon, 1984 [1952]）在分析黑人性（blackness）的建构与殖民主义的时候，考察了"身体面具"如何能够成为压迫性的"第二层皮肤"，由一个人群强加于另一人群：男性白人的殖民凝视创造出一块视觉空间，非白人群体在这块空间中被化约为其身体。身体在此无法不显，也毫无希望将身体视为能动性的规划。相反，一种负面刻板印象化的"黑人性"成为自我的本质内涵，这是一种透过"白面具"被看到的本质，充满了羞耻与自卑。比如说，法农在自述经历时，提到过作为"一般化他人"（generalized other）的白人如何以极具压迫性的方式，将其身体存在反馈回他："我的黑人性就在那儿，肤色黝黑，不容置疑。这一点折磨着我，困扰着我，激怒着我"（Fanon, 1984 [1952]: 117）。五十年后，萨义德（Sayad, 2004: 206）研究在法国的阿尔及利亚人，也识别出类似的过程，移民把自身体验为"令人羞耻的身体"，一种没什么自信的羞怯笨拙的身体，一种体验着"不安"的身体，一种"背叛自身的身体"。

更一般地说，以殖民主义的思路将黑人性联系到淫荡好色，野蛮残忍，不讲道德，往往意味着"有色人种在其身体图式的发展过程中遇到了困难"（Fanon, 1984 [1952]: 110）。无论是男是女，对身体的自觉意识都成了"纯粹否定性的活动"，让身体所占据的空间中充斥着不确定性，充斥着"第三方的自觉意识"，就连搞盒火柴的过程都成了充满笨拙尴尬的活动（Fanon, 1984 [1952]: 110）。将这类"白面具"强加于非白人群体，是与各种曝露和隐藏的策略分不开的。比如说，法农将法国在阿尔及利亚的殖民决心概括为立意"征服女人；我们必须上那儿去，揭开把她们掩藏在后的面纱,进入男人隐藏她们的房屋,找到她们"(Fanon, 1970: 37—38)。在这里,殖民凝视力图穿透所有那些可能阻碍白面具强加于黑身体的空间。或者,在许多西非国家里,"殖民者对于面纱的攻势被传教士对于胸部的攻势所取代。"在这里,"正是身体的曝露,毫不羞耻的展示","在西方人的脑子里",标志着"非洲人/男人原始的乱交性和占有欲"(Fanon, 1970; Kanneh, 1992: 347)。不管怎么说,即使根本不存在单一的殖民策略,也有着同样的逻辑:要剥夺被殖民的身体的自主性,让他们受制于殖民者的身体规范和行为规范。

法农分析的性别化的殖民主义特征也有助于引出某些女性主义论著,它们把身体面具作为具有父权/男权意味的东西来考察。埃弗拉特·泽龙主张(Tseelon, 1995: 124),女性所"陷入"的视觉空间是从其身体的角度来界定她们的,将这种肉身属性与高出一等的男性心智相对立。泽龙把这种面具的原型特征追溯到潘多拉、夏娃与莉莉丝[4],认为女人身份的面具被框定为一种操纵性的本质,躲在"虚伪的装饰"背后,演着假面舞剧:它的"美丽与精致"充当了某种"载体,让男人为之目眩心移,直至自取灭亡"(Tseelon, 1995: 12)。在这种情形下,女性的"本质"始终呈现为以肉身为焦点的化约论评判。

这种面具化的过程对自我认同产生了重大影响。如果像女性主义者所称的那样,左右女性如何看待自身的"一般化他人"是某种"具有男性特质的他人",那么女孩子所面临的对自己身体

---

[4] Lillith,犹太传说中亚当的第一任妻子,也可指闪族神话中的女妖,后引申为中世纪观念中的女巫。前面的潘多拉则相当于希腊神话中的夏娃。

外表的压力比男孩子沉重，也就不足为奇了。而她们的后续发展也深陷于对立两端之间：一端是要获得美丽外表的文化要求，另一端是指责那种外表证明道德品质败坏。在这种情形下，也就自然会看到，有关身体意象的研究始终会发现，对于自己的身体魅力、体重、外表，女性比男性更加关注，更不满意。有那么多十来岁的少女甚至是半大不小的女童就已经陷入节食的恶性循环，即为明证（Grogan, 2007）。

老年化是这种身体作为压迫性面具的观念得以发展的另一块领域。在这里尤值一提的是，迈克·费瑟斯通与迈克·赫普沃思主张（Featherstone and Hepworth, 1991），人们在体验老年时，往往拿它当一种顽固的面纱，掩盖了个体真实的身份/认同。这一点也体现于 J. B. 普莱斯利有关变老的感觉的阐述：

> 我就好像一个毛头小伙子，走在夏夫茨伯里街[5]上，突然被人绑架，冲进一家剧院，被强行套上灰白假发，搞出皱纹，还有别的什么上岁数人的特点，然后坐着轮椅上台。在老年人的外表背后，我人还是那个人，脑子还是那个脑子，和年轻时没两样儿（转引自 Puner, 1978：7）。

我们常听人说，七老八十的人了，"心还很年轻"，但费瑟斯通与赫普沃思强调，在西方社会，老年化也受到另一种体验的塑造，就是被戴上衰老皮肤的面具，当个体深陷于推崇青春的消费文化，这种面具就会引发他们的负面反应。当需要挑选合适的

---

[5] Shaftesbury Avenue，位于伦敦，以街边剧院林立闻名。

衣服、风格和"装扮",上岁数的人面临的两难就表明了这一点(Twigg, 2009)。更一般地说,我们有些人有时觉得宛如大学新生(越来越耽于回想曾经能够狂欢派对到深夜,然后世界恢复平静,邀三两好友,举杯小酌,或咖啡相伴,长夜直至天明,然后还能去本地公园轻松慢跑,看朝阳冉冉升起)。不幸的是,对镜相望,我们看到的却是额头的皱纹,眼角的鱼尾纹,还有眼袋。我们可以重新让自己相信,"沧桑"(lived-in)的脸也是性格的迹象,但不能只是生存过的迹象,标志着死亡离我们越来越近,令我们困扰不安。老年化的肉身迹象充盈着负面的意象,而这些意象又似乎决意要让我们的老年化体验干瘪僵化。

老年化的例子凸显了三项话题,都对这种将身体面具视作紧身衣的思路具有整体上的相关意义。其一,它"提请我们注意到,一方面是脸面与身体的外观,另一方面是人履行功能的能力,这两方面之间可能存在一定的距离或张力"(Featherstone and Hepworth, 1991: 382)。例如,尽管面具的意象似乎能够捕捉到许多人的老年化体验,但也有迹象表明,"一种新的老年化语言正在逐步兴起,其表现范围要宽广得多"(Featherstone and Hepworth, 1991: 383)。这一观察提醒我们注意,面具也是会招致争议的(Goffman, 1990 [1963]: 9, 11)。其二,面具有助于将人们"锁定在"限定的角色中(比如爷爷奶奶),给个体性留出的余地有限(Goffman, 1990 [1963]: 9, 11; Fairhurst, 1998)。第三,面具不是促进出于自愿的展演,而是会成为污名化过程的核心要素。所谓被污名化,最初指的是"一些身体记号,旨在曝露有关标记之道德地位的某种异乎寻常的、不好的东西",现在用来指"不具备被社会完整接受之资格的个体的处境"(Goffman,

1990［1963］：9，11）。

如果社会关系是决定什么样的面具化身体特性/身份/认同会被污名化的关键因素，那我们可以想见，一旦群体之间的权力比重和互赖程度发生变化，那些种族意味的、性别化的和代际意味的面具的意义也会相应改变（Elias，1994a）。就此而言，保罗·吉尔罗伊有个观点耐人寻味，他认为（Gilroy，2000：23），大批运动员和艺人已经开始将"黑人性"从一种"受侮辱的标识"变成"越来越有力"的享有声望的标记。而近些年来，将"黑人性"与流行音乐、街头时尚、青年认同方面极具声望的形式维系在一起的做法也大为增多（Devereaux，2007）。

（2）作为展演的面具

关注作为紧身衣的身体面具的论家从"约束"的角度来梳理外表概念，而关注身体面具的展演潜力的论家则把重点放在与我们的视觉自我相维系的能动力上。从他们借鉴欧文·戈夫曼作品而对拟剧意象的广泛使用就能明显看出这一点。戈夫曼的作品有一个特点，就是概念层出不穷，比如"假装劳动"（make work），比如"有礼貌的不关注"（civil inattention），描述了个体如何管理其外表与行动，以便将特定的印象传递给他人。使用道具（比如以报纸挡面，以遮掩失礼之笑），记忆（专注回想过去一桩悲痛事件，以便在当下表现出庄重沉痛），化妆或整容手术（凸显青春活力外观），关于身体如何能够充当面具，助力个体目标，例子比比皆是，以上仅举三例（Goffman，1969［1959］，1990［1963］）。

除了外表这一显而易见的重要意涵，对脸部与身体的面具的建构与展示，还有两个背景因素特别重要，对应于不同类型的展演。其一，戈夫曼提出，存在一种共同的道德理解，我们看人们就当所见即所得，至少在有相反证据出现之前是如此，并且会投入交互性的"轮流来"（turn taking），甚至是互动性的"修补劳动"（repair work），以抚平出乎意料笨拙的呈现性展演。其二，尽管一个个体面对不同的受众，可能会建构并投射出不同的身体面具，并且能够在"后台区域"放松自己，与所有这些面具或身份/认同都保持距离，但是，对于同一群受众，展演如果想要被视为真诚，还是需要保持连贯一致（Goffman, 1983, 1990 [1963]）。因此，要创造出这些身体面具并且获得成功，关键不仅在于具身行动者和受众之间的协作，而且在于空间和场所的管理（Tseelon, 1995）。

身体作为面具，供自我呈现之用，这种观念是否意味着个体老想着欺骗别人，可谓众说纷纭。埃弗拉特·泽龙（Tseelon, 1992）就讨论了"印象管理研究者"的作品，后者分析了身体的"面具式"属性，认为个体如果试图错误呈现（misrepresenting）自身以求得利，这类属性就是不可或缺的（例参 Baumeister, 1986; Snyder, 1987）。这些研究者的意思其实是说，在不同面具的穿戴所投射出的变动不定的身份/认同背后，存在着某种私己的、真诚的自我，而这些面具只是为了创造出有关某个个体的地位、经济价值或道德正直的虚假印象。与此相反，后现代认同观会认为，根本不存在什么真诚而持恒的自我，社会生活恰恰有赖于我们向各种受众投射出不同的具身认同（Gergen, 1991; Tseelon, 1992）。这两类思路都采纳了戈夫曼的著述来支持其观点，这既证明了其作品的创造性，或许也表明了它的暧昧性（Tseelon, 1995）。

将身体作为面具来管理，究竟会产生什么道德后果，对于这一点尚存争议,即便如此,森内特(Sennett, 1992 [1974])指出,所谓社会生活象征着一座剧院,人们在舞台上进行展演,这一观念是最古老的社会观之一。柏拉图认为人类生活就像一场众神导演的木偶剧,彼特隆纽斯[6]把社会当作一个剧场来分析,而基督教思想则认为,上帝旁观其子民在下界演出的这些假面舞剧,极度痛楚。再到晚近,巴尔扎克、波德莱尔、托马斯·曼甚至弗洛伊德,都曾把剧场和社会视同一物(Sennett, 1992 [1974]: 34—35)。森内特考察了生活在18世纪的人们通过哪些过程,开始将彼此而非上帝视为自己展演的受众。人们的衣着、外表和社会展演都如同演戏,矫揉造作,供人欣赏,哪怕颇有些玩世不恭的风气。比如说,在18世纪中叶的巴黎,身体被当成模特儿,"假发、礼帽及其他各种妆饰竞相往上穿戴",以求创造出对角色特征的认识和公共认可的面目,便于陌生人之间的沟通(Sennett, 1992 [1974]: 40—41)。

森内特的历史视角揭示了在18世纪,"身体面具"如何促进了沟通。禁奢令(Sumptuary laws)力图限制社会特权阶层穿着某些织料和样式,但这些法令几乎形同虚设。因此,身体的面具成了灵活可变的手段,针对不同的受众,呈现不同的面目。话说回来,即使森内特为戈夫曼对于自我呈现的关注提供了历史背景,他对于当前与外表相维系的意义却不那么看好。他提出,到了19世纪末,身体面具开始被视为人格的固定标示。颅相学(Phrenology,根据头颅形状来推断人的品性)为这种视角转变出

---

[6] Petronius,古罗马时代散文家,所存《萨蒂利孔》残篇描述了意大利城市享乐生活,手法夸张戏谑。

了一份力，外科手术的进展也是如此，后者将身体视为通向人类本质的道路。再有就是达尔文所提出的个体情感会直接展现于身体外表。根据森内特的看法，这些发展意味着身体的面具不再为个体提供公共沟通的灵活可变的手段，而是变成曝露一个人灵魂最深处的不再灵活可变的紧身衣。

身体作为面具的观念引出了一个问题：赖以评价身体的标准是谁设立的。而研究种族、性别、身心障碍、性相和老年（以及其他赖以安排社会不平等结构的变项）的理论家们在思考身体作为紧身衣的问题时，正是把这些规范作为核心要素。无论如何，这种思路完全从身体外表的角度来领会身体的重要意涵，就未能充分重视到，身体其实不能被化约为有关身体的表征。事实上，"身体面具"的观念把身体视同为外在的表征，也就意味着个体除了改变自己的外表，没有什么选择来改善自己的处境，这样的结论低估了具身主体做出抵抗、积极参与、有时甚至导致社会变迁的能力。

4. 互补性质与身体图式

身体作为潜势态，作为长期呈现的规划／选择／规制，作为面具，这些观念为我们提供了明确的相互替代的方案，但我们是否真的不得不选择其中的某一种，接受说即便是探讨身体和自我认同的最具吸引力的思路，也有其局限？或者，这些相互竞争的看法是否具有一些隐含的会通之处，而这样的会通之处意味着，或许存在某些共同过程，有助于我们说明彼此对立的具身认同形式是如何发展起来的？接下来，我将让这些研究身体和认同的思路相互对话，这种对话会揭示它们有关具身自我的观念之间存在互补性质，并且提出，存在一些与身体图式的发展相维系的共同过程，支撑着每一种思路。这些过程使我们能够对纷繁多样的身体性自我认同观做出解释，视之为反映了具有文化特定性和历史特定性的具身体现形式的兴起。

(1) 接触点

为了在上文考察的彼此对立的身体与认同研究思路之间打造某种"对话"，我想要探讨如何能把其中每种思路的要素看作是处理了其他思路中的疏漏。因此，我固然批评了潜势态身体观念把焦点放在正常/规范态身体上，视之为安分无争的身体 (receding body)，但也认为它依然有助于说明，具身体现的某些特性如何摆脱了身体规划的关注。比如说，当健康被忽略时，外表也能成为一项规划，就像有些人定期使用人工日光浴 (tanning booths)，着手"急速节食"，或是在做美容手术时，接受与全身麻醉相维系的风险。转向作为紧身衣的身体面具观念，就可以把那些从负面界定某些身体外观的种族规范、性别规范、年龄规范及其他规范，理解为身体的社会病显。并且也不妨认为，这类规范决定了各种身体规划被赋予的地位。比如说，与变老相维系的污名就提升了许多旨在延缓衰老迹象的锻炼规划的流行程度，而有关深肤色的种族主义意象也促使那些使肤色变白变浅的治疗大受欢迎（如果你还没有看过主打"肤白亮丽"的广告，上 YouTube 看看吧）。与此相关，对于身体的"面具"充当紧身衣的观念，也不妨认为具有重要的连带意涵，因为身体某些方面的性质在功能"正常"运作的时候也有可能退入背景。

如果选择性地组合潜势态身体、身体规划和身体作为面具等观念的要素，除了呈现出其他认同研究思路付之阙如的成分作为补充，还有助于我们就那些看似矛盾的、无效的活动给出说法。比如说，黛布拉·吉姆林（Gimlin, 2002）分析了人们为何从事例行化的运动，但并不完全投入，认为单单是属于某个健身俱乐部，谈论着手节食，或是三心二意地参与锻炼，就能让人心安理得地不遵照身体规范，也使人的身体至少在某些场合下，在一定程度上，能够退入背景。通过标示出参与这类身体规划的意向，"女性就能够降低其身体未能遵照文化戒令的人身责任，在多种规范认同之间进行协调"（Gimlin, 2002: 6）。这些女性或许依然苦于某些立场，时不时使自己的身体像是一件紧身衣，但借助提供给他人一副展演性的外表，表现出她们正在"致力于"合乎规范地重构自己的身体，就能缓和这种束缚。

(2) 身体图式

除了让这些身体认同观念展开相互对话，还有可能借鉴有关身体图式的分析，由此考察支撑这些观念的某些共同过程。提出"身体图式"这个概念，是要讨论我们如何能够协调自己的身体以执行行动，同时并不完全关注它们或自觉监控我们的一举一动。[7] 它指的是我们"参照身体所处环境的纵轴、横轴及其他

---

[7] 这种研究源于 20 世纪初的神经生理学。神经生理学认为，身体协调自己行动的能力有赖于身体非自觉的三维体位模型。这种模型记录个体身体所体验到的过去与当下的感觉信息，以及与其他客体对象之间的关系（Head, 1920；Grosz, 1994）。有关身体图式的生理学研究和心理学研究考察幻肢、疑病症（hypochondria）、歇斯底里，以及有关体内所感特定刺激的具体情形与方位的其他困扰，不断取得发展。——原注

某些重要坐标轴",对自己身体位置所拥有的前意识性的整体觉知,是从婴儿期身体的零碎状态中慢慢发展出来的,但对于我们对自己具身自我所拥有的活生生的主观感受来说至关重要(Merleau-Ponty, 1962: 113, 117)。事实上,我们要有能力建构统合协调的自我认同,践行社会行动,一个基本前提就在于,我们针对自己的肉身外观、尺码和能力,塑造出某种非自觉的心理图景,从而奠定基础,让我们能够协调自己各种感官能力和运动能力。即如伊丽莎白·格罗兹所称,我们的身体图式"统合并协调各种姿态、触觉、动觉(kinaesthetic)和视觉方面的感觉,从而将这些感觉体验为在某个单一空间中协调一体的主体的感觉"(Grosz, 1994: 83)。重要的是不要把概念物化为一种限定的结构,用来说明某种限定的功能,这个问题严重损害了该术语的神经学观念。尽管如此,身体图式在社会学角度上有着灵活的用法,标示着玛克辛·希茨-约翰斯通(Sheets-Johnstone, 2009: 14)所说"肉身—运动模式化"的不同类型,因此依然是一种颇具启发的有益手段。接下来,我重点谈谈身体图式的结构化和再结构化如何关联着我们的身体意象与认同的发展。

身体图式主要是从两个源泉中发展出来的。首先,随着我们"撞进"物理世界,学着应对这个世界,并解决遇上的问题,物理态身体的感觉、知觉和运动滋养出了身体图式(Archer, 2000)。不过,身体图式并不等同于这些体验,而神经生理学也早就确立地位(通过考察"幻肢"[phantom limbs]之类的病案,即截肢者自述已失掉的手或足有疼痛或感觉),并非单纯复制物理态身体的解剖学(参看 Sobchack, 2010)。不仅如此,当我们在物理意义上运动经过所处物质环境,会发展出新的能力和技能,学会如何利用客体，从而能够扩展我们赖以将自身投射到世界的具身手段（Merleau-Ponty, 1962: 234）。此中关键就是以扩大我们身体图式的方式，操弄超出身体边界的东西的能力。正如杜威所言（Dewey, 1980 [1934]: 13），没有任何生物活在其皮肤界限之内，我们的感觉就是与有潜力扩大我们身体图式的"（我们）身体框架之外的东西进行关联的手段"。比如说，学习打字时，键盘就融入了"身体空间"（Merleau-Ponty, 1962: 145）。当视觉之类的主要感觉丧失，在这种身心障碍案例中，这类身体图式的扩展尤为明显。"盲人的手杖对他来说不再是一种客体，不再被领会为其自身；它的落点已经变成一块感觉区域，扩展了触觉的范围与活动半径，提供了类似于视觉的对应"（Merleau-Ponty, 1962: 143）。齐美尔在讨论技术发展如何扩展我们的感觉能力时间接指出（Simmel, 1971 [1918]: 356），这类扩展图式的形成意味着，我们已经"超越了自己自然态存在的范围"。

与身体图式发展相维系的第二项因素就是我们的社会环境。通过前语言阶段的婴儿与早期看护者之间角色扮演的基本结构（以及这种互动中蕴含的情感和表达），这一点在生命早期表现得很明显（Mead, 1938; Schilder, 1978 [1935]; Joas, 1983, 1997）。比如说，作为孩童，我们被鼓励以文化上得到推崇的某些方式行事，并学习基于特定的社会意义评价这些行动。这种学习延续到成年，我们会习惯于根据工作场所内外存在的身体规范和文化"准则"，有所筹划，并得到评价。因此，我们对自己身体所拥有的体验和意象并不完全是由我们对物理环境的体验所赋予的，也在相当程度上源于社会环境。

身体图式的这两大源泉意味着，生物态身体会接受某些文化意义的影响，这些文化意义聚焦于身体的特征、行动与外表，并以符号的形式界定它们。话说回来，身体图式并不是无限灵活的，因为它依旧以有机态身体作为自己的来源与所指。图式固然可以被社会规范、价值与技术等加以扩展，但依然是与骨骼、血肉、感官"进行会话"的，是后面这些通过在某个具身主体中的定位，促进了图式的发展，而这个主体必须既和社会环境打交道，又和人造环境打交道。按照乔治·赫伯特·米德的主张，身体图式的发展乃是基于实践性的主体间性(Joas，1997)，也就是诸身体自我在投入对于有形的东西的操弄时，彼此产生的互动效应(Mead, 1932: 169)。如此一来，除了极为病态或例外的情况，物理态自我始终是这种图式的锚碇所在。比如，即便在幻肢的例子里，也是被感到的疼痛与作为所指的身体之间的脱节，为具身主体标示出肢体的缺席在场(Sobchack, 2010)。

　　人们已经借鉴了米德的著述来确定身体图式的形成中涉及的过程，而如果我们希望考察个体为何会发展出特定的具身认同，他的研究依然有参考价值。在米德看来，实践性、肉身性的主体间性作为身体图式发展中的核心因素，是由个体调整自身行动以适应群体行动的需要所主导的。这样的调适激发出某种反身性的自我意识，使个体能够从其他人的角度来思考自己的身体存在。即如米德所言，"个体体验自身为个体……乃是基于同一群体中其他个体成员的特定立场，或是基于自己从属的整个社会群体的一般立场"(Mead, 1962 [1934]: 138)。米德把这种群体立场的主体内化称为"一般化他人"，这种他人为具身认同的发展充当了审查员和过滤器。

　　话说回来，个体发展出一套连贯协调的具身性自我认同的过程，并不只是将群体态度径直内化。利萨尔多（Lizardo，2009：722）提出，"视觉、听觉（或许还有触觉）上的激发在社会化过程中扮演的首要角色，就是提供途径，接触到他人身体中具备的感觉运动图式里编码的丰富实践知识。"它还包含着"客我"（其他人赋予我们的身份/认同）与"主我"（我们对于这种身份/认同的主体反思）之间具有批判可能性的内部对话（Mead，1962［1934］）。[8]

诚如米德（Mead，1903，1904：337）和杜威（Dewey，1896，1980［1934］：13）所言，我们的生物学需要使我们具备了某种"前反思性的人体意向性"，起初是指向维存，这意味着我们不只是对刺激做出反应，或是持续地将文化规范内化，却不加以批判反思，而是基于我们自己的欲望和目标来应对它们。因此，本节所采用的身体图式观念一方面承认，物质环境和社会环境对我们有关具身认同的感受颇具影响，但又并不认为，具身主体是消极被动或无限可塑的。它就此巩固了埃利亚斯有关"开放的人"的观念，使我们能接受说，一方面，传统社会中的身体图式契合于玛丽莲·斯特拉桑（Strathern，1988）所称的那种"分体"（dividuals），即由相对未经分化的身份/认同来确定结构，他们不仅与其他人分享这样的身份/认同，而且与自己部落共同体中的工具、武器甚至动物分享；另一方面，身体图式也能反映现代性中更为个体化的具身自我（Malafouris，2008；Miracle and Boric，2008）。

对于身体作为潜势态，作为规划/选择/规制，作为面具，这些洞见都具有重要的连带意涵。它们意味着，各种具身体现形式分别具有怎样的相关性，都将有赖于通过实践互动锻造而成

---

[8] 米德这一对概念"I/Me"亦有"主体我/客体我"、"主我/宾我"的译法。

的、以身体图式为基础的主体性，有赖于这些互动相对于社会环境和物理环境的效力。如果说居于支配地位的社会群体是殖民群体或父权／男权群体，那些臣属于这种压迫的人就可能发展出受限制的、约束性的（restricted and constraining）身体意象，妨碍其践行能动作用的机会。"一般化他人"的观念启发了法农有关殖民空间中将白面具强加给黑人的观念，其实绝非偶然。在这里，身体自我是通过其"附加"于污名化的意象和互动而被体验的，不过，它对受压迫者应对周遭环境的能力所造成的消极后果，却也能充当孕育抵抗的动力。与此相反，身体规划的观念意味着一种特别的图式占据主导地位，这种图式非常推崇个体主义，乃至于期待人们既要管理并增进自己所致力的物品和服务的价值，也要管理并增进自身的价值。在此，与图式紧密相关的，是基于工具维度上合乎理性的标准，发展物理态身体的实际边界。最后，潜势态身体观念背后的现象学经验（尽管有些言过其实）可以解读为受某种特定的互动背景所推动，该背景更推崇心智与合目的的行动，而贬抑身体与感官经验。这里，身体图式被向特定的任务和活动投射，并注入其间，与此同时，从这些任务的视角出发，或是从导致身体病显并扰乱身体的功能障碍的特定类型出发，来体验具身自我（Leder, 1998）。

因此，不应当将潜势态身体、身体规划与身体面具之类的观念给物化，认为它们所标示的身体研究思路具有同等相关性，而无视其历史背景和文化背景。身体对于个体所拥有的自我感的共有互动意涵本身就会导致众多认同，根据一个共同体中被视为神圣的做法与价值，在历史角度和跨文化角度上都会出现根本性的差异（Shilling, 1999）。如此一来，对于这里考察的关于自我认同的分析，如果看作是分别代表类型体系中各个组成部分，或许会更具建设性（尽管莱德的命题发挥了一定作用，但并不是因为身体长期缺席，而是因为该命题有助于说明，为什么鲜活的身体的某些特性会在某些时候褪入后台）。也就是说，不妨把这些分析看作是分别切近具身认同的不同形式，长期来看，多少具有一定的相关性，当然，几乎肯定需要进一步补充有关身体和认同的其他见解。

(3) 新身体，新自我？

我们已经提到，需要考察新的具身认同形式的兴起，现在值得来简单谈谈三股发展趋势，可以解读为意味着身体图式正在被重构，其方式激发出新的身体认同与身体意象。这三股趋势是：(1)以身体图式的广泛扩展为前提，身体在技术上趋于去中心化；(2)围绕着风险管理的相关议题，身体图式趋于有限强化，通过与此紧密维系的一种新式的"躯体个体性"，提倡"生物性公民"(N. Rose, 2007)；(3)经由"来世"存在的启示，身体图式得到超验提升，与之相随，宗教认同呈现复兴之势。

N.凯瑟琳·海勒斯(Hayles, 2005)、马克·汉森(Hansen, 2006)、安娜·芒斯特(Munster, 2006)、贝内代托·维根斯坦(Wegenstein, 2006)，以及其他一大批文化理论家，都探讨了具身主体通过新技术和新媒介呈现的去中心化趋势，争论网络空间是否锚定于身体之内，身体是否总是受到媒介的中介，身体是否已经变成没有肉身中心或本部的一种器官。这些作者彼此之间差异显著，但都认为，由于技术媒介将我们的感官拴在机器上（比如计算机和虚拟环境），其方式使我们难以区分自身与这些扩展部分，其结果，身体图式已经与物理态身体相脱离。按照芒斯特的主张（Munster，2006：18），数字媒介能够"复制和放大我们的感觉能力，并使我们摆脱这些感觉能力的无中介性。"在这些思想家看来，认同是经过技术中介的，虽然这些著述往往忽略身体图式如何被"拉回"物理态身体，但这类分析凸显出，可以有各种各样的方式把我们既视为"有形具身体现"的有机体，又看作"技术嵌入"的有机体（Clark，2008：217）。这样的去中心化也促使我们重新思考，肉身在场是如何延展开去，覆盖那些将我们的感觉与技术媒介相关联的材料，而这些材料又会过滤掉感觉的某些维度。

对于具身认同的某些新兴形式，更具社会关联性的一批分析专注于尼古拉斯·罗斯（Rose，2007）提出的那些主题，他宣称，近些年来，出现了一些基于身份/认同基因化的生物公民权形式，怂恿我们变成"我们能变成的任何东西"。这些考察并不代表着社会学角度对于社会生物学的支持，远非如此，而是要探求普通人如何越来越被期待，基于对疾病易感性的计算，管理自己的生活。即如凯利所言（Kelly，2007：47），这种趋势究其背景，有一点至关重要，就是"对于一些疾病的基因检验和筛查的临床应用"，以及与此相关的"新的一套风险语言"的兴起。在罗斯看来（Rose，2007：10），这样将"许多疾患和病征沿循基因维度进行重组"，就要求"易感个体……投入负责任的自我管理……进入对于各种风险和收益的复杂计算，结合被纳入视野的可能的诸般未来，在当下即时行事。"这种"躯体个人主义"并不是一种充分成熟的实在，而只是一种趋势，但在生育之类的领域，它的效果已经十分明显。基因筛查和咨询，基因扫描与检验，可能使女性能对生育做出信息更为周全的选择，但同时还重塑了相关的伦理领域，在这个领域里，她们不得不对自己的身体，对她们尚未出生的孩子的身体，做出决策（Rose, 2007: 116; Ettorre, 2010）。就此而言，"一个低劣的生育者不仅拥有一副身体，低劣的基因，缺乏价值的基因资本，而且胆敢允许'低劣的基因'或'基因错误'降临人世"（Ettorre, 2002: 91; Kerr, 2004: 81）。莎士比亚认为（Shakespeare, 1998），这等情形正在助长一种"弱遗传学"（weak genetics）。在此，结合我们对具身认同的关注，有意思的是，有关遗传学、个体行为和健康风险的那些新兴规范，力求基于我们不得不参照有关健康风险的不确定的专家知识做出的选择，重新勾绘我们的身体图式和认同（Bunton and Peterson, 2005; Rose, 2007; Atkinson et al., 2009a, 2009b）。[9] 不仅如此，围绕与健康风险领域相关的运动为核心来对图式进行的结构化，已经经由医学上对于新疾病和新规范的认定与生产，进一步强化了。这些新规范鼓励我们从遗传学、筛查、药理学和卫生专业人员所建构的安康意象的视角出发，来设想我们的具身潜力（Tiefer, 2006; 亦参 Williams et al., 2008）。

---

[9] 至于那些与生物性需求有深层矛盾关系的身体图式，也有一些重要的例证。那些患上进食失调的人所特有的身体图式对尺码和所占据空间的扭曲意象，能够克服饥饿与食欲之间的任何关联。又如韦伯斯特等人（Webster et al., 2009）探究医学上对病体的观念是如何受到患者的身体图式的中介的，这些图式结合各种服药规制，影响着患者的观念与行动，也对一些议题十分重要，比如患者对医疗技术的使用，对医生开出的药方、健身规制和减肥规制是否遵从（例参 Webb, 2009; Copelton, 2010）。话说回来，尽管业外人士的身体图式能够影响医学权威的权力与效力，但同样有必要指出，制药公司之类的医学生产者也能通过打造有待治疗的新型疾病，塑造人们与其身体之间的关系，比如女性性功能障碍之类的疾病，就是力求在女性当中建构出某种性表达和性体验能力方面的"匮乏"。——原注

过去几十年来，宗教依附在全球呈现复兴之势，与围绕健康风险管理相关议题形成的身体认同的有限强化形成鲜明对照，与这股复兴之势相维系的，是身体图式经由"来世"存在的启示而在超验性上趋于增强。这种趋势究竟采取怎样的制度形式或新型灵性形式，可谓纷繁多样，不过，基督教中的五旬节派、福音派和灵恩派等狂迷形式，可以鲜明例示与这些发展趋势相维系的身体图式的潜在扩张。波洛玛（Poloma，2003）研究了20世纪90年代克里斯玛复兴浪潮的中心"多伦多祝福"，明显可以看出，对于上帝降临的身体体验的特有反应，包括在"兼具高度内在性与神圣关联的时刻"，出现歇斯底里般的狂笑不止，无法遏制的抽泣，颤抖不已，乃至于身体崩溃（Miller，1997：91；Poloma，2003：2，41）。不仅如此，这些体验的力量部分源于它们所产生的令人迷醉的多感官影响，预先使得"精神亢奋的信徒……在任何事件中，借助任何事件，透过任何事件，并超出任何事件的层次和范围，都能看到超验的上帝在发挥作用"，把一切空间、时间和活动都看作服从神圣引导的现象（Johns，1999：75；Poloma，2003：23）。就此而言，信徒们共有的身体图式扩张形式遵循了《新约》教义中的突出主题，包括向世界的呼告（《约翰福音》15：19），促使他们改变自己的身体，以和此前生存格格不入的方式，走路、交谈、感受、思考（《腓立比书》3：21；《以弗所书》4：22；5：1）。因此，五旬节派基督教及其他宗教认同形式的当代扩散在肉身上造成的后果，能够（通过思考、祈祷，以及从来世角度对于此世活动的引导）转化个体参与超验运动的能力，激发出有关生命转化的深切体验，从而重塑其身体图式（Martin，1990：163；Robbins，2004：128；Shilling and Mellor，2011）。

有必要指出，不同宗教影响此类转化的方式各见差异，而与这些转变相维系的具体体验和后果也是各不相同（例参马哈茂德对伊斯兰文化政治的研究[Mahmood, 2005]）。即如韦伯对诸世界宗教的比较分析所表明的那样，要说每一门宗教如何结合此世关切和来世关切来"驾驭"具身主体，都自有其"导向"（Roth, 1987）。然而，这些宗教的共同特征，就在于有能力促使人们在如何领会其身体自我及更广泛关系的方式上，发生深刻的转变。

三、身体理论与肉身实在论

有关认同与身体图式的这些讨论，凸显出三点要素，我认为，如果我们要打造一些分析，能够认识到具身体现与社会之间关系的长期变化，克服这门学科对于鲜活的身体的双重思路，就必须在未来社会学有关这种关系的研究思路中，纳入这三点要素。首先，我们需要认识到，身体充当了传递得到社会赞同和提倡的那些规范、习惯、认同、技术与符号体系的定位场所。具身主体进入一个并非自己打造的既存世界，以这个特定的外部环境为其发展背景。其次，同样有必要承认，身体拥有突生性的属性和能力（通过进化被赋予，无法化约为当下存在的社会关系和技术），使我们能够对所处环境发挥作用，也将环境构成为积极承载鲜活体验的载体。因此，具身主体不是消极被动地接受结构或自然环境的作用。个体通过自己感官、肉欲、神经、肌肉、生理等方面过程的中介力量，体验着各种社会规范与技术。他们拥有一些有机体的特性，向社会结构化作用开放的程度在历史上一向是多变的，至今依然如此，并且往往只是有限的；他们一般都有能力以创造性的方式，作用于这些社会传承。第三，还有一点认识很关键，具身主体与其环境之间发生的这些互动，常常会导致两种现象都发生变化：随着具身行动者在生命历程中的发展，他们会以熟悉的形式，对社会的再生产，或是对自身转化性的再创造，做出积极而多样化的贡献。这些身体维度和社会维度的变化随后奠定了基础，供此后传承那些受到社会赞同和提倡的潜在新型规范之类，以及潜在新型肉身形貌，乃至对于这些形貌的反应。

这样把身体看作是多维现象，捕捉到身体的接受性能力与生产性能力的重要维度，并就此能够启发我们从社会学角度观照社会的构成，比现存各种视角更有具身性。身体的核心是一种时间性要素，认识到有必要考察这些互动的长期演变。不仅如此，认识到应当分阶段来分析身体／社会关系，就能既聚焦于社会、环境或技术维度的现象，又不会陷入社会学有关身体的大多数讨论都体现出的那种特有的双重思路。况且，虽说这种框架并没有明确提及死亡，但并不排斥考虑亡者对生者的影响，就像第八章所探讨的那样，也不预先排除分析嵌入在"来世"关切中的那些具身行动和环境（例参 Archer et al., 2004）。本节我将基于这些原则，首先批判性地考察并评估身体研究中近来居于支配地位的那些视角，然后进一步阐明我所称的这种分析具身主体与社会之间关系的肉身实在论思路。

过去 20 年来，针对秩序化身体的社会建构论分析，针对鲜活的身体的现象学思路，以及结构化理论中的身体观念（以及受实用主义影响的有关社会背景中的身体的分析），赋予了身体研究坚实的身份特性，也提供了有关身体的社会意涵的宝贵洞见，并继续确立着研究议程。不过，纵然取得如许成就，它们也都暴露出理论上的局限，对于身体的看法彼此迥异，使这一主题非但没有逐渐清晰，反而更加扑朔迷离。我在本书主体部分已经考察过这块领域中的某些部分，所以接下来的讨论会仅限于简要分析它们的发展趋势和依然存在的局限，这样的分析是我论证的下一阶段的必要前提。

1. 有关秩序化身体的社会建构论分析

在社会建构论有关秩序化身体的分析中，人的身体特性被视为由政治、规范和话语等方面的规制生产与调控的客体对象，身体就是将这些规制传输给那些受制于规制的人的定位场所。发展这种思路的研究大大激发并巩固了社会理论中的肉身转向。布赖恩·特纳带有结构主义色彩的《身体与社会》（Turner, 1984），以及后来的后结构主义研究，比如朱迪斯·巴特勒的《性别麻烦》（Butler, 1990）、《身体之重》（Butler, 1993）和《令人兴奋的言论》（Butler, 1997），将对身体的治理（governmental management）确立为破解社会行动得以发生的外部环境的关键。

特纳与巴特勒的分析或许看似殊少共性，特纳更曾对巴特勒的身体观念提出批评（Turner, 1996）。但是，他们的分析却有会通之处，因为在特纳所确定的那些系统性问题当中，巴特勒重点探讨过两项，一是对欲望的约束，一是自我的呈现（Butler, 1990, 1993）。巴特勒特有的兴趣是在文化上对异性恋的强制推行，但她与特纳一样，也关注对于身体的秩序化和调控。在这些研究中，福柯的影响也是一望可知。福柯把身体看作是"事件铭刻其上的表层"，"彻底被历史所刻印"（Foucault, 1977）。不存任何不可化约的"本质"，能够随时随刻界定人们的身份／认同或行动，唯有认同的"铭刻"在历时而变。

话说回来，关注控制身体的治理环境的理论家们也并非一味追随福柯，而是将他的洞见与方法和其他思想家的成就相融合。比如说特纳的研究（Turner, 1984），就受到帕森斯（以及霍布斯和福柯）的影响。对于帕森斯的用法尤其具有创意。在特纳看来，行为有机体不再是帕森斯眼中行动的子系统之一，而成了行动在其中发生的总体环境的模型。这使特纳既能够借鉴福柯之类富于创新的思想家，同时又把他们的分析容纳在帕森斯的框架内，从而遏制了这些分析的激进后果。无独有偶，巴特勒关注"异性恋基型"（heterosexual matrix, Butler, 1993），认为身体成了性别化权力关系的对象与目标，也作为某种"征引链"（citational chain, Butler, 1997），她借鉴阿尔都塞的说法，主张个体被"询唤"去展演特定的主体位置。尽管身体被询唤去重述的规范并不是自动再生产的（重述［reiteration］可能未能征引其所依附的规范；Butler, 1997），然而，关于趋向创造性变化的具身潜力可能源于何处，巴特勒并没有为我们给出任何前后持续的认识。对于一种看似激进的理论，趋向秩序的冲动再一次得到牢固确立。

要点明身体如何成为努力尝试的权力传输的场所，这些理论或许颇见成效，但要说到具身行动的"生命体验"究竟如何，它们却往往保持沉默。比如说，特纳就指责现象学是"从主体的视点出发，以个体主义的方式来阐述具身体现"，"基本上缺乏历史内涵和社会学内涵"（Turner, 1984: 54）。他主张，从社会学的角度来看，应当将"身体"作为"以社会性的方式被建构、被体验"的东西来考察（Turner, 1984: 54）。身体依然是一种客体对象，归根结底，是在被传输给身体无力控制的一些结构和基型的作用下，附着于其所处的社会情境。

2. 有关"鲜活的身体"的现象学研究

自20世纪90年代以降，我们看到，兴起了有关"身体对于其具身体现的自有体验"的研究，作为对上述空白的回应，也是尝试从有关被主宰身体的结构主义／后结构主义理论中，拯救出被封闭的鲜活体验与个体行动，认为行动所面临的诸般机会和约束都是源于"身体本身的问题"（Frank，1991：43）。正如我们在本篇结语中所见，莱德（Leder，1990）对于工具理性行动的鲜活体验的重点考察，为我们提供了整体层面上有关现代性的一种现象学。而其他人则聚焦于具身体验的一些独特形式。

例如，艾莉斯·马利雍·杨（Young，2005）的女性主义现象学探究了"鲜活的"女性具身体现是如何常常受到某种张力的界定，即暧昧性、受抑制的意向性和非连续性等体验中特有的超越与固有之间的张力。萨拉·艾哈迈德（Ahmed，2006）基于这种对经验多样性的关注，探讨了"酷儿现象学"的潜在可能，以揭示在一个推崇异性恋的具身情感、观看与行动模式的世界里，非规范性的性相迷失方向的体验。而阿瑟·弗兰克（Frank，1995）则转向现象学、健康和疾病之间的关系，创造性地借鉴了有关患病期间身体凸显的体验阐述，以分析"苦难教育"（pedagogy of suffering）是怎样导致有关与他人关系的一套新型伦理。身体的病显不是一种不幸的偏离，而是能够给出有现象学根据的启示，告诉人们如何能够基于以下准则，合乎伦理地生活：要相互关爱，周全考虑，尊重复杂多变的疼痛、扰乱和苦难，它们蹂躏着、撕扯着各式各样的具身认同（亦参 Frank，2010）。

这些阐述以及类似的研究借鉴了现象学、存在主义和互动论的资源，主张身体构筑了"所有感知的中介"（Husserl，1989[1929]：61）。不过，在塑造这些对于"肉身社会学"（carnal sociology）的呼吁中，还是梅洛-庞蒂的现象学发挥的影响最大。这种社会学的根本预设就在于："所谓'自我'、'社会'和'符号秩序'都是通过身体的工作而构成的"（Crossley，1995：43）。克罗斯利的呼吁恰逢其时，因为正好人们开始感到，尽管身体学说让人更清楚地看到了躯壳（Körper，身体存在的结构性、客观化特征），但尚未充分把握身体（Lieb，身体存在的生命的、感觉的、感官的、情感的特征）（Csordas，1994；Stoller，1997）。而在梅洛-庞蒂看来（Merleau-Ponty，1962：136），具身主体基于他们对其所处环境的实践介入，并通过因为具身存在的情境性而发展起来的意向性，发展出导向与宗旨。阿彻尔（Archer，2003，2010）主张，人们往往是通过人类生活特有的"内在对话"来处理这些体验的。这一主张可以对上述思路做出有益的补充。

这样强调意义与知识的身体基础，强调积极做出体验和解释的身体，就对结构主义和后结构主义构成了重大挑战。话说回来，尽管现象学表面宣称聚焦于"鲜活的身体"，但却有着内在的矛盾。这一传统被解读为分析人们如何体验自己的身体，其实关注的却是体验的身体基础。莱德的研究就很能说明问题（Leder，1990）。以现象学的方式阐述人们对于世界的实际体验，身体还是很有可能隐退不显，忽视了身体差异的重要性，也未能重视结构有时如何形塑了我们的身体倾向。

3. 有关社会背景中的身体的结构化理论／研究

关于秩序化身体和"鲜活的"身体的这些分析，为该领域提供了替代性的发展路线，但要说到许多人视为徒耗元气的区分，即社会学长久以来突出表现的结构和行动之间的区分（Dawe, 1979），上述分析也是重蹈覆辙。而有关社会背景中的身体的结构化理论，则是作为克服这种对立的手段得以发展。结构化理论在看待社会时，尝试阐述社会的结构化力量，虽然以此为基础，却同时承认个体的行事能力，因此身体属于核心要素。皮埃尔·布尔迪厄与安东尼·吉登斯是这种理论的倡导者中最具影响的两位，而伊丽莎白·格罗兹则为我们提供了一种相当不同的女性主义分析，探讨物质性身体与有关性相的支配性规范是如何相互构成的。抛开彼此的差异不谈，这些理论家都主张，身体既是社会实践的被动接受者，也是其所处情境的积极再创造者。

在布尔迪厄的社会再生产理论中，具身主体既被阶级不平等所塑造，也往往再生产着阶级不平等。人们在成长过程中获得的具身倾向"不断地将必需转化为策略，将约束转化为偏好"（Bourdieu, 1984: 190）。至于吉登斯（Giddens, 1991）的"晚期现代性"观念，则让我们从另一个角度来看身体主题与社会所特有的重要社会原则是如何相互决定的。当代社会世界的或然性被身体的或然性所吸纳并增强。因此，现代性控制身体的能力使个体有潜力改变其身体外表和能力，而现代性对于种种确定性的破坏则维系着个体的"持续反身性"，刺激他们不断寻求新的生平叙事，新的关系，以及对于生存议题的新的答案（Shilling and Mellor, 1996）。格罗兹讨论两性化身体既具有构成性，又是被构成的，同样别开生面（Grosz, 1994）。她借用拉康采纳过的麦比乌斯带（mobius strip，倒转的三维 8 字型）这一拓扑学意象，探讨身体如何提供了两性差异的行动性、物质性、形态学基础，但也受到两性规范的铭刻权力（从内和从外两方面）的结构化作用。

尽管这些结构化理论存在上述差异，但在社会建构论关于治理术的阐述和现象学角度有关"鲜活体验"的阐述之间，它们还是为我们提供了某种"中间道路"，就布尔迪厄和吉登斯而言，也意在帮助我们理解具身主体如何以特定方式行事，能够再创造出它们所处的社会环境，并由此启发经验研究。不过，这些理论提供给我们的替代选择是否具有竞争力，则又另当别论。布尔迪厄固然明言，身体倾向其实变动不居，但他又主张，惯习在潜意识层面上运作，这就使人难以看出，个体如何能够摆脱指派给他们的倾向轨迹（Bourdieu，1984：466）。与此相反，吉登斯后来的著述强调可变性和反身性，赋予了身体不太可能享有的"存在之轻"，成了一种极具可塑性的资源，而不是脆弱不堪的生存要素，并且能够由个体在反身性构成的自我叙事之外，重新创造出来。最后一点，尽管格罗兹致力于确定变化的可能性，但她聚焦于身体的两性特点，聚焦于社会对顽固的生物态身体内部与外部额外做出的"差异投入"，似乎确保了彼此对立的男性认同与女性认同继续存在。

这些思路的局限有助于说明，有关社会背景中的身体的经验研究里，为什么绝大多数都只是稍微借鉴结构化理论等理论（例参 Nettleton and Watson，1998；Evans and Lee，2002；Gimlin，2002，2006；Sanders，2004；Warren and Brewis，2004；Tulle，2007）。而在这方面最令人瞩目的例外，则是华康德开拓性的肉身民族志（Wacquant，2004），他在里面亲身深入拳击馆的训练，希望探究拳击惯习是如何养成的。他就此为我们提供了一份丰富细致、经验扎实的阐述，而布尔迪厄的著述意旨贯穿始终，引领方向。不过，大体而言，诸如此类的经验研究往往会间接借鉴实用主义的启示，以评估个体的行动究竟是再创造出了现状，还是有助于创造出新的状况，促成美容手术、身体劳动、体育运动或是我们肉身存在的其他任何方面的发生。我在第二章简要概述了实用主义对身体研究的重要意义，并在讨论身体图式时借鉴了米德与杜威。但仍有必要重申，实用主义使我们能够去领会，具身性、意向性主体是如何在社会背景和物质背景中行事，并作用于这些背景的，在这些背景中，它们在彼此交叠的习惯、危机与创造等成分影响下，经历过一个个行动周期。这为我们提供了一种对肉身维度保持敏锐的手段，以阐发个体在结构性背景中的嵌入性，以及结构本身的具身体现。它还认识到，这类同源性并不能确保未来重新创造出现状，但由于危机和创新性行动的缘故，能够推动创造新的具身主体和社会环境。实用主义很少明确介入经验性的身体研究（不过参看 Nettleton et al., 2011），因此，要重新挖掘与身体相关的芝加哥学派社会学传统，以进一步推进这一领域，还有相当的空间（参看 Shilling, 2008）。

4. 调和理论、调和身体

这三种整体思路分别将身体看作传输社会结构与文化规范的定位场所，作为鲜活体验的载体，作为其所处环境的再创造者，已经证明了具身体现是一项无处不在的主题，并赋予该领域某种理论上的身份特性。每种思路也各自为有关具身体现和社会之间关系的分析添上了一些经得起时间考验的东西。社会建构论注重权力是如何以身体为目标和渠道而实施的，确立了可贵的认识论突破，远离自然主义的、生物学化约论的分析。简言之，身体是一块重要的定位场所，将社会传输给身体边界之内的成分。而现象学的思路则证明，身体作为社会行动者的鲜活体验的基础，十分重要。它们认为，社会学如果只是把身体看作一种物理对象，就不能把握其复杂性，还需要认识到，透过有机体这个载体，我们才生存于居处其间的这个世界，体验并创造这个世界，而不只是身体自己内部的种种过程。概言之，身体是对各种刺激的经验调和者，能使我们预先倾向于或疏离于特定的社会文化规范。结构化理论中的身体观念，以及受实用主义引导的有关社会背景中积极活跃的具身行动者的经验研究，都力图理解个体如何依然能够通过践行行动、语言及其他影响渠道，来践行能动作用，而这些影响渠道本身又都受制于社会文化模式安排。这里的焦点就在于，具身主体如何再创造出生活其间的环境或有所更新，

以上见解无疑都很重要，不过我们需要认识到，它们所阐述的具身体现的维度相当不同。用我在此使用的语言来讲，上述这些思路分别聚焦于不同的议题，关注身体作为传输结构的定位场所，作为对于这些社会现象（及其自身生理过程）的多种体验的载体，以及作为对于环境的积极创造者或再创造者。但其中没有任何一种理论充分认识到身体在所有这些过程中的意涵。谈秩序化身体的学说听任个体所拥有的积极主动的、体验着的身体淡出视线。受现象学启发的学说往往屏蔽了结构对个体体验的影响，悖谬的是，有时还认为身体在合目的的行动时不显，从而与结构主义的思路合流了。而结构化理论则迫使身体在结构的滞重与反身性选择的轻灵之间摇摆不定。实用主义，以及受实用主义启发

针对社会背景中的身体的经验研究，能够帮助避免这一问题，但它们在这么做时往往也付出代价，不再能继续聚焦于具身行动在其间发生的结构与技术。

面对这种情形，有好几种应对方式。首先，可以径直赞成其中一种思路，其他思路是错误的，尝试如此把握具身生活的现实，就是误导，应当抛弃。这种选择最简单不过，也并非全无是处。它会使我们能够坚定奉行单一研究议程，不断修润，或许不时在某处加以拓展，以缩减某些剩余范畴，不断推进，使之成为某种范式。克罗斯利（Crossley, 1995, 2001a, 2012）就采取了这种策略，把梅洛-庞蒂说成是一位思路灵活的理论家，通过他将身体同时处理成主体与客体的手法，只要我们在他的思想当中，再适当添上一些哈贝马斯、福柯和布尔迪厄之类各具特色的理论家，就能够调和有关身体的社会学理论中明显表现出的那些二元论（亦参艾哈迈德 [Ahmed, 2006]，他试图采用现象学来推进酷儿理论）。

其次，可以全盘拒绝这些思路，重起炉灶，基于另一种哲学出发点，摸索一套相当不同的方案，对身体及其社会后果做出全新的界定（例参 Turner, 1999）。然而，这些应对方式都有一个问题，就是几乎肯定要忽视这一领域现有身体理论已经取得的某些进展，也有损于身体研究已经发展出的身份特性。

应对该领域目前这种异彩纷呈局面的第三种方式，就是承认身体难以捉摸，并认识到它这种扑朔迷离的性质对多元理论传统的发展大为有益。不妨认为，这些传统提供了不同的资源，赖以追求不同的分析任务。这种选择自有其长处可道。把焦点放在身体上，已经导致了多个研究领域的进展，并且为向来被边缘化的思考模式，比如"酷儿研究"，提供了一种实质载体，由此可以更加宽广地认识到其努力的重要性。身体理论的这种繁盛局面也提供了看似齐整的许多视角，可以量体裁衣，用于考察众多主题。不过，如果说我们已经达到了需要理论统合的程度，那么，一味支持身体研究在数量和范围上单纯扩张的时代已经过去了。

第四种推进方式是将我们已经考察过的各种思路里最有用益的特性，融合成更为全面综合的框架，避免各自的局限。但只将彼此难以通约的范式"兼容并蓄"是实现不了这一点的（特纳[Turner, 1996: 33]的主张就有这个问题，他融合了对于"体验现象学"的聚焦，来矫正其《身体和社会》中"潜在的结构主义"）。也必须避免相关的问题，就是把身体的各种独特的能力混为一谈，这一步跨出去，就会丧失理论上的手段来说明这些能力之间的互动，说明历史变迁（Archer, 2000）。最后一点，我认为，要摒弃这些主导思路在理论上的过犹不及之处，还需要将一种特定的身体观置为其核心，即把身体视为某种兼具社会性与自然性的现象，拥有一些突生性的特征与能力，长期积累，既是社会环境的结构与轮廓的定位场所，也充当着社会的持续源泉。

5. 肉身实在论

我自己所偏好的是这第四种选择。并且我相信，要实现这种选择，可以通过发展一种肉身实在身体观，视身体为社会之构成过程中的多维中介：作为定位场所，努力传输社会赞同的技术、习惯与规范；拥有突生性的特征和能力（进化赋予的，不能化约为当下存在的社会关系和技术），使身体成为这些社会层面现象的多样化体验及中介作用的鲜活载体；作为对社会的积极再造者

/ 创造者。实在论拒绝将社会层面的各种趋势与身体主体对这些趋势的内化混为一谈，或径直设定它们之间的某种决定模式；并且认识到，在所尝试的某种社会 / 文化的传输中，在人们具身性的特征、能力与鲜活体验中，在这一过程再造性或创造性的实际具身结果中，涉及各具特色的本体性特征。这样来看待身体，就使我们能够既利用现有各种理论思路的洞见，同时摒弃其帝国主义式的理论扩张。

因此，把焦点放在将某个社会或文化传输给其主体的那些核心文化手段或活动上，就会使人除了信念体系，还关注与该社会或文化的组织与投送相关的，实践当中的那些制度性 / 仪式性技术、社会互动和物质示能。如果我们用波及西方世界大部分地区的消费、劳动及健康领域的晚近发展趋势来例示这一点，这些发展趋势凸显出受工具性驱动的、带有规训色彩的手段，其中对于身体的劳动都被提升为所有这三块领域的核心。这一点的典型例证，就是那些野心勃勃的专业人员，他们被要求基于雇主优先考虑来管理其外表、情感呈现及家庭生活，长途奔波差旅，通过沟通技术保持随叫随应（Sassen, 2002）。长时间地劳动，驾驭身体与自我应付没完没了的会议和说到就到的截止期限，使哪怕是有权有势者也面临文化的期望：所谓"健康"，即在于一方面应对这些要求，还能"保持前行"和"看起来很好"的工具性能力。

关注身体自身的特性和生命体验，会聚焦于人们在参与这些实践中的制度性 / 仪式性技术、互动、物质示能和信念体系时，或被暴露在这些东西面前时，所产生的直接的情感与身体感觉，以及他们随后对自己做出的反应的反思与内在对话（Archer, 2003）。还是用某种工作伦理的当代传输来继续我们的例示，霍克希尔德（Hochschild, 1983）分析了情感劳动，考察了个体面对要求其基于雇主"情感规则"来管理自己身体和情感的状况，如何通过多种方式来体验这种要求，颇有启发。要在工作场所仔细管理自己的表达，要通过例行化的身体养护来培养改善某人外表与分量所需的纪律，这些做起来或许不一定需要深切的投入，也不一定有相关的体验，觉得诸如此类的自我控制是可取的、恰当的、令人愉悦的。在这里，身体开始被体验为一种客体，依据外在要求加以反思和管理。当然，人们暴露在这些赖以传输劳动规范的实践中的制度性／仪式性技术和物质示能之下，是否会分享这些体验，或在内心给出积极正面的评价，毫无保障，这一点局限很要命。鲜活体验并不一定是合乎规范的体验，人们与社会的遭遇也会受到内部生理过程所推动的情感的中介影响，后者有可能促使人们觉得与社会规范"格格不入"乃至相互对立。

最后，关注积极介入社会的身体主体，会在本体论层面上聚焦于这些社会层面的传输与鲜活体验是否确实导致人们的价值观念，他们的行动能力与行动倾向，以及他们惯习的其他任何维度，发生一些改变，从而以特定的方式引导他们的行为，有助于再现或全新创造出社会层面的结构、规范与关系。像上文所示那样强调身体作为一种接受劳作的客体，并且人们也已指出，这个过程会导致善于调适的生产性人格，有鉴于此，这里就似乎有理由引用海德格尔的说法（Heidegger, 1993 [1954]），对具身主体来说，现代技术社会里的种种实践、示能与规范的意想中后果，已经成了有效表现的常备储存。尽管如此，仍有必要指出，在"正派"社会的边缘乃至之外，各种生活方式与亚文化群体大量繁生，拒斥这种规范，以追求不受规训的放纵和过度享乐（Hadfield, 2006), 同时, 那些将这种规范置于更重要的超验考虑之下的宗教认同也呈复兴之势 (Mellor and Shilling, 2010)。

这种肉身实在论分析承认, 社会, 体验, 以及再现或重新创造社会的那些具身实践, 有着各具特色的本体论特征, 这就使我们能够分析, 长期来看, 社会层面和文化方面的传输, 人们的鲜活体验, 以及就这些过程所导致的趋于重新创造社会的倾向而言的实际具身后果, 是如何相互作用并彼此改变的。社会层面或文化方面的重新创造是否会发生, 毫无保障可言: 人们对于制度化实践和身体规范(以及自己肉身能力由于衰老和疾病之类因素而发生的变化)的体验, 会促使他们采取具有批判反身性和实践创造性的思路, 以宜于可能的变迁 (Shilling, 2008)。社会变迁也会导致一些彼此冲突的规范性实践和价值得到传输, 却不再成为应对物理环境的有效方式。同样, 这种情境也有可能激发出对待社会生活的那种安之若素 (business-as-usual) 的思路出现阻碍, 改为探寻替代性的选择。身体并不是静态的现象, 并不是某些特定的能力, 使个体与群体能在自己具身行动和感觉与更广泛的社会环境之间锻造习惯性均衡, 这也确保了这种均衡永远不可能持恒不变 (Merleau-Ponty, 1962: 346; Shilling, 2008: 8—25)。最后, 我上文的关注焦点一开始是放在对社会层面传输至关重要的那些实践与规范上, 尽管如此, 以实在论的立场, 将这些对身体的多维性非常重要的独特要素分离开来, 也意味着有可能基于人们的具身体验, 或是基于创造性行为的当下状况, 来开始考察。然后, 再来探讨它们与这个框架其他维度之间的关系。与此相反, 这些可能性中没有一种可以由探讨具身体现的结构主义思路或现象学思路轻易落实, 这些思路都对这些"层面"中的某一个赋予了过多的因果意涵。

这种肉身实在论看起来似乎是以对社会学传统的某种抛弃为基础，但其实有可能通过创造性地解释马克思、涂尔干、齐美尔和埃利亚斯来确立这种思路（参看 Shilling, 2005a）。[10] 他们的研究所源自的理论传统相当不同，难以契合，但却可能从他们的著述中捕捉到某种关注兴趣上的会通：身体作为某种多维中介。因此，齐美尔将理论上和道德上的首要性赋予（彼此互动的）具身个体，视其为社会形式的创造者，也是鲜活体验的载体，其自身的驱力、欲望和道德感受都始终受到对个人统贯性的渴求的影响。他还很重视货币经济和大都市是如何将其典型实践传输给具身主体，展示出对自身使生命力衰弱的后果的敏感。

涂尔干的特点在于一开始就赋予集合体以理论上和道德上的首要性，但他也把鲜活的身体看作是这种首要社会事实的生存性重要中介（Durkheim, 1974 [1914]: 160）。不仅如此，涂尔干还提出，社会事实是以具身主体为基础确立的，并由后者重新创造出来（再生产，但有时也属于全新创造）（Durkheim, 1995 [1912]: 138; Shilling, 2005b: 214）。因此，尽管涂尔干偶尔会认为自然态身体是凡俗的，但他也提出，围绕身体的外观、处置

---

[10] 这样将埃利亚斯的著述纳入肉身实在论框架，是接受了他把重点放在过程上，但同时强调，他的著述中有三个维度认识到，具身主体经过进化发展出来的能力十分重要。相互依赖的个体所构成的各种过程与型构螺旋发展，超出了任何单一主体的控制，但依然是基于我们的具身特性与能力塑造而成的，也依然在此基础上流动。在埃利亚斯的研究中，身体并未像在我们本书中探讨过的其他某些思路那样趋于消解，而是构筑了兼具社会性根基与生物性根基的行动基础。它的属性或许会随着时间的流逝而发生变化，但具身主体既通过他们卷入多重互赖网络而发挥作用，也通过这一点被施加影响。——原注

和关爱的那些禁令与命令证明它"在深层隐藏着某种神圣原则"，是社会事实的创造性源泉与生成因素（Durkheim, 1995 ［1912］: 125, 138, 233）。

马克思将来自不同理论传统的成分融合在一起，探究社会阶级、生产力、集体解放的可能性三者之间的关系。但他也聚焦于资本主义造成的破坏性效应，资本主义作为一个体系，通过以榨取剩余价值为前提的工作场所实践，传输其主要的结构特性。马克思还把这一点与另一点相结合，他敏锐地看到，在这种体系下的劳动的生命体验是令人异化的，这一点是追随亚当·斯密，承认劳动分工会损害那些受制于此的人思维上和身体上的能力、欲望与抱负；他还把具身主体看作是经济关系的积极创造者，有潜力将压迫性的生存转化为通往阶级斗争和社会变迁的集体性洞见和动力。

埃利亚斯拒弃了哲学，也拒弃了大多数社会学传统（Kilminster, 2011）：其过程性思路将身体看作是历史上导致人们认同发生重大变更的那些型构的定位场所，是有关变动不居的情感控制要求的体验的载体。尽管埃利亚斯拒绝接受社会学有关结构与行动的传统观念，但也致力于探究，人类关系创造出来的互赖网络如何导致长期的历史变迁，对许多过程都产生深切的显著影响，包括暴力的垄断化，劳动的分工，人群之间对区隔的竞夺，以及面临监管和约束自己行为的前所未有压力的当代个体的内在生活。最后，埃利亚斯提出，身体作为理性化的资本主义社会的定位场所，维系着越来越多的代价，这就推进了马克思、涂尔干和齐美尔提出的一些值得进一步探究的问题。具体而言，它要求我们考虑到，具身个体的产物有可能开始支配我们，限制我们的身体目前以怎样的方式形塑我们所生活的社会世界。

但是，这些人物的理论之间存在着巨大差异，意味着对待我提出的他们研究中存在的这种会通要非常小心。重申一遍，关键并不在于他们整体上的社会理论是相互契合的，而在于他们都可归入肉身实在论框架但各具特色的社会生活观中，对于身体的分析共享了某些要素。他们都认识到，身体构成了社会之传输的定位场所，从而都认识到，社会关系与技术部署能够组织并塑造身体。在这方面，他们都把焦点放在一些核心的制度性手段或活动，经由这些，一个社会系统、文化或型构可以寻求传输其主要的具身技术、倾向与信念。他们在讨论鲜活的身体体验时，都承认具身主体除了在感官上和情感上体验自己的内部过程，也体验了这些制度性手段与活动，其方式调和着它们可能有的后果与效力。不仅如此，齐美尔、涂尔干、马克思与埃利亚斯都承认，具身主体并不只是充当社会结构与规范的例示与再生产的潜在手段，甚或是对这些结构与规范的多样化体验的潜在手段，从而都赋予了具身主体某些属性，使人们能够各出其力，积极重新创造乃至全新创造所处环境。如此一来，他们就都赋予了身体一些突生性的属性和能力，不能化约为社会，使我们的身体自我能够暂时摆脱个体存在与自然生活的约束，被置于与社会关系形态之间的生产性关系之中。

这种宽广的肉身实在论思路将身体视为社会之构成过程中的多维中介，它的潜在长处在于既捕捉到任何综合性的身体理论中的本质要素，同时让政治上、文化上和经济上的具体分析导向都保持灵活可变。在经典理论家的著述中存在的那种有限会通并不是政治上的会通，并不预先规定我们应当如何评判社会。它只是主张，在社会关系的构成与维持过程中，在具有能动力的个体被置于这些关系的定位过程中，具身体现都处于前台。我也认为，这种理论思路乃是直接基于本书初版中勾勒的路线，而不是彻底分道扬镳。在初版中，我关注的是将身体分析从各种形式的生物化约论和话语化约论中拯救出来，前者是诸多自然主义思路的特征，而后者则是社会学对于该主题的许多思路的特征。同时我也强调，有必要把身体理解为一种特别的物质现象，既塑造其所处的社会环境，也被后者所塑造。至于身体作为社会之构成过程中的多维中介的观念，就是以这一点作为其基本预设，努力打造一种视社会为彻底具身性现象的理论。与此同时，它也保留了身体研究领域中业已发展起来的那些主导理论思路所真正取得的进展。

肉身实在论把身体理解为一些核心制度性手段的定位场所，一个社会或文化正是经由这些手段，传输其主要的具身性技术和规范等等。肉身实在论就此认识到，一旦社会规范和制度得以确立，就会为后续社会行动的发生框定基本特征，并切实影响到受制于它们的人的身体存在。这些效应会改变人们的身体倾向和行动能力。结合这一背景，并且在本体论层面上将身体视为生产性的有形现象，不可化约为话语，就有可能让结构主义和后结构主义的治理学说所提供的有益见解善尽其用。它们都认为身体具有社会角度上的内在性，有时会受到其所处社会环境严密的约束、塑造和限制。肉身实在论还把身体看作是有关社会的鲜活体验的载体，借鉴现象学的洞见，认为社会是经由具身主体的感觉特征和感官特征被体验的，这些体验能够使人们对其生活其间的社会或文化的主要特征预先有所倾向或有所疏离。这种思路将身体理解为其所处环境的积极创造者(复制者或全新创造者),认识到结构化理论及有关社会背景中身体的实用主义导向研究的努力,即承认具身主体维持着某些能力,使他们能够对社会现象和技术现象采取某种积极主动的取向,有时甚至是具备转化能力的取向。社会变迁并不会自动发生,而它的发生也不只是出于纯粹智识推动的行动。相反,人们对于社会结构有着怎样的体验和回应,在显著程度上受到他们的感觉性、感官性自我的塑造(Shilling and Mellor, 1996)。这些变项都十分重要,因为它们对于人们是否感到自在能够发挥重要影响,并往往会再生产出自己最为熟悉的那些"结构"、"规则"、"资源"或"社会场域",或者是在情感上将这些结构体验为令人不快、不值欲求、不值得转化的。这就认识到要以彻底具身性的眼光来看社会后果,摒弃某种哲学性的眼光,即决定人们与其所处社会环境如何关联的是心智,是与任何身体品味或倾向相分离的心智。当然,要进一步修润并发展肉身实在论,还有许多工作有待完成,即感觉性、神经性、肌肉—骨骼性及其他社会文化性的路径究竟为何,赋予具身主会的关系以活力,还需要在具体案例中加以阐明,但这并不有损于这种思路的价值。

6. 结论

本篇结语旨在重探我初版中的三项主题,并加以进一步的发展。因为这三项主题与该领域现有争论最为扣合,也最能回应建构一种充分具身性的社会学的不懈努力。身体在社会思想中的"缺席在场",身体与自我认同之间的关系,以及如何在理论上推进社会中的身体的研究,这些话题彼此关联。在我看来,我们只有扭转当前的趋势，即鲜活的物质态身体其实在我们的考虑中是缺席的，才能在后两项主题中实现实质的理论推进。身体构成了不可化约的社会之源泉：正是具身性的人所具有的各种属性与能力，奠立了巩固与改变各种认同与社会关系所依据的肉身基础，也使群体和个体能够去锻造与亡者之间的型构性互赖关系。社会的结构性效应也会赋予身体以标记和轮廓，但身体依然是其所处社会情境的持续源泉。最后一点，在我们定位于所居处的社会文化世界的过程中，我们的具身存在也有着核心的关联意义。人们被其所处环境的不同要素所吸引或排斥，这往往是一种颇具感官性和体认性[11]的事情。但正是这些反应，而不仅仅是看似"非具身性"的智识评估，为社会系统的维护、发展和转化提供了基本的动力。

---

[11] 此处原文为"visceral"，兼有"内脏的"、"肺腑的"、"内心的"、"受本能驱动的"等含意，但汉语中所谓"发自肺腑"、"冷暖自知"、"善于体谅"、"将心比心"，已经越来越趋向情感、感知、思维的一面，远离肉体、感官的一面，甚至以"形而上"克制"形而下"。

参考文献

Abercrombie, N. (1986) 'Knowledge, order and human anatomy', in J. Hunter and S. Ainley (eds), *Making Sense of Modern Times: Peter L. Berger and the Vision of Interpretive Sociology*. London: Routledge and Keegan Paul.

Abram, S. (2005) 'Between the body and the breathing earth. A reply to Ted Toadvine', *Environmental Ethics*, 27(2): 171–90.

Adkins, L. (1995) *Gendered Work*. Buckingham: Open University Press.

Agamben, G. (1998) *Homo Sacer: Sovereign Power and Bare Life*. Palo Alto, CA: Stanford University Press.

Ahmed, S. (2006) *Queer Phenomenology*. Durham, NC: Duke University Press.

Alaimo, S. and Hekman, S. (eds) (2008) *Material Feminisms*. Bloomington, IN: Indiana University Press.

Alcorn, K. (1988) 'Illness, metaphor and AIDS', in P. Aggleton and H. Homans (eds), *Social Aspects of AIDS*. London: Falmer.

Alexander, J. (1995) *Fin de Siècle Social Theory*. New York: Verso.

Alexander, R. (1974) 'The evolution of social behaviour', *Annual Review of Ecology and Systematics*, 5: 325–83.

Althusser, L. (1971) 'Ideology and ideological state apparatuses', in L. Althusser (ed.), *Lenin and Philosophy and Other Essays*. London: New Left Books.

American Society of Plastic Surgeons (2011a) *Report of the 2010 Plastic Surgery Statistics: Cosmetic Plastic Surgery Statistics*. Arlington Heights, IL: ASPS.

American Society of Plastic Surgeons (2011b) *Report of the 2010 Plastic Surgery Statistics: Cosmetic Demographics*. Arlington Heights, IL: ASPS.

Anand, A. (2002) *The Beauty Game*. London: Penguin.

Anderson, N. (1961[1923]) *The Hobo*. Chicago, IL: Chicago University Press.

Antonovsky, A. (1987) *Unravelling the Mystery of Health: How People Manage Stress and Stay Well*. San Francisco, CA: Jossey Bass.

Anway, C. (1995) *Daughters of Another Path*. Lee's Summit, MO: Yawna.

Archer, M. (2000) *Being Human: The Problem of Agency*. Cambridge: Cambridge University Press.

Archer, M. (2003) *Structure, Agency and the Internal Conversation*. Cambridge: Cambridge University Press.

Archer, M. (2007) *Making Our Way Through the World: Human Reflexivity and Social Mobility*. Cambridge: Cambridge University Press.

Archer, M. (2010) 'Can reflexivity and habitus work in tandem?', in M. Archer (ed.), *Conversations About Reflexivity*. London: Routledge.

Archer, M., Collier, A. and Porpora, D. (2004) *Transcendence: Critical Realism and God*. London: Routledge.

Ardill, S. and O'Sullivan, S. (1986) 'Upsetting an apple cart: difference, desire and lesbian sadomasochism', *Feminist Review*, 23: 31–57.

Ardrey, R. (1976) *The Hunting Hypothesis*. London: Collins.

Ariès, P. (1974) *Western Attitudes Towards Death from the Middle Ages to the Present*. Baltimore, MD: Johns Hopkins University Press.

Ariès, P. (1981) *The Hour of Our Death*. London: Penguin.

Aristotle (2004) *Nicomachean Ethics*. Harmondsworth: Penguin Classis.

Armstrong, D. (1983) *Political Anatomy of the Body: Medical Knowledge in Britain in the Twentieth Century*. Cambridge: Cambridge University Press.

Armstrong, D. (1987) 'Bodies of knowledge: Foucault and the problem of human anatomy', in G. Scambler (ed.), *Sociological Theory and Medical Sociology*. London: Tavistock.

Armstrong, L. (2011) 'Controversy at Italian Vogue', *The Times Magazine*. 4th June. pp. 20–25.

Arthurs, J. and Grimshaw, J. (1999) *Women's Bodies: Discipline and Transgression*. London: Cassell.

Asad, T. (1983) 'Notes on body pain and truth in Medieval Christian ritual', *Economy and Society*, 12(3): 287–327.

Atkinson, M. (2008) 'Exploring male femininity in the "crisis": Men and cosmetic surgery', *Body & Society*, March, 14(1): 67–87.

Atkinson, P., Glasner, P. and Greenslade, H. (eds) (2007) *New Genetics, New Identities*. London: Routledge.

Atkinson, P., Glasner, P. and Lock, M. (eds) (2009a), *Handbook of Genetics and Society*. London: Routledge.

Atkinson, P., Glasner, P. and Lock, M. (2009b) 'Genetics and society', in P. Atkinson, P. Glasner and M. Lock (eds), *Handbook of Genetics and Society*. London: Routledge.

Azzarito, L. and Harrison, Jr., L. (2008) '"White men can't jump." Race, gender and natural athleticism', *International Review for the Sociology of Sport*, 43(4): 347–64.

Bachmayer, T. and Wilterdink, N. (2009) 'Salsa is class: a study of the relationships between status characteristics of latin American immigrants and their preferences for different styles of salsa music', *Sociologie*, 5(3): 343–75.

Bakhtin, M. (1984[1965]) *Rabelais and His World*. Bloomington, IN: Indiana University Press.

Baldamus, W. (1961) *Efficiency and Effort: An Analysis of Industrial Administration*. London: Tavistock.

Balfe, M. (2009) 'The body projects of university students with Type 1 diabetes', *Qualitative Health Research*, 19(1): 128–39.

Ball, S. (ed.) (1990) *Foucault and Education: Disciplines and Knowledge*. London: Routledge.

Banner, L. (1983) *American Beauty*. New York: Knopf.

Barrett, M. (1987) '"The concept of "difference"', *Feminist Review*, 26: 29–41.

Barrows, S. (1981) *Distorting Mirrors: Visions of the Crowd in Late Nineteenth Century France*. New Haven, CT: Yale University Press.

Barry, K. (2007) *Femininity in Flight: A History of Flight Attendants*. Durham, NC: Duke University Press.

Bartky, S. (1988) 'Foucault, feminism and patriarchal power', in I. Diamond and L. Quinby (eds), *Feminism and Foucault: Reflections on Resistance*. Boston, MA: Northeastern University Press.

Bartky, S. (1990) *Femininity and Domination: Studies in the Phenomenology of Oppression*. New York: Routledge.

Bataille, G. (2006[1957]) *Eroticism*. London: Marion Boyars.

Baudrillard, J. (1993) *Symbolic Exchange and Death*. London: Sage.

Bauman, Z. (1989) *Modernity and the Holocaust*. Cambridge: Polity.

Bauman, Z. (1992a) 'Survival as a social construct', *Theory, Culture and Society*, 9(1): 1–36.

Bauman, Z. (1992b) *Intimations of Modernity*. London: Routledge.

Bauman, Z. (1992c) *Mortality, Immortality and Other Life Strategies*. Cambridge: Polity.

Baumeister, R. (1986) *Public Self and Private Self*. New York: Springer.

Baxter, N. (2010) *Health*. Oxford: Polity.

Beardsworth, A. and Keil, T. (1997) *Sociology on the Menu*. London: Routledge.

Beauvoir, S. de (1993[1949]) *The Second Sex*. London: Everyman.

Beck, U. (1992) *Risk Society: Towards a New Modernity*. London: Sage.

Beck, U. (2010) *A God of One's Own*. Oxford: Polity.

Beck, U., Giddens, A. and Lash, S. (1994) *Reflexive Modernization*. Oxford: Polity.

Beckford, J. (1989) *Religion and Advanced Industrial Society*. London: Unwin Hyman.

Beckford, J. (2003) *Social Theory and Religion*. Cambridge: Cambridge University Press.

Beckwith, S. (1996) *Christ's Body: Identity, Culture and Society in Late Medieval Writings*. London: Routledge.

Bell, D. and Kennedy, B. (eds) (2000) *The Cyber Cultures Reader*. London: Routledge.

Bendann, E. (1969) *Death Customs*. London: Dawsons.

Bendelow, G., Carpenter, M., Vautier, C. and Williams, S.J. (2001) *Gender, Health and Healing*. London: Routledge.

Benedikt, M. (1991) 'Cyberspace: some proposals', in M. Benedikt (ed.), *Cyberspace: First Steps*. London: MIT Press.

Benton, T. (1991) 'Biology and social science: why the return of the repressed should be given a (cautious) welcome', *Sociology*, 25(1): 1–29.

Benton, T. (1992) 'Why the welcome needs to be cautious: a reply to Keith Sharp', *Sociology*, 26: 225–32.

Benton, T. (2009) 'Conclusion: Philosophy, Materialism and Nature: Comments and Reflections', in S. Moog and R. Stones (eds), *Nature, Social Relations and Human Needs: Essays in Honour of Ted Benton*. London: Palgrave Macmillan.

Berber, B. and Lobel, L. (1952) 'Fashion in women's clothes and the American Social System', *Social Forces*, 31: 124–31.

Berger, J. (1972) *Ways of Seeing*. Harmondsworth: Penguin.

Berger, P. (1990[1967]) *The Sacred Canopy: Elements of a Sociological Theory of Religion*. New York: Anchor.

Berger, P. (ed.) (1999) *The Desecularization of the World*. Grand Rapids, MI: Eerdmans.

Berger, P. (2001) 'Postscript', in L.Woodhead, P. Heelas and D. Martin (eds), *Peter Berger and the Study of Religion*. London: Routledge.

Berger, P. and Luckmann, T. (1967) *The Social Construction of Reality*. London: Allen Lane.

Berger, P., Berger, B. and Kellner, H. (1973) *The Homeless Mind*. New York: Random House.

Bernstein, B. (1970) *Class, Codes and Control*, Vol. 1. London: Routledge and Keegan Paul.

Bernstein, E. (2008) 'Buying and selling the "girlfriend experience": the social and subjective contours of market intimacy', in M. Padilia, J. Hirsch, M. Munoz-Laboy and R. Sember (eds), *Love and Globalisation*. Nashville, TN: Vanderbilt University Press.

Berridge, V. and Edwards, G. (1987[1981]) *Opium and the People: Opiate Use in Nineteenth Century England*. New Haven, CT: Yale University Press.

Birke, L. (1986) *Women, Feminism and Biology*. Brighton: Wheatsheaf.

Birke, L. (1992) 'In pursuit of difference: scientific studies of women and men', in G. Kirkup and L.S. Keller (eds), *Inventing Women, Science, Technology and Gender*. Cambridge: Polity.

Birke, L. (1999) 'Bodies and biology', in J. Price and M. Shildrick (eds), *Feminist Theory and the Body*. New York: Routledge.

Bleier, R. (1984) *Science and Gender: A Critique of Biology and its Theories on Women*. Oxford: Pergamon.

Bloch, C. (1987) 'Everyday life, sensuality, and body culture', *Women's Studies International Forum*, 10(4): 433–42.

Bloch, M. and Parry, J. (eds) (1982) *Death and the Regeneration of Life*. Cambridge: Cambridge University Press.

Bloomfield, B., Latham, Y. and Vurdubakis, T. (2010) 'Bodies, technologies and action possibilities: When is an affordance?', *Sociology*, 44(3): 415–33.

Blum, D. (1997) *Sex on the Brain: The Biological Differences Between Men and Women*. New York: Viking.

Board of Education (1923) *Report of the Consultative Committee on Differentiation of the Curriculum for Boys and Girls Respectively in Secondary Schools*. London: HMSO.

Bogner, A. (1992) 'The theory of the civilizing process', *Theory, Culture and Society*, 9: 23–53.

Boothroyd, D. (2006) *Culture on Drugs*. Manchester: Manchester University Press.

Bordo, S. (2003) *Unbearable Weight: Feminism, Western Culture and the Body*, 2nd edn. Berkeley: University of California Press.

Bordo, S. (2012) 'Beyond the anorexic paradigm: re-thinking "eating" disorders', in B.S. Turner (ed.), *Routledge Handbook of Body Studies*. London: Routledge.

Boston Women's Health Collective (1971) *Our Bodies, Ourselves*. New York: Simon and Schuster.

Bottenburg, M. van and Heilbron, J. (2006) 'De-sportisation of fighting contests', *International Review for the Sociology of Sport*, 41: 3–4: 259–82.

Bottero, W. (2010) 'Intersubjectivity and Bourdieusian Approaches to "Identity"', *Cultural Sociology*, 4(1): 3–22.

Boulton, T. and Malacrida, C. (2012) 'Women and cosmetic breast surgery: Weighing the medical, social and lifestyle risks', *Qualitative Health Research*, 22(4): 511–23.

Bourdieu, P. (1973) 'Cultural reproduction and social reproduction', in R. Brown (ed.), *Knowledge, Education and Social Change*. London: Tavistock.

Bourdieu, P. (1978) 'Sport and social class', *Social Science Information*, 17: 819–40.

Bourdieu, P. (1981) 'Men and machines', in K. Knorr-Cetina and A.V. Cicourel (eds), *Advances in Social Theory and Methodology*. London: Routledge and Keegan Paul.

Bourdieu, P. (1984) *Distinction: A Social Critique of the Judgement of Taste*. London: Routledge.

Bourdieu, P. (1985) 'The social space and the genesis of groups', *Theory and Society*, 14(6): 723–44.

Bourdieu, P. (1986) 'The forms of capital', in J. Richardson (ed.), *Handbook of Theory and Research for the Sociology of Education*. New York: Greenwood.

Bourdieu, P. (1988) 'Program for a sociology of sport', *Sociology of Sport Journal*, 5: 153–61.

Bourdieu, P. (1999) *The Weight of the World: Social Suffering in Contemporary Society: Social Suffering and Impoverishment in Contemporary Society*. Oxford: Polity.

Bourdieu, P. (2000) 'Making the economic habitus: Algerian workers revisited', *Ethnography*, 1(1): 17–41.

Bourdieu, P. (2004) 'The peasant and his body', *Ethnography*, 5(4): 579–99.

Bourdieu, P. and Passeron, J-C. (1990[1977]) *Reproduction in Education, Society and Culture*, 2nd edn. London: Sage.

Bourdieu, P. and Wacquant, L. (1992) *An Invitation to Reflexive Sociology*. Chicago, IL: Chicago University Press.

Bourgois, P. and Schonberg, J. (2007) 'Intimate apartheid: ethnic dimensions of habitus among homeless heroin injectors', *Ethnography*, 8(1): 7–32.

Bourke, J. (2008) *Rape: A History from 1860 to the Present*. London: Virago.

Bovey, S. (1989) *Being Fat is Not a Sin*. London: Pandora.

Bowen, J. (2007) *Why the French Don't Like Headscarves*. Princeton, NJ: Princeton University Press.

Brandstadter, S. (2003) 'With Elias in China', *Anthropological Theory*, 3(1): 87–105.

Braudel, F. (1973) *Capitalism and Material Life 1400–1800*. London: Weidenfeld and Nicolson.

Braun, A. (2011) '"Walking yourself around as a teacher": gender and embodiment in student teachers' working lives', *British Journal of Sociology of Education*, 32(2): 275–91.

Brave-Govan, J. (2004) 'Weighty matters: control of women's access to physical strength', *The Sociological Review*, 52: 503–51.

Brewis, J. and Grey, C. (2008) 'The regulation of smoking at work', *uman Relations*, 61(7): 965–87.

Broca, P. (1866) 'Anthropologie', in A. Dechambre (ed.) *Dictionnaire Encyclopédique des Sciences Medicales*. Paris: Masson.

Brohm, J-M. (1978) *Sport: A Prison of Measured Time*. London: Ink Books.

Brown, B. and Adams, P. (1979) 'The feminine body and feminist polities', *m/f.* 3: 35–50.

Brown, P. (1988) *The Body and Society: Men, Women and Sexual Renunciation in Early Christianity*. London: Faber and Faber.

Brown, P., Alaszewski, A., Swift, T. and Nordin, A. (2011) 'Actions speak louder than words: the embodiment of trust by healthcare professionals in gynae-oncology', *Sociology of Health & Illness*, Special Issue: 'Body work in health and social care: critical themes, new agendas', 33(2): 280.

Brubaker, R. (1985) 'Rethinking classical theory', *Theory and Society*, 14(6): 745–75.

Bruce, S. (2002) *God is Dead*. Oxford: Blackwell.

Bryson, L. (1987) 'Sport and the maintenance of masculine hegemony', *Women's Studies International Forum*, 10: 349–60.

Buffery, A. and Gray, J. (1972) 'Sex differences in the development of spatial and linguistic skills', in C. Ounsted and D. Taylor (eds), *Gender Differences: Their Ontogeny and Significance*. Edinburgh: Churchill Livingstone.

Bullough, V. and Voght, M. (1984) 'Women, menstruation and nineteenth century medicine', in J. Walzer Leavitt (ed.), *Women and Health in America*. Madison, WI: University of Wisconsin Press.

Bunsell, T. and Shilling, C. (2011) 'Outside and inside the gym: Exploring the iden- tity of the female bodybuilder', in A. Locks and N. Richardson (eds), *Critical Readings in Bodybuilding*. London: Routledge.

Bunton, R. and Peterson, A. (eds) (2005) *Genetic Governance*. London: Routledge.

Burgess, A. (2004) *Cellular Phones: Public Fears and a Culture of Precaution*. Cambridge: Cambridge University Press.

Burkitt, I. (1992) 'Beyond the "iron cage": Anthony Giddens on modernity and the self', *History of the Human Sciences*, 5: 71–9.

Burkitt, I. (1999) *Bodies of Thought*. London: Sage.

Burkitt, I. (2005) 'Powerful emotions: power, government and opposition in the "war on terror"', *Sociology*, 39(4): 679–95.

Burns, T. (1992) *Erving Goffman*. London: Routledge.

Bury, M. (1986) 'Social constructionism and the development of medical sociology', *Sociology of Health and Illness*, 8: 137–69.

Bury, M. (1987) 'Social constructionism and medical sociology: a rejoinder to Nicolson and McLaughton', *Sociology of Health and Illness*, 9: 439–41.

Butler, J. (1990) *Gender Trouble*. London: Routledge.

Butler, J. (1993) *Bodies That Matter*. London: Routledge.

Butler, J. (1997) *Excitable Speech*. London: Routledge.

Buytendijk, F. (1950) 'The phenomenological approach to the problem of feeling and emotions', in M. Reymert (ed.), *Feelings and Emotions* (The Mooseheart Symposium in Cooperation with the University of Chicago). New York: McGraw-Hill.

Buytendijk, F. (1974) *Prolegomena to an Anthropological Physiology*. Pittsburgh, PA: Duquesne University Press.

Bynum, C. (1987) *Holy Feast and the Holy Fast: The Religious Significance of Food to Medieval Women*. Berkeley, CA: University of California Press.

Calhoun, C., Lipuma, E. and Postone, M. (eds) (1993) *Bourdieu: Critical Perspectives*. Chicago, IL: Chicago University Press.

Calnan, M. (1987) *Health and Illness: The Lay Perspective*. London: Tavistock.

Cameron, N. and McDermott, F. (2007) *Social Work and the Body*. Houndmills: Palgrave Macmillan.

Campbell, C. (1987) *The Romantic Ethic and the Spirit of Modern Consumerism*. Oxford: Blackwell.

Camporesi, P. (1988) *The Incorruptible Flesh*. Cambridge: Cambridge University Press.

Canaday, M. (2009) *The Straight State: Sexuality and Citizenship in Twentieth-Century America*. Princeton, NJ: Princeton University Press.

Caplan, A. (ed.) (1978) *The Sociobiology Debate: Readings on Ethical and Scientific Issues*. New York: Harper and Row.

Capra, F. (2002) *The Hidden Connections*. New York: Doubleday.

Carby, H. (1987) '"On the threshold of women's era": lynching, empire and sexuality in black feminist theory', in H. Gates (ed.), *Figures in Black*. Oxford: Oxford University Press.

Carrington, B. (1982) 'Sport as a sidetrack', in L. Barton and S. Walker (eds), *Race, Class and Education*. London: Croom Helm.

Carter, B. and Charles, N. (2010) *Nature, Society and Environmental Crisis*. Oxford: Blackwell.

Carvel, J. and O'Hara, M. (2009) 'Binge drinking Britain: surge in women consuming harmful amounts of alcohol', *The Guardian*, 6th May.

Catano, J. and Novak, D. (eds) (2011) *Masculinity Lessons: Rethinking Men's and Women's Studies*. Baltimore, MD: Johns Hopkins University Press.

Charles, N. and Kerr, M. (1988) *Women, Food and Families*. Manchester: Manchester University Press.

Chernin, K. (1983) *Womansize: The Tyranny of Slenderness*. London: The Women's Press.

Chernin, K. (1994) *The Hungry Self*. New York: HarperPerennial.

Clark, A. (2008) *Supersizing the Mind*. Oxford: Oxford University Press.

Clarke, A., Shim, J., Shotak, S. and Nelson, A. (2009) 'Biomedicalising genetic health, diseases and identities', in P. Atkinson, P. Glasner and M. Lock (eds), *Handbook of Genetics and Society*. London: Routledge.

Clarke, J. (1990) 'The skinheads and the magical recovery of working class community', in S. Hall and T. Jefferson (eds), *Resistance Through Rituals*, 2nd edn. London: Hutchinson.

Cockayne, E. (2008) *Hubbub: Filth, Noise and Stench in England, 1600–1770*. London: Yale University Press.

Cockburn, C. and Clarke, G. (2003) '"Everybody's looking at you!": Girls negotiating the "femininity deficit" they incur in physical education', *Women's Studies International Forum*, 25(6): 651–65.

Cockerham, W. (2009) *The New Blackwell Companion to Medical Sociology*. Oxford: Wiley-Blackwell.

Cohen, P. (1988) 'The perversions of inheritance: studies in the making of multi-racist Britain', in P. Cohen and H.S. Bains (eds), *Multi-Racist Britain*. London: Macmillan.

Colebrook, C. (2008) 'On not becoming a man: the materialist politics of unactualised potential', in S.Alaimo and S. Hekman (eds), *Material Feminisms*. Bloomington, IN: Indiana University Press.

Coleman, S. (2006) 'When silence isn't golden: charismatic speech and the limits of literalism', in M. Engelke and M. Tomlinson (eds), *The Limits of Meaning: Case Studies in the Anthropology of Christianity*. New York: Berghahn.

Collins, R. (1981) *The Credential Society*. New York: Academic Press.

Collins, R. (1988) 'Theoretical continuities in Goffman's work', in P. Drew and A. Wootton (eds), *Erving Goffman: Exploring the Interaction Order*. Cambridge: Polity.

Collins, R. (2009) 'A dead end for a trend theory: Stephen Mennell, the American civilizing process', *European Journal of Sociology*, 50: 431–41.

Collinson, D., Knights, D. and Collinson, M. (1990) *Managing to Discriminate*. London: Routledge.

Connell, R.W. (1983) *Which Way Is Up?* Sydney: Allen and Unwin.
Connell, R.W. (1987) *Gender and Power.* Cambridge: Polity.
Connell, R.W. (2005) *Masculinities*, 2nd edn. Oxford: Polity.
Connell, R.W. and Dowsett, G. (1992) 'The unclean motion of the generative parts: frameworks in Western thought on sexuality', in R. Connell and G. Dowsett (eds), *Rethinking Sex: Social Theory and Sexuality Research.* Melbourne: Melbourne University Press.
Connell, R.W. and Kippax, S. (1990) 'Sexuality in the AIDS crisis: patterns of sexual practice and pleasure in a sample of Australian gay and bisexual men', *Journal of Sex Research*, 27(2): 167–98.
Copelton, D. (2010) 'Output that counts: pedometers, sociability and the contested terrain of older adult fitness walking', *Sociology of Health & Illness*, 32(2): 304–18.
Corbin, A. (1986) *The Foul and the Fragrant: Odor and the French Social Imagination.* Cambridge, MA: Harvard University Press.
Cornwell, J. (1984) *Hard Earned Lives: Accounts of Health and Illness from East London.* London: Tavistock.
Counihan, C. (1999) *The Anthropology of Food and Body.* London: Routledge.
Coy, M. and Garner, M. (2010) 'Glamour modelling and the marketing of self-sexualization', *International Journal of Cultural Studies*, 13(6): 657–75.
Craig, M.L. (2002) *Ain't I a Beauty Queen: Black Women, Beauty and the Politics of Race.* Oxford: Oxford University Press.
Craig, M.L. (2012) 'Racialised bodies', in B.S. Turner (ed.), *Routledge Handbook of Body Studies.* London: Routledge.
Crawford, R. (1984) 'A cultural account of "health": control, release, and the social body', in J. McKinlay (ed.), *Issues in the Political Economy of Health Care.* London: Tavistock.
Crawford, R. (1987) 'Cultural influences on prevention and the emergence of a new health consciousness', in N. Weinstein (ed.), *Taking Care: Understanding and Encouraging Self-protective Behaviour.* Cambridge: Cambridge University Press.
Cressey, P. (1929) *The Closed Dance Hall in Chicago*, MA thesis, University of Chicago.
Crossley, N. (1995) 'Merleau-Ponty, the elusive body and carnal sociology', *Body and Society*, 1(1): 43–66.
Crossley, N. (2001a) *The Social Body: Habit, Identity and Desire.* London: Sage.
Crossley, N. (2001b) 'The phenomenological habitus and its construction', *Theory and Society*, 30(1): 81–120.
Crossley, N. (2005) 'Mapping reflexive body techniques: on body modification and maintenance', *Body & Society*, 11(1): 1–35.
Crossley, N. (2012) 'Phenomenology and the body', in B.S. Turner (ed.), *Routledge Handbook of Body Studies.* London: Routledge.
Csordas, T.J. (1994) (ed.) *Embodiment and Experience: The Existential Ground of Culture and Self.* Cambridge: Cambridge University Press.
Cussins, C. (1996) 'Ontological choreography', *Social Studies of Science*, 26: 575–610.

Dalton, K. (1979) *Once a Month.* London: Fontana.
Daly, M. (1978) *Gyn/ecology.* New York: Beacon.
Damasio, A. (1994) *Descartes' Error.* New York: Putnam.

Damasio, A. (1999) *The Feeling of What Happens*. London: Vintage.
Damasio, A. (2010) *Self Comes to Mind: Constructing the Conscious Brain*. London: Pantheon.
Dana, M. (1987) 'Boundaries: One-way mirror to the self', in M. Lawrence (ed.), *Fed Up and Hungry*. London: The Women's Press.
Darby, P. and Solberg, E. (2010) 'Differing trajectories: football development and patterns of player migration in South Africa and Ghana', *Soccer and Society*, 11(1–2): 118–31.
Darby, P., Akindes, G. and Kirwin, M. (2007) 'Football academies and the migration of African football labour to Europe', *Journal of Sport and Social Issues*, 31(2): 141–61.
Davidson, A. (2005) 'Ethics as ascetics: Foucault, the history of ethics and ancient thought', in G. Cutting (ed.), *The Cambridge Companion to Foucault*, 2nd edn. Cambridge: Cambridge University Press.
Davies, B. (1990) 'The problem of desire', *Social Problems*, 37(4): 501–16.
Davis, F. (1989) 'Of maids' uniforms and blue jeans: the drama of status ambiva- lences in clothing and fashion', *Qualitative Sociology*, 12(4): 337–55.
Davis, K. (2007) *The Making of Our Bodies Ourselves*. New York: Duke University Press.
Davis, L. (2010) *The Disability Studies Reader*. London: Routledge.
Dawe, A. (1979) 'The two sociologies', *British Journal of Sociology*, 21(2): 207–18.
Dawkins, R. (1976) *The Selfish Gene*. London: Paladin.
De Bary, W.T. (2001) *Sources of Chinese Tradition*, Vol. 2. Columbia, SC: Columbia University Press.
Deem, R. (1986) *All Work and No Play? The Sociology of Women and Leisure*. Milton Keynes: Open University Press.
Delphy, C. (1984) *Close to Home: A Materialist Analysis of Women's Oppression*. London: Hutchinson.
Descartes, R. (1974) *The Philosophical Works of Descartes*. Trans: E. Haldene and G. Ross. Cambridge: Cambridge University Press.
Devereaux, A. (2007) '"What chew know about down the hill?": Baltimore club music, subgenre crossover, and the new subcultural capital of race and space', *Journal of Popular Music Studies*, 19(4): 311–41.
Dewey, J. (1896) 'The reflex arc concept in psychology', *Psychological Review*, 3: 357–70.
Dewey, J. (1980[1934]) *Art as Experience*. New York: Perigee.
Dewey, J. (2002[1922]) *Human Nature and Conduct*. New York: Dover.
Dews, P. (1987) *Logics of Disintegration: Post-Structuralist Thought and the Claims of Critical Theory*. London: Verso.
Di Stefano, C. (1987) 'Postmodernism/postfeminism? The case of the incredible shrinking woman', conference paper delivered at the American Political Science Association, cited in Hekman, S. (2008) 'Constructing the ballast', in S. Alaimo and S. Hekman (eds), *Material Feminisms*. Bloomington, IN: Indiana University Press.
Diamond, I. and Quinby, L. (eds) (1988) *Feminism and Foucault: Reflections on Resistance*. Boston, MA: Northeastern University Press.
Diamond, N. (1985) 'Thin is the feminist issue', *Feminist Review*, 19: 46–64.
Diprose, R. (1994) *The Bodies of Women: Ethics, Embodiment and Sexual Difference*. London: Routledge.
Dirlik, A. (2007) *Global Modernity*. London: Paradigm.
Dittmar, H. (2010) *Consumer Culture, Identity and Well-being*. London: Psychology Press.
Dolby, N. and Dimitriadis, G. (eds) (2004) *Learning to Labour in New Times*. London: Routledge.

Domingues, J. (2011) *Global Modernity, Development and Contemporary Civilization*. London: Routledge.

Donovan, J. (1986) *We Don't Buy Sickness It Just Comes*. Aldershot: Gower.

Dore, R. (1976) *The Diploma Disease*. London: Allen and Unwin.

Douglas, A. (1977) *The Feminization of American Culture*. New York: Kopf.

Douglas, M. (1966) *Purity and Danger: An Analysis of the Concepts of Pollution and Taboo*. London: Routledge and Keegan Paul.

Douglas, M. (1970) *Natural Symbols: Explorations in Cosmology*. London: Cresset.

Douglas, M. and Isherwood, B. (1979) *The World of Goods: Towards an Anthropology of Consumption*. London: Allen Lane.

Doyal, L. and Gough, I. (1991) *A Theory of Human Need*. Houndmills: Macmillan.

Doyle, T. (2004) *Environmental Movements in Majority and Minority Worlds*. Piscataway, NJ: Rutgers University Press.

Dreyfus, H. and Rabinow, P. (1982) *Michel Foucault: Beyond Structuralism and Hermeneutics*. Brighton: Harvester.

Dunning, E. (1999) *Sport Matters*. London: Routledge.

Dunning, E., Murphy, P. and Williams, J. (1988) *The Roots of Football Hooliganism*. London: Routledge and Keegan Paul.

Dunning, E., Murphy, P., Waddington, I. and Astrinakis, A. (2002) *Fighting Fans*. Dublin: University College Dublin Press.

Dupré, J. (2003) *Darwin's Legacy: What Evolution Means Today*. Oxford: Oxford University Press.

Durkheim, E. (1938) *The Rules of the Sociological Method*. New York: Free Press.

Durkheim, E. (1951[1897]) *Suicide: A Study in Sociology*. Glencoe, IL: Free Press.

Durkheim, E. (1953) *Sociology and Philosophy*. New York: Free Press.

Durkheim, E. (1955) *Pragmatisme et Sociologie*. Paris: Vrin.

Durkheim, E. (1963[1897]) *Incest: The Nature and Origin of the Taboo*. Trans. E. Sagarin. New York: Lyle Stuart.

Durkheim, E. (1974[1914]) 'The dualism of human nature and its social condi- tions', in R. Bellah (ed.), *Emile Durkheim on Morality and Society*. Chicago, IL: Chicago University Press.

Durkheim, E. (1995[1912]) *The Elementary Forms of Religious Life*. Trans. K.E. Fields. New York: Free Press.

Duroche, L. (1990) 'Male perception as a social construct', in J. Hearn and D. Morgan (eds), *Men, Masculinities and Social Theory*. London: Hyman.

Dworkin, S.L. (2001) '"Holding back": Negotiating a glass ceiling on women's muscular strength', *Sociological Perspectives*, 44: 333–50.

Dworkin, S.L. (2003) '"Holding Back": Negotiating a glass ceiling on women's mus- cular strength', in R. Weitz (ed.), *The Politics of Women's Bodies*, 2nd edn. New York: Oxford University Press.

Dyer, R. (1986) *Heavenly Bodies: Film Stars and Society*. New York: St Martin's.

Eade, J. (2010) 'Debating fundamentalisms in the global city: Christian and Muslim Migrants in London', in N. Al Sayyad and M. Massoumi (eds), *The Fundamentalist City? Religiosity and the Remaking of Urban Space*. London: Routledge.

Edmonds, A. (2011) *Pretty Modern: Beauty, Sex and Plastic Surgery in Brazil*. Durham, NC: Duke University Press.

Edwards, T. (2005) *Cultures of Masculinity*. London: Routledge.

Ehrenreich, B. (1983) *The Hearts of Men: American Dreams and the Flight from Commitment*. London: Pluto.

Ehrenreich, B. (1990) *The Fear of Falling*. New York: Harper Perennial.

Ehrenreich, B. and English, D. (1973) *Complaints and Disorders: The Sexual Politics of Sickness*. Old Westbury, NY: Feminist Press.

Ehrenreich, B. and English, D. (1988) *For Her Own Good: 150 Years of the Expert's Advice to Women*. London: Pluto.

Ehrenreich, B. and Hochschild, A. (2002) *Global Women*. London: Granta.

Eichberg, H. (1998) *Body Cultures: Essays on Sport, Space and Identity*. London: Routledge.

Eisenstein, H. (1984) *Contemporary Feminist Thought*. London: Allen and Unwin.

Eisenstein, Z. (1988) *The Female Body and the Law*. Berkeley, CA: University of California Press.

Eitle, T. and Eitle, D. (2002) 'Race, cultural capital and the educational effects of participating in sports', *Sociology of Education*, 75: 123–46.

Elias, N. (1978a) 'The civilizing process revisited', *Theory and Society*, 5: 243–53.

Elias, N. (1978b) 'On transformations of aggressiveness', *Theory and Society*, 5: 229–42.

Elias, N. (1978c) *What is Sociology?* London: Hutchinson.

Elias, N. (1983) *The Court Society*. Oxford: Blackwell.

Elias, N. (1985) *The Loneliness of the Dying*. Oxford: Blackwell.

Elias, N. (1987a) 'On human beings and their emotions: a process sociological essay', *Theory, Culture and Society*, 4: 339–61.

Elias, N. (1987b) 'The changing balance of power between the sexes – a process-sociological study: the example of the Ancient Roman State', *Theory, Culture and Society*, 4: 287–316.

Elias, N. (1988) 'Violence and civilization: the state monopoly of physical violence and its infringement', in J. Keane (ed.), *Civil Society and the State*. London: Verso.

Elias, N. (1990) 'Fear of death', in H. Kippenberg, Y. Kuiper and A. Sanders (eds), *Concepts of Person in Religion and Thought*. New York: Montou de Gruyter.

Elias, N. (1991a) *The Society of Individuals*. Oxford: Blackwell.

Elias, N. (1991b) *The Symbol Theory*. London: Sage.

Elias, N. (1994a) 'Introduction. A theoretical essay on established and outsider relations', in N. Elias and J. Scotson (eds), *The Established and the Outsiders*, 2nd edn. London: Sage.

Elias, N. (1994b) *Reflections on a Life*. Oxford: Polity.

Elias, N. (1995) 'Technization and Civilization', *Theory, Culture and Society*, 12(3): 7–42, edited and with a foreword (pp. 1–5) by Stephen Mennell.

Elias, N. (1996) *The Germans*. Cambridge: Polity.

Elias, N. (1998) 'Sociology and psychiatry', in J. Goudsblom and S. Mennell (eds), *The Norbert Elias Reader*. Oxford: Blackwell.

Elias, N. (2000[1939]) *The Civilizing Process*, rev. edn. Oxford: Blackwell.

Elias, N. and Dunning, E. (1986) *Quest for Excitement: Sport and Leisure in the Civilizing Process*. Oxford: Blackwell.

Elias, N. and Scotson, J. (1965) *The Established and the Outsiders*. London: Cass.

Elliott, A. (2011) '"I Want to Look Like That!": cosmetic surgery and celebrity culture', *Cultural Sociology*, 5(4): 463–77.

Elmore, M. (2006) 'Hindu approaches towards death', in K-G. Foley (ed.), *Death and Religion in a Changing World*. New York: Sharpe.

Engels, F. (1958[1845]) *The Condition of the Working Class in England*. Oxford: Blackwell.

Entwistle, J. (2009) *The Aesthetic Economy of Fashion*. London: Berg.

Entwistle, J. and Wilson, E. (eds) (2001) *Body Dressing*. London: Berg.

Epstein, B. (1987) 'Women's anger and compulsive eating', in M. Lawrence (ed.), *Fed Up and Hungry*. London: The Women's Press.

Eriksen, H.R. and Holger, U. (2002) 'Social inequalities in health: biological cogni- tive and learning theory perspectives', *Norsk Epidemiologi*, 12(1): 33–8.

Ettorre, E. (2002) *Reproductive Genetics, Gender and the Body*. London: Routledge.

Ettorre, E. (2010) 'Bodies, drugs and reproductive regimes', in E. Ettorre (ed.), *Culture, Bodies and the Sociology of Health*. London: Ashgate.

Evans, J. and Hall, S. (1999) *Visual Culture: The Reader*. London: Sage.

Evans, J., Davies, B. and Rich, E. (2009) 'Schooling the body in a performative culture', in M. Apple, S. Ball and L. Armand Gandin (eds), *The Routledge International Handbook of the Sociology of Education*. Oxford: Routledge.

Evans, J., Rich, E., Davies, B. and Allwood, R. (2005) 'The embodiment of learning: what the sociology of education doesn't say about "risk" in going to school', *International Studies in Sociology of Education*, 15(2): 129–48.

Evans, M. and Lee, E. (2002) *Real Bodies*. Houndmills: Palgrave.

Fairhurst, E. (1998) '"Growing old gracefully" as opposed to "mutton dressed as lamb"', in S. Nettleton and J. Watson (eds), *The Body in Everyday Life*. London: Routledge.

Falk, P. (1985) 'Corporeality and its fates in history', *Acta Sociologica*, 28: 115–36.

Falk, P. (1991) 'Le livre de la chair', in C. Garnier (ed.), *Le corps rassemblé*. Montreal: Université du Quebec á Montreal, Editions D'Arc.

Fallon, P., Katzman, M. and Wooley, S. (eds) (1996) *Feminist Perspectives on Eating Disorders*. New York: Guilford.

Fanon, F. (1970) *A Dying Colonialism*. New York: Grove.

Fanon, F. (1984[1952]) *Black Skin, White Masks*. London: Pluto.

Faris, R. (1967) *Chicago Sociology 1920–1932*. Chicago, IL: Chicago University Press.

Featherstone, M. (1982) 'The body in consumer culture', *Theory, Culture and Society*, 1: 18–33.

Featherstone, M. (1987) 'Leisure, symbolic power and the life course', in J. Home, D. Jary and A. Tomlinson (eds), *Sport, Leisure and Social Relations*. London: Routledge and Keegan Paul.

Featherstone, M. (1990) 'Perspectives on consumer culture', *Sociology*, 24(1): 5–22.

Featherstone, M. (1991) *Consumer Culture and Postmodernism*. London: Sage.

Featherstone, M. (1995) 'Post-bodies, ageing and virtual reality', in M. Featherstone and A. Wernick (eds), *Images of Ageing*. London: Routledge.

Featherstone, M. (2007) *Consumer Culture and Postmodernism*. London: Sage.
Featherstone, M. (2010) 'Body, image and affect in consumer culture', *Body & Society*, 16(1): 193–221.
Featherstone, M. and Hepworth, M. (1983) 'The midlifestyle of "George and Lyn": notes on a popular strip', *Theory, Culture and Society*, 1: 85–92.
Featherstone, M. and Hepworth, M. (1991) 'The mask of ageing and the postmod- ern life course', in M. Featherstone, M. Hepworth and B.S. Turner (eds), *The Body: Social Process and Cultural Theory*. London: Sage.
Featherstone, M., Hepworth, M. and Turner, B. (eds) (1991) *The Body: Social Process and Cultural Theory*. London: Sage.
Featherstone, M., Lash, S. and Robertson, R. (eds) (1995) *Global Modernities*. London: Sage.
Fedigan, L. (1992) 'The changing role of women in models of human evolution', in G. Kirkup and L. Smith Keller (eds), *Inventing Women: Science, Technology and Gender*. Cambridge: Polity.
Feher, M., Naddaff, R. and Tazi, N. (1989a) *Fragments for a History of the Human Body*, Part I. New York: Zone.
Feher, M., Naddaff, R. and Tazi, N. (1989b) *Fragments for a History of the Human Body*, Part II. New York: Zone.
Feher, M., Naddaff, R. and Tazi, N. (1989c) *Fragments for a History of the Human Body*, Part III. New York: Zone.
Fenwick, T. and Edwards, R. (2010) *Actor-Network Theory in Education*. London: Routledge.
Ferrell, J., Hayward, K. and Young, J. (2008) *Cultural Criminology: An Invitation*. London: Sage.
Finch, J. (1983a) 'Dividing the rough and respectable: working-class women and pre-school playgroups', in E. Garmarnikow, D. Morgan, J. Purvis and D. Taylorson (eds), *The Public and the Private*. London: Heinemann Educational.
Finch, J. (1983b) *Married to the Job*. London: Allen and Unwin.
Finch, J. (1984) *Education as Social Policy*. London: Longman.
Fine, C. (2010) *Delusions of Gender. The Real Science Behind Sex Differences*. London: Icon.
Finkler, K. (1989) 'The universality of nerves', in D. Davis and S. Low (eds), *Gender, Health and Illness: The Case of Nerves*. New York: Hemisphere.
Firestone, S. (1971) *The Dialectic of Sex*. London: Jonathan Cape.
Fischler, C. (1980) 'Food habits, social change and the nature/nurture dilemma', *Social Science Information*, 19: 937–53.
Fischler, C. (1988) 'Food, self and identity', *Social Science Information*, 27(2): 275–92.
Flanagan, K. (2008) 'Sociology into theology: the unacceptable leap', *Theory, Culture & Society*, 25(7–8): 236–61.
Floud, R., Wachter, K. and Gregory, A. (2006) *Height, Health and History*. Cambridge: Cambridge University Press.
Fortier, C. (2007) 'Blood, sperm and the embryo in Sunni Islam and in Mauritania', *Body & Society*, 13(3): 15–36.
Foster, L. (2005) *Nanotechnology*. London: Prentice Hall.
Foucault, M. (1973) *The Birth of the Clinic*. London: Tavistock.
Foucault, M. (1974) *The Archaeology of Knowledge*. London: Tavistock.

Foucault, M. (1977) *Language, Counter-Memory, Practice: Selected Essays and Interviews*. Oxford: Blackwell.

Foucault, M. (1979a) *Discipline and Punish: The Birth of the Prison*. Harmondsworth: Penguin.

Foucault, M. (1979b) 'Governmentality', *Ideology and Consciousness*, 6: 5–22.

Foucault, M. (1980) 'Body/Power', in C. Gordon (ed.), *Michel Foucault: Power/Knowledge*. Brighton: Harvester.

Foucault, M. (1981) *The History of Sexuality*, Vol. 1: An Introduction. Harmondsworth: Penguin.

Foucault, M. (1988) 'Technologies of the self', in L. Martin., H. Gutman and P. Hutton (eds), *Technologies of the Self: A Seminar with Michel Foucault*. Amherst: MA: University of Massachusetts Press.

Foucault, M. (1990[1984]) *The Care of the Self: The History of Sexuality*, Vol. 3. London: Penguin.

Foucault, M. (1990) *The Use of Pleasure: The History of Sexuality*, Vol. 2. New York: Vintage.

Foucault, M. (2009) *Security, Territory, Population: Lectures at the College de France, 1977–78*. London: Palgrave.

Frank, A. (1990) 'Bringing bodies back in: a decade review', *Theory, Culture and Society*, 7: 131–62.

Frank, A. (1991) 'For a sociology of the body: an analytical review', in M. Featherstone, M. Hepworth and B. Turner (eds), *The Body: Social Process and Cultural Theory*. London: Sage.

Frank, A. (1995) *The Wounded Storyteller: Body, Illness and Ethics*. Chicago, IL: University of Chicago Press.

Frank, A. (2010) *Letting Stories Breathe: A Socio-narratology*. Chicago: Chicago University Press.

Frankenberg, R. (1990) 'Review article: Disease, literature and the body in the era of AIDS – a preliminary exploration', *Sociology of Health and Illness*, 12: 351–60.

Franks, D. (2003) 'Mutual interests, different lenses: Current neuroscience and symbolic interaction', *Symbolic Interaction*. 26(4): 613–30.

Franks, D. (2010) *Neurosociology*. New York: Springer.

Freeman, R.A. (1921) *Social Decay and Regeneration*. London: Constable and Co. Ltd.

Freese, J., Li, J-C. and Wade, A.D. (2003) 'The potential relevances of biology to social inquiry', *Annual Review of Sociology*, 29: 233–56.

French, P. and Crabbe, M. (2010) *Fat China*. London: Anthem.

Freund, P. (1982) *The Civilized Body: Social Domination, Control and Health*. Philadelphia, PA: Temple University Press.

Freund, P. (1988) 'Understanding socialized human nature', *Theory and Society*, 17: 839–64.

Freund, P. (1990) 'The expressive body: a common ground for the sociology of emo- tions and health and illness', *Sociology of Health and Illness*, 12(4): 454–77.

Freund, P. (2004) 'Civilized bodies redux: seams in the cyborg', *Social Theory and Health*, 2: 273–89.

Freund, P. (2006) 'Socially constructed embodiment: neurohormonal connections as resources for theoriz- ing about health inequalities', *Social Theory and Health*, 4: 85–108.

Freund, P. (2009) 'Social synaesthesia: expressive goodies, embodied charisma', *Body & Society*, 15(4): 21–31.

Freund, P. (2011) 'Embodying psychosocial health inequalities: bringing back mater- iality and bioagency', *Social Theory and Health*, 9: 59–70.

Freund, P. and Martin, G. (1993) *The Ecology of the Automobile*. Montreal: Black Rose.

Freund, P. and Martin, G. (2002) 'Risky vehicles – risky agents: mobility and the politics of space, move- ment and consciousness', in P. Rothe (ed.), *Driving Lessons: Exploring Systems that Make Traffic Safer*.

Edmonton: University of Alberta Press.
Freund, P. and Martin, G. (2009) 'The social and material culture of hyperautomobility, "Hyperauto"', *Bulletin of Science, Technology, Society*, 29: 476–82.
Freund, P., McGuire, M. and Podhurst, L. (2002) *Health, Illness and the Social Body: A Critical Sociology*, 4th edn. London: Pearson Education.
Friedman, A. (2011) 'Toward a Sociology of Perception: Sight, Sex, and Gender', *Cultural Sociology*, 5(2): 187–206.
Friedman, M. and Rosenman, R. (1974) *Type A Behaviour and Your Heart*. New York: Fawcett Crest.
Fuss, D. (1990) *Essentially Speaking: Feminism, Nature and Difference*. London: Routledge.

Gabriel, N. (2011) 'Norbert Elias and Developmental Psychology', in N. Gabriel and S.J. Mennell (eds), *Norbert Elias and Figurational Research: Processual Thinking in Sociology*. Oxford: Wiley-Blackwell/The Sociological Review Monograph Series.
Gabriel, N. and Mennell, S.J. (eds.) (2011) *Norbert Elias and Figurational Research: Processual Thinking in Sociology*. Oxford: Wiley-Blackwell/The Sociological Review Monograph Series..
Gallagher, C. and Laqueur, T. (eds) (1987) *The Making of the Modern Body: Sexuality and Society in the Nineteenth Century*. Berkeley, CA: University of California Press.
Gallese, V. (2001) 'The shared manifold hypothesis: From mirror neurons to empathy', *Journal of Consciousness Studies*, 8: 33–50.
Gallup, G. (1982) 'Permanent breast enlargement in human females: a sociobiological analysis', *Journal of Human Evolution*, 11: 597–601.
Gard, M. and Wright, J. (2005) *The Obesity Epidemic*. London: Routledge.
Gathercole, P. (1988) 'Contexts of Maori Moko', in A. Rubin (ed.), *Marks of Civilization: Artistic Transformations of the Human Body*. Berkeley, CA: Museum of Cultural History, University of California.
Gauchet, M. (1998) *The Disenchantment of the World: Political History of Religion*. Princeton, NJ: Princeton University Press.
Gehlen, A. (1969) *Moral und Hypermoral*. Frankfurt: Athenaeum.
Gergen, K. (1991) *The Saturated Self: Dilemmas of Identity in Contemporary Life*. New York: Basic Books.
Giddens, A. (1984) *The Constitution of Society*. Cambridge: Polity.
Giddens, A. (1988) 'Goffman as a systematic social theorist', in P. Drew and A. Wootton (eds), *Erving Goffman: Exploring the Interaction Order*. Cambridge: Polity.
Giddens, A. (1990) *The Consequences of Modernity*. Cambridge: Polity.
Giddens, A. (1991) *Modernity and Self-Identity*. Cambridge: Polity.
Gillis, J. (1997) *A World of their Own Making. Myth, Ritual and the Quest for Family Values*. Harvard: Harvard University Press.
Gilroy, P. (2000) *Between Camps: Nations, Cultures and the Allure of Race*. London: Penguin.
Gilroy, P. (2004) *After Empire*. London: Routledge.
Gilroy, S. (1989) 'The emBody-ment of power: gender and physical activity', *Leisure Studies*, 8: 163–71.
Gilroy, S. (1997) 'Working on the body: links between physical activity and social power', in G. Clarke and B. Humberstone (eds), *Researching Women and Sport*. London: Macmillan.
Gimlin, D. (2002) *BodyWork: Beauty and Self-image in American Culture*. Berkeley, CA: University of Cali-

fornia Press.

Gimlin, D. (2006) 'The absent body project: cosmetic surgery as a response to bodily dys-appearance', *Sociology*, 40(4): 691–716.

Gimlin, D. (2007) 'What is body work? A review of the literature', *Sociology Compass*, 1(1): 353–70.

Gimlin, D. (2010) 'Imagining the other in cosmetic surgery', *Body & Society*, 16(4): 57–76.

Goffman, E. (1956) 'Embarrassment and social organisation', *American Journal of Sociology*, LXII (3): 264–71.

Goffman, E. (1963) *Behaviour in Public Places: Notes on the Social Organization of Gatherings*. New York: Free Press.

Goffman, E. (1969[1959]) *The Presentation of Self in Everyday Life*. Harmondsworth: Penguin.

Goffman, E. (1974) *Frame Analysis: An Essay on the Organization of Experience*. New York: Harper and Row.

Goffman, E. (1979) *Gender Advertisements*. London: Macmillan.

Goffman, E. (1983) 'The interaction order', *American Sociological Review*, 48: 1–17.

Goffman, E. (1990[1963]) *Stigma: Notes on the Management of Spoiled Identity*. London: Penguin.

Goldberg, S. (1973) *The Inevitability of Patriarchy*. New York: William Morrow.

Golden, J. and Hope, J. (1991) 'Storm over virgin births', *Daily Mail*, 11 March.

Goldner, V., Penn, P., Sheinberg, M. and Walker, G. (1990) 'Love and violence: Gender paradoxes in volatile relationships', *Family Process*, 29: 343–64.

Goodger, J. and Goodger, B. (1989) 'Excitement and representation: toward a sociological explanation of the significance of sport in modern society', *Quest*, 41(3): 257–72.

Gordon, C. (1980) *Michel Foucault: Power/Knowledge*. Brighton: Harvester.

Gordon, R. (1999) *Eating Disorders*. Oxford: Wiley-Blackwell.

Gordon, R. (2001) 'Eating disorders East and West: a culture bound system unbound', in M. Nasser, M. Katzman and R. Gordon (eds), *Eating Disorders and Cultures in Transition*. Hove: Brunner-Routledge.

Gorely, T., Holroyd, R. and Kirk, D. (2007) 'Muscularity, the habitus and the social construction of gender-relevant physical education', *British Journal of Sociology of Education*, 24(4): 429–48.

Goss, R. and Klass, D. (2006) 'Buddhisms and death', in K. Garces-Foley (ed.), *Death and Religion in a Changing World*. New York: Sharpe.

Goudsblom, J. (1987) 'The domestication of fire as a civilizing process', *Theory, Culture and Society*, 4: 457–76.

Goudsblom, J. (1989) 'The domestication of fire and the origins of language', in J. Wind, E. Pulleyblank, E. de Grolier and B.H. Bichakjian (eds), *Studies in Language Origins*, Vol. 1. London: John Benjamins.

Goudsblom, J. (1992) *Fire and Civilization*. London: Penguin.

Gough, I. (2000) *Global Capital, Human Needs and Social Policies*. London: Palgrave Macmillan.

Gough, I. (2010) 'Economic crisis, climate change and the future of welfare states', *21st Century Society: Journal of the Academy of Social Sciences*, 5(1): 51–64.

Gould, S.J. (1981) *The Mismeasure of Man*. Harmondsworth: Penguin.

Graham, H. (2009) *Understanding Health Inequalities* (2nd edn). Open University Press.

Grant, L. (1992) 'A distortion of physical reality', *The Independent on Sunday*, 12 January.

Gray, H. (1974[1901]) *Gray's Anatomy*. Philadelphia, PA: Running Press.

Graydon, J. (1983) '"But it's more than a game. It's an institution." Feminist perspectives on sport', *Feminist*

Review, 13: 5–16.

Green, E. and Hebron, S. (1988) 'Leisure and male partners', in E. Wimbush and M. Talbot (eds), *Relative Freedoms: Women and Leisure*. Milton Keynes: Open University Press.

Green, E., Hebron, S. and Woodward, D. (1994) 'Women's leisure today', in P. Bramham, C. Critcher and A. Tomlinson (eds), *Sociology of Leisure*. London: Taylor and Francis.

Green, H. (1986) *Fit for America: Health, Fitness, Sport and American Society*. New York: Pantheon.

Greer, G. (1971) *The Female Eunuch*. London: Paladin.

Gregory, M. (1978) 'Epilogue', in M. Gregory, A. Silvers and D. Sutch (eds), *Sociobiology and Human Nature*. San Francisco, CA: Jossey Bass.

Griffin, C. (1985) *Typical Girls?* London: Routledge and Keegan Paul.

Griffin, S. (1978) *Women and Nature: The Roaring Inside Her*. New York: Harper and Row.

Griffiths, I. (2011) 'Older women unhappy over their portrayal in films, survey shows', *The Guardian*, 28 March. Available at www.guardian.co.uk/film/2011/ mar/28/women-unhappy-portrayal-films-survey.

Grogan, S. (2007) *Body Image*, 2nd edn. London: Routledge.

Grosz, E. (1994) *Volatile Bodies: Toward a Corporeal Feminism*. Bloomington, IN: Indiana University Press.

Grosz, E. (2008) 'Darwin and feminism: preliminary investigations for a possible alliance', in S. Alaimo and S. Hekman (eds), *Material Feminisms*. Bloomington, IN: Indiana University Press.

Grosz, E. and de Lepervanche, M. (1988) 'Feminism and science', in B. Caine, E.A. Grosz and M. de Lepervanche (eds), *Crossing Boundaries: Feminisms and the Critique of Knowledges*. Sydney: Allen and Unwin.

Gusterson, H. (1991) 'Nuclear war, the Gulf war, and the disappearing body', *Journal of Urban and Cultural Studies*, 2: 45–55.

Habermas, J. (2010) *An Awareness of What is Missing*. Oxford: Polity.

Hadfield, P. (2006) *Bar Wars: Contesting the Night in Contemporary British Cities*. Oxford: Oxford University Press.

Haferkamp, H. (1987) 'Reply to Stephen Mennell', *Theory, Culture and Society*, 4: 562.

Haiken, E. (1997) *Venus Envy. A History of Cosmetic Surgery*. Baltimore: Johns Hopkins University Press.

Hall, C. (1992) 'Girls aged nine "are obsessed by weight"', *The Independent*, 10 April.

Hall, S. (ed.) (1997) *Representation*. Milton Keynes: Open University Press.

Hall, S. and Gieben, B. (eds) (1992) *Formations of Modernity*. Cambridge: Polity.

Hall, S. and Jameson, F. (1990) 'Clinging to the wreckage', *Marxism Today*, September, pp. 28–31.

Hall, S., Critcher, C., Jefferson, T., Clarke, J. and Roberts, B. (1978) *Policing the Crisis: Mugging, the State and Law and Order*. Houndmills: Macmillan.

Hallam, E., Hockey, J. and Howarth, G. (1999) *Beyond the Body: Death and Social Identity*. London: Routledge.

Hamilakis, Y., Pluciennik, M. and Tarlow, S. (2001) *Thinking Through the Body: Archaeologies of Corporeality*. New York: Springer.

Hancock, D. (2006) *The Complete Medical Tourist*. London: Blake.

Hansen, M. (2006) *Bodies in Code*. London: Routledge.

Haraway, D. (2003) 'Otherworldly conversations, terran topics, local terms', in D. Haraway (ed.), *The Haraway Reader*. London: Routledge.

Harburg, E., Blakelock, E. and Roeper, P. (1979) 'Resentful and reflective coping with arbitrary authority and blood pressure', *Psychosomatic Medicine*, 41: 189–202.

Harburg, E., Haunstein, L., Chare, C., Schull, W. and Short, M. (1973) 'Socio-ecological stress, suppressed hostility, skin color and black-white male blood pressure: Detroit', *Psychosomatic Medicine*, 35: 276.

Hargreaves, J.A. (1987) 'Victorian familialism and the formative years of female sport', in J.A. Mangan and R.J. Park (eds), *From 'Fair Sex' to Feminism: Sport and the Socialization of Women in the Industrial and Post-Industrial Eras*. London: Cass.

Harris, A. (2011) 'In a moment of mismatch: overseas doctors' adjustments in new hospital environments', *Sociology of Health and Illness*, 33(2): 308–20.

Hartmann, H. (1979) 'The unhappy marriage of marxism and feminism: towards a more progressive union', *Capital and Class*, 8: 1–33.

Haug, F. (1987) *Female Sexualization*. London: Verso.

Hayles, N.K. (1999) *How We Became Posthuman: Virtual Bodies in Cybernetics, Literature and Informatics*. Chicago, IL: Chicago University Press.

Hayles, N.K. (2005) *My Mother Was a Computer: Digital Subjects and Literary Texts*. Chicago, IL: Chicago University Press.

Head, H. (1920) *Studies in Neurology*. Oxford: Oxford University Press.

Heap, C. (2003) 'The city as a sexual laboratory: the queer heritage of the Chicago School', *Qualitative Sociology*, 26(4): 457–87.

Hearn, J. (1987) *The Gender of Oppression: Men, Masculinity and the Critique of Marxism*. Brighton: Wheatsheaf.

Hearn, J. and Morgan, D. (eds) (1990) *Men, Masculinities and Social Theory*. London: Unwin Hyman.

Heidegger, M. (1993[1954]), 'The question concerning technology', in D. Krell (ed.), *Martin Heidegger, Basic Writings*. London: Routledge.

Heim, M. (1995) 'The design of virtual reality', *Body and Society*, 1(3): 65–77.

Hekman, S. (2008) 'Constructing the ballast: an ontology for feminism', in S. Alaimo and S. Hekman (eds), *Material Feminisms*. Bloomington, IN: Indiana University Press.

Henley, N. (1977) *Body Politics*. Englewood Cliffs, NJ: Prentice-Hall.

Hepworth, M. and Featherstone, M. (1982) *Surviving Middle Age*. Oxford: Blackwell.

Héritier-Auge, F. (1989) 'Older women, stout-hearted women, women of sub- stance', in M. Feher, R. Naddaff and N. Tazi (eds), *Fragments for a History of the Human Body, Part III*. New York: Zone.

Hertz, R. (1960[1909]) *Death and the Right Hand*. London: Cohen and West.

Hervieu-Leger, D. (2000) *Religion as a Chain of Memory*. Oxford: Polity.

Hervieu-Leger, D. (2001) 'The twofold limit of the notion of secularization', in L. Woodhead (ed.), *Peter Berger and the Study of Religion*. London: Routledge.

Hesse-Biber, S. (1997) *Am I Thin Enough Yet? The Cult of Thinness and the Commercialization of Identity*. New York: Oxford University Press.

Hewitt, M. (1983) 'Bio-politics and social policy: Foucault's account of welfare', *Theory, Culture and Society*, 2: 67–84.

Heyes, C. (2007) *Self-Transformations: Foucault, Ethics and Normalised Bodies*. New York: Oxford University Press.

Heyes, C. (2010) 'Where do mirror neurons come from?', *Neuroscience and Biobehavioral Reviews*, 34(4): 575–83.

Heywood, L. (2003) 'Foreword: Reading Bordo', in S. Bordo, *Unbearable Weight*. Berkeley, CA: University of California Press.

Higginbottom, G.M.A. (2006) 'Pressure of life', *Sociology of Health and Illness*, 28(5): 583–610.

Higgs, P. and Gilleard, C. (2010) 'Generational conflict, consumption and the ageing welfare state in the United Kingdom', *Ageing and Society*, 30(8): 1439–51.

Hilgers, M. (2009) 'Habitus, freedom and reflexivity', *Theory and Psychology*, 19(6): 728–55.

Hirst, P. and Woolley, P. (1982) *Social Relations and Human Attributes*. London: Tavistock.

Hobbs, D., Hadfield, P., Lister, S. and Widow, S. (2002) 'Door lore: the art and eco- nomics of intimidation', *British Journal of Criminology*, 42: 353–70.

Hochschild, A. (1983) *The Managed Heart: Commercialization of Human Feeling*. Berkeley, CA: University of California Press.

Hochschild, A. (2007) *The Time Bind*. New York: Holt.

Hochschild, A. and Machung, A. (2003) *The Second Shift* (reissued). London: Penguin.

Hockey, J. (1990) *Experiences of Death: An Anthropological Account*. Edinburgh: Edinburgh University Press.

Hockey, J. and James, A. (1993) *Growing Up and Growing Old*. London: Sage.

Holloway, G. (2005) *Women's Work in Britain Since 1840*. London: Routledge.

Honneth, A. and Joas, H. (1988[1980]) *Social Action and Human Nature*. Cambridge: Cambridge University Press.

Howarth, G. (2000) 'Dismantling the boundaries between life and death', *Mortality*, 5(2): 127–39.

Howarth, G. (2006) *Death and Dying*. Cambridge: Polity.

Howarth, G. (2007) 'The rebirth of death: continuing relationships with the dead', in M. Mitchell (ed.), *Remember Me: Constructing Immortality – Beliefs on Immortality, Life and Death*. London: Routledge.

Howlett, B., Ahmad, W. and Murray, R. (1992) 'An exploration of White, Asian, and Afro-Caribbean people's concepts of health and illness causation', *New Community*, 18(2): 281–92.

Howson, A. and Inglis, D. (2001) 'The body in sociology: tensions inside and outside sociological thought', *The Sociological Review*, 49(3): 297–317.

Hubbard, R. and Wald, E. (1993) *Exploding the Gene Myth*. Boston, MA: Beacon.

Huntingdon, R. and Metcalf, P. (1979) *Celebrations of Death*. Cambridge: Cambridge University Press.

Husserl, E. (1989[1929]) *Ideas Pertaining to a Pure Phenomenology and to a Phenomenological Philosophy*, (Trans: F. Kersten). London: Kluwer.

Huxtable, R. (2007) *Euthanasia, Ethics and the Law*. London: Routledge-Cavendish.

Iacoboni, M. (2008) *Mirroring People: The New Science of How We Connect With Others*. New York: Farrar Straus & Giroux.

Illich, I. (1976) *Limits to Medicine*. London: Marion Boyars.

Inglis, T. (2008) *Global Ireland*. London: Routledge.

Ingold, T. (2000) 'Evolving skills', in H. Rose and S. Rose (eds), *Alas Poor Darwin: Arguments Against Evolu-*

tionary Psychology. London: Jonathan Cape.

Inhorn, M. (2007) 'Masturbation, semen collection and men's IVF experiences: anxieties in the Muslim world', *Body & Society*, 13(3): 55–77.

Ishiguro, J. (2009) 'Westernised body or Japanized Western body', in B.S. Turner and Z. Yangwen (eds), *The Body in Asia*. London: Berghahn.

Ito, M., Okabe, D. and Matsuda, M. (eds) (2006) *Personal, Portable, Pedestrian: Mobile Phones in Japanese Life*. Cambridge, MA: MIT Press.

Jackson, C. and Tinkler, P. (2007) '"Ladettes" and "Modern Girls": "troublesome" young femininities', *The Sociological Review*, 55(2): 251–72.

Jaggar, A. (1984) 'Human biology in feminist theory: sexual equality reconsidered', in C. Gould (ed.), *Beyond Domination*. Totowa, NJ: Rowman and Allenheld.

James, A. (1990) 'The good, the bad and the delicious: the role of confectionery in British society', *The Sociological Review*, 38(4): 666–88.

James, W. (1900) *Psychology. The Briefer Course*. New York: Holt.

James, W. (1950[1890]) *The Principles of Psychology*, 2 Vols. New York: Dover.

Jameson, F. (1984) 'Postmodernism: or the cultural logic of late capitalism', *New Left Review*, 146: 53–92.

Jameson, F. (1985) 'Postmodernism and the consumer society', in H. Foster (ed.), *Postmodern Culture*. London: Pluto.

Jeffords, S. (1989) *The Remasculinization of America: Gender and the Vietnam War*. Bloomington, IN: Indiana University Press.

Joas, H. (1983) 'The intersubjective constitution of the body-image', *Human Studies*, 6: 197–204.

Joas, H. (1993) *Pragmatism and Social Theory*. Chicago, IL: Chicago University Press.

Joas, H. (1997) *G.H. Mead: A Contemporary Re-examination of His Thought*. Cambridge, MA: MIT Press.

John, V. (2009) '"A labour of love?": mothers and emotion work', *British Journal of Midwifery*, 17(10): 636–40.

Johns, J. (1999) 'Yielding to the spirit: the dynamics of a Pentecostal model of praxis', in M.W. Dempster, B.D. Klaus and D. Peterson (eds), *The Globalization of Pentecostalism*. Carlisle, CA: Regnum.

Johnson, D. (1983) *Body*. Boston, MA: Beacon.

Johnson, M. (1987) *The Body in the Mind: The Bodily Basis of Meaning, Imagination and Reason*. Chicago, IL: University of Chicago Press.

Jones, C. (1977) *Immigration and Social Policy in Britain*. London: Tavistock.

Jones, C. (2002) *Reassessing Foucault: Power, Medicine and the Body*. London: Taylor and Francis.

Jones, S. (1993) *The Language of Genes*. London: HarperCollins.

Jordan, W. (1982) 'First impressions: initial English confrontations with Africans', in C. Husband (ed.), *'Race' in Britain*. London: Hutchinson.

Jordanova, L. (1989) *Sexual Visions: Images of Gender in Science and Medicine Between the Eighteenth and Twentieth Centuries*. New York: Harvester Wheatsheaf.

Kamerman, J. (1988) *Death in the Midst of Life*. Englewood Cliffs, NJ: Prentice-Hall.

Kanneh, K. (1992) 'Feminism and the Colonial Body', in B. Ashcroft, G. Griffiths and H. Tiffin (eds), *The Post-Colonial Studies Reader*. London: Routledge.

Kant, I. (1985[1797]) *Foundations of the Physics of Morals*. London: Macmillan.

Kaplan, G. and Adams, C. (1989) 'Early women supporters of National Socialism: the reaction to feminism and to male-defined sexuality', in J. Milfull (ed.), *The Attractions of Fascism*. New York: Berg.

Kaplan, G. and Rogers, L. (1990) 'The definition of male and female: biological reductionism and the sanctions of normality', in S. Gunew (ed.), *Feminist Knowledge, Critique and Construct*. London: Routledge.

Kaplan, J. (2000) *The Limits and Lies of Genetic Research*. New York: Routledge.

Karp, D. (1996) *Speaking of Sadness: Depression, Disconnection, and the Meanings of Illness*. Oxford: Oxford University Press.

Kasperson, L. and Gabriel, N. (2008) 'The importance of survival units for Norbert Elias's figurational perspective', *Sociological Review*, 56(3): 370–87.

Kaw, E. (2003) 'Medicalisation of racial features: Asian American women and cos- metic surgery', in R. Weitz (ed.), *The Politics of Women's Bodies*, 2nd edn. New York: Oxford University Press.

Keddie, N. (1971) 'Classroom knowledge', in M. Young (ed.), *Knowledge and Control*. London: Collier-Macmillan.

Keith, V. and Herring, C. (1991) 'Skin tone and stratification in the black community', *American Journal of Sociology*, 97: 760–78.

Kellehear, A. (2007) *A Social History of Dying*. Cambridge: Cambridge University Press.

Keller, E.F. (2000) *The Century of the Gene*. Cambridge, MA: Harvard University Press.

Kelley, D. (2006) 'The politics of death and burial in Native California', in K. Garces-Foley (ed.), *Death and Religion in a Changing World*. New York: Sharpe.

Kelly, K. (1994) *Out of Control: The New Biology of Machines*. London: Fourth Estate.

Kelly, S. (2007) 'From "scraps and fragments" to "whole organisms": molecular biology, clinical research and post-genomic bodies', in P. Atkinson and H. Greenslade (eds), *New Genetics, New Identities*. London: Routledge.

Kerr, A. (2004) *Genetics and Society*. London: Routledge.

Khan, S. (2011) *Privilege*. Princeton, NJ: Princeton University Press.

Khiabany, G. and Williamson, M. (2008) 'Veiled bodies – naked racism: culture, politics and race in the Sun', *Race & Class*, 50: 69–88.

Kideckel, D. (2008) *Getting by in Postsocialist Romania: Labor, the Body and Working Class Culture*. Bloomington, IN: Indiana University Press.

Kierkegaard, S. (1944) *The Concept of Dread*. London: Macmillan.

Kilminster, R. (2011) 'Norbert Elias's Post-Philosophical Sociology', in N. Gabriel and S.J. Mennell (eds), *Norbert Elias and Figurational Research: Processual Thinking in Sociology*. Oxford: Wiley-Blackwell.

Kilpinen, E. (2000) *The Enormous Fly-Wheel of Society: Pragmatism's Habitual Conception of Action and Social Theory*. Helsinki: Department of Sociology, University of Helsinki.

Kim, Y. (2010) 'Female individualization? Transnational mobility and media consumption of Asian women', *Media, Culture and Society*, 32(1): 25–43.

Kimbrell, K. (1993) *The Human Boy Shop*. London: HarperCollins.

Kimmel, M. (ed.) (1987) *Changing Men: New Directions in Research on Men and Masculinity*. Newbury Park, CA: Sage.

King, D. (1987) 'Social constructionism and medical knowledge: the case of transsexualism', *Sociology of*

Health and Illness, 9: 351–77.

Kingston, J. (2004) *Japan's Quiet Transformation*. London: Routledge.

Kirby, V. (2008) 'Natural convers(at)ions: or what if culture was really nature all along?', in S. Alaimo and S. Hekman (eds), *Material Feminisms*. Bloomington, IN: Indiana University Press.

Kirkup, G. and Keller, L.S. (1992) *Inventing Women: Science, Technology and Gender*. Cambridge: Polity.

Klein, A. (1991) *Sugarball: The American Game, the Dominican Dream*. New Haven, CT: Yale University Press.

Kramer, K. (1988) *The Sacred Art of Dying*. New York: Paulist Press.

Kreuder, F. (2008) 'Flagellation of the Son of God and Divine Flagellation: Flagellator Ceremonies and the Flagellation Scenes in the Medieval Passion Play', *Theatre Research International*, 33(2): 176–90.

Krieger, N. (1990) 'Racial and gender discrimination: risk factors for high blood pressure', *Social Science and Medicine*, 20(12): 1273–81.

Krieger, N. and Sidney, S. (1996) 'Racial discrimination and high blood pressure', *American Journal of Public Health*, 86(10): 1370–8.

Kroker, A. and Kroker, M. (1988) *Body Invaders: Sexuality and the Postmodern Condition*. Houndmills: Macmillan.

Kuipers, G. (2006) *Good Humour, Bad Taste*. Berlin: Mouton de Gruyter.

Kurzban, R. (2002) 'Alas poor evolutionary psychology: unfairly accused, unjustly condemned', *Human Nature Review*, 2: 99–109.

Kushner, H. (1989) *Self-Destruction in the Promised Land: A Psychocultural Biology of American Suicide*. New Brunswick, NJ: Rutgers University Press.

Kuzmics, H. (1988) 'The civilizing process', in J. Keane (ed.), *Civil Society and the State*. New York: Verso.

Kuzmics, H. (1991) 'Embarrassment and civilization: on some similarities and differences in the work of Goffman and Elias', *Theory, Culture and Society*, 8: 1–30.

Laborde, C. (2008) *Critical Republicanism: The Hijab Controversy and Political Philosophy*. Oxford: Oxford University Press.

Lakoff, G. (1987) *Women, Fire and Dangerous Things*. Chicago, IL: University of Chicago Press.

Lakoff, G. (1991) 'Metaphor and war: the metaphor system used to justify war in the Gulf', *Journal of Urban and Cultural Studies*, 2(1): 59–72.

Lakoff, G. and Johnson, M. (1999) *Philosophy in the Flesh*. New York: Basic Books.

Lande, B. (2007) 'Breathing like a Soldier: Culture Incarnate', in C. Shilling (ed.), *Embodying Sociology*. Oxford: Blackwells/The Sociological Review Monograph Series.

Laqueur, T. (1987) 'Orgasm, generation, and the politics of reproductive biology', in C. Gallagher and T. Laqueur (eds), *The Making of the Modern Body. Sexuality and Society in the Nineteenth Century*. Berkeley, CA: University of California Press.

Laqueur, T. (1990) *Making Sex: Body and Gender from the Greeks to Freud*. Cambridge, MA: Harvard University Press.

Largier, N. (2006) *In Praise of the Whip*. New York: Zone.

Lasch, C. (1991) *The Culture of Narcissism*. New York: Norton.

Lash, S. (1984) 'Genealogy and the body: Foucault/Deluze/Nietzsche', *Theory, Culture and Society*, 2: 1–18.

Lash, S. (1990) *Sociology of Postmodernism*. London: Routledge.
Lask, B. and Bryant-Waugh, R. (2007) *Eating Disorders in Childhood and Adolescence*, 3rd edn. London: Routledge.
Latimer, J. and Schillmeier, M. (2009) *Unknowing Bodies*. Cambridge: Blackwell.
Latour, B. (2003) 'Interview with Bruno Latour', in D. Ihde and E. Selinger (eds), *Chasing Technoscience*. Bloomington, IN: Indiana University Press.
Latour, B. (2005) *Reassembling the Social*. Oxford: Oxford University Press.
Latour, B. (2010) *On the Modern Cult of the Factish Gods*. Durham, NC: Duke University Press.
Latour, B. (2011) 'Reflections on Etienne Souriau's "Les différents modes d'existence"', in L. Ryant, N. Smicek and G. Harman (eds), *The Speculative Turn*. Melbourne: re-press.
Law, J. and Hassard, J. (1999) *Actor Network Theory and After*. Oxford: Blackwell/The Sociological Review Monograph Series.
Laws, S. (1990) *Issues of Blood: The Politics of Menstruation*. Houndmills: Macmillan.
Leder, D. (1990) *The Absent Body*. Chicago, IL: University of Chicago Press.
Leder, D. (1998) 'A tale of two bodies: the Cartesian corpse and the lived body', in D.Welton (ed.), *Body and Flesh: A Reader*. Oxford: Blackwell.
Ledoux, J. (1999) *The Emotional Brain: The Mysterious Underpinnings of Emotional Life*. New York: Phoenix.
Lee, J. (2003) 'Menarche and the (hetero)sexualisation of the female body', in R. Weitz (ed.), *The Politics of Women's Bodies*, 2nd edn. New York: Oxford University Press.
Lee, R. (2008) 'Modernity, mortality and re-enchantment: the death taboo revis- ited', *Sociology*, 42: 745–59.
Lees, S. (1984) *Losing Out: Sexuality and Adolescent Girls*. London: Hutchinson.
Lennerlof, L. (1988) 'Learned helplessness at work', *International Journal of Health Studies*, 18: 207–22.
Lessor, R. (1984) 'Consciousness of time and time for the development of con- sciousness: health aware- ness among women flight attendants', *Sociology of Health and Illness*, 6: 191–213.
Levine, D. (1995) *Visions of the Sociological Tradition*. Chicago, IL: University of Chicago Press.
Levine, D. (2006) *Powers of the Mind: The Reinvention of Liberal Learning*. Chicago, IL: Chicago University Press.
Levi-Strauss, C. (1969) *The Elementary Structures of Kinship*, rev. edn. Boston, MA: Beacon.
Levy, D. (2009) *Love and Sex with Robots*. London: Duckworth.
Lewontin, R., Rose, S. and Kamin, L. (1984) *Not In Our Genes*. New York: Pantheon.
Linklater, A. (2007) *Critical Theory and World Politics*. London: Routledge.
Lister, S., Hobbs, D., Hall, S. and Winslow, S. (2000) 'Violence in the night time economy', *Policing and Society*, 10: 383–402.
Liston, K. (2011) 'Sport and leisure', in N. Gabriel and S.J. Mennell (eds), *Norbert Elias and Figurational Research: Processual Thinking in Sociology*. Oxford: Wiley-Blackwell.
Lizardo, O. (2009) 'Is a "special psychology" of practice possible? From values and attitudes to embodied dispositions', *Theory & Psychology*, 19(6): 713–27.
Low, J. and Murray, K.B. (2006) 'Lay acquiescence to medical dominance: reflections on the active citizen- ship thesis', *Social Theory and Health*, 4: 109–27.
Lowe, M. (1983) 'The dialectic of biology and culture', in M. Lowe and R. Hubbard (eds), *Women's Nature*.

New York: Pergamon.

Loyal, S. (2011) 'Understanding established and outsiders relations in Ireland', in N. Gabriel and S. J. Mennell (eds), *Norbert Elias and Figurational Research: Processual Thinking in Sociology*. Oxford: Wiley-Blackwell / The Sociological Review Monograph Series.

Lukes, S. (1973) *Emile Durkheim: His Life and Work*. London: Allen Lane.

Lundberg, J., Kristenson, M. and Starrin, B. (2009) 'Status incongruence revisited: associations with shame and mental well being', *Sociology of Health and Illness*, 31(4): 478–93.

Lyman, S. (1990) 'Race, sex, and servitude: images of blacks in American cinema', *International Journal of Politics, Culture and Society*, 4(1): 49–77.

Lynch, J. (1979) *The Broken Heart*. New York: Basic Books.

Lynch, J. (1985) *The Language of the Heart*. New York: Basic Books.

Lyng, S. and Bracey, M. (1995) 'Squaring the one percent: biker style and the selling of cultural resistance', in J. Ferrell and C. Sanders (eds), *Cultural Criminology*. Boston, MA: Northeastern University Press.

Lyotard, J-F. (1988) *Le Postmoderne expliqué aux enfants: Correspondance, 1982–1985*. Paris: Galilée.

MacDougall, J., Dembroski, T., Dimsdjale, J. and Hackett, T. (1985) 'Components of type A, hostility, and anger-in: further relationships to angiographic findings', *Health Psychology*, 4: 137–52.

Macnaghten, P. (2000) 'Bodies of nature: an introduction', *Body & Society*, 3–4: 1–11.

Mahmood, S. (2005) *Politics of Piety: The Islamic Revival and the Feminist Subject*. Princeton: Princeton University Press.

Malacrida, C. (2009a) 'Gendered ironies in home care: surveillance, gender struggles and infantalisation', *International Journal of Inclusive Education*, 13(7): 741–52.

Malacrida, C. (2009b) 'Performing motherhood in a disablist world: dilemmas of motherhood, femininity and disability', *International Journal of Qualitative Studies in Education*, 23(1): 99–117.

Malafouris, L. (2008) 'Is it "me" or is it "mine"? The Mycenaean sword as a body-part', in D. Boric and J. Robb (eds), *Past Bodies: Body-Centered Research in Archaeology*. Oxford: Oxbow.

Mangan, J. and Park, R. (eds) (1987) *From 'Fair Sex' to Feminism: Sport and the Socialization of Women in the Industrial and Post-Industrial Eras*. London: Cass.

Marable, M. (1983) *How Capitalism Underdeveloped Black America*. London: Pluto.

Marcuse, H. (1964) *One-Dimensional Man*. London: Arc.

Markula-Denison, P. and Pringle, R. (2006) *Foucault, Sport and Exercise: Power, Knowledge and Transforming the Self*. London: Routledge.

Marmot, M. (2004) *The Status Syndrome: How Social Standing Affects Our Health and Longevity*. New York: Holt.

Marmot, M. (2010) *Fair Society, Healthy Lives: Strategic Review of Health Inequalities in England Post-2010*. London: University College London.

Marmot, M. and Wilkinson, R.G. (2005) *Social Determinants of Health*. Oxford: Oxford University Press.

Marris, P. (1974) *Loss and Change*. London: Routledge.

Marsh, P., Rosser, E. and Harre, R. (1978) *The Rules of Disorder*. London: Routledge and Keegan Paul.

Martin, D. (1990) *Tongues of Fire*. Oxford: Blackwell.

Martin, E. (1989[1987]) *The Woman in the Body*. Milton Keynes: Open University Press.

Martin, E. (1991) 'The secularisation issue: prospect and retrospect', *The British Journal of Sociology*, 42(3): 465–74.

Martin, K. (2003) 'Becoming a gendered body', in R. Weitz (ed.), *The Politics of Women's Bodies*, 2nd edn. New York: Oxford University Press.

Marx, K. (1954[1887]) *Capital*, Vol. 1. London: Lawrence and Wishart.

Marx, K. (1973[1939]) *Grundrisse*. Harmondsworth: Penguin.

Marx, K. (1975[1844]) 'The economic and philosophical manuscripts of 1844', in *Karl Marx: Early Writings*. Harmondsworth: Pelican.

Marx, K. (1997) *Writings of the Young Marx on Philosophy and Society*. L. Easton and K. Gaddat (eds) New York: Doubleday.

Marx, K. and Engels, F. (1970[1846]) *The German Ideology*. London: Lawrence and Wishart.

Maseide, P. (2011) 'Body work in respiratory physiological examinations', *Sociology of Health and Illness*, 33(2): 296–307.

Massey, D. (2002) 'A brief history of human society: the origin and role of emotion in social life', *American Sociological Review*, 67: 1–29.

Massey, D. (2004) 'Segregation and stratification: a biosocial perspective', *DuBois Review: Social Science Research on Race*, 1(1): 7–25.

Mauss, M. (1973[1934]) 'Techniques of the body', *Economy and Society*, 2: 70–88.

Mayr, E. (1988) *Towards a New Philosophy of Biology*. Harvard: Harvard University Press.

Mayr, E. (2001) *What Evolution Is*. New York: Basic Books.

McCarty, R., Horwatt, K. and Konarska, M. (1988) 'Chronic stress and sympathetic- adrenal medullary responsiveness', *Social Science and Medicine*, 26: 333–41.

McDonough, R. and Harrison, R. (1978) 'Patriarchy and the relations of production', in A. Kuhn and A.M. Wölpe (eds), *Feminism and Materialism*. London: Routledge and Keegan Paul.

McDowell, L. (2009) *Working Bodies*. Oxford: Wiley-Blackwell.

McEwan, B. (with Laley, E.) (2002) *The End of Stress as We Know It*. Washington, DC: John Henry Press.

McGinty, A.M. (2006) *Becoming Muslim*. London: Palgrave Macmillan.

McGovern, J. (2009) 'The Roman Catholic views of sickness, death and dying', in L. Bregman (ed.), *Death and Dying in World Religions*. London: Kendall Hunt.

McIntosh, P. (1952) *Physical Education in England Since 1800*. London: Bell.

McKenzie, J. (2001) *Changing Education*. Harlow: Pearson Education.

McNally, R. and Glasner, P. (2007) 'Survival of the gene?', in P. Glasner, P. Atkinson and H. Greenslade (eds), *New Genetics, New Social Formations*. London: Routledge.

McNay, L. (1999) 'Gender, habitus and the field', *Theory, Culture & Society*, 16(1): 95–117.

McRobbie, A. (ed.) (1989) *Zoot Suits and Second Hand Dresses*. London: Macmillan.

McVeigh, B. (2000) *Wearing Ideology: State, Schooling and Self-presentation in Japan*. London: Berg.

Mead, G.H. (1903) 'The definition of the psychical', in *Decennial Publications of the University of Chicago, First Series, Vol. 3*. Chicago, IL: Chicago University Press.

Mead, G.H. (1904) 'The function of imagery in conduct', reprinted in G.H. Mead (1962[1934]) *Mind, Self and Society*. Chicago, IL: Chicago University Press.

Mead, G.H. (1932) *The Philosophy of the Present*, edited by A.E. Murphy. Chicago, IL: La Salle.

Mead, G.H. (1938) *The Philosophy of the Act*. Chicago, IL: University of Chicago Press.
Mead, G.H. (1962[1934]) *Mind, Self and Society*. Chicago, IL: University of Chicago Press.
Mead, M. (1963[1935]) *Sex and Temperament in Three Primitive Societies*. New York: Morrow.
Mellor, P. (1991) 'Self and suffering: deconstruction and reflexive definition in Buddhism and Christianity', *Religious Studies*, 27: 49–63.
Mellor, P. (1993) 'Death in high modernity: the contemporary presence and absence of death', in D. Clark (ed.), *The Sociology of Death*. Oxford: Blackwell.
Mellor, P.A. (2004) *Religion, Realism and Social Theory: Making Sense of Society*. London: Sage.
Mellor, P.A. (2007) 'Religion as an elementary aspect of society: Durkheim's legacy for social theory', in J.A. Beckford and J. Walliss (eds), *Theorising Religion*. London: Ashgate.
Mellor, P.A. and Shilling, C. (1993) 'Modernity, self-identity and the sequestration of death', *Sociology*, 27(3): 411–31.
Mellor, P.A. and Shilling, C. (1997) *Re-forming the Body: Religion, Community and Modernity*. London: Sage.
Mellor, P.A. and Shilling, C. (2010) 'Body pedagogics and the religious habitus: a new direction for the sociological study of religion', *Religion*, 40: 27–38.
Melzack, R. and Wall, P. (1983) *The Challenge of Pain*. New York: Basic Books.
Mennell, S. (1985) *All Manners of Food: Eating and Taste in England and France from the Middle Ages to the Present*. Oxford: Blackwell.
Mennell, S. (1987) 'On the civilizing of appetite', *Theory, Culture and Society*, 4: 373–403.
Mennell, S. (1989) *Norbert Elias: Civilization and the Human Self-Image*. Oxford: Blackwell.
Mennell, S. (1990) 'Decivilising processes: theoretical significance and some lines of research', *International Sociology*, 5(2): 205–23.
Mennell, S. (2007) *The American Civilizing Process*. Oxford: Polity.
Mercer, K. and Race, I. (1988) 'Sexual politics and black masculinity: a dossier', in R. Chapman and J. Rutherford (eds), *Male Order, Unwrapping Masculinity*. London: Lawrence and Wishart.
Merleau-Ponty, M. (1962) *The Phenomenology of Perception*. London: Routledge.
Messerschmidt, J. (1999) 'Making bodies matter: adolescent masculinities, the body, and varieties of violence', *Theoretical Criminology*, 3(2): 197–220.
Meyer, B. (2006) *Religious Sensations*. Amsterdam: Vrije Universiteit.
Miah, A. (2004) *Genetically Modified Athletes*. London: Routledge.
Midgley, M. (1979) *Beast and Man: The Roots of Human Nature*. London: Methuen.
Miles, A. (1991) *Women, Health and Medicine*. Milton Keynes: Open University Press.
Miles, M. (1992) *Carnal Knowledge*. Tunbridge Wells: Burns and Oakes.
Miller, D. (1997) *Reinventing American Protestantism*. Berkeley, CA: University of California Press.
Miller, L. (2006) *Beauty Up*. Berkeley: California University Press.
Miller, N. (1979) 'Psychosomatic effects of learning', in E. Meyer and J. Brady (eds), *Research in the Psychobiology of Human Behaviour*. Baltimore, MD: Johns Hopkins University Press.
Miller, V. (2011) *Understanding Digital Culture*. London: Sage.
Miracle, P. and Boric, D. (2008) 'Bodily beliefs at the dawn of agriculture in Western Asia', in D. Boric and J. Robb (eds), *Past Bodies: Body-Centered Research in Archaeology*. Oxford: Oxbow.
Mirzoeff, N. (2012) *The Visual Culture Reader*. London: Routledge.

Mishkind, M., Rodin, J., Silberstein, L. and Striegel-Moore, R. (1986) 'The embodiment of masculinity: cultural, psychological, and behavioural dimensions', *American Behavioural Scientist*, 29: 545–62.

Mitchell, J. (1987) '"Going for the burn" and "pumping iron": what's healthy about the current fitness boom?', in M. Lawrence (ed.), *Fed Up and Hungry: Women, Oppression and Food*. London: The Women's Press.

Modood, T. (2005) *Multicultural Politics: Racism, Ethnicity and Muslims in Britain*. Edinburgh: Edinburgh University Press.

Mol, A. (2003) *The Body Multiple: Ontology in Medical Practice*. Durham, NC: Duke University Press.

Mol, A. and Law, J. (2004) 'Embodied action, enacted bodies: the example of hypoglycaemia', *Body and Society*, 10(2–3): 43–62.

Monaghan, L. (2002a) 'Hard me, shop boys and others: embodying competence in a masculinist occupation', *The Sociological Review*, 50(3): 334–55.

Monaghan, L. (2002b) 'Regulating "unruly" bodies: work tasks, conflict and violence in Britain's night time economy', *British Journal of Sociology*, 53(3): 403–29.

Morris, D. (1969) *The Naked Ape*. St Albans: Panther.

Morris, M. and Patton, P. (eds) (1979) *The Pirate's Fiancée: Michel Foucault – Power, Truth and Strategy*. Sydney: Feral.

Mortimer-Sandilands, C. (2008) 'Landscape, memory, and forgetting: Thinking through (my mother's) body and place', in S. Alaimo and S. Hekman (eds), *Material Feminisms*. Bloomington, IN: Indiana University Press.

Mulkay, M. (1993) 'Social death in Britain', in D. Clark (ed.), *The Sociology of Death*. Oxford: Blackwell.

Munster, A. (2006) *Materializing New Media. Embodiment in Information Aesthetics*. Hanover: University Press of New England.

Nelson, M. (1994) *The Stronger Women Get, the More Men Love Football*. New York: Harcourt.

Nencel, L. (2008) '"Que viva la minifaldal", secretaries, miniskirts and daily practices of sexuality in the public sector in Lima', *Gender, Work and Organization*, 17(1): 69–90.

Nettleton, S. (1991) 'Wisdom, diligence and teeth: discursive practices and the creation of mothers', *Sociology of Health and Illness*, 13(1): 98–111.

Nettleton, S. (1992) *Power, Pain and Dentistry*. Milton Keynes: Open University Press.

Nettleton, S. (2006) *The Sociology of Health and Illness*. Oxford: Polity.

Nettleton, S. and Watson, J. (eds) (1998) *The Body in Everyday Life*. London: Routledge.

Nettleton, S., Neale, J. and Pickering, L. (2011) '"I don't think there's much of a rational mind in a drug addict when they are in the thick of it": towards an embodied analysis of recovering heroin users', *Sociology of Health and Illness*, 33(3): 342–55.

Newby, H. (1991) 'One world, two cultures: sociology and the enivronment', *Network*, 50 (February).

Newton, E. (1979) *Mother Camp: Female Impersonators in America*. Chicago, IL: Chicago University Press.

Newton, T. (2007) *Nature and Sociology*. London: Routledge.

Nickson, D., Warhurst, C., Cullen, A. and Watt, A. (2001) 'The importance of being aesthetic: work, employment and organisation', in A. Sturdy, I. Grugulis and H. Willmott (eds), *Customer Service: Empowerment and Entrapment*. London: Palgrave.

Noble, G. and Watkins, M. (2003) 'So, how did Bourdieu learn to play tennis? Habitus, consciousness and habituation', *Cultural Studies*, 17(3): 520-39.

Norris, R.S. (2009) 'The paradox of healing pain', *Religion*, 39: 22-33.

O'Brien, K., Hobbs, D. and Westermarland, L. (2008) 'Negotiating violence and gender', in S. Gendrot and P. Spierenburg (eds), *Collection on Historical and Contemporary Violence in Europe*. New York: Springer.

O'Brien, M. (1979) 'Reproducing Marxist man', in L. Clark and L. Lange (eds), *The Sexism of Social and Political Thought*. Toronto: University of Toronto Press.

O'Brien, M. (1981) *The Politics of Reproduction*. London: Routledge and Keegan Paul.

O'Brien, M. (1989) *Reproducing the World*. Boulder, CO: Westview.

O'Connor, E. (2007) 'Embodied knowledge in glassblowing', in C. Shilling (ed.), *Embodying Sociology*. Oxford: Blackwells/The Sociological Review Monograph Series.

O'Neill, J. (1985) *Five Bodies: The Human Shape of Modern Society*. Ithaca, NY: Cornell University Press.

O'Neill, J. (1989) *The Communicative Body*. Evanston, IL: Northwestern University Press.

Oakley, A. (1972) *Sex, Gender and Society*. London: Temple Smith.

Oakley, A. (1974) *The Sociology of Housework*. London: Martin Robertson.

Oakley, A. (1984) *The Captured Womb: A History of the Medical Care of Pregnant Women*. Oxford: Blackwell.

Ofek, H. (2000) *Second Nature: The Economic Origins of Human Evolution*. Cambridge: Cambridge University Press.

Orbach, S. (1988[1978]) *Fat is a Feminist Issue*. London: Arrow.

Orbach, S. (2009) *Bodies: Big Ideas*. London: Profile.

Österlind, J., Hansebo, G., Andersson, J., Ternestedt, B-M. and Hellström, I. (2011) 'A discourse of silence: professional carers reasoning about death and dying in nursing homes', *Aging and Society*, 31(4): 529-44.

Ots, T. (1990) 'The silent Körper – the loud Leib'. Draft paper for AES Spring Meeting, Atlanta, Georgia, cited in R. Frankenberg, 'Review article: Disease, literature and the body in the era of AIDS – a preliminary exploration', *Sociology of Health and Illness*, 12: 351-60.

Otter, C. (2005) 'The civilizing of slaughter: the development of the British public abattoir, 1850-1910', *Food and History*, 3(2): 29-51.

Overy, R. (2009) *The Morbid Age: Britain and the Crisis of Civilization, 1919-1939*. Harmondsworth: Penguin.

Parker, R. (2010) *Women, Doctors and Cosmetic Surgery*. London: Palgrave.

Parry, S. and Dupré, J. (2010) *Nature After the Genome*. Oxford: Wiley-Blackwell.

Parsons, T. (1968[1937]) *The Structure of Social Action*. New York: Free Press.

Parsons, T. (1969) *Politics and Social Structure*. New York: Free Press.

Parsons, T. (1978) *Action Theory and the Human Condition*. New York: Free Press.

Parsons, T. (1991[1951]) *The Social System*. London: Routledge.

Pease, A. and Pease, B. (2001) *Why Men Don't Listen and Women Can't Read Maps*. London: Orion.

Peiss, K. (1998) *Hope in a Jar: The Making of America's Beauty Culture*. New York: Owl Books.

Pelletier, K. and Herzing, D. (1988) 'Psychoneuroimmunology: toward a mind-body model', *Advances: Institute for the Advancement of Health*, 5: 27-56.

Pennington, S. (1991) 'Chewing out the fat', *The Guardian*, 23 May.

Perrone, J. (2006) 'Too old to be pregnant?' *The Guardian* (News Blog), 4 May.

Pettinger, L. (2011) '"Knows how to please a man": studying customers to under- stand service work', *The Sociological Review*, 59(2): 223–41.

Pfohl, S. (1993) 'Venus in microsoft: male mas(s)ochism and cybernetics', in A. Kroker and M. Kroker (eds), *The Last Sex: Feminism and Outlaw Bodies*. Basingstoke: Macmillan.

Philips, T. and Aarons, H. (2007) 'Looking "East": an exploratory analysis of Western disenchantment', *International Sociology*, 22(3): 325–41.

Phillips, M. (1990) 'Damaged goods: oral narratives of the experience of disability in American culture', *Social Science and Medicine*, 30(8): 849–57.

Pickering, A. (1995) *The Mangle of Practice: Time, Agency and Science*. Chicago, IL: Chicago University Press.

Pilkington, H., Garifzianova, A. and Omel'chenko, E. (2010) *Russia's Skinheads*. London: Routledge.

Pinker, S. (2002) *The Blank Slate: The Modern Denial of Human Nature*. New York: Vikinence.

Pitts-Taylor, V. (2012) 'Social brains, embodiment and neuro-interactionism', in B.S. Turner (ed.), *Routledge Handbook of Body Studies*. London: Routledge.

Poloma, M. (2003) *Main Street Mystics*. Walnut Creek, CA: AltaMira.

Poster, M. (1984) *Foucault, Marxism and History: Mode of Production versus Mode of Information*. Cambridge: Polity.

Prendergast, S. (2000) '"To become dizzy in our turning": girls, body-maps and gender as childhood ends', in A. Prout (ed.), *The Body, Childhood and Society*. Houndmills: Macmillan.

Pringle, R. (1989a) *Secretaries Talk: Sexuality, Power and Work*. London: Verso.

Pringle, R. (1989b) 'Bureaucracy, rationality and sexuality: the case of secretaries', in J. Hearn, D. Sheppard, P. Tancred-Sheriff and G. Burrell (eds), *The Sexuality of Organization*. London: Sage.

Prior, L. (1989) *The Social Organization of Death*. London: Macmillan.

Puner, M. (1978) *To the Good Long Life*. London: Macmillan.

Puwar, N. (2004) 'Making a difference?' *British Journal of Politics and International Relations, Special Issue on Women and Politics*, V. Randall and J. Lovenduski (eds), 6(1): 65–80.

Quilley, S. (2011) 'Ecology, 'Human Nature' and Civilising Processes: Biology and Sociology in the Work of Norbert Elias', in N. Gabriel and S.J. Mennell (eds), *Norbert Elias and Figurational Research: Processual Thinking in Sociology*. Oxford: Wiley-Blackwell / The Sociological Review Monograph Series.

Quilley, S. and Loyal, S. (2005) 'Eliasian sociology as a "central theory" for the human sciences', *Current Sociology*, 53(5): 807–28.

Ray, L. (2011) *Violence and Society*. London: Sage.

Rheingold, H. (1991) *Virtual Reality*. London: Seeker and Warburg.

Rheingold, H. (1994) *The Virtual Community*. London: Seeker and Warburg.

Rich, A. (1980) 'Compulsory heterosexuality and lesbian experience', *Signs*, 5: 631–60.

Richardson, J. (1991) 'The menstrual cycle and student learning', *Journal of Higher Education*, 62(3): 317–40.

Rimmer, M. (2010) 'Listening to the monkey: class and youth in the formation of a musical habitus', *Eth-*

nography, 11(2): 255-83.
Rimmer, M. (2011) 'Beyond Omnivores and Univores: the promise of a concept of musical habitus', *Cultural Sociology*, 3: 1-20.
Rizzolatti, G., Fadiga, L. and Fogassi, L. (1996) 'Premotor cortex and the recognition of motor actions', *Cognitive Brain Research*, 3(2): 131-41.
Rizzolatti, G. and Craighero, L. (2004) 'The mirror-neuron system', *Annual Review of Neuroscience*, 27: 169-92.
Rizzolati, G., and Sinigaglia, C. (2008) *Mirrors in the Brain: How Our Minds Share Actions, Emotions and Experience* (Trans. F. Anderson). Oxford: Oxford University Press.
Robbins, J. (2004) 'The globalization of Pentecostal and Charismatic Christianity', *Annual Review of Anthropology*, 33: 117-43.
Roberson, J. E. and Suzuki, N. (2002) *Men and Masculinities in Contemporary Japan: Dislocating the Salaryman Doxa*. London: RoutledgeCurzon.
Roberts, C. (2002) '"A matter of embodied fact": sex hormones and the history of bodies', *Feminist Theory*, 3(1): 7-26.
Robins, K. (1995) 'Cyberspace and the world we live in', *Body and Society*, 1(3-4): 135-55.
Robinson, V. and Hockey, J. (2011) *Masculinities in Transition*. Basingstoke: Palgrave: Macmillan.
Rochberg-Halton, E. (1987) Why pragmatism now?', *Sociological Theory*, 5(2): 194-200.
Rogers, L. (1988) 'Biology, the popular weapon: sex differences in cognitive func- tion', in B. Caine, E.A. Grosz and M. de Lepervanche (eds), *Crossing Boundaries: Feminisms and the Critique of Knowledges*. Sydney: Allen and Unwin.
Rogers, W. (1991) *Explaining Health and Illness*. New York: Harvester Wheatsheaf.
Rose, H. and Rose, S. (2001) *Alas Poor Darwin*. London: Vintage.
Rose, N. (2001) 'The Politics of Life Itself', *Theory, Culture and Society*, 18(6): 1-30.
Rose, N. (2007) *The Politics of Life Itself*. Princeton, NJ: Princeton University Press.
Rose, S. (1976) 'Scientific racism and ideology: the IQ racket from Galton to Jensen', in H. Rose and S. Rose (eds), *The Political Economy of Science*. London: Macmillan.
Rose, S. (1984) 'Biological reductionism: its roots and social functions', in L. Birke and J. Silvertown (eds), *More than the Parts*. London: Pluto.
Rose, S. (2005) *Lifelines: Beyond the Gene*. New York: Vintage.
Rose, S. (2011) '"Self comes to mind: constructing the conscious brain" by Antonio Damasio – review', *The Guardian*, 12 February.
Rosen, B. (1989) *Women, Work and Achievement*. London: Macmillan.
Rosen, T. (1983) *Strong and Sexy: The New Body Beautiful*. London: Columbus.
Roth, G. (1987) 'Rationalisation in Max Weber's Developmental History', in S. Whimster and S. Lash (eds), *Max Weber, Rationality and Modernity*. London: Allen and Unwin.
Rucker, R., Sirius, R. and Queen, M. (eds) (1993) *Mondo 2000: A User's Guide to the New Edge*. London: Thames and Hudson.
Rudofsky, B. (1986[1971]) *The Unfashionable Human Body*. New York: Prentice-Hall.
Rutherford, J. (1988) 'Who's that man', in R. Chapman and J. Rutherford (eds), *Male Order, Unwrapping Masculinity*. London: Lawrence and Wishart.

Sanders, T. (2004) 'Controllable laughter: managing sex work through humour', *Sociology*, 38(2): 273–91.
Sanders, T. (2005) '"It's just acting": sex workers' strategies for capitalizing on sexu- ality', *Gender, Work and Organisation*, 12(4): 319–42.
Sapolosky, R. (2003) 'Taming stress', *Scientific American*, 289: 67–75.
Sassen, S. (2002) 'Global cities and survival ciruits', in B. Ehrenreich and A. Hochschild (eds), *Global Women*. London: Granta.
Sawicki, J. (1991) *Disciplining Foucault: Feminism, Power and the Body*. New York: Routledge.
Sayad, A. (2004) *The Suffering of the Immigrant*. Cambridge: Polity.
Sayer, A. (2010) 'Reflexivity and the habitus', in M. Archer (ed.), *Conversations About Reflexivity*. London: Routledge.
Scarry, E. (1985) *The Body in Pain*. Oxford: Oxford University Press.
Scarry, E. (1994) *Resisting Representation*. Oxford: Oxford University Press.
Scheff, T. (1997) *Emotions, Social Bonds, and Human Reality: Part/Whole Analysis*. Cambridge: Cambridge University Press.
Scheper-Hughes, N. (2001) 'Commodity fetishism in organs trafficking', *Body & Society*, 7(2–3): 31–62.
Scheper-Hughes, N. (2011) 'Mr Tati's holiday and João's safari – seeing the world through transplant tourism', *Body & Society*, 17(2–3): 55–92.
Schiebinger, L. (1987) 'Skeletons in the closet: the first illustrations of the female skeleton in eighteenth-century anatomy', in C. Gallagher and T. Laqueur (eds), *The Making of the Modern Body: Sexuality and Society in the Nineteenth Century*. Berkeley, CA: University of California Press.
Schilder, P. (1978[1935 [[[) *The Image and Appearance of the Human Body: Studies in the Constructive Energies of the Psyche*. New York: International Universities Press.
Schudson, M. (1984) 'Embarrassment and Erving Goffman's idea of human nature', *Theory and Society*, 13: 633–48.
Schulz, W. (1986) *Philosophie in der Veranderten Welt*. Pfullingen: Neske.
Schutz, A. (1970) *On Phenomenology and Social Relations*. Chicago, IL: Chicago University Press.
Schwartz, H. (1986) *Never Satisfied: A Cultural History of Diets, Fantasies and Fats*. New York: Free Press.
Scott, J. (2007) *The Politics of the Veil*. Princeton, NJ: Princeton University Press.
Seale, C. (1998) *Constructing Death: The Sociology of Dying and Bereavement*. Cambridge: Cambridge University Press.
Searle, G. (1971) *The Quest for National Efficiency*. Oxford: Blackwell.
Segal, L. (1990) *Slow Motion: Changing Masculinities, Changing Men*. London: Virago.
Seligman, M. (1975) *Helplessness: On Depression, Development and Death*. San Francisco, CA: Freeman.
Sennett, R. (1974) *The Fall of Public Man*. Cambridge: Cambridge University Press.
Sennett, R. (1992[1974]) *The Fall of Public Man*. New York: Norton.
Sennett, R. (1994) *Flesh and Stone: The Body and the City in Western Civilization*. London: Faber and Faber.
Sennett, R. (1998) *The Corrosion of Character*. New York: Norton.
Shakespeare, T. (1998) 'Choice and rights: eugenics, genetics and disability equality', *Disability and Society*, 13(5): 665–81.
Shakespeare, T. (2006) *Disability Rights and Wrongs*. London: Routledge.
Sharp, J. (1997) 'Gendering everyday spaces', in L. McDowell (ed.), *Space, Gender and Knowledge*. London:

Arrowsmith.
Sharp, K. (1992) 'Biology and social science: a reply to Ted Benton', *Sociology*, 26: 219–24.
Sharpley-Whiting, T. (1999) *Black Venus*. Durham, NC: Duke University Press.
Sheets-Johnstone, M. (2009) *The Corporeal Turn*. Exeter: Imprint Academic.
Sherman, W. and Craig, C. (2002) *Understanding Virtual Reality*. New York: Morgan Kaufman.
Shermer, M. (1996) 'History at the crossroads: Can history be a science? Can it afford not to be?', *Skeptic*, 4: 56–67.
Shield, R. (1988) *Uneasy Endings: Daily Life in an American Nursing Home*. Ithaca, NY: Ithaca University Press.
Shilling, C. (1991) 'Educating the body: physical capital and the production of social inequalities', *Sociology*, 25: 653–72.
Shilling, C. (1992) 'Schooling and the production of physical capital', *Discourse*, 13(1): 1–19.
Shilling, C. (1993) *The Body and Social Theory*. London: Sage.
Shilling, C. (1999) 'Towards an embodied understanding of the structure/agency relationship', *British Journal of Sociology*, 50(4): 543–62.
Shilling, C. (2001) 'Embodiment, experience and theory: in defence of the sociological tradition', *The Sociological Review*, 49(3): 327–44.
Shilling, C. (2002a) 'Culture, the "sick role" and the consumption of health', *British Journal of Sociology*, 53(4): 621–38.
Shilling, C. (2002b) 'The two traditions in the sociology of emotions', in J. Barbalet (ed.), *The Sociology of Emotions*. Oxford: Blackwell/The Sociological Review Monograph Series.
Shilling, C. (2004) 'Physical capital and situated action: a new direction for corpo- real sociology', *British Journal of Sociology of Education*, 25(3): 473–87.
Shilling, C. (2005a) *The Body in Culture, Technology and Society*. London: Sage.
Shilling, C. (2005b) 'Embodiment, emotions and the foundations of social order: Durkheim's enduring contribution', in J. Alexander and P. Smith (eds), *The Cambridge Companion to Emile Durkheim*. Cambridge: Cambridge University Press.
Shilling, C. (2007) 'Sociology and the body: classical traditions and new agendas', in C. Shilling (ed.), *Embodying Sociology: Retrospect, Progress and Prospects, Sociological Review Monograph Series*. Oxford: Blackwell.
Shilling, C. (2008) *Changing Bodies: Habit, Crisis and Creativity*. London: Sage.
Shilling, C. (2010) 'Exploring the society-body-school nexus: theoretical and methodological issues in the study of body pedagogics', *Sport, Education and Society*, 15(2): 151–67.
Shilling, C. and Bunsell, T. (2009) 'The female body builder as a gender outlaw', *Qualitative Research in Sport and Exercise*, 1(2): 141–59.
Shilling, C. and Mellor, P.A. (1996) 'Embodiment, structuration theory and moder- nity: mind/body dualism and the repression of sensuality', *Body and Society*, 2(4): 1–15.
Shilling, C. and Mellor, P.A. (2001) *The Sociological Ambition: Elementary Forms of Social and Moral Life*. London: Sage.
Shilling, C. and Mellor, P.A. (2007) 'Cultures of embodied experience: technology, religion and body pedagogics', *The Sociological Review*, 55(3): 531–49.

Shilling, C. and Mellor, P.A. (2010a) 'Saved from pain or saved through pain? Modernity, instrumentalisation and the use of pain as a body technique', *European Journal of Social Theory*, 13(4): 521–37.

Shilling, C. and Mellor, P.A. (2010b) 'Sociology and the problem of eroticism', *Sociology*, 44(3): 435–52.

Shilling, C. and Mellor, P.A. (2011) 'Retheorizing Emile Durkheim on society and religion: embodiment, intoxication and collective life', *The Sociological Review*, 59(1): 17–42.

Shils, E. (1981) *Tradition*. London: Faber and Faber.

Shusterman, R. (1997) *Practicing Philosophy: Pragmatism and the Philosophical Life*. London: Routledge.

Shusterman, R. (2000) *Pragmatist Aesthetics: Living Beauty, Rethinking Art*, 2nd edn. Lanham, MD: Rowman & Littlefield.

Shusterman, R. (2008) *Body Consciousness: A Philosophy of Mindfulness and Somaesthetics*. Cambridge: Cambridge University Press.

Shusterman, R. (2012) 'Pragmatism's embodied philosophy: From immediate expe- rience to somaesthetics', in B.S. Turner (ed.), *Routledge Handbook of Body Studies*. London: Routledge.

Shuttleworth, S. (1990) 'Female circulation: medical discourse and popular adver- tising in the mid-Victorian era', in M. Jacobus, E. Keller and S. Shuttleworth (eds), *Body/Politics: Women and the Discourses of Science*. London: Routledge.

Sica, A. (1984) 'Sociogenesis versus psychogenesis: the unique sociology of Norbert Elias', *Mid American Review of Sociology*, 9: 49–78.

Siegfried, C.H. (1996) *Pragmatism and Feminism*. Chicago, IL: Chicago University Press.

Simmel, G. (1950) *The Sociology of Georg Simmel*. Glencoe, IL: Free Press.

Simmel, G. (1971[1918]) 'The conflict in modern culture', in D. Levine (ed.), *Georg Simmel on Individuality and Social Forms*. Chicago, IL: University of Chicago Press.

Simmel, G. (1990[1907]) *The Philosophy of Money*. London: Routledge.

Simon, B. and Bradley, I. (eds) (1975) *The Victorian Public School*. Dublin: Gill and Macmillan.

Simpson, B. (2000) 'Regulation and resistance: children's embodiment during the primary-secondary school transition', in A. Prout (ed.), *The Body, Childhood and Society*. Houndmills: Macmillan.

Singer, L. (1989) 'Bodies, pleasures, powers', *Differences*, 1: 45–65.

Sinha, M. (1987) 'Gender and imperialism: colonial policy and the ideology of moral imperialism in late nineteenth century Bengal', in M. Kimmel (ed.), *Changing Men: New Directions in Research on Men and Masculinity*. Newbury Park, CA: Sage.

Sinha, M. (1995) *Colonial Masculinity*. Manchester: Manchester University Press.

Slavishak, E. (2008) *Bodies of Work: Civic Display and Labor in Industrial Pittsburgh*. Durham, NC: Duke University Press.

Smith, T.S. (1992) *Strong Interaction*. Chicago, IL: University of Chicago Press.

Snyder, M. (1987) *Public Appearances, Private Realities: The Psychology of Self-Monitoring*. New York: Freeman.

Sobchack, V. (1995) 'Beating the meat/surviving the text', *Body and Society*, 1(3–4): 205–14.

Sobchack, V. (2010) 'Living a "phantom limb": on the phenomenology of bodily integrity', *Body & Society*, 16(3): 51–67.

Sofaer, J. (2006) *The Body as Material Culture: A Theoretical Osteoarchaeology*. Cambridge: Cambridge University Press.

Soloway, R. (1982) 'Counting the degenerates: the statistics of race degeneration in Edwardian England', *Journal of Contemporary History*, 17: 137–64.

Song, M. (2010) 'Is there "a" mixed race group in Britain? The diversity of multiracial identification and experience', *Critical Social Policy*, 30(3): 337–58.

Sontag, S. (1979) *Illness as Metaphor*. New York: Vintage.

Soper, K. (1995) *What is Nature?* Oxford: Blackwell.

Spencer, D. (2012) *Ultimate Fighting and Embodiment: Violence, Gender and Mixed Martial Arts*. London: Routledge.

Spielvogel, L. (2003) *Working Out in Japan*. Durham, NC: Duke University Press.

Springer, C. (1991) 'The pleasure of the interface', *Screen*, 32(3): 303–23.

Stanley, L. (1984) 'Should "sex" really be "gender" – or "gender" really be "sex"?', in R. Anderson and W. Shurrock (eds), *Applied Sociological Perspectives*. London: Allen and Unwin.

Staples, R. (1982) *Black Masculinity: The Black Male's Role in American Society*. San Francisco, CA: Black Scholar.

Staples, R. (2006) *Exploring Black Sexuality*. Lanham, MD: Rowman and Littlefield.

Stoller, P. (1997) *Sensuous Scholarship*. Philadelphia, PA: University of Pennsylvania Press.

Strangleman, T. (2004) *Work Identity at the End of the Line? Privatisation and Culture Change in the UK Rail Industry*. Basingstoke: Palgrave Macmillan.

Strathern, M. (1988) *Gender of the Gift*. Berkeley, CA: University of California Press.

Stroebe, M. (1997) 'From mourning and melancholia to bereavement and biography: An assessment of Walter's New Model of Grief', *Mortality*, 2(3): 255–62.

Stryker, S. and Whittle, S. (2006) *The Transgender Studies Reader*. London: Routledge.

Susen, S. and Turner, B.S. (eds) (2011) *The Legacy of Pierre Bourdieu*. London: Anthem.

Sweetman, P. (2003) 'Twenty-first Century disease? Habitual reflexivity or the reflexive habitus', *The Sociological Review*, 51(4): 528–49.

Sweetman, P. (2009) 'Revealing habitus, illuminating practice: Bourdieu, photography and visual methods', *The Sociological Review*, 57(3): 491–511.

Sweetman, P. (2012) 'Modified bodies: Texts, projects and process', in B.S. Turner (ed.), *Routledge Handbook of Body Studies*. London: Routledge.

Tancred-Sheriff, P. (1989) 'Gender, sexuality and the labour process', in J. Hearn, D. Sheppard, P. Tancred-Sheriff and G. Burrell (eds), *The Sexuality of Organization*. London: Sage.

Teman, E. (2009) 'Embodying surrogate motherhood: pregnancy as a dyadic body- project', *Body & Society*, 15(3): 47–69.

Tester, K. (2004) 'A critique of humanitarianism', in M. Jacobsen (ed.), *Wild Sociology, Dark Times and the Postmodern World*. Aalborg: Aalborg University Press.

The, A-M. (2007) *In Death's Waiting Room*. Amsterdam: Amsterdam University Press.

Theodosius, C. (2008) *Emotional Labour in Health Care*. London: Routledge.

Therberge, N. (1991) 'Reflections on the body in the sociology of sport', *Quest*, 43: 123–34.

Theweleit, K. (1987[1977]) *Male Fantasies, Vol. I: Women, Floods, Bodies, History*. Minneapolis, MN: University of Minnesota Press.

Theweleit, K. (1989[1978]) *Male Fantasies, Vol. 2: Male Bodies: Psychoanalysing the White Terror*. Minneapolis, MN: University of Minnesota Press.

Thomas, C. (2002) 'The "disabled" body', in M. Evans and E. Lee (eds), *Real Bodies*. London: Palgrave.

Thomas, C. (2004) 'How is disability understood? An examination of sociological approaches', *Disability and Society*, 19(6): 469–583.

Thomas, W.I. (1907) *Sex and Society*. Chicago, IL: Chicago University Press.

Thomson, M. (1998) *The Problem of Mental Deficiency: Eugenics, Democracy and Social Policy in Britain, 1870–1959*. Oxford: Clarendon.

Threthewey, A. (1999) 'Disciplined bodies: women's embodied identities at work', *Organization Studies*, 20(3), 423–50.

Throsby, K. (2008) 'Happy re-birthday: weight loss surgery and the "new me"', *Body & Society*, 14(1): 117–33.

Tiefer, L. (2006) 'Female sexual dysfunction: a case study of disease mongering and activist resistance', *Public Library of Science Medecine*, 3(4): e178.

Tiger, L. and Fox, R. (1978) 'The human biogram', in A. Caplan (ed.), *The Sociobiology Debate*. New York: Harper and Row.

Tiggemann, M. (2001) 'The impact of adolescent girls' life concerns and leisure activities on body dissatisfaction, disordered eating, and self-esteem', *The Journal of Genetic Psychology*, 162(2): 133–42.

Tomas, D. (1991) 'Old rituals for new space', in M. Benedikt (ed.), *Cyberspace: First Steps*. London: MIT Press.

Toulmin, S. (1990) *Cosmopolis: The Hidden Agenda of Modernity*. Chicago, IL: University of Chicago Press.

Townsend, P., Davidson, N. and Whitehead, M. (1988) *Inequalities in Health: The Black Report and The Health Divide*. Harmondsworth: Pelican.

Travis, A. (2007) 'Boys of 12 using anabolic steroids to "get girls"', *The Guardian*, 30 November.

Trivers, R. (1978) 'The evolution of reciprocal altruism', in A. Caplan (ed.), *The Sociobiology Debate*. New York: Harper and Row.

Tseelon, E. (1992) 'Is the presented self sincere? Goffman, impression management and the postmodern self', *Theory, Culture and Society*, 9: 115–28.

Tseelon, E. (1995) *The Masque of Femininity*. London: Sage.

Tsolidis, G. (2006) *Youthful Imagination: School, Subcultures and Social Justice*. London: Peter Lang.

Tudor, A. (1995) 'Unruly bodies, unquiet minds', *Body & Society*, 1(1): 25–41.

Tulle, E. (2007) 'Running to run: Embodiment, structure and agency amongst veteran elite runners', *Sociology*, 41(2): 329–46.

Turner, B.S. (1982) 'The discourse of diet', *Theory, Culture and Society*, 1: 23–32.

Turner, B.S. (1983) *Religion and Social Theory*. London: Heinemann Educational.

Turner, B.S. (1984) *The Body and Society*. Oxford: Blackwell.

Turner, B.S. (1987) *Medical Power and Social Knowledge*. London: Sage.

Turner, B.S. (1991) 'Recent developments in the theory of the body', in M. Featherstone, M. Hepworth and B. Turner (eds), *The Body: Social Process and Cultural Theory*. London: Sage.

Turner, B.S. (1992a) *Regulating Bodies: Essays in Medical Sociology*. London: Routledge.

Turner, B.S. (1992b) *Max Weber: From History to Modernity*. London: Routledge.

Turner, B.S. (1996) 'Introduction to the second edition', in *The Body and Society*, 2nd edn. London: Sage.

Turner, B.S. (1999) 'An outline of a general sociology of the body', in B.S. Turner (ed.), *The Blackwell Companion to Social Theory*, 2nd edn. Oxford: Blackwell.

Turner, B.S. (2007) 'Culture, technologies and bodies', in C. Shilling (ed.), *Embodying Sociology*. Oxford: Blackwell.

Turner, B.S. (2008) *The Body and Society*, 3rd edn. London: Sage.

Turner, B.S. (2012) 'Introduction', in B.S. Turner (ed.), *Routledge Handbook of Body Studies*. London: Routledge.

Turner, B.S. and Yangwen, Z. (eds) (2009) *The Body in Asia*. London: Berghahn.

Turner, J. and Maryanski, A. (2005) *Incest: Origins of the Taboo*. New York: Paradigm.

Turner, T. (1986) 'Review of the body and society – explorations in social theory', *American Journal of Sociology*, 92: 211–13.

Twigg, J. (2000) 'Carework as bodywork', *Ageing and Society*, 20: 389–411.

Twigg, J. (2002) 'The bodywork of care', in L. Andersson (ed.), *Cultural Gerontology*. Westport, CT: Greenwood.

Twigg, J. (2006) *The Body in Health and Social Care*. London: Palgrave.

Twigg, J. (2009) 'Clothing, identity and the embodiment of age', in J. Powell and T. Gilbert (eds), *Aging and Identity: A Postmodern Dialogue*. New York: Nova Science.

Twigg, J. (2012) *Fashion and Age: Dress, the Body and Later Life*. Oxford: Berg.

Twigg, J., Wolkowitz, C., Cohen, R. and Nettleton, S. (eds) (2011) *Body Work in Health and Social Care: Critical Themes, New Agendas*. Oxford: Blackwell.

Twine, F. (2011) *Outsourcing the Womb*. London: Routledge.

Tyler, M. and Abbott, P. (1998) 'Chocs away: weight watching in the contemporary airline industry', *Sociology*, 32(3): 433–50.

Urry, J. (2002) *The Tourist Gaze*, 2nd edn. London: Sage.

Van Krieken, R.V. (2005) 'The "best interests of the child" and parental separation: on the "civilizing of parents"', *Modern Law Review*, 68(1): 25–48.

Van Krieken, R.V. (2011) 'Three faces of civilization: "In the beginning all the world was Ireland"', in N. Gabriel and S.J. Mennel (eds), *Norbert Elias and Figurational Research: Processual Thinking in Sociology*. Oxford: Wiley-Blackwell.

Van Stolk, B. and Wouters, C. (1987) 'Power changes and self-respect: a comparison of two cases of established-outsider relations', *Theory, Culture and Society*, 4: 477–88.

Van Vree, W. (2011) 'Meetings: the frontline of civilization', in N. Gabriel and .J. Mennell (eds), *Norbert Elias and Figurational Research: Processual Thinking in Sociology*. Oxford: Wiley-Blackwell/The Sociological Review Monograph Series.

Van Wichelen, S. (2009) 'Formations of public piety', in B.S. Turner and Z. Yangwen (eds.), *The Body in Asia*. London: Berg.

Van Wichelen, S. (2012) 'The body and the veil', in B.S. Turner (ed.), *Routledge Handbook of Body Studies*. London: Routledge.

Vance, C. (1989) 'Social construction theory: problems in the history of sexuality', in A. van Kooten Nierker and T. van der Meer (eds), *Homosexuality, Which Homosexuality?* London: GMP.

Velija, P. and Kumar, G. (2009) 'GCSE PE and the embodiment of gender', *Sport, Education and Society*, 14(4): 383–99.

Virey, J. (1823) *De la femme, sous ses rapports physiologique, moral et littéraire*, Paris, cited in F. Héritier-Auge (1989) 'Older women, stout-hearted women, women of substance', in M. Feher, R. Naddaff and N. Tazi (eds), *Fragments for a History of the Human Body, Part III*. New York: Zone.

Von Balthasar, H. (1982) 'Meditation (II): Attempt at an integration of Eastern and Western meditation', in M. Kehl (ed.), *The Von Balthasar Reader*. Edinburgh: T&T Clark.

Wacquant, L. (2004) *Body and Soul: Notebooks of an Apprentice Boxer*. Oxford: Oxford University Press.

Wacquant, L. (2005) 'Habitus', in J. Becket and Z. Milan (eds), *International Encyclopedia of Economic Sociology*. London: Routledge.

Wainwright, S., Michael, M. and Williams, C. (2008) 'Shifting paradigms? Reflections on regenerative medicine, embryonic stem cells and pharmaceuticals', *Sociology of Health and Illness*, 30: 959–74.

Walby, S. (1989) 'Theorizing patriarchy', *Sociology*, 23: 213–34.

Walter, T. (1991) 'Modern death: taboo or not taboo?', *Sociology*, 25: 293–310.

Walter, T. (1994) *The Revival of Death*. London: Routledge.

Walter, T. (1999) *On Bereavement: The Culture of Grief*. Buckingham: Open University Press.

Walter, T. (2005) 'Mediator deathwork', *Death Studies*, 29: 383–412.

Walvin, J. (1982) 'Black caricature: the roots of racialism', in C. Husband (ed.), *'Race' In Britain*. London: Hutchinson.

Ward, R. and Holland, C. (2011) '"If I look old, I will be treated old?": Hair and later-life image dilemma', *Ageing and Society*, 31(2): 288–307.

Warhurst, C. and Nickson, D. (2001) *Looking Good, Sounding Right: Style Counselling and the Aesthetics of the New Economy*. London: Industrial Society.

Warhurst, C. and Nickson, D. (2007) 'A New Labour aristocracy? Aesthetic labour and routine interactive service', *Work, Employment and Society*, 21(4): 785–98.

Warhurst, C., Nickson, D., Witz, A. and Cullen, A. (2000) 'Aesthetic labour in interactive service work: some case study evidence from the "new" Glasgow', *Service Industries Journal*, 20(3): 1–18.

Warner, R.S. (1993) 'Work in progress toward a new paradigm for the sociological study of religion in the United States', *American Journal of Sociology*, 98(5): 1044–93.

Warren, S. and Brewis, J. (2004) 'Matter over mind? Examining the experience of pregnancy', *Sociology*, 38(2): 219–36.

Washburn, S. (1978) 'Animal behaviour and social anthropology', in M. Gregory, A. Silvers and D. Sutch (eds), *Sociobiology and Human Nature*. San Francisco, CA: Jossey Bass.

Watkins, M. (2007) 'Disparate bodies: the role of the teacher in contemporary pedagogic practice', *British Journal of Sociology of Education*, 28(6): 767–81.

Watling, T. (2005) 'Experiencing alpha', *Journal of Contemporary Religion*, 20(1): 91–108.

Watney, S. (1988) 'Visual AIDS – advertising ignorance', in P. Aggleton and H. Homans (eds), *Social Aspects of AIDS*. London: Falmer.

Watson, S. (1998) 'The neurobiology of sorcery', *Body & Society*, 4(4): 23–45.

Watt, I. (1957) *The Rise of the Novel*. London: Chatto and Windus.

Webb, H. (2009) 'I've put weight on cos I've bin inactive, cos I've 'ad me knee done': moral work in the obesity clinic', *Sociology of Health & Illness*, 31(6): 854–71.

Weber, M. (1948[1915]) 'Religious rejections of the world and their directions', in H.H. Gerth and C.W. Mills (eds), *From Max Weber*. London: Routledge.

Weber, M. (1948[1919]) 'Science as a vocation', in H. H. Gerth and C.W. Mills (eds), *From Max Weber*. London: Routledge.

Weber, M. (1965[1920]) *The Sociology of Religion*. London: Methuen.

Weber, M. (1968) *Economy and Society*, 2 Vols. Berkeley, CA: University of California Press.

Weber, M. (1985[1904–5]) *The Protestant Ethic and the Spirit of Capitalism*. London: Counterpoint.

Webster, A., Douglas, C. and Lewis, G. (2009) 'Making sense of medicines: lay pharmacology and narratives of safety and efficacy', *Science as Culture*, 18: 233–48.

Weeks, J. (1989) *Sex, Politics and Society*, 2nd edn. London: Longman.

Weeks, J. (1992) 'The body and sexuality', in R. Bocock and K. Thompson (eds), *Social and Cultural Forms of Modernity*. Cambridge: Polity.

Wegenstein, B. (2006) *Getting Under the Skin: Body and Media Theory*. Cambridge, MA: MIT Press.

Weitz, R. (2003) 'A history of women's bodies', in R. Weitz (ed.), *The Politics of Women's Bodies*, 2nd edn. New York: Oxford University Press.

Wilkes, C. (1990) 'Bourdieu's class', in J. Harker, C. Mahar and C. Wilkes (eds), *An Introduction to the Work of Pierre Bourdieu*. Houndmills: Macmillan.

Wilkinson, R. (1996) *Unhealthy Societies*. London: Routledge.

Williams, S. (1999) 'Is anybody there? Critical realism, chronic illness and the disability debate', *Sociology of Health and Illness*, 21(6), 797–819.

Williams, S. (2003) 'Beyond meaning, discourse and the empirical world', *Social Theory and Health*, 1: 42–71.

Williams, S. (2005) *Sleep and Society*. London: Routledge.

Williams, S. (2011) *The Politics of Sleep: Governing (Un)consciousness in the Late Modern Age*. London: Palgrave Macmillan.

Williams, S. and Bendelow, G. (1998) *The Lived Body*. London: Routledge.

Williams, S., Gabe, J. and Davis, P. (2008) 'The sociology of pharmaceuticals: progress and prospects', *Sociology of Health & Illness*, 30(6): 813–24.

Willis, P. (1974) 'Performance and meaning – a sociocultural view of women in sport', in I. Glaister (ed.), *Physical Education – An Integrating Force*. London: ATCDE.

Willis, P. (1977) *Learning to Labour*. Farnborough: Saxon House.

Willis, P. (1985) 'Women in sport in ideology', in J. Hargreaves (ed.), *Sport, Culture and Society*. London: Routledge and Keegan Paul.

Wills, W., Backett-Milburn, K., Roberts, M-L. and Lawton, J. (2011) 'The framing of social class distinctions through family food and eating practices', *The Sociological Review*, 59(4): 725–40.

Wilson, A. (2011) 'Foreign bodies and national scales', *Body & Society*, 17: 121–37.

Wilson, E.O. (1975) *Sociobiology: The New Synthesis*. Cambridge, MA: Harvard University Press.

Wilson, E. (1998) *Neural Geographies: Feminism and the Microstructure of Cognition*. New York: Routledge.

Wilson, E. (2004) *Psychosomatic: Feminism and the Neurological Body*. Durham, NC: Duke University Press.
Wilson, E. (2008) 'Organic empathy: feminism, psychopharmaceuticals, and the embodiment of depression', in S. Alaimo and S. Hekman (eds), *Material Feminisms*. Bloomington: Indiana University Press.
Wilson, F. (1999) *The Hand*. New York: Pantheon.
Winlow, S., Hobbs, D., Lister, S. and Hadfield, P. (2003) 'Bouncers and the social context of violence: masculinity, class and violence in the night-time economy', in E. Stanko (ed.), *The Meanings of Violence*. London: Routledge.
Wisse, M. (2003) 'Habitus fidei: an essay on the history of the concept', *Scottish Journal of Theology*, 56: 172–89.
Wittig, M. (1982) 'The category of sex', *Feminist Issues*, (Fall): 63–8.
Wolf, N. (1991) *The Beauty Myth*. London: Vintage.
Wolkomir, W. (2001) 'Emotion work, commitment and the authentication of the self', *Journal of Contemporary Ethnography*, 30(3): 305–34.
Wolkomir, M. (2008) *Be Not Deceived.The Sacred and Sexual Struggles of Gay and Ex-Gay Christian Men*. New Brunswick, NJ: Rutgers University Press.
Wolkowitz, C. (2002) 'The social relations of body work', *Work, Employment and Society*, 16(3): 497–510.
Wolkowitz, C. (2006) *Bodies at Work*. London: Routledge.
Woodhead, L. (ed.) (2001) *Peter Berger and the Study of Religion*. London: Routledge.
Woods, P. (1980a) *Teacher Strategies*. Beckenham: Croom Helm.
Woods, P. (1980b) *Pupil Strategies*. Beckenham: Croom Helm.
Wouters, C. (1986) 'Formalization and informalization: changing tension balances in civilizing processes', *Theory, Culture and Society*, 3(2): 1–18.
Wouters, C. (1987) 'Developments in the behavioural codes between the sexes: the formalization of informalization in the Netherlands 1930–85', *Theory, Culture and Society*, 4: 405–27.
Wouters, C. (1989a) 'The sociology of emotions and flight attendants: Hochschild's managed heart', *Theory, Culture and Society*, 6(1): 95–123.
Wouters, C. (1989b) 'Response to Hochschild's reply', *Theory, Culture and Society*, 6(3): 447–50.
Wouters, C. (2004) *Sex and Manners*. London: Sage.
Wouters, C. (2007) *Informalization*. London: Sage.
Wright, E. (1989) 'Rethinking, once again, the concept of class structure', in E. Wright (ed.), *The Debate on Classes*. London: Verso.
Wright, G.H. Von (1980) *Culture and Value*. Oxford: Blackwell.
Wrong, D. (1961) 'The oversocialized conception of man in modern sociology', *American Sociological Review*, 26: 183–93.
Wulczyn, F., Smithgall, C. and Chen, L. (2009) 'Child well-being: the intersection of schools and child', *Welfare Review of Research in Education*, 33(1): 35–62.

Yan, Y. (2009) *The Individualization of Chinese Society*. London: Berg.
Young, I.M. (1990) *Throwing Like a Girl*. Bloomington, IN: Indiana University Press.
Young, I.M. (2005) *On Female Body Experience*. Oxford: Oxford University Press.
Young, L. (1995) *Fear of the Dark*. London: Routledge.

Young, L. (1999) 'Racialising femininity', in J. Arthurs and J. Grimshaw (eds), *Women's Bodies: Discipline and Transgression*. London: Cassell.

Young, R. (1985) *Darwin's Metaphor*. Cambridge: Cambridge University Press.

Zitzelsberger, H. (2005) '(In)visibility: accounts of embodiment in women with physical disabilities and differences', *Disability and Society*, 20(4): 389–403.

中外专名索引 [1]

A

阿伯克龙比 Abercrombie, N. 191

阿博特 Abbott, P. 127

阿彻尔 Archer, M. xiii, 2, 20n, 100, 103, 157, 234, 242, 245, 249, 251

阿德金斯 Adkins, L. 128

阿德里 Ardrey, R. 54

阿尔迪尔 Ardill, S. 67

阿尔都塞 Althusser, L. 30, 243

阿甘本 Agamben, G. 82

阿莱默 Alaimo, S. 83

阿里耶斯 Ariès, P. 195, 224

阿隆斯 Aarons, H. 4

阿姆斯特朗 Armstrong, D. 78, 81

阿姆斯特朗 Armstrong, L. 152

阿南德 Anand, A. 225-26

阿萨德 Asad, T. 207

阿瑟斯 Arthurs, J. 110

阿特金森 Atkinson, M. 131

阿特金森 Atkinson, P. xi, 18, 52, 57, 239

阿扎利多 Azzarito, L. 145

埃德蒙兹 Edmonds, A. 8

---

[1] 本索引保留了原著主题索引与人名索引混编的形式,但做了汉语拼音排序的转换处理。页码为原书页码,即本书边码。

埃尔莫尔 Elmore, M. 204
埃尔维厄 – 莱热 Hervieu-Leger, D. 4
埃里捷 – 奥热 Héritier-Auge, F. 49, 58
埃里克森 Eriksen, H.R. 41
埃利奥特 Elliott, A. 8
埃利亚斯 Elias, N. x, xiv, 14–5, 17, 19, 20n, 28, 64, 105, 223, 236, 252, 254, 258 nS
    埃利亚斯论死亡 on death 188–9, 193–98, 201–03, 208
    埃利亚斯论情感 on emotion 119–20
    埃利亚斯论身体的历史发展 historical development of bodies 24, 155, 164–68, 181–86
    埃利亚斯论身体的个体化 on individualization of body 17, 133
    埃利亚斯论语言与意识 on language and consciousness 12, 106
    埃利亚斯论对于区隔的追求 search for distinction 168–73
    埃利亚斯论身体的社会互赖 social interdependence of bodies 24, 131, 173–74, 229, 253
埃伦赖希 Ehrenreich, B. 22, 37, 50, 113, 139, 148
埃塞 – 比韦尔 Hesse-Biber, S. 69
埃托雷 Ettorre, E. 82, 239
埃文斯 Evans, J. 10, 23, 154, 226
埃文斯 Evans, M. 246
艾布拉姆 Abram, S. 115
艾哈迈德 Ahmed, S. 244, 249
艾特勒 Eitle, D. 145
艾特勒 Eitle, T. 145
艾希贝格 Eichberg, H. 37
艾滋病与艾滋病毒 AIDS and HIV 36, 63, 200
爱德华兹 Edwards, G. 113
爱德华兹 Edwards, R. 97
爱德华兹 Edwards, T. 131
爱泼斯坦 Epstein, B. 72
爱森斯坦 Eisenstein, H. 65

爱森斯坦 Eisenstein, Z. 35–6
安德森 Anderson, N. 31, 32
安东诺夫斯基 Antonovsky, A. 120
安妮－梅伊 The, A-M. 130
安威 Anway, C. 11
奥布莱恩 O'Brien, K. 129
奥布莱恩 O'Brien, M. 66–8
奥茨 Ots, T. 42
奥尔巴赫 Orbach, S. 10, 68–73
奥尔康 Alcorn, K. 63
奥弗里 Overy, R. x, 2, 33–4
奥哈拉 O'Hara, M. 184
奥康纳 O'Connor, E. 157
奥克莉 Oakley, A. 36
奥尼尔 O'Neill, J. 33, 42, 211
奥沙利文 O'Sullivan, S. 67
奥斯特林德 Österlind, J. 197
奥特 Otter, C. 167

B

巴达穆斯 Baldamus, W. 130
巴顿 Patton, P. 83
巴尔菲 Balfe, M. 7
巴赫金 Bakhtin, M. 225
巴赫迈尔 Bachmayer, T. 143
巴克斯特 Baxter, N. 40, 139
巴蕾特 Barrett, M. 65, 67
巴罗斯 Barrows, S. 48
巴瑞 Barry, K. 125–27
巴塔耶 Bataille, G. 200

巴特基 Bartky, S. 87, 140, 226

巴特勒 Butler, J. 35–6, 42, 124, 214, 242–43

白洛嘉 Broca, P. 61

柏拉图 Plato 73, 231

拜纳姆 Bynum, C. 165, 207, 224

班纳 Banner, L. 8

邦赛尔 Bunsell, T. 9, 71, 117

鲍尔 Ball, S. 80

鲍曼 Bauman, Z. 27, 184

    鲍曼论死亡 on death 11, 39, 189, 194, 196, 198–200

鲍梅斯特 Baumeister, R. 230

暴力 violence 64, 111, 129, 133, 145, 165, 167, 176–77, 180, 198, 223

    对暴力的垄断 monopoly of 161, 164, 173–4, 179, 253

贝尔 Bell, D. 6

贝克 Beck, U. 4, 7, 204

贝克福德 Beckford, J. 191, 204, 207

贝克威斯 Beckwith, S. 207

贝里奇 Berridge, V. 113

被规训的身体 disciplined body 23, 42, 94–5

被建构的身体　参看　动因网络理论 constructed body see Actor Network Theory

被扭曲的身体 distorted body 68–73, 257 n4

    亦参　进食失调 see also eating disorders

被社会建构的身体 socially constructed body xi-xiii, 13–4, 17–9, 45, 74–103, 107, 132, 161, 185, 210, 242–44, 246

本丹 Bendann, E. 193

本德洛 Bendelow, G. 12, 58

本顿 Benton, T. 54, 104–05, 183

本顿 Bunton, R. 82, 239

本尼迪克特 Benedikt, M. 222

本体性安全感 ontological security 192

本质主义 essentialism 65, 72, 84, 100, 210

比兹沃斯 Beardsworth, A. 40
避孕 contraception 34, 65
边沁 Bentham, J. 79
濒死　参看　死亡 dying see death
病患　参看　健康与病患 illness see health and illness
"边际情境" 'marginal situations' 190
波伏娃 Beauvoir, S. de 110–11
波洛玛 Poloma, M. 11, 207, 239–40
波士顿妇女健康写作集体 Boston Women's Health Collective 35
波斯特 Poster, M. 79
伯恩斯 Burns, T. 86, 88
伯恩斯坦 Bernstein, B. 145
伯恩斯坦 Bernstein, E. 128
伯格 Berger, P. 4, 11, 21, 24, 187–93, 201, 204
伯基特 Burkitt, I. 104–05, 165, 192
伯吉斯 Burgess, A. 39
伯杰 Berger, J. 117
伯克 Birke, L. xii, 55–6, 65, 73, 109
伯里 Bury, M. 76
伯利克 Boric, D. 236
伯伊滕戴克 Buytendijk, F. 119–20
博贝尔 Berber, B. 143
博尔顿 Boulton, T. 8
博尔多 Bordo, S. x, 10, 37, 71, 140, 146, 212, 218, 226
博格纳 Bogner, A. 164
博特罗 Bottero, W. 156
博腾伯格 Bottenburg, M. van 177
博维 Bovey, S. 70, 72
博文 Bowen, J. 43
不平等　参看　性别化身体；inequalities see gendered body;
　　社会不平等 social inequalities

不确定的身体 uncertain body 4–6, 42–3, 193, 213, 227
不完全性交 onanism 80, 91
不朽 immortality 81, 198, 200, 206
布尔迪厄 Bourdieu, P. xiv, 2, 13, 17, 19, 37, 112, 133, 171, 183–84, 219, 249
 布尔迪厄论文化资本 cultural capital 22–3, 135, 141, 143, 145–46, 148, 150–51, 158, 160 n1
 布尔迪厄论死亡 death 188–89, 193–94, 201
 布尔迪厄论经济资本 economic capital 135, 141–48, 151, 153, 155, 158
 布尔迪厄论社会资本 social capital 135, 145
 布尔迪厄论社会场域 social field 135, 138, 140, 142–43, 145, 147–50, 152–55, 160 n1 and n2, 219, 256
布尔古瓦 Bourgois, P. 143
布尔克 Bourke, J. 158
布尔洛 Bullough, V. 49
布弗利 Buffery, A. 53
布莱德雷 Bradley, I. 72, 109
布莱恩特－沃 Bryant-Waugh, R. 119
布莱尔 Bleier, R. 53
布莱弗－高万 Brave-Govan, J. 71
布莱威斯 Brewis, J. 7, 246
布莱希 Bracey, M. 152
布赖森 Bryson, L. 71
布兰德斯塔特 Brandstadter, S. 164
布朗 Brown, B. 82–3
布朗 Brown, P. 6, 59, 130
布劳恩 Braun, A. 23
布鲁贝克 Brubaker, R. 13, 137, 155, 158
布鲁菲尔德 Bloomfield, B. 100
布鲁默 Blumer, H. 32
布鲁姆 Blum, D. 54
布鲁斯 Bruce, S. 204

布罗代尔 Braudel, F. 223
布罗姆 Brohm, J.-M. 41
布洛赫 Bloch, M. 195
布洛克 Bloch, C. 121–22
布思 Booth, C. 40
布思罗伊德 Boothroyd, D. 116
布希亚 Baudrillard, J. 222

C

查尔斯 Charles, N. 36, 105
彻宁 Chernin, K. 10, 68, 70–3
臣属 subordination 59, 87, 104, 107, 118–19, 122, 169, 183
    女性的臣属地位 of women 43, 47–8, 213
        亦参 支配；男性；男权制／父权制 see also domination; men; patriarchy
城市化 urbanization 2, 26, 81, 87, 92, 140, 152, 158, 208 n2
厝里迪斯 Tsolidis, G. 151

D

达比 Darby, P. 22
达尔顿 Dalton, K. 51
达尔文 Darwin, C. 54, 106, 231
达尔文主义 Darwinism 48, 52, 57
    社会达尔文主义 Social 61
达马西奥 Damasio, A. x, xii-xiii, 13, 16–7, 56, 108, 112, 114–16, 118
达娜 Dana, M. 72
代际冲突 generations, conflict between 38, 148–49
代孕母亲 surrogate motherhood 35
戴尔 Dyer, R. 61
戴利 Daly, M. 66

戴蒙德 Diamond, I. 83

戴蒙德 Diamond, N. 72

戴维森 Davidson, A. 81

戴维斯 Davies, B. 78

戴维斯 Davis, F. 143

戴维斯 Davis, K. 35

戴维斯 Davis, L. 89

道 Dawe, A. 245

道格拉斯 Douglas, A. 195

道格拉斯 Douglas, M. 19, 33, 75–7, 146, 150

道金斯 Dawkins, R. 53–4

得天独厚的身体 privileged body 47, 50–1, 65–8

德尔菲 Delphy, C. 83

德弗罗 Devereaux, A. 229

德雷弗斯 Dreyfus, H. 79

德里克 Dirlik, A. 3

德沃金 Dworkin, S.L. 71, 111

邓宁 Dunning, E. 71, 144–45, 161, 174, 176–77, 180

狄百瑞 de Bary, W.T. 2

迪罗什 Duroche, L. 14, 46–7, 77, 178

迪姆 Deem, R. 138

迪普雷 Dupré, J. 56, 105

迪普罗斯 Diprose, R. 6

迪斯蒂法诺 Di Stefano, C. 14

迪特玛 Dittmar, H. 7

迪尤斯 Dews, P. 84

笛卡尔 Descartes, R. 178, 211

笛卡尔主义 Cartesianism x, 12

蒂菲尔 Tiefer, L. 239

蒂格曼 Tiggemann, M. 71

地位 status 13, 25, 47, 69, 92, 111, 123, 135, 143–44, 148–49, 155, 157, 159, 166, 173,

193, 206, 224, 230
地位竞争 competition 169–70, 174, 202
地位防御手段 shields 122, 129
电影 films 38, 41–2, 61–2, 198
电影 movies see films
丁克勒 Tinkler, P. 184
动物 animals 53, 60–2, 167, 227, 236
动因网络理论 Actor Network Theory (ANT) xiii, 19, 42, 75–8, 96–102, 205, 213
杜威 Dewey, J. 30–1, 101, 159, 212, 234, 236, 247
对于区隔的追求 distinction, search for 140, 143–44, 148–49, 155, 168–173, 253
多尔 Dore, R. 147
多尔比 Dolby, N. 144–45
多明格斯 Domingues, J. 3
多诺万 Donovan, J. 139
多赛特 Dowsett, G. 12, 80
多亚尔 Doyal, L. 24
多伊尔 Doyle, T. 38

E

厄里 Urry, J. 140
恩格斯 Engels, F. 28, 223
恩特威斯尔 Entwistle, J. 5, 143, 147, 152

F

发病率 morbidity 21, 137, 183
法恩 Fine, C. 56, 58, 73, 109
法尔克 Falk, P. 124, 176
法里斯 Faris, R. 31
法伦 Fallon, P. 68

中外专名索引　　　413

法农 Fanon, F. 11, 60, 219, 226–28, 236
法西斯主义 fascism 34, 66
范弗雷 Van Vree, W. 86
范克里肯 Van Krieken, R. 162, 164
范斯托克 Van Stolk, B. 181
范维策伦 Van Wichelen, S. 3–4, 43
非具身性思路　参看　古典社会学 disembodied approach see classical sociology
非裔 Africans 59, 60–3, 73, 159, 227
菲尔斯通 Firestone, S. 35, 65
菲利普 Philips, T. 4
菲利普 Phillips, M. 88
菲施勒 Fischler, C. 40
费迪甘 Fedigan, L. 48
费尔赫斯特 Fairhurst, E. 229
费赫 Feher, M. 33, 211
费雷尔 Ferrell, J. 152
费瑟斯通 Featherstone, M. 3, 33
　　费瑟斯通论老年化 on ageing 24, 89, 148–49, 228–29
　　费瑟斯通论死亡 on death 193, 200
　　费瑟斯通论意象/形象与自我认同 on image and self-identity 8, 37, 39, 71, 78, 152
芬克勒 Finkler, K. 132
芬奇 Finch, J. 22, 138, 158
芬威克 Fenwick, T. 97
封闭的人 homo clausus x, 178, 186, 202
冯巴尔塔萨 Von Balthasar, H. 207
弗拉德 Floud, R. 77
弗拉纳根 Flanagan, K. 157
弗兰克 Frank, A. 33, 101, 200
　　弗兰克论行动问题 on action problems 19, 76, 90, 93–6, 102, 244
弗兰克斯 Franks, D. xi, 17, 56, 112
弗兰肯伯格 Frankenberg, R. 43, 63

弗里德曼 Friedman, M. 109, 120

弗里曼 Freeman, R.A. 33-4

弗里兹 Freese, J. 104

弗伦奇 French, P. 10

弗罗因德 Freund, P. xi, xiii, 33, 41, 107, 126, 132-33, 139, 179, 183, 211, 218
    弗罗因德论情感态身体 emotional body 17, 19, 118-124, 175
    弗罗因德论情感上的虚假意识 emotional false consciousness 134 n3

符号互动 symbolic interaction 32, 75

符号解放 symbol emancipation 164, 172, 182

符号秩序 symbolic order 244

福尔 Pfohl, S. 225

福捷 Fortier, C. 6

福柯 Foucault, M. xiii, 6-7, 13, 19, 28, 43, 75-85, 89-94, 102, 107, 114, 243, 249

福克斯 Fox, R. 53

福斯 Fuss, D. 83-4

福斯特 Foster, L. 222

富特 Voght, M. 49

G

盖伦 Gehlen, A. 189

盖洛普 Gallup, G. 54

盖瑟科尔 Gathercole, P. 60

干细胞研究 stem cell research ix, 5, 40, 57, 199

高夫 Gough, I. 24

戈德堡 Goldberg, S. 55

戈德内 Goldner, V. 54

戈登 Gordon, C. 81

戈登 Gordon, R. 10, 119

戈尔登 Golden, J. 5

戈夫曼 Goffman, E. 7, 13, 19, 24, 39, 75-6, 78, 85-92, 94, 102, 131, 171, 175, 183,

218–19, 229–31
戈斯 Goss, R. 205
戈谢 Gauchet, M. 4
格根 Gergen, K. 230
格拉斯纳 Glasner, P. 57
格兰特 Grant, L. 8
格雷 Gray, H. 59
格雷 Gray, J. 53
格雷 Grey, C. 7
格雷顿 Graydon, J. 72
格雷厄姆 Graham, H. 118
格雷戈里 Gregory, M. 52
格雷里 Gorely, T. 71
格里尔 Greer, G. 35
格里菲斯 Griffiths, I. 62
格里芬 Griffin, C. 71
格里芬 Griffin, S. 66
格里姆肖 Grimshaw, J. 110
格林 Green, E. 138
格林 Green, H. 34
格罗根 Grogan, S. 10, 228
格罗兹 Grosz, E. 35, 52, 54, 58–9, 85, 234, 245–46, 257 n3
个体化 individualization 17, 59, 133, 161, 194–95, 197–99, 202, 236
个体化 individuation 81–2
工具的使用 tools, use of 15, 105, 236
工人阶级 working class x, 25, 28, 50, 73, 109, 121, 138–40, 142, 144–45, 148, 149–50, 183
宫廷社会 court society 161–66, 168–71, 173–74, 179–80, 182–83, 202
沟通态身体 communicative body 42, 94–6, 106
古典社会学 classical sociology x, xiii, 12–4, 18, 21, 25–32, 44, 83, 155, 212–13, 254
古尔德 Gould, S.J. 49, 61, 65
古杰 Goodger, B. 177

古杰 Goodger, J. 177
古斯特森 Gusterson, H. 133 n2
古兹布洛姆 Goudsblom, J. 171, 174, 223
谷 Kaw, E. 11
惯习 habitus 29, 135–59, 160 n2 and n3, 184, 193, 207, 219, 223, 246–47, 251
规训 discipline 29, 37, 40–1 59, 81, 110, 183, 201, 223, 251
规训体系 disciplinary systems 13, 79, 83
国家与政府控制 state and government control x, 2–3, 7, 10, 22, 33–4, 38, 40, 48, 52, 62, 74n, 123, 130, 211, 213, 242–43
    与文明化身体的关系 and civilized body 173–74, 179–80
    与身体资本的关系 and physical capital 153–54
    与被社会建构的身体的关系 and socially constructed body 77–8, 80, 82

H

哈巴德 Hubbard, R. 54
哈贝马斯 Habermas, J. 204, 249
哈德菲尔德 Hadfield, P. 251
哈尔伯格 Harburg, E. 120–21
哈费尔坎普 Haferkamp, H. 185
哈格里夫斯 Hargreaves, J.A. 113
哈拉薇 Haraway, D. 57
哈勒姆 Hallam, E. 187, 202–04
哈里森 Harrison, Jr., L. 145
哈里森 Harrison, R. 35
哈里斯 Harris, A. 97, 99–100
哈米拉基斯 Hamilakis, Y. 77
哈萨德 Hassard, J. 97
哈特曼 Hartmann, H. 35
孩童 children 22–3, 55, 106, 115
    孩童与文明化身体 and civilized bodies 171–73, 175, 177, 180

孩童与进食失调 and eating disorders 10, 154
孩童与政府监管 governmental monitoring of 10, 80
孩童与死亡率 and mortality 197, 200, 202
孩童与对于身体的否定 and negation of body 108–09
孩童与身体资本 and physical capital 141, 145, 151
女性与孩童 women and 48–50, 54, 58, 61, 65–70, 239
亦参 生育；社会化 see also birth; socialization

海德格尔 Heidegger, M. 251
海尔布伦 Heilbron, J. 177
海肯 Haiken, E. 2
海勒斯 Hayles, K. 214, 238
海姆 Heim, M. 225
海斯 Heyes, C. 83, 112
海伍德 Heywood, L. 38, 148
汉考克 Hancock, D. 9
汉森 Hansen, M. 75, 214, 238
豪格 Haug, F. 16
豪利特 Howlett, B. 139
豪森 Howson, A. 214
合法的身体 legitimate body 154
荷尔蒙 hormones 51, 53, 55–6, 111, 115, 118–20
核心问题 core problems 90, 93, 96, 211
赫布龙 Hebron, S. 138
赫恩 Hearn, J. 36, 66, 68
赫克曼 Hekman, S. 14, 76, 83
赫克斯特布尔 Huxtable, R. 201
赫林 Herring, C. 159
赫普沃思 Hepworth, M. 89, 200, 228–29
赫青 Herzing, D. 120
赫斯特 Hirst, P. 33, 105, 211
赫兹 Hertz, R. 206

黑德 Head, H. 257 n3
亨利 Henley, N. 87
亨廷顿 Huntingdon, R. 196
后结构主义 post-structuralism x, 75, 214, 242, 244–45, 255
胡塞尔 Husserl, E. 244
互动 interaction
 互动秩序 order 13, 43, 86–9
 社会互动 social xi, 17, 29, 53, 57, 78, 86–8, 90, 95, 112, 115, 119–20, 132, 173, 182, 203, 217–18, 230, 235–37, 241–42, 251
 符号互动 symbolic 32, 75
华康德 Wacquant, L. 128, 137–8, 155–57, 160, 246
话语态身体 discursive body 42, 80–4, 242
怀孕 pregnancy 10, 27, 36, 41, 46, 82, 219
惠特尔 Whittle, S. 219
婚姻 marriage 63–4, 67, 71, 105, 108, 200
 晚婚 delayed 91
 婚姻与身体资本 and physical capital 146, 154, 158
货币经济 money economy 13, 29, 171, 253
霍卜斯 Hobbs, D. 128, 140
霍布斯 Hobbes, T. 48, 75, 90, 93, 106, 243
霍尔 Hall, C. 10
霍尔 Hall, S. 3, 64, 152, 226
霍尔格 Holger, U. 41
霍基 Hockey, J. 128, 131, 197–98, 202
霍克希尔德 Hochschild, A. 22, 36, 41, 122, 124–25, 127–28, 130, 138, 175, 251
霍兰德 Holland, C. 149
霍洛韦 Holloway, G. 109
霍耐特 Honneth, A. 80, 182, 189
霍普 Hope, J. 5
霍瓦特 Howarth, G. 187, 196, 202–03

中外专名索引   419

J

基础主义思路 foundationalist approaches 14, 188

基德克尔 Kideckel, D. 121–24, 141, 147

基督教 Christianity 6, 59, 79, 81, 157, 190, 231, 239–40
 基督教与身体规制 and body regimes 223–24
 基督教灵恩派 Charismatic 11, 207, 239
 基督教与死亡 and death 198, 205–07
 基督教福音派 Evangelical 11, 239
 基督教五旬节派 Pentecostal 11, 239–40
 亦参 新教 see also Protestant

基尔明斯特 Kilminster, R. 253

基尔皮宁 Kilpinen, E. 31

基梅尔 Kimmel, M. 36–7

基帕克斯 Kippax, S. 36

基思 Keith, V. 159

吉本 Gieben, B. 3

吉登斯 Giddens, A. 1, 3, 6, 78, 95, 182, 188–89, 191–94, 200–01, 208 n1, 220, 224, 245–46

吉尔罗伊 Gilroy, P. 64, 229

吉尔罗伊 Gilroy, S. 72

吉利尔德 Gilleard, C. 38

吉利斯 Gillis, J. 203

吉姆林 Gimlin, D. 8, 124–25, 233, 246

疾病 disease 7, 22, 39, 42, 48, 60, 63, 90–1, 98, 118, 120, 137, 220, 223, 238–39, 257 n1, 258 n4

技术 technology ix-xii, 6, 13, 15, 18–9, 25, 39–40, 43, 210, 213–14, 221–22, 226, 234–35, 238, 241–42, 250–51, 255, 257 n4
 技术与文明化身体 and civilized body 162, 164, 167, 172–73, 175, 177–78, 186
 技术与死亡 and death 192, 194, 199
 技术与自然主义身体 and naturalistic body 65, 67

技术与身体资本 and physical capital 136, 142, 144

技术与社会不平等 and social inequalities 104–05, 107, 110, 116, 132

技术与被社会建构的身体 and socially constructed body 75–6, 78, 82–3, 97–100

技术化 technization 161, 175, 186

季米特里亚季斯 Dimitriadis, G. 144–45

加布里埃尔 Gabriel, N. 161, 163–64, 172, 179

加德 Gard, M. 10

加拉格尔 Gallagher, C. 47

加莱塞 Gallese, V. 112

加纳 Garner, M. 4

贾加尔 Jaggar, A. 65–6

监控 surveillance 40, 79–80, 92

监狱 prison 40, 79–80

健康恐慌 panics, health 63

健康与病患 health and illness xi, 2, 7–11, 31, 38–41, 211–12, 217–20, 224, 232, 238–39, 244, 250, 252, 257 n1 and n2

 与文明化身体的关系 and civilized body 168, 179, 183

 与自然主义身体的关系 and naturalistic body 48–9, 51, 59, 63

 与身体资本的关系 and physical capital 138–40, 154, 159

 与社会不平等的关系 and social inequalities 21, 35, 105, 108, 118–19, 122, 126

 与被社会建构的身体的关系 and socially constructed body 80–2, 91–2, 97–9, 101

 与战争的关系 and war 2, 33–4

 与生死型构的关系 and figurations of life and death 187, 191–92, 198–99, 207, 224

 亦参 医学／医疗 see also medicine

渐趋消散的身体 vanishing body 78, 82–5

焦虑 anxiety 5–6, 10, 77, 92, 122, 127, 169, 224

 有关老年化的焦虑 about ageing 39, 148

 有关死亡的焦虑 and death 39, 192, 202

 有关食物的焦虑 about food 39–40, 154

 有关肤色的焦虑 and skin colour 59, 61–2

教育 education

教育与控制 and control 161, 172, 176
教育与性别 and gender 49, 71
体育　参见　运动 physical (PE) see sport
教育与身体资本 and physical capital 135, 141, 145–47, 154–55, 160 n1
教育与宗教 and religion 207
教育社会学 sociology of 22–3
节食 diet 5, 7, 11, 39–40, 69, 80, 143, 148, 175, 197, 199, 223, 257 n1
节食 dieting 10, 34, 69, 110, 178, 190, 221, 224, 228, 232–33
杰福兹 Jeffords, S. 37
杰克逊 Jackson, C. 184
结构化理论 structuration theory 245–47
结构主义 structuralism x, 30, 75, 78, 96, 155, 214, 242, 244–45, 248–49, 252, 255
解构主义 deconstructionism 216, 219–20
金 Kim, Y. 4
金 King, D. 76
金布里尔 Kimbrell, K. 223
金斯顿 Kingston, J. 38
进化 evolution xi, xiii, 14–5, 17, 26, 101, 192, 222–23, 241, 250, 258 n5
　　进化与文明化身体 and civilized body 162–64, 172, 179, 181–82, 186
　　进化与社会不平等 and social inequalities 48–9, 60, 104–08, 114
　　进化与社会生物学 and sociobiology 52, 54
进食　参看　食物 eating see food
进食失调 eating disorders 10, 68, 71–2, 111, 119, 127, 154, 257 n4
　　神经性厌食症 anorexia nervosa 70, 91–2, 218
　　神经性贪食症 bulimia nervosa 218
　　强迫性进食 compulsive eating 68–71
禁忌 taboo 104, 133 n1, 166–67, 174, 181
禁食　参看　食物 fasting see food
经济资本 economic capital see Bourdieu
经期 menstruation 41, 46, 48–9, 51, 218–19
精英　参看　支配阶级 élite see dominant classes

镜像神经元 mirror neurones 111–12
镜像态身体 mirroring body 94–5
  作为社会之镜的"野蛮人" 'savages' as social mirrors 59
窘迫 embarrassment 88, 162, 166, 171, 178, 218
居利 Quilley, S. 104–06, 161
绝经 menopause 41, 54, 58, 126

K

卡尔比 Carby, H. 61

卡尔霍恩 Calhoun, C. 137

卡尔南 Calnan, M. 139

卡林顿 Carrington, B. 145

卡梅隆 Cameron, N. 38

卡默曼 Kamerman, J. 193

卡纳戴 Canaday, M. 154

卡普 Karp, D. 105

卡普拉 Capra, F. 103

卡普兰 Caplan, A. 53

卡普兰 Kaplan, J. 52, 57

卡普兰 Kaplan, G. 48, 51–6, 66

卡斯佩尔森 Kasperson, L. 179

卡塔诺 Catano, J. 37

卡特尔 Carter, B. 105

卡维尔 Carvel, J. 184

开放的人 homines aperti 202

凯迪 Keddie, N. 145

凯尔 Keil, T. 40

凯勒 Keller, E.F. 51, 57

凯勒 Keller, L.S. 35

凯勒希尔 Kellehear, A. 196, 201, 206

凯利 Kelley, D. 196
凯利 Kelly, K. 222
凯利 Kelly, S. 238
凯珀斯 Kuipers, G. 143
坎贝尔 Campbell, C. 29, 195
坎波雷西 Camporesi, P. 224
坎内 Kanneh, K. 227
康德 Kant, I. 178, 212
康奈尔 Connell, R. xiii, 12, 16–7, 19, 36, 53–5, 72–3, 80, 107–15, 117–18, 122–24, 128, 132, 150
康韦尔 Cornwell, J. 139
柯比 Kirby, V. 116, 214
柯亨 Cohen, P. 64, 109
柯卡普 Kirkup, G. 35
柯林森 Collinson, D. 122
柯林斯 Collins, R. 89, 147, 185
科层制 bureaucracy 25, 29, 41
科尔班 Corbin, A. 24
科尔布鲁克 Colebrook, C. 56
科尔曼 Coleman, S. 191
科凯恩 Cockayne, E. 77
科克布恩 Cockburn, C. 71
科克拉姆 Cockerham, W. 137, 139
科佩尔顿 Copelton, D. 257
科伊 Coy, M. 4
可管理的身体 manageable body 89–90
可汗 Khan, S. 146
克尔 Kerr, A. 57, 82, 239
克尔 Kerr, M. 36
克尔恺郭尔 Kierkegaard, S. 192
克拉布 Crabbe, M. 10

克拉克 Clark, A. 116, 238
克拉克 Clarke, A. 57
克拉克 Clarke, G. 71
克拉克 Clarke, J. 119, 145
克拉斯 Klass, D. 205
克拉伊盖罗 Craighero, L. 111
克莱默 Kramer, K. 151, 204–06
克莱因 Klein, A. 22
克劳福德 Crawford, R. 8, 139, 183, 191
克雷格 Craig, C. 222
克雷格 Craig, M.L. 64
克雷西 Cressey, P. 32
克里格 Krieger, N. 121
克罗克尔 Kroker, A. 43
克罗克尔 Kroker, M. 43
克罗斯利 Crossley, N. 16, 20, 116, 156–57, 244, 248
克罗伊德尔 Kreuder, F. 224
肯尼迪 Kennedy, B. 6
孔德 Comte, A. 212
恐惧症 phobia 91–2
恐旷症 agoraphobia 92
苦行主义 asceticism 91, 143, 165, 223–24
库尔兹班 Kurzban, R. 105
库玛 Kumar, G. 71
库尼汉 Counihan, C. 36
库什纳 Kushner, H. 120
库辛斯 Cussins, C. 98
库兹米兹 Kuzmics, H. 88, 162, 166, 176, 181–82
酷儿理论 queer theory 244, 249
昆比 Quinby, L. 83

L

拉比诺 Rabinow, P. 79
拉博德 Laborde, C. 43, 154
拉蒂默 Latimer, J. 99
拉尔吉耶 Largier, N. 224
拉克 Rucker, R. 222
拉克尔 Laqueur, T. 45–7, 77
拉什 Lash, S. 78, 135, 147
拉斯克 Lask, B. 119
拉图尔 Latour, B. 78, 96–7, 99–101
拉希 Lasch, C. 200
莱德 Leder, D. 216–21, 225, 237, 244–45, 257 n1 and n2
莱考夫 Lakoff, G. 16, 114
莱曼 Lyman, S. 61
莱索尔 Lessor, R. 126
莱文 Levine, D. 31, 37
莱茵戈德 Rheingold, H. 41, 222
赖特 Wright, E. 158
赖特 Wright, G.H. von 178
赖特 Wright, J. 10
兰德 Lande, B. 157
朗 Wrong, D. 99
朗特利 Rowntree, S. 40
劳 Law, J. 7, 42, 78, 97–9, 101
劳动力市场 labour market 108–09, 123–24
劳斯 Laws, S. 41
老年化 ageing 31, 34–5, 38–9, 43, 126–27, 132, 252
    老年化与死亡 and death 196, 200
    老年化的面具 mask of 89, 228–29, 232
    老年化与身体资本 and physical capital 148–49

老年人　参看　老年化 elderly see ageing

勒杜 Ledoux, J. 116

勒克曼 Luckmann, T. 24

勒庞 Le Bon, G. 48-9

勒佩旺什 Lepervanche, de M. 52, 58-9

勒旺丹 Lewontin, R. 65

雷 Ray, L. 165

雷斯 Race, I. 60, 62-3

礼节 manners 146, 166-71, 178, 219

李 Lee, E. 246

李 Lee, J. 41

李 Lee, R. 203

李斯顿 Liston, K. 177

李斯特 Lister, S. 128

里默 Rimmer, M. 143, 149

里奇 Rich, A. 35

里佐拉蒂 Rizzolatti, G. 111, 112

理查森 Richardson, J. 49

历史态身体 historical body 181-86

利奥塔 Lyotard, J-F. 191

利萨尔多 Lizardo, O. 112, 236

利斯 Lees, S. 35

脸面 face 16, 106, 225, 229

与颅骨测量术的关系 and craniometry 61

面部抽脂术 -lifts 8-9

脸面劳动 work 87, 92, 124, 126, 146, 182

两性分工 sexual division of labour 53, 65, 128-29, 138

列维 Levy, D. 42

列维－斯特劳斯 Levi-Strauss, C. 104

林 Lyng, S. 152

林克莱特 Linklater, A. 179

林奇 Lynch, J. 120

卢克斯 Lukes, S. 25

卢瑟福德 Rutherford, J. 59

颅骨测量术 craniometry 48, 61

鲁道夫斯基 Rudofsky, B. 6

伦德伯格 Lundberg, J. 122

伦纳勒夫 Lennerlof, L. 120

罗宾斯 Robbins, J. 240

罗宾斯 Robins, K. 222

罗宾逊 Robinson, V. 128, 131

罗伯茨 Roberts, C. 51

罗伯逊 Roberson, J. 4

罗杰斯 Rogers, L. 48, 51–6, 66

罗杰斯 Rogers, W. 40, 139

罗森 Rosen, B. 36

罗森 Rosen, T. 9

罗森曼 Rosenman, R. 120

罗斯 Rose, H. 56

罗斯 Rose, N. xiii, 7, 78, 82–3, 238–39

罗斯 Rose, S. 56, 60–1, 65, 73, 104, 114

罗斯 Roth, G. 189, 240

洛 Low, J. 82

洛贝尔 Lobel, L. 143

洛赫伯格 - 哈尔顿 Rochberg-Halton, E. 32

洛克 Locke, J. 48

洛威 Lowe, M. 111

洛亚尔 Loyal, S. 106, 161, 180

M

马丁 Martin, D. 240

马丁 Martin, E. 10, 36, 41, 48-9, 51, 204, 211

马丁 Martin, G. 112

马丁 Martin, K. 111

马尔凯 Mulkay, M. 203

马尔库拉－丹尼森 Markula-Denison, P. 78

马尔库塞 Marcuse, H. 28, 37

马尔莫 Marmot, M. 118, 120, 137

马哈茂德 Mahmood, S. 3-4, 157, 226, 240

马克思 Marx, K. 13, 25-8, 155, 223, 252-4

马拉布尔 Marable, M. 61

马拉弗里斯 Malafouris, L. 236

马拉克里达 Malacrida, C. 8, 125

马里安斯基 Maryanski, A. 105

马里斯 Marris, P. 203

马塞德 Maseide, P. 97

马什 Marsh, P. 145

马顺 Machung, A. 36, 138

马西 Massey, D. 105, 121, 159

迈尔 Mayr, E. 104

迈尔斯 Miles, A. 36

迈尔斯 Miles, M. 190, 223

麦戈文 McGovern, J. 205

麦金蒂 McGinty, A.M. 11, 221

麦金托什 McIntosh, P. 33

麦卡锡 McCarty, R. 120

麦克道尔 McDowell, L. 124, 129, 132, 144

麦克德莫特 McDermott, F. 38

麦克杜格尔 MacDougall, J. 120

麦克多诺 McDonough, R. 35

麦克罗比 McRobbie, A. 152

麦克纳利 McNally, R. 57

中外专名索引　　　　　　　　　　　　　　429

麦克奈 McNay, L. 158

麦克诺滕 Macnaghten, P. 140

麦克维 McVeigh, B. 23

麦克尤恩 McEwan, B. 120

麦肯齐 McKenzie, J. 147

卖淫 prostitution 35, 128

曼根 Mangan, J. 50

曼海姆 Mannheim, K. 25–6

曼内尔 Mennell, S. 135, 137, 161, 164–65, 170, 174, 179–82, 184, 186 n1, 203

芒斯特 Munster, A. 6, 8, 213–14, 238

媒介 media 4–5, 8, 64, 69, 110

 新媒体 new ix, 16, 41, 62, 156, 213–14, 238

梅尔扎克 Melzack, R. 121

梅勒 Mellor, P.A. 4, 11, 13–4, 27, 101, 107, 125, 157, 165, 186, 191, 204, 206–7, 208 n2, 212–13, 222, 224–25, 240, 246, 251, 256

梅洛－庞蒂 Merleau-Ponty, M. 13, 23, 108, 117, 203, 216, 233–34, 244–45, 248, 252

梅普尔索普 Maplethorpe, R. 62

梅塞施密特 Messerschmidt, J. 110

梅特卡夫 Metcalf, P. 169

梅耶 Meyer, B. 206

美国整形外科医师学会 American Society of Plastic Surgeons (ASPS) 2

美容 beauty 1, 3, 8, 11, 60, 92, 125, 140, 151, 223–28

 美容产业 industry 132, 158

 美容师 therapists 124

孟买 Bengal 62

米德 Mead, G.H. 20n, 30–2, 202, 212, 235–6, 247

米德 Mead, M. 58

米尔佐夫 Mirzoeff, N. 226

米勒 Miller, D. 239

米勒 Miller, L. 2

米勒 Miller, N. 120

米勒 Miller, V. 6

米勒克尔 Miracle, P. 236

米奇利 Midgley, M. 105–06

米切尔 Mitchell, J. 73

米什金 Mishkind, M. 36

米亚赫 Miah, A. 41

摩根 Morgan, D. 36

莫蒂默 - 桑迪兰兹 Mortimer-Sandilands, C. 98

莫杜德 Modood, T. 64

莫尔 Mol, A. 7, 42, 78, 98–99, 101

莫里斯 Morris, D. 54

莫里斯 Morris, M. 83

莫纳根 Monaghan, L. 128–29, 140, 144

莫斯 Mauss, M. 16, 24, 137, 157

默里 Murray, K.B. 82

默瑟 Mercer, K. 60, 62–3

穆斯林 Muslims 43, 64, 154

N

纳达夫 Nadaff, R. 33

纳尔逊 Nelson, M. 37, 71

男权制 / 父权制 patriarchy 35, 91, 158, 228, 236
 与自然主义身体的关系 and naturalistic body 52, 55, 65, 67–9
  亦参 男性 see also men

男同性恋 gays xii, 37, 62–3, 128

男性 men xii, 6, 9, 15, 17, 35–9, 41, 87, 91–2, 219, 224, 227–28, 246
 男性与身体劳动 and body work 123, 127–29
 男性与文明化身体 and civilized body 174, 183–4
 男性与性别化身体 and gendered body 107–13, 117–8
 男性与自然主义身体 and naturalistic body 45–50, 54–55, 58–62, 66–7, 74

男性与身体资本 and physical capital 138, 140, 144–46, 149, 158

男性与身体的力量 and strength of bodies 109, 111, 123, 138, 140, 149

男性研究 men's studies 36–7

难民 refugees 64

内局群体—外局群体界限 established-outsider boundaries 174, 179–81, 186

内特尔顿 Nettleton, S. 78, 137, 139, 246–47

能赛尔 Nencel, L. 128

尼克森 Nickson, D. 124

牛顿 Newton, E. 124

牛顿 Newton, T. xii

纽比 Newby, H. 26

奴隶制 slavery 22, 60–3

诺布尔 Noble, G. 157

诺里斯 Norris, R.S. 207

诺瓦克 Novak, D. 37

女同性恋 lesbian xii, 158

女性 women x, xii, 2, 5–6, 8–11, 15, 17, 27, 33–7, 41, 43, 82, 87, 91–2, 94, 203, 213, 218–19, 224, 227–28, 233, 239, 258 n4

 女性与身体劳动 and body work 123–30

 女性与文明化身体 and civilized body 174, 183–84

 女性与被扭曲的身体 and distorted body 68–73

 女性与情感态身体 and emotional body 121–22

 女性与性别化身体 and gendered body 107–13, 117–18

 女性与自然主义身体 and naturalistic body 46–51, 54–5, 58–63, 65–8, 74

 女性与身体资本 and physical capital 138–40, 144, 146, 158

女性身体的病理学 pathology of women's bodies 48, 50, 72

女性主义 feminism xiv, 14, 17, 82, 213–14, 228, 244–45

 女性主义与被扭曲的身体 and distorted body 68–73

 物质论女性主义 material 83

 女性主义与自然主义身体 and naturalistic body 45, 53

 女性主义与得天独厚的身体 and privileged body 65–6

第二波女性主义 second wave 34-7

亦参　性别化身体；社会不平等；女性 see also gendered body; social inequalities; women

O

欧菲克 Ofek, H. 104

P

帕克 Park, R. 50

帕克 Parker, R. 8

帕里 Parry, J. 195

帕里 Parry, S. 56, 105

帕瑟隆 Passeron, J-C. 145, 160 n1

帕森斯 Parsons, T. 15, 32, 75, 90, 93, 212, 219, 243

佩尔蒂埃 Pelletier, K. 120

佩龙 Perrone, J. 5

佩斯 Peiss, K. 225

佩特森 Peterson, A. 82, 239

佩廷格尔 Pettinger, L. 128

彭宁顿 Pennington, S. 127

皮茨－泰勒 Pitts-Taylor, V. 112, 114

皮尔金顿 Pilkington, H. 34

皮克林 Pickering, A. 98

皮斯 Pease, A. 54

皮斯 Pease, B. 54

品位 taste 17, 23, 133, 136-38, 141, 143, 146, 149, 151-52, 154-56, 256

平克 Pinker, S. 105

普赖尔 Prior, L. 196, 199

普林格尔 Pringle, R. 78, 128

普伦德加斯特 Prendergast, S. 111, 218

普纳 Puner, M. 228

普瓦尔 Puwar, N. 129

Q

齐策尔斯贝格尔 Zitzelsberger, H. 88, 219

齐美尔 Simmel, G. xii, 13, 25–9, 171, 212, 234, 252, 254

奇亚巴尼 Khiabany, G. 64

潜势态身体 latent body 216–20, 225, 232–33, 236–37

强奸 rape 61–2, 158, 184

强迫性进食　亦参　进食失调 compulsive eating see eating disorders

乔丹 Jordan, W. 59–60

乔尔达什 Csordas, T.J. 245

情感 feelings xiv, 9, 31, 70, 103, 115–16, 120–22, 212, 218–20, 244–45, 250

　　亦参 文明化身体；死亡；情感劳动 see also civilized body; death; emotion work

情感劳动 emotion work 39, 123–32, 134 n3, 251

情感态存在 emotional modes of being 119–20, 123–24

情感态身体 emotional body see Freund

琼斯 Jones, C. 63–4, 78

琼斯 Jones, S. 104

驱力 drives 16, 91, 163, 165, 169, 172–74, 176–77, 181, 184, 252

全景敞视监狱 panopticon 79–80

全景敞视体制 panopticism 92

全球化 globalisation xiii, 3, 9, 21–2, 164

缺席在场 absent presence

　　身体的缺席在场 of body x, xiv-xv, 12–8, 21–5, 29, 32, 44, 76, 83–4, 92–3, 102, 136, 159, 185, 208–16, 233, 235, 241–42, 248, 256

　　亡者的缺席在场 of the dead 187, 208, 210

R

人工授精 artificial insemination 5, 40
人口 population 2, 33-4, 38, 40, 64, 132, 173-74
    人口调控 regulation 80-1, 90-2
    人口再生产 reproduction 91
人口学 demography see population
人类基因组计划 Human Genome Project (HGP) xi, 57, 175
人类例外论 exceptionalism, human 183
人类学 anthropology 19, 27, 48-9, 58, 75-7
    哲学人类学 philosophical 15, 23, 189-92
人体排泄物 waste, bodily 24, 166
认同/身份/特性 参看 自我认同; identity, see self-identity;
    社会身份/认同 social identity
日常接触 参看 社会互动 encounters see social interaction
日常生活 daily life see everyday life
日常生活 everyday life 4, 13, 24, 27, 30, 118, 220
    死亡对于日常生活的挑战 challenged by death 190, 197, 206
    日常生活中的仪式 rituals 131
    日常生活中的被社会建构的身体 socially constructed body in 79, 85-6
    日常生活中的暴力 violence in 165, 173, 176
肉身的 corporeal
    肉身帝国主义 imperialism 11, 226
    肉身实在论 realism xiv, xv, 19, 210, 241-56
肉身际劳动 inter-corporeal work 123-25, 129, 131

S

萨博洛斯基 Sapolosky, R. 120
萨森 Sassen, S. 250
萨维奇 Sawicki, J. 83

萨义德 Sayad, A. 11, 156, 219, 227
塞利格曼 Seligman, M. 120
塞耶 Sayer, A. 2
桑 Song, M. 64
桑德斯 Sanders, T. 128, 246
桑塔格 Sontag, S. 51
色情 / 情色作品 pornography 35, 62
瑟尔 Searle, G. 2, 33, 59
森内特 Sennett, R. 39, 95, 148, 223, 231
沙普利 - 怀廷 Sharpley-Whiting, T. 62
沙特尔沃思 Shuttleworth, S. 48, 50–1
莎士比亚 Shakespeare, T. 89, 239
上层阶级 upper class 61, 73, 146, 148–49, 151, 170
舍恩伯格 Schonberg, J. 143
舍夫 Scheff, T. 120
舍佩尔 - 休斯 Scheper-Hughes, N. 6, 9
社会不平等 social inequalities ix, 10–1, 17–9, 21, 24, 30, 36, 82, 87, 103–35, 183, 187, 225, 231, 245
    社会不平等与自然主义身体 and naturalistic body 45, 51–3, 58
社会分工 social division of labour 26, 123, 163, 173–74, 253
社会互动 social interaction 17, 53, 57, 78, 86–90, 95, 112, 115, 119–20, 143, 173, 182, 203, 209, 217–18, 230, 235–37, 241–42, 251–52
社会互赖 social interdependence 30, 102, 204, 256
    文明化身体的社会互赖 of civilized body xiv, 17, 24, 161, 163, 173–74, 178, 183, 186, 194, 202, 229, 253, 258 n5
社会阶级 social class 13, 21, 23, 26, 50, 71, 193, 245, 253
    社会阶级与文明化身体 and civilized body 168, 170, 174, 180, 183
    社会阶级与身体资本 and physical capital 135–59, 160 n1 and n3
    社会阶级与社会不平等 and social inequalities 109, 118, 122
    亦参 上层阶级；中产阶级；工人阶级 see also upper class; middle class; working class

社会控制 social control see state and government control
社会流动 social mobility 21, 23, 52, 145, 150, 168, 170, 219
社会身份／认同 social identity 78, 86-9
 亦参　自我认同 see also self-identity
社会生物学 sociobiology 18, 54-9, 104, 238
社会意义　参看　意义 social meaning see meaning
社会资本　参看　布尔迪厄 social capital see Bourdieu
社会秩序 social order 26, 48, 60, 168, 181, 184, 208 n1, 218
 社会秩序与被社会建构的身体 and socially constructed body 75, 77, 89-93
社会化 socialization 17, 20n, 32, 80, 99, 142, 236
 社会化与文明化身体 and civilized body 161, 167, 172, 175-77, 179, 182, 184-86
 社会化与死亡 and death 190, 193-94
 性别社会化 gender 35, 70-1, 97, 104
身体 body
 健美　亦参　运动 building 9 see also sport
 生物性身体与社会性身体 as biological and social 14-6, 28, 75, 105, 107, 122, 136, 159, 161-63, 172, 181-83, 188, 192-94, 215, 258 n5
 古典社会学中的身体 in classical sociology 25-32
 身体作为突生性社会—自然现象 as emergent socio-natural phenomenon 14, 104-07, 209, 249
 身体习语 idiom 85-7, 89-90, 175, 219
 身体意象／形象 image 1, 7-8, 10-11, 22, 34-40, 61, 63, 69, 77, 108, 110-17, 127-29, 152, 225-29, 233-39, 257 n4
 身体作为机器 as machine 39-42, 134 n2, 139
 身体作为认同面具 as mask of identity 216, 226-33, 236-37
 身体作为选择 as option 5, 216, 220-23, 225, 232, 236
 身体作为展演 as performance 8, 36, 39, 85-6, 94, 98, 104, 115, 124, 128, 131, 147, 214, 216, 226, 229-33, 251
 身体作为规划 as project xiii-iv, 6-12, 18-9, 30, 39-40, 43, 117, 133, 136, 139, 187-88, 191, 194, 199, 206-07, 216, 219-25, 227, 232-33, 236-37
 身体作为社会意义的接收器 as receptor of social meaning 46, 74-6, 123, 132, 214

身体作为再创造者 as re-creator 215, 241, 245, 247–48, 250, 252–53, 255

身体作为规制 regimes 7, 81, 83, 148, 191, 216, 220, 223–26, 232, 236, 242, 257 n4

身体作为图式 schema 142, 202–03, 210, 217, 227, 232–241, 247, 257 n3 and n4

社会学中的身体 in sociology 21–44

身体作为紧身衣 as straitjacket 226–29, 231–33

身体研究 参见 社会学中的身体 studies see in sociology above

身体劳动 work 103–04, 123–132

身体的 somatic

 身体的个体性 individuality xiii, 82, 238–39

 身体标识 markers 115

 身体性社会 society 1

身体的病显 dys-appearing body 217–19, 225, 232, 237, 244, 257 n2, 258 n4

身体的功能失调 dys-functional body 217, 219–20

身体的理性化 rationalization of body 13, 25–6, 29, 35, 40–1, 212, 254

 与文明化身体的关系 and civilized body 161–62, 175–77, 179, 183–84, 186

 与死亡的关系 and death 189, 193–95, 199, 202, 205, 207

身体的历史发展 historical development of bodies 164–67

身体的商品化 commodification of body 6, 17, 92, 133, 135–36, 193, 201, 213

 女性身体的商品化 of women 35, 69

身体的双重地位 参看 缺席在场 dual status of body see absent presence

"身体秩序" 'bodily order' 19, 75, 90–1, 93

身体资本 physical capital 135–60

 转变身体与身体资本 changing body and 141–44

 身体资本的价值变动 changing value of 147–50

 身体资本的转换 conversion of 144–46

 合法的身体与身体资本 legitimate body and 154

 社会阶级与身体资本 social class and 138–40

 身体与身体资本的社会形成 social formation of body and 136–38

 身体资本的传输与控制 transmission and control of 150–53

身心障碍 disability x, xii, 24, 88–9, 125, 219, 231, 234

神经科学 neuroscience xiii-xiv, 16, 58, 107, 114, 116, 118

神经性厌食症 亦参 进食失调 anorexia nervosa see eating disorders
"剩余范畴" 'residual categories' 15, 32, 248
生物性 biological
 生物公民权 citizenship 82-3, 237-38
 生物性需要 needs x, 30, 69, 236, 257 n4
 生物化约论 reductionism 30, 35, 247, 255
生育 childbirth see birth
生育 birth 15, 25, 27, 36, 42, 113, 117, 132, 192
 生育控制 参见 避孕 control see contraception
 生育与自然主义身体 and naturalistic body 46, 49, 65-8
 "无性生育" 'virgin' 5
失业 unemployment 121-22, 134 n3
施皮尔福格尔 Spielvogel, L. 11
施特勒贝 Stroebe, M. 196
施瓦茨 Schwartz, H. 34
食物 food xiii, 24, 39-40, 91, 98-9, 101, 127, 137-39, 142-43, 154, 165, 167, 178, 183
 饮食 eating 137, 143, 167, 199
 禁食 fasting 207, 223-24
 过度饮食 overeating 34, 121
 亦参 节食；进食失调 see also diet; dieting; eating disorders
时尚 fashion 69, 140, 143, 147, 149, 152, 154, 170, 213, 221, 229
实际的社会身份／认同 actual social identity 86, 88, 89
实用主义 pragmatism 30-2, 159, 209, 212, 247-48, 255
史密斯 Smith, T.S. 101, 218
试管婴儿 in vitro fertilization 5, 40
手淫 参看 不完全性交 masturbation see onanism
舒茨 Schutz, A. 30
舒德森 Schudson, M. 88
舒尔兹 Schulz, W. x
舒斯特曼 Shusterman, R. 32, 37
双足直立 bipedalism 105

思罗斯比 Throsby, K. 8
私人化 privatization
　　私人化与死亡 and death 195–97, 201
　　意义的私人化 of meaning 3–4
斯嘉丽 Scarry, E. 123, 218
斯科特 Scott, J. 43
斯科特森 Scotson, J. 180–81
斯拉维斯卡 Slavishak, E. 77
斯潘塞 Spencer, D. 142, 157
斯普林格 Springer, C. 41
斯坦利 Stanley, L. 55, 58
斯特拉森 Strathern, M. 236
斯特赖克 Stryker, S. 219
斯特朗格曼 Strangleman, T. 123
斯特普尔斯 Staples, R. 62
斯托勒 Stoller, P. 245
斯威特曼 Sweetman, P. 6, 156, 160
死亡 death xiv–v, 1, 3, 10–1, 18–9, 24, 39, 53, 67, 80, 95, 98, 167, 183, 187–208, 221, 223, 229, 242
　　死亡的解构 deconstruction of 198–99
　　死亡与情感 and emotion 194, 196–97, 204, 206
　　死亡与爱 and love 116, 198, 200, 205
　　死刑 penalty 74
　　死亡率/必朽 mortality 1, 19, 21, 27, 53, 81, 118, 137, 183, 187–88, 192–200, 202, 206–08
苏森 Susen, S. 160
苏祖基 Suzuki, N. 4
索布查克 Sobchack, V. 225, 234–35
索尔伯格 Solberg, E. 22
索费尔 Sofaer, J. 77
索洛韦 Soloway, R. 33

索珀 Soper, K. xiii

T

塔齐 Tazi, N. 33
泰格 Tiger, L. 53
泰勒 Tyler, M. 127
坦克雷德-谢里夫 Tancred-Sheriff, P. 128
汤姆森 Thomson, M. x
汤森 Townsend, P. 137
特奥多修斯 Theodosius, C. 125
特尔伯格 Therberge, N. 92
特拉维斯 Travis, A. 111
特雷瑟薇 Threthewey, A. 129
特里弗斯 Trivers, R. 53
特曼 Teman, E. 10
特纳 Turner, B.S. xii, 1–3, 6, 12, 14, 19, 25–8, 33, 38, 40, 42, 75–6, 78, 81, 84, 90–4, 96, 102, 111, 157, 160, 189, 191–92, 199, 211, 216, 218, 223, 242–43, 249
特纳 Turner, J. 105
特纳 Turner, T. 93
特斯特 Tester, K. x
特威格 Twigg, J. 38, 124–25, 130, 149, 228
体育　参看　运动 physical education (PE) see sport
贴标签 labelling 85, 87–9, 149, 154
　　亦参　污名 see also stigma
同性恋 homosexuality 154
图德 Tudor, A. 42
图尔明 Toulmin, S. 212
图勒 Tulle, E. 246
图万 Twine, F. 6
徒具其表的身体 hollow bodies 213–15

涂尔干 Durkheim, E. 13, 25–9, 31, 89, 104, 120, 155, 212, 252–54
托马斯 Thomas, C. xii, 24
托马斯 Thomas, W.I. 32
托马斯 Tomas, D. 222

W

瓦尔德 Wald, E. 54
瓦尔文 Walvin, J. 60
瓦特 Watt, I. 223
外表 appearance 2–11, 17, 20n, 38–9, 69, 85–7, 133, 189, 213, 216–35, 246, 250–53
 宫廷社会中的外表 in court society 163, 166, 169
 外表与身体资本 and physical capital 139, 143–45, 148–49, 151–55, 158
 外表劳动 work 124–27, 129, 131–32
 亦参 身体形象/意象 see also body image
万斯 Vance, C. 75
网络化身体 参看 动因网络理论 networked bodies see Actor Network Theory
网络技术 cyber-technologies 222
网络空间 cyberspace 14, 214, 238
网络文化 cyberculture 214
危险的"他者" dangerous 'others' 59–65, 70
威尔金森 Wilkinson, R.G. 118
威尔克斯 Wilkes, C. 138–39
威尔斯 Wills, W. 139, 143
威尔逊 Wilson, A. 9
威尔逊 Wilson, E. xi, xii, 5, 56
威尔逊 Wilson, E.O. 52–3
威尔逊 Wilson, F. 105
威克斯 Weeks, J. 83, 154
威利斯 Willis, P. 71, 144–45
威廉姆森 Williamson, M. 64

威廉斯 Williams, S. xii, 12, 76, 119, 239

韦伯 Weber, M. 3, 13, 25-9, 91, 155, 176, 189, 195, 200, 207, 212, 220-21, 240

韦伯斯特 Webster, A. 257 n4

韦布 Webb, H. 257 n4

韦利亚 Velija, P. 71

维存策略 survival strategies 189, 198-201

维蒂希 Wittig, M. 83

维尔特丁格 Wilterdink, N. 143

维根斯坦 Wegenstein, B. 238

维雷 Virey, J. 49

魏茨 Weitz, R. 62, 66

魏斯 Wisse, M. 157

温赖特 Wainwright, S. 160

温罗 Winlow, S. 128

文化资本　参看　布尔迪厄 cultural capital see Bourdieu

文明化进程 civilizing processes 161-64, 171-72, 175-86

文明化身体 civilized body 17, 135, 161-86

　　文明化身体的瓦解 breakdown of 179-81

　　文明化身体与情感 and emotion 161-63, 165, 171-72, 174-77, 181, 184

文艺复兴 Renaissance 46, 165

沃德 Ward, R. 149

沃尔 Wall, P. 121

沃尔比 Walby, S. 35, 154, 158

沃尔夫 Wolf, N. 71

沃尔科维茨 Wolkowitz, C. 124-25, 144, 152

沃尔克米尔 Wolkomir, W. 131

沃尔特 Walter, T. 187, 195-97, 208 n2

沃霍斯特 Warhurst, C. 124

沃伦 Warren, S. 246

沃纳 Warner, R.S. 204

沃森 Watson, J. 246

沃森 Watson, S. 112

沃什伯恩 Washburn, S. 55

沃特金斯 Watkins, M. 23, 157

沃特林 Watling, T. 221

沃特尼 Watney, S. 63

污名 stigma x, 8, 37, 64, 71, 78, 87–8, 115, 151, 229, 232, 237

伍德黑德 Woodhead, L. 4

伍尔青 Wulczyn, F. 22

伍利 Woolley, P. 33, 106, 211

伍兹 Woods, P. 30

武泰 Wouters, C. 131, 163, 174, 177, 181

X

西德尼 Sidney, S. 121

西尔 Seale, C. 187, 198, 204

西格尔 Segal, L. 61, 65

西格弗里德 Siegfried, C.H. 31

西卡 Sica, A. 165

西蒙 Simon, B. 72, 109

希茨－约翰斯通 Sheets-Johnstone, M. 234

希尔德 Shield, R. 196

希尔格斯 Hilgers, M. 155

希尔梅耶 Schillmeier, M. 99

希尔斯 Shils, E. 191

希格斯 Higgs, P. 38

希金博特姆 Higginbottom, G.M.A. 121

希林 Shilling, C. x, 2, 7, 9, 11, 13–4, 20n, 23, 27–8, 31–2, 71, 86, 101, 107, 117, 123, 125, 157–58 165, 186, 191, 206–07, 208 n2, 212–13, 222, 224–25, 237, 240, 246–47, 251–53, 256

希普 Heap, C. 32

锡克教徒 Sikhs 64, 204

习得能力 learning, capacity for 106–07, 112, 120, 161, 164, 171, 234–35

席宾格 Schiebinger, L. 47

席尔德 Schilder, P. 235

夏普 Sharp, J. 35

夏普 Sharp, K. 104

鲜活的身体 lived body ix, 17, 24, 42–3, 84, 116, 124, 136, 157, 212, 216–7, 233, 241–47, 250–55, 257 n2

现象学 phenomenology xiv, 23, 77, 84, 157, 214, 216–18, 220, 237, 242–49, 252, 257 n1

  亦参 鲜活的身体 see also lived body

相互认同 mutual identification 170–71, 178, 202, 204–05

  承认 recognition 96

消费文化 consumer culture 4, 35, 38–9, 43, 71, 123, 144, 152, 187, 213, 216, 228

歇斯底里 hysteria 49, 80, 91–2, 257 n3

谢尔曼 Sherman, W. 222

谢尔默 Shermer, M. 105

新教 Protestant 195

  新教伦理 ethic 29, 91

  宗教改革 Reformation 59

心理社会性的 psychosocial 118–19, 175, 179

心理学 psychology 25–6, 48, 70, 172, 211

心智（意识） mind (consciousness) 46, 48–50, 59, 65, 70, 90, 107, 123, 160 n1, 161, 177–78, 217, 228

  身心二分 and body dichotomy ix-x, xiii, 12, 16, 19, 20n, 23, 26–7, 30, 34, 68, 83–4, 110, 119, 122, 160 n2, 190, 211–12, 218, 237, 256

  将心智具身化 embodying the 114–118

心智性的身体 mindful body 79–81

辛德尔 Snyder, M. 230

辛格 Singer, L. 35

辛哈 Sinha, M. 63

辛普森 Simpson, B. 23

型构 figurations
    生死型构 of life and death 187–208, 256
    社会型构 social xiv, 163, 178, 182, 185–86, 253–54, 258 n5
"行动问题" 参看 弗兰克 'action problems' see Frank
性别化身体 gendered body 17, 19, 45, 87, 214
    性别化身体与文明化身体 and civilized body 184
    性别化身体的面具 mask 226, 228–29
    性别化身体与身体资本 and physical capital 140, 158
    性别化身体与社会不平等 and social inequalities 107–18, 124, 126–28
    亦参 男性；自然主义身体；女性 see also men; naturalistic body; women
性偏差 sexual deviation 80, 92, 219
性相 sexuality xiii, 31, 83, 127–28, 147, 154, 166, 200, 213, 219, 223, 231, 245
    性相与基督教 and Christianity 79–80
    男性的性相 of men 36, 68
    性相与自然主义身体 and naturalistic body 47, 50, 59
    对于女性性相的调控 regulation of female 91, 93
    性相与种族歧视 and racism 60–2, 128
休莱特 Theweleit, K. 95, 180
休闲 leisure 39, 50, 71, 110–11, 132, 135, 138, 141, 146, 160 n3, 161, 176
休伊特 Hewitt, M. 78
羞耻 shame 13, 122, 162, 171, 227
虚拟现实 virtual reality ix, 6, 41, 101, 222, 225, 238

Y

压迫 oppression 132
    对女性的压迫 of women 35–6, 67–70, 111, 113–114, 158
    对少数群体的压迫 of minority groups 53, 62, 65, 226, 236–37
    作为压迫的身体面具 body mask as 227–28
雅斯贝斯 Jaspers, K. 190
亚当斯 Adams, C. 66

亚当斯 Adams, P. 82–3
亚里士多德 Aristotle 135, 156–57
亚历山大 Alexander, J. 156
亚历山大 Alexander, R. 54
扬 Yan, Y. 2
杨 Young, I.M. 10, 36, 41, 117, 144, 219, 244
杨 Young, L. 61
杨 Young, R. 57
杨文 Yangwen, Z. 2, 216
一元性别 / 一元肉身模式 one sex/one flesh model 46
伊德 Eade, J. 4
伊利奇 Illich, I. 197
伊舍伍德 Isherwood, B. 146, 150
伊斯兰教 Islam 6, 11, 64, 204, 206, 240
伊托 Ito, M. 144
伊西古罗 Ishiguro, J. 3
医学 / 医疗 medicine 5, 7, 35, 40, 42, 44, 138, 168, 222, 239, 257 n4
医疗与死亡 and death 196–99, 202
医学与自然主义身体 and naturalistic body 49–51, 58, 63
医疗与社会不平等 and social inequalities 113
医学与被社会建构的身体 and socially constructed body 78, 81–2, 92, 97–101
　　亦参　健康与病患；植入；整容手术；移植 see also health and illness; implants; plastic surgery; transplants
医学 / 医疗的 medical
医学 / 医疗话语 / 模型 discourse/model 49
医疗专业 profession 3, 36, 38, 50, 63, 97, 100, 139, 196
医疗旅游 tourism 9
遗传学 genetics 68, 73, 82, 106, 238–39
遗传工程 genetic engineering 5, 105
新遗传学 new genetics xi, 18, 57
遗传学与社会生物学 and sociobiology 51–7

中外专名索引　　　　　　　　　　　　　　　　　　　　447

仪式 rituals 6, 23, 79, 131, 136, 157, 191, 195, 204–06, 208 n2, 250–51
移民 immigrants 31, 63–4, 180, 208 n2, 227
移植 transplants ix, 6, 9, 40, 110
异性恋基型 heterosexual matrix 214, 243
意识 consciousness x, 12, 16, 26, 28, 30, 66–68, 79, 94, 100–01, 103, 107, 111–12, 115–17, 121, 156–57, 175–76, 190, 207, 217–18, 227, 233, 235
意识形态 ideology x, 23, 27, 30, 39, 47, 50, 52, 60, 63, 66–7, 72, 74, 91, 109, 115, 117, 154, 213
意义 meaning 14, 30, 34, 36, 40, 107, 109, 112, 114, 117, 125, 132, 140, 143, 149, 179, 213, 221, 224–26, 231, 235, 245
身体作为社会意义的接收器 body as receptor of social 46, 74–8, 83, 85–6, 90
意义与死亡 and death 188–93, 196, 198, 207, 208 n1
意义的私人化 privatization of 3–4
印度教（徒） Hindus 2, 64, 204–206
英格尔德 Ingold, T. 99
英格利斯 Inglis, T. 164, 214
英格利希 English, D. 50, 113
英霍恩 Inhorn, M. 6
营养基因组学 nutrigenomics 5, 40
忧惧 fear 33, 39, 95, 98, 127, 151, 218, 220
忧惧与文明化身体 and civilized body, 162, 169–70
忧惧与死亡 and death 95, 195, 197, 202, 208
忧惧与食物 and food 39–40
忧惧与性别 and gender 48, 50, 70–1, 92, 158
忧惧与肤色 and skin colour 59, 61, 63
犹太人 Jews 64, 108, 204
有礼貌的不关注 civil inattention 87, 230
语言 language 55, 64, 79–80, 82, 171, 214, 222, 248
习得语言 learning 106, 164
语言与社会学 and sociology 12, 21, 23, 30
与身体的工具性关系 instrumental relation to body 7, 13, 94, 138, 140, 144–45, 207,

448　　　　　　　　　　　　　　　　　　　　　　　　　身体与社会理论

237, 244, 250
预定论 predestination 29
欲望 desire xii, 17, 24, 32, 49–50, 54, 62, 68–69, 78, 81, 84, 100, 118, 159, 161–62, 165, 212, 253
欲望作为行动问题 as action problem 94–5
欲望与身体秩序 and bodily order 90–1
对欲望的约束 restraint of 177, 243
远程性爱 teledildonics 41
约尔丹诺娃 Jordanova, L. 46–8, 77
约翰 John, V. 128
约翰斯 Johns, J. 240
约翰逊 Johnson, D. 211
约翰逊 Johnson, M. 16, 114
约纳斯 Joas, H. 31–2, 80, 182, 189, 235
运动 sport 3, 9, 22, 40–1, 50, 57, 78, 99, 101, 161, 213, 217, 247
健身 keep-fit 1, 5
运动与身体资本 and physical capital 138, 140–42, 144–47, 158, 160 n3
体育 physical education (PE) 22, 71–2, 146
运动科学 science ix, 5, 175
运动与社会不平等 and social inequalities 71–2, 110–11, 113
观看运动 spectating 176–77

Z

泽龙 Tseelon, E. 140, 228, 230
詹明信 Jameson, F. 152
詹姆斯 James, A. 69, 198
詹姆斯 James, W. 30–1, 159
哲学 philosophy ix-x, 6, 10, 12, 16, 27, 31, 81, 177, 211–13, 216, 218, 249, 253, 256
哲学人类学 参看 人类学 philosophical anthropology see anthropology
整形手术 plastic surgery 2, 8–10, 40, 151, 230

支配 domination 35, 47, 60, 67, 70–1, 104, 107, 118–19, 190, 200
支配阶级 dominant class 64, 92, 170, 174, 213
支配阶级与身体资本 and physical capital 137, 139–46, 149–53
支配态身体 dominating body 48, 94–5
亦参 性别化身体；男性；男权制／父权制 see also gendered body; men; patriarchy
植入 implants 6, 8, 222
殖民主义 colonialism x, 59–64, 147, 227–28, 236
制度／机构 institutions 3, 21, 23, 29–30, 41, 56, 58, 65, 67, 71–2, 79–80, 90, 92, 94, 104, 109, 146, 160 n1, 181, 185, 189, 196–97, 222, 239, 250–55
秩序化身体 ordered body 242–245, 248
中产阶级 middle classes 2, 91–2, 113, 170, 226
中产阶级与自然主义身体 and naturalistic body 50, 61, 73
中产阶级与身体资本 and physical capital 139–40, 148–52, 158
中世纪 Middle Ages 79, 164–65, 178, 180, 190
中世纪时期的身体 medieval body 162, 164–66, 175, 186 n2, 223–25
种族歧视／种族主义 racism x, xii, 11, 109, 128, 180, 219, 226, 229, 232–3
与自然主义身体的关系 and naturalistic body 45, 61–5, 73
与身体资本的关系 and physical capital 145, 158
转变身体 transforming the body 7, 16, 41, 81, 101, 108, 110–13, 117–18, 122, 128, 132, 147, 150, 161, 167, 175, 178, 205–07, 221, 223–24, 240
资本主义 capitalism 13, 26, 35, 39, 253–54
资本主义与文明化身体 and civilized body 164, 182–83
资本主义与自然主义身体 and naturalistic body 51
资本主义与新教伦理 and Protestant ethic 29, 91
资本主义与被社会建构的身体 and socially constructed body 77, 81, 92,
自反性 reflexivity x, 2, 4, 6, 12–3, 18, 20n, 34, 38, 103, 119, 133, 156–57, 220, 235, 246, 248, 252
自反性与文明化身体 and civilized body 162–64, 178–79, 185
自反性与死亡 and death 191–92, 194, 199–200, 207
自恋主义个体 narcissistic individual 94
对于死亡的回避 avoidance of death 198–200

自然 nature xii, 18, 28, 45–74, 91, 99, 114, 167, 181, 222

自然与文化的二分 and culture dichotomy 19, 21, 26, 33, 36, 46, 192

自然主义的身体 naturalistic body xi-xiii, xv, 17–9, 45–75, 84–5, 99–100, 103, 107, 132, 181, 185, 210, 247, 255

自我控制 self control 5, 9, 41, 59, 81, 84–6, 89, 94–5, 121–124, 129–30, 133, 139, 142, 156, 222, 226, 251

自我控制与文明化身体 and civilized body 161–63, 169, 171–72, 175–79, 181–83

自我否弃 self-denial 29, 39, 71, 91

亦参 苦行主义 see also asceticism

自我认同 self-identity ix, xi, xv, 2–3, 6–9, 11, 18–9, 32, 37, 43–7, 52, 57, 61, 78, 82, 85–9, 97, 99, 102, 136, 152, 209–11, 216–241, 243–44, 251, 253, 256

自我认同与死亡 and death xiv, 1, 10, 187–207, 208 n1

自我认同与文明化身体 and civilized body 163, 168, 179–80, 185–86

自我认同与社会不平等 and social inequalities 65, 69–73, 103, 108, 121, 123, 125, 131, 133, 246

亦参 社会身份／认同 see also social identity

宗教 religion ix, xiii-xiv, 2–4, 6, 11, 19, 26, 29, 40, 43–4, 64, 78, 80–1, 83, 101, 133 n1, 154, 157, 186, 216, 218, 221, 223–26, 239–40, 251

宗教与死亡 and death 18, 151, 187–95, 198–99, 201, 204–08

宗教性身体教育 religious body pedagogics 157, 206–07

作为行动问题的他人关联性 other-relatedness as action problem 94–5

作为行动问题的自我关联性 self-relatedness as action problem 94–5

译者说明

本书英文第一版出版于1993年，一年后，译者在国家图书馆（当时叫北京图书馆）西文新书阅览室看到此书，对其论述主题和涉及理论家的比较脉络很感兴趣，于是结合当时系统阅读的吉登斯著述确定了硕士论文的大致框架。那时没有电脑没有手机没有网络，在准备硕论初稿的那些日子里，天天坐公车来回北图，在阅览室坐一整天边看边摘译此书的情形记忆犹新，而这种记忆的具身性，却是与学术完全无关的每天中午读者服务部提供的廉价盒饭或泡面，以及来回路上眼前闪过的白颐路两侧宽阔粗野的旱沟和挺拔葱郁的行道树。

上博士后，有位名叫潘星辉的朋友，其实是朋友李猛的朋友，热心帮我改造自行车脚蹬，夜里带我在五四操场练车，看我一遍遍东歪西倒与大地尘土亲密接触，终于将技术铸就为身体技术乃至于惯习。这位值得我终生感激的朋友后来不复出现在我视野中，却完成了父母亲友无法狠心帮我完成的任务，永远改变了我生活的时空视野，从此我的身体开始轻盈，迅捷，可以和灵魂的需求一道飞扬。我可以自在地骑车去万圣书园，清华校园，歌德学院图书馆（当时在北外北门），当然，还有北图。我终于可以在白颐路两侧的林荫道上"驰骋"，盘算着要将此书全书完整译过来，唯恐自己那多有借鉴的硕士论文"谬种流传"。

然而我博论另觅方向，北图改成国图，愈发高大洋上，白颐路也彻底改造，中关村南大街成了只宜汽车"具身展演"的时代赛场。正好《同桌的你》最早看到的一版卡拉OK伴奏画面，就是白颐路南段的场景，更加速了"时光就变成了烟"的铭刻。昔时这条青春的河，一片尾气，四面雾霾，八方苍茫中，时间迅速到了2008年。趁着和北京大学出版社的一次合作机会，我得到了此书的中译版权，这次是2003年出版的第二版。于是整理笔记，更新重译，在一堆翻译任务当中，兴高采烈地完成了中译，并于2010年出版。

十年一瞬，连《同桌的你》的词曲作者都已年过半百，而我与国图之间，不知不觉也只剩下"馆际互借"这种"非具身性"关联了。本书于2013年推出第三版，借此机会，我也能逐字逐句核校旧译，扩展新知，并重订索引。新版相较旧版，虽然大致章节未变，但改写和扩写的部分超过四分之一，枝节繁芜，论述简略，难度不低，一定还有不少错漏。好在车轮滚滚，总觉得过几年希林又会推出第四版，使我又有机会重译，让日趋沉重的肉身，仿佛还每日驰骋在白颐路的林荫大道上。

李康 2019年12月1日
于京北西二旗

图书在版编目（CIP）数据

身体与社会理论：第 3 版 /（英）克里斯·希林著；
李康译 . -- 上海：上海文艺出版社，2021（2025.1 重印）
（梯·社会学）
ISBN 978-7-5321-7950-3

Ⅰ.①身… Ⅱ.①克…②李… Ⅲ.①身体－社会行
为学－研究 Ⅳ.① C912.68

中国版本图书馆 CIP 数据核字（2021）第 068331 号

Copyright © Chris Shilling 2012
Authorized translation from English language edition published by SAGE Publications Ltd.
All Rights Reserved.
本书原版由 SAGE 出版公司出版，并经其授权翻译出版。
版权所有，侵权必究。

Shanghai Literature & Art Publishing House is authorized to publish and distribute exclusively the Chinese (Simplified Characters) language edition. This edition is authorized for sale throughout Mainland of China. No part of the publication may be reproduced or distributed by any means, or stored in a database or retrieval system, without the prior written permission of the publisher.
本书中文简体翻译版授权由上海文艺出版社独家出版并仅限在中国大陆地区销售，未经出版者书面许可，不得以任何方式复制或发行本书的任何部分。

著作权合同登记图字：09-2019-570

发 行 人：毕　胜
责任编辑：肖海鸥　邱宇同
特约编辑：朱艺星

书　名：身体与社会理论（第 3 版）		印厂业务总监：	薛华杰
作　者：[英] 克里斯·希林		印前检查：	唐国军
译　者：李　康		拼版：	赵佳丽
出　品：上海世纪出版集团 上海文艺出版社		印刷机长：	菅宽宽
地　址：上海市闵行区号景路 159 弄 A 座 2 楼 201101		封面制壳：	吴远良
发　行：上海文艺出版社发行中心发行		封面工艺：	杨欢
上海市闵行区号景路 159 弄 A 座 2 楼 206 室 201101 www.ewen.co		精装龙机长：	胡九明
印　刷：苏州市越洋印刷有限公司		质检：	陈春琴
开　本：889×1194　1/32			
印　张：14.375			
字　数：336 千字			
印　次：2021 年 6 月第 1 版　2025 年 1 月第 4 次印刷			
Ｉ Ｓ Ｂ Ｎ：978-7-5321-7950-3/C.0087			
定　价：88.00 元		装帧设计：	梯·周安迪
告读者：如发现本书有质量问题请与印刷厂质量科联系		内文制作：	梯·邱江月
T：0512-68180628			梯·罗璐璐